人力资源合规管理全书

入职到离职全流程风险控制落地方案

程阳◎著

HUMAN RESOURCES COMPLIANCE MANAGEMENT BOOK

中国法制出版社
CHINA LEGAL PUBLISHING HOUSE

推荐序一

做一个有情怀的劳动法律师

程阳律师的新作《人力资源合规管理全书》出版，这是我十分期待的事情。程阳是我指导过的优秀学生，博览群书，勤于钻研，眼界宽，境界高，始终关心基层法律运行状态。她毕业以后，投身劳动法领域，立志做劳动用工律师，努力推进劳工权利保障；同时不断从新的发展角度，在自己力所能及的范围内推进劳动法律制度和实践进步，成绩显著，令人感佩。这本书是她基于多年实务积累和丰富阅历基础上的观察和思考。

我对劳动法及其相关制度研究不多，但一直关注其历史、现状和发展问题。劳动制度的诞生与工业革命息息相关，工业革命的生产劳动模式以效率为目标而不断演化发展，伴随而来的是日益加剧的生产安全风险、日益恶化的劳工生存环境，以及日益扭曲和不公平化的劳动关系。为此，发展劳工保护法律制度，如劳动安全、工矿事故防范和救济、劳动工作时间缩短、劳工最低生活保障、劳工基本权益保障等陆续成为工业文明的重要法律议题。毫无疑问，对待劳动者的方式可以作为衡量社会进步的标志之一。正如律师克莱伦斯·丹诺在辩护词中所说："如果这个国家的文明是靠矿工和劳工忍饥挨饿，靠年仅十二三岁的孩子在尘土飞扬的无烟煤矿捡煤维持的话，我们越早结束这种文明，越早开始新的文明，对人类就越有好处"。

如今，劳动法和劳工保障又面临新的代际适应和发展的挑战。新科技，特别是新信息科技的巨大发展，使人类社会步入了人工智能时代，劳动、技术与资本之间的角力比工业革命时期更加复杂，劳动者又陷入了一个由新技术发展带来的新风险空间。在这种情况下，到底技术是增进了人类的福祉，还是让人“困”在了社会系统里，引发着我们的思考。从历史上看，每一次这样的技术发展都成就了社会经济的高速发展，但隐含其中的种种角力也会更加剧烈，不同国家在资本与劳动之间介入的方式有所不同。可以说，劳动法的每一次进步，都伴随着痛苦，在此过程中每一项新规的诞生和发展，都沉淀着历史、文化对人如何关怀的观念和态度。我国是社会主义国家，致力于更加深刻的社会公平理念，在新时代会更加努力推进劳动法和劳动者权益保障的进步，成就人类社会制度公平新示范。

本书没有用太多笔墨从宏观理论视角观察劳动法和劳工保障发展问题，虽然也显示了一定的关注，如关于对用工方式未来展望的研究与思考。作者更注重的是实践实证的视角，从实务角度对 1949 年以来法律规则变迁的梳理，让我们触摸到这种演变背后的温度，具有“细雨润无声”的效果。本书虽然是实务视角的，却没有仅停留在技术层面讲法律，而是也注重揭示劳动关系背后的社会制度、文化、习俗以及人性。作者没有简单站在用工方或者劳动方去解读规则，而是也关注劳动合同背后隐含的用人单位与劳动者的各司其职、契约精神以及诚实守信。作者既呈现当下诸多具体问题的实际解决方案，也通过地域之间的差异比较和立法与司法的距离探讨等，提供多样化的经验分析。

今天和今后一个时期，劳动关系作为最复杂的社会关系之一，在中国共同富裕的语境下，在全球化不可逆的未来，还有很多问题要解决。我很高兴程阳律师长期扎根这一领域，通过自己的努力实践，推动劳动法和劳工保障实践的进步。她在工作之余不忘研究思考，奉献佳作，通过知识交流和对策建议的方式发挥更加积极的作用，增进共识，启迪完善。律师身处这个快速发展的时代，不应当仅是具体法律问题的解决者，也应当是相关制度规则改进的研究者和推进者。我期待程阳在这个方面走得更远。

以此为序。

北京航空航天大学法学院院长　龙卫球

推荐序二

一本值得作为“良师益友”的好书

本书的作者程阳律师是我结识多年的朋友，是一位在国内劳动法领域勤奋耕耘的优秀律师。律师出书这些年屡见不鲜，但我在阅读了作者写的“前言”后，非常愿意为她的这本书说上几句。

首先，我非常赞成“前言”中这句话：“劳动法律问题在实践中往往需要细节与视角并重，为此，希望您不要只看到细节，还要跳出来看到框架”。作者能够从企业人力资源管理者的角度去谋划布局本书，既体现了作者的用心良苦，也是本书的可贵之处。企业人力资源管理者的工作充满了一个个细节琐事，而检验管理的效果、水平时，这些细节正是企业依法合规管理整体框架的客观性体现。作者在“前言”中坦言：“这本书我多少有点‘贪心’，既想让专业的人读着有所收获，也想让非专业的人能作为工具书使用”。

其次，“冷暖自知”特别适合于劳动关系管理领域。比如，规章制度中对员工行为的管理，是粗还是细，是严格还是宽容，表达是严厉还是缓和等，不同的企业要求显然不同。我始终认为，很多企业发展到一定程度，会形成“特有的个性”，也称为“企业特有文化”，这种“特有”是企业竞争的“软实力”。作者看到了这一点，并努力用自己的经验去帮助读者思考，进而转化成管理的实际能力和水平。

以上，正是我推荐这本书作为读者的“良师益友”的原因。

中国社会法学研究会常务副秘书长　张恒顺

前言

为什么总说不能只从法律角度考虑问题?

这是一本典型又不典型的劳动法实务书，典型是因为章节设置基本涵盖了企业用工过程中常见问题，不典型是因为除了对常见内容的基本分析外，我一直努力做到以下几点：

一、当您在用工过程中遇到问题时，翻开这本书，希望能给您答案或启发

本书一共分为13章，目录中把三级标题同步列出，是为了让您更快锁定答案，每一章后面的二级标题，或用设问，如“劳动法基准保护真的做到‘基准’了吗？”或用陈述，如“劳动关系的认定既是法律问题，更是实践问题”；或切换视角，如“告别误区，心存敬畏，构建符合企业情况的离职文化”。这些是想在说明内容的同时，给您一个不一样的看问题的角度。每个二级标题下，又设有三级标题，标题中尽量列出希望让大家了解的核心内容，如“工作时间管理与员工拒绝”。

劳动法律问题在实践中往往需要细节与视角并重，为此，希望您不要只看到细节，还要跳出来看到框架，以第十二章劳动争议为例，两个大标题，第一个标题为“预防劳动争议发生永远排第一位”，该标题既是日常管理的工作要求，也是做一切工作的目标，以“消防员救火式”处理劳动关系一定是最下策的处理方式；第二个标题是

"企业处理劳动争议的操作规范"，尽管我们极力避免争议，争议还是会发生，争议发生后的一般处理流程是该节重点内容。从对该章内容的简单介绍不难看出，这本书我多少有点"贪心"，既想让专业的人读着有所收获，也想让非专业的人能作为工具书使用。

二、为什么不能只从法律角度看待劳动关系？

本书中，很多地方都提到：不能只从法律角度考虑该问题。大家可能会困惑，难道律师不应该从法律角度分析问题吗？律师当然应该从法律角度分析问题，这是基础，但限于法律角度处理劳动关系一定会连带出更多问题。

以劳动合同解除或终止为例，表面看只是劳动关系终结，但劳动关系背后或许是一个家庭的所有希望。虽然我们可以说你的生活与我无关，但又岂能真无关？限于篇幅，本书对于非劳动视角并未全面展开，从我这些年的工作体验来看，我至少会从以下角度考虑劳动关系的处理。

（一）管理角度

劳动关系镶嵌在企业管理中，抛开企业管理模式、文化、领导者管理风格等去看劳动关系就会遇到很多困难。以绩效考核为例，同样是不能胜任工作后的工作岗位调整，对于绩效管理已经融入血液的企业与多年来从未对员工进行过否定性评价的企业，面临的问题显然是不同的。

（二）监管角度

不同企业面临的"监管"环境不同，该"监管"既包括外部政府的强监管，也包括企业内部的监管。以处理员工投诉为例，投诉是否会引发监管，投诉是否会导致管理层有负面评价，投诉是否可能会启动内部合规审查等，这些都是在处理劳动关系时不得不考虑的问题。

（三）外部评价角度

员工关系处理是否会引发外部舆论，外部舆论是正面评价还是负面评价，在互联网时代，对于不少企业而言，处理员工的行为能否经得起互联网下放大视角的审视是企业必须面临的问题。

（四）员工心理和生活等角度

劳动关系的另外一端联系的是每个活生生的个体，同样的事情，每个人的想法和理解不同；同样的后果，每个人的接受程度不同；同样的表述方式，每个人的感受也千差万别。而对于介入处理劳动关系的我们，又何尝不是性格各异呢？不同的人排列组合，注定了处理劳动关系时必须通人心，还必须让自己在理性和感性之间把握分寸。

（五）对组织其他人的影响角度

劳动关系不是简单个案处理，在一定程度上是在为组织创设“规则”，有时不是不能“退”，而是当“退一步”变成了组织长久规则时，我们就需要考虑组织未来发展中能否承受这样的“规则”。另外，我们对劳动关系的处理，影响的也不是相对个体的劳动者，还有看到、听到这件事情的劳动者，甚至是局外人，他们会从中判断出或者得出他们对组织的评价，因此我们的处理方式和结果的“可检验性”就非常关键。

（六）可能发生争议或纠纷角度

预防劳动争议与以极端的争议表现形式去推演劳动关系的发展同样是劳动关系处理中的重头戏。

具体个案处理可能考虑的不只是上述视角，但上述视角是每一个案件中必须考虑的因素，这些视角又有几个与法律相关呢？

三、着眼于当下，着眼于未来，着眼于自身

（一）为什么要不断梳理各地司法实践——着眼于当下

我在劳动法领域工作这么多年，再简单的案件，都不敢百分之百确保结果，因为司法实践的复杂程度远超想象。比如，劳动者以用人单位未及时足额支付劳动报酬为由解除劳动合同，未足额支付加班费算吗？未支付年终奖算吗？工资支付只是迟延支付了 5

天算未及时吗？等等。这些问题中涉及对“及时”如何理解，报酬包括什么，是否考虑违规程度，金额多少等的理解和判断。所以，即使看起来并不复杂的问题，都能找到完全不同的判决。即使对看似确定的问题，也需要着眼于各地司法实践，更别提那些争议比较大的问题。

当然，无法给出“确定”答案，并不代表不能提供准确思路，对于劳动案件的判断实际需要对各类不确定思路的整理，然后才能给出准确的思路。比如，本书第二章第一节关于劳动关系的认定，我是在梳理大量实践案例的基础上给出的思路，这些思路会让我们知道个案中具体的取舍及可能的变量。

（二）为什么总说关注立法或司法变化——着眼于未来

劳动法律领域面临的新问题越来越多，比如，微信聊天记录可以作为认定加班事实的证据吗？假如不考虑证据的真实性、关联性与合法性，仅从证明目的来看，有聊天记录就一定能证明是“加班”吗？边聊天边回复工作微信，将这样的情况算成是加班就一定“公平”吗？或者说不认定为“加班”就一定正确吗？显然，类似问题需要关注新的立法或司法变化。

再如，《中华人民共和国个人信息保护法》实施后，对于以竞业限制为例的跟踪录像证据合法性等问题会不会产生一些影响？毕竟跟踪可能会涉及敏感个人信息，而敏感个人信息不论是采集还是利用，都应当遵守法律规定。

又如，《关于维护新就业形态劳动者劳动保障权益的指导意见》（人社部发〔2021〕56号）的出台，不论是从劳动者职业保障、最低生活待遇层面，还是从休假层面，都对传统的用工理论提出了挑战。

（三）为什么总说结合企业实际情况——着眼于自身

“冷暖自知”特别适合于劳动关系管理领域，如规章制度中对员工行为的管理，是粗还是细，是严格还是宽容等，不同企业的要求显然不同；再如，员工违规是给予机会改正还是严格照章处分，休假规则是清晰明了还是给予空间等，每个企业的选择都是不同的。

四、多维度去看劳动关系中的传统问题

我还期待读者能关注到本书 13 章内容的不同观察角度。第一章是宏观外部视角，不局限于劳动领域看劳动关系，其他法律视角、行业视角、企业性质视角等，都是我想通过章节设置分享的。第二章是劳动法相关书籍绕不开的基础问题，我在大量梳理案例以摘取司法判决范式的基础上，希望用更开放的视角看实践中的劳动关系演绎。第三章则努力跳出传统书籍局限于对规章制度内容、民主公示程序的介绍，而从审视规章制度的角度和大家分享对规章制度的理解。第四章一方面从操作层面回应了实践中常见的问题，另一方面也期待实践中遇到的问题能有理论上和立法上的回应。第五章更多地加入了管理视角，期待管理与法律融合。第六章除了管理角度外，还将对人心安抚贯穿其中，对高频问题予以单独解读。第七章中第二节和第三节内容本应更丰满一些，只是我将着力点放到了第一节，从宏观、中观和微观的不同角度看习以为常的工资支付，希望不论对于整体报酬架构的设计，还是微观个案的处理都能带来一些启发。第八章属于传统领域，但前言部分问题的提出，以及休假部分对各种热议假期的回应还是带着一些思考。第九章特殊员工及医疗期的相关内容，从立法带来的困境出发希望能对困扰大家的问题进行解释，而对其他问题的讲述既有管理视角，也有人性关爱。第十章竞业限制，本来想以最好的“矛”和最好的“盾”作为切入点，想了一下还是放弃了，回归了对高频问题的梳理，就竞业限制，我最想说的是让“竞业限制”回归“竞业限制”本身，而不是演绎成劳动领域最大的“内卷”样板。第十一章社会保险，我则希望通过对社保政策的梳理、追缴时效争议等常谈常新的问题让大家看到社保中政策与法律的交织、历史与现实的碰撞。第十二章劳动争议领域我期待让读到这本书的人知道清晰的劳动争议解决路径。第十三章既有对劳动监察与劳动仲裁不同解决思路的介绍，也有从企业角度应对劳动监察的分析，不过该“应对”一定不是投机取巧的应对。

期待这本书能或多或少给大家带来一些启发或微小帮助，对我而言，劳动法专业律师的“专业”可能就体现在专业之外，当然，写书也只是我律师工作之余的“消遣”，还请大家多多关照。

程　阳

目 录

Contents

第一章 企业用工面临的外部法律环境

导言

自2020年以来，企业用工面临的外部环境趋于严峻复杂和不确定，正常用工与疫情带来的随时经营、用工调整交织在一起。

企业用工合规可从狭义角度理解为符合劳动法律规定，但这样的思路显然不能满足企业面对复杂环境的需要。合规用工不能再按照以往思路进行，而应当及时复盘，考虑是否应当建立应急机制，以应对未来电子化办公、居家办公以及灵活用工等各种新情况。

我们需要在法律框架下解决问题，然而，对政策与法律之间的张力也需要进行反思。比如，退休年龄的变化，三胎政策的放开，这些政策与法律之间都会产生很多化学反应。

法律风险防范只是企业用工合规的意义之一，让合规融入企业日常工作，化为一种自觉，才是关键。同时，我们观察到，企业合规不再是内部问题，当用工问题渐受关注，随着内部用工问题的外部化，合规管理更是成为考验企业的“硬”指标。我们需要了解外部法律环境、公司内部制度及道德规范，需要架构内部的合规管理体系、合规管理制度，更需要落地合规管理的能力。

第一节　劳动法与《民法典》的关系

劳动法与民法的关系问题短期内很难清晰解决，实践中很多问题未达成共识都与劳动法与民法之间的关系没有厘清有关。既有不顾劳动法律的社会法属性，完全以民法思维进行处理的情况；也有只考虑劳动法的社会属性，而未考虑双方合意性质的情况。两种不同的思维方式使执行者、裁判者对很多问题不敢有定论，也无法有定论。

一、劳动法律的立法目的和初衷

从法律发展史看，劳动法与民法有着极为密切的渊源，早期民事立法大都将劳动合同纳入民事合同范畴进行统一调整。但随着近代机器大工业的兴起和扩张，劳动者权益受损问题日益突出，为保护和救济处于弱势地位的劳动者，需要冲破民法理念和制度框架的束缚，寻求公共权力的积极介入。这使得大量以限制工时、确保最低工资和职业安全为基本内容的劳动立法出现，劳动立法逐渐脱离民法范畴而独立发展。可以说，劳动法发端于民法，又超越了民法，劳动法的发展史实质就是不断满足劳动关系特殊法律需求的历史。通过劳动法确立劳动权利义务基准并求助于团体力量以实现劳动关系双方力量的平衡，是对民法调整劳动契约关系功能不足的一种弥补。

二、充分了解劳动法的独立性

为了实现对劳动关系进行有效法律调整的需要，许多国家都制定了劳动法典，即便是没有制定劳动法典的国家，也都努力制定了大量的单行劳动立法。劳动法独立于民法而发展，成为世界法律发展的普遍潮流。[①]

劳动法在一定程度上是为限制资本对劳动者权益的影响而产生的，我国也不例外。我国已经有《中华人民共和国劳动法》（以下简称《劳动法》）与《中华人民共和国劳动合同法》（以下简称《劳动合同法》）等劳动法律体系，但对于个体劳动关系与集体劳动关系区分得不明晰，各地经济发展不平衡及用工主体多样等问题，让劳动法律在适用过程中也遇到诸多问题，管制与自治纠缠，政策与法律并行，无序与有序交织。

三、劳动法与民法的互通性

《中华人民共和国民法典》（以下简称《民法典》）调整平等主体的自然人、法人和非法人组织之间的人身关系和财产关系，目的在于保护民事主体的合法权益，维护社会和经济秩序，适应中国特色社会主义发展要求，弘扬社会主义核心价值观。劳动法属于社会法的范畴，并未编纂在《民法典》内，但《民法典》中的不少规定，与劳动关系产

---

① 参见冯彦君:《民法与劳动法：制度的发展与变迁》，载《社会科学战线》2001 年第 3 期。

生了交集，很多劳动保障问题都可以从《民法典》中找到答案[①]。比如，劳动者的主体资格问题[②]、劳动关系双方的意思表示问题[③]、因履职造成的损害赔偿问题[④]。

不仅如此，劳动合同虽然有社会法的属性，但合同本身也有合意属性，哪些问题双方可以约定，哪些权利双方可以处分，该类问题总会产生很多争议。

以奖金为例，劳动关系双方在劳动合同中约定奖金离职不予发放有效吗？到底是从合同的任意性考虑条款的效力，还是回归奖金的性质，从劳动者劳动报酬的角度去思考？司法实践中许多争议问题归根结底都是民法与劳动法关系的摇摆，以及对劳动法社会法属性的认识不够全面。

劳动法与民法的关系看似是一个理论问题，但实践对于清晰解决这一问题的需求更为迫切。

第二节　劳动法基准保护真的做到“基准”了吗？

我国没有专门制定劳动保护基准法，但对于劳动者基准利益保护实际是有相关规定的，尽管基准保护并没有从立法层面明确提出。基准保护是劳动法的基础，也是劳动法社会属性的重要体现。就基准保护的内容，具体包括：

一、最低工资保障

《最低工资规定》第三条第一款规定：“本规定所称最低工资标准，是指劳动者在法

---

① 参见鲁志峰:《关注〈民法典〉: 为劳动关系处理难题找到新答案》，载《工友》2020 年第 9 期。

② 《民法典》第十七条规定：“十八周岁以上的自然人为成年人。不满十八周岁的自然人为未成年人。”第十八条规定：“成年人为完全民事行为能力人，可以独立实施民事法律行为。十六周岁以上的未成年人，以自己的劳动收入为主要生活来源的，视为完全民事行为能力人。”根据上述规定，16 周岁以上的未成年人可以成为劳动法意义上的劳动者。

③ 《民法典》第一百四十条第一款规定：“行为人可以明示或者默示作出意思表示。”关于明示和默示的意思表示，在劳动法中有很多对应情形。

④ 《民法典》第六十二条规定：“法定代表人因执行职务造成他人损害的，由法人承担民事责任。法人承担民事责任后，依照法律或者法人章程的规定，可以向有过错的法定代表人追偿。”第一千一百九十一条进一步明确规定：“用人单位的工作人员因执行工作任务造成他人损害的，由用人单位承担侵权责任。用人单位承担侵权责任后，可以向有故意或者重大过失的工作人员追偿。劳务派遣期间，被派遣的工作人员因执行工作任务造成他人损害的，由接受劳务派遣的用工单位承担侵权责任；劳务派遣单位有过错的，承担相应的责任。”

定工作时间或依法签订的劳动合同约定的工作时间内提供了正常劳动的前提下，用人单位依法应支付的最低劳动报酬。”同时，第十二条明确最低工资不包括延长工作时间工资，中班、夜班、高温、低温、井下、有毒有害等特殊工作环境、条件下的津贴，以及法律、法规、国家规定的劳动者福利待遇。最低工资标准由各地根据经济发展水平等情况进行调整，并及时对外公布。

最低工资是否包括社会保险以及住房公积金，各地规定有所差异。比如，北京市要求在扣除社会保险以及住房公积金之后满足最低工资标准，而天津市则包括社会保险与住房公积金。

二、工作时间

工作时间是指法律规定的或者由集体劳动合同或劳动合同依法约定的由劳动者从事劳动或工作的时间。从 1995 年 5 月 1 日起，我国开始实行每周工作 5 天，每天工作 8 小时的工时制度。

《劳动法》第四十一条规定：“用人单位由于生产经营需要，经与工会和劳动者协商后可以延长工作时间，一般每日不得超过一小时；因特殊原因需要延长工作时间的，在保障劳动者身体健康的条件下延长工作时间每日不得超过三小时，但是每月不得超过三十六小时。”

工作时间受到限制是保障劳动者休息权的重要手段，用人单位不得违反规定延长劳动者的工作时间。

三、休息休假

《中华人民共和国宪法》（以下简称《宪法》）第四十三条规定：“……劳动者有休息的权利。国家发展劳动者休息和休养的设施，规定职工的工作时间和休假制度。”《劳动法》第三条第一款规定：“劳动者享有……休息休假的权利……”且通过第四章的专门规定，保障该项基本权利的实现。《劳动合同法》规定，休息休假是劳动合同的必备条款之一。其他法律法规和国务院出台的具体实施办法对休息权进行了相应的补充保障，如《国务院关于职工工作时间的规定》《职工带薪年休假条例》《女职工劳动保护特别规定》《企业职工患病或非因工负伤医疗期规定》等，建立了比较完善的劳动者休息休假权利保护机制。

四、解除与终止劳动关系的保护

《劳动法》《劳动合同法》赋予了劳动者单方解除劳动合同的权利，赋予了用人单位在一定条件下对劳动合同的单方解除权和终止权，以保障用人单位的用工自主权。由于劳动合同解除和终止直接影响劳动者的就业权，为了防止用人单位滥用劳动合同单方解除权和终止权，立法严格限制用人单位行使单方解除权和终止权的条件。

五、社会保险与住房公积金

用人单位为劳动者缴纳社会保险和住房公积金是法定义务，未进行社保登记及未缴、欠缴社保费的将承担相应的行政责任及民事责任，如劳动行政部门加收滞纳金，劳动者有权单方解除劳动合同并请求用人单位支付经济补偿金等。

六、员工受到工作伤害的保护

《工伤保险条例》及其相关司法解释详细规定了哪些情况构成工伤，以及工伤应享受的待遇。

七、其他

《劳动法》第六章专章规定了劳动安全卫生，明确规定用人单位必须建立、健全劳动安全卫生制度，严格执行国家劳动安全卫生规程和标准，对劳动者进行劳动安全卫生教育，防止劳动过程中的事故，减少职业危害。除此之外，《劳动法》还规定了就业培训、女职工特殊保护等内容。

上述义务是劳动关系项下用人单位需要承载的义务，对于劳动者基准保护的理解，有利于厘清劳动合同约定事项的边界。

虽然有上述基准保护，但仍有很多问题并没有得到解决。以加班为例，根据法律规定，加班应当支付加班费以及超时加班有相应的行政处罚，构成了对用人单位民事责任和行政责任的双重约束。既然如此，为什么“996”能如此盛行？原因包括：（1）劳动者想证明加班事实存在没那么容易，更何况“供需关系”决定谈判地位，劳动者维权有难度，用人单位很可能逃避应承担的民事责任；（2）对超时加班的行政处罚措施包括警告、限期改正及罚款，而罚款并不是“当然”的处罚措施，警告、限期改正后的监管又如何落地？所以，看似严谨的规定似乎是一个一捅就破的“纸”老虎。

工会目前在劳动者权益保护方面还没有充分发挥作用。根据《中华人民共和国工会法》（以下简称《工会法》）第二十二条的规定，工会可以对企业、事业单位随意延长劳动时间与企业、事业单位进行交涉，要求企业、事业单位采取措施予以改正；企业、事业单位应当予以研究处理，并向工会作出答复；企业、事业单位拒不改正的，工会可以请求当地人民政府依法作出处理。但这项权利如何落地，人民政府依法处理又该如何处理，似乎都没有现成答案。

尽管根据法律规定，工会或职工代表可以与企业签订集体合同，约定工作时间和加班等相关事宜，因履行集体合同发生的争议，当事人协商解决不成的，可以依法向劳动争议仲裁委员会申请仲裁。

但我们在中国裁判文书网上输入关键词“集体劳动合同”，当事人输入“工会”，未检索出任何符合条件的案件。由此，通过签订集体劳动合同来增强劳动者个体在加班费上谈判能力的制度在现实中究竟落地了多少，不免让人生疑。

到底哪些是基准保护，对于基准保护具体又该如何保护，不论是立法还是实践，我们都还有很长的路要走。2021 年 8 月 26 日，人力资源社会保障部、最高人民法院联合发布超时加班劳动人事争议典型案例，也是劳动法基准保护落地的一种方式。

第三节 我国劳动法律体系的时代变迁①

如果不用历史角度梳理我国劳动法法律体系，很多问题无法得到合理的解释。本节以部分法律、行政法规为主线，梳理了自中华人民共和国成立以来劳动法领域的主要规定。这样的时间划分谈不上科学，但在一定程度上是结合特定经济背景、政治背景、法律发展状态而确定的，也再一次印证了劳动法与现实的呼应关系。

---

① 关于法规梳理部分，笔者在《企业法律顾问实务操作全书》中亦有介绍。

一、开启与混沌时期

中华人民共和国成立初期到改革开放前，“劳动关系”并没有从政治语境下剥离，当时具有政治词汇与身份词汇交织的属性。

表 1–1　劳动法律体系变迁梳理（一）

序号	法律法规名称	效力等级	效力期间
1	《劳动部关于劳动争议解决程序的规定》	行政法规	1950.11.26—1993.7.6
2	《中华人民共和国劳动保险条例[①]》	行政法规	1951.3.1 至今（部分失效）
3	《中华人民共和国劳动保险条例实施细则修正草案》	行政法规	1953.1.1 至今（部分失效）
4	《国营企业内部劳动规则纲要》	行政法规	1954.7.14—1987.1.3

有关劳动者安全、劳动关系变更等规定散见于各个规范性文件中，如《国务院批转劳动部、卫生部、全国总工会、冶金工业部、煤炭工业部关于防止硅尘危害工作会议的报告中有关患硅肺病职工生活待遇的规定》（已失效）、《国务院批转劳动部关于临时性跨省调动职工审批手续问题的报告》、《国务院批转劳动部关于防止矽尘危害工作的情况和意见的报告的通知》、《国务院批转劳动部〈关于加强锅炉安全工作的报告〉的通知》（已失效）等。

《中华人民共和国劳动保险条例》《中华人民共和国劳动保险条例实施细则修正草案》除部分规定外仍现行有效，这在其他法律体系下是比较少见的，也能看出劳动关系调整的特殊性以及持续性。我们不能用现在的观念去审视此前的法律，而应当理解不同时代劳动法律规范体系在不同企业以及不同人身上的烙印。

二、重启与启蒙时期

在这一阶段，经济逐步迈入正轨，劳动关系的革新是分类、分步骤开展的：分类即区分不同性质的企业；分步骤即综合我国经济体制改革进行。这些规定为后续劳动法等立法提供了基础。

---

① 根据《政务院关于中华人民共和国劳动保险条例若干修正的决定》（发布日期：1953 年 1 月 9 日，实施日期：1953 年 1 月 9 日）修正。

表 1-2 劳动法律体系变迁梳理（二）

序号	法律法规名称	效力等级	效力期间
1	《中外合资经营企业劳动管理规定》	行政法规	1980.7.26—2001.10.6
2	《国营企业实行劳动合同制暂行规定》	国务院规范性文件	1986.10.1—2001.10.6
3	《国营企业劳动争议处理暂行规定》	行政法规	1987.8.15—1993.8.1
4	《女职工劳动保护规定》	行政法规	1988.9.1—2012.4.28
5	《国家统计局关于工资总额组成的规定》	行政法规	1990.1.1 至今
6	《企业职工伤亡事故报告和处理规定》	行政法规	1991.5.1—2007.6.1
7	《中华人民共和国企业劳动争议处理条例》	行政法规	1993.8.1—2011.1.8
8	《国务院关于职工工作时间的规定》①	行政法规	1994.3.1 至今
9	《企业最低工资规定》	部门规章	1993.11.24—2004.3.1

《国营企业招用工人暂行规定》（已失效）、《国营企业辞退违纪职工暂行规定》（已失效）和《国营企业职工待业保险暂行规定》（已失效）等，与劳动关系直接相关的规定散见于上述各类规范性文件中。

在这个阶段，劳动用工根据用人单位是否为国营企业或中外合资企业而适用不同的规则，《国家统计局关于工资总额组成的规定》以及《国务院关于职工工作时间的规定》仍然有效，而《企业最低工资标准》及《女职工劳动保护规定》等与后续法律的修订一脉相承。

1994 年出台的《劳动法》统一了不同企业用工适用不同规则的状态，但类似工资总额等规定至今仍然未进行修订，现实中很多问题处理起来“别扭”与法律没有及时更新和调整有关。比如，股权激励是否算工资呢？该问题显然在 20 世纪 90 年代不可能有规定。

三、开拓与重塑时期

（一）1995 年 1 月 1 日至 1995 年 12 月 31 日

以《劳动法》作为枢纽，一系列劳动法律公布，构成了我国现代劳动法律的重要组成部分。

① 根据《国务院关于修改〈国务院关于职工工作时间的规定〉的决定》（发布日期：1995 年 3 月 25 日，实施日期：1995 年 5 月 1 日）修订。

表 1–3　劳动法律体系变迁梳理（三）

序号	法律法规名称	效力等级	效力期间
1	《劳动法》	法律	1995.1.1 至今
2	《工资支付暂行规定》	部门规章	1995.1.1 至今
3	《对〈工资支付暂行规定〉有关问题的补充规定》	部门规范性文件	1995.5.12 至今
4	《企业经济性裁减人员规定》	部门规章	1995.1.1 至今
5	《企业职工患病或非因工负伤医疗期规定》	部门规章	1995.1.1 至今
6	《违反和解除劳动合同的经济补偿办法》	部门规章	1995.1.1—2017.11.24
7	《违反〈劳动法〉有关劳动合同规定的赔偿办法》	部门规章	1995.5.10 至今

（二）1996 年 1 月 1 日至 2007 年 12 月 31 日

这段时间劳动立法也比较活跃，尤其在社会保险、工伤、集体协商方面有重大的进展。

表 1–4　劳动法律体系变迁梳理（四）

序号	法律法规名称	效力等级	效力期间
1	《劳动部关于企业工会主席签订劳动合同问题的通知》	部门规范性文件	1996.4.12 至今
2	《企业职工工伤保险试行办法》	部门规章	1996.10.1—2007.11.9
3	《劳动部关于对新开办用人单位实行劳动规章制度备案制度的通知》	部门规范性文件	1997.11.25—2016.5.31
4	《社会保险费征缴暂行条例》	行政法规	1999.1.22 至今
5	《住房公积金管理条例》①	行政法规	1999.4.3 至今
6	《工资集体协商试行办法》	部门规章	2000.11.8 至今
7	《中华人民共和国职业病防治法》②	法律	2002.5.1 至今
8	《工伤保险条例》③	行政法规	2004.1.1 至今
9	《集体合同规定》	部门规章	2004.5.1 至今
10	《最低工资规定》	部门规章	2004.3.1 至今
11	《劳动保障监察条例》	行政法规	2004.12.1 至今
12	《国务院关于完善企业职工基本养老保险制度的决定》	国务院规范性文件	2005.12.3 至今

① 根据《国务院关于修改〈住房公积金管理条例〉的决定》（发布日期：2002 年 3 月 24 日，实施日期：2002 年 3 月 24 日）第一次修订，根据《国务院关于修改部分行政法规的决定》（发布日期：2019 年 3 月 24 日，实施日期：2019 年 3 月 24 日）第二次修订。

② 于 2011 年、2016 年、2017 年、2018 年四次修正。

③ 根据《国务院关于修改〈工伤保险条例〉的决定（2010）》（发布日期：2010 年 12 月 20 日，实施日期：2011 年 1 月 1 日）修订。

在此期间，与劳动领域相关的《中华人民共和国人口与计划生育法》《中华人民共和国职业教育法》等相继出台。

四、完善与发展时期

（一）2008 年 1 月 1 日至 2008 年 12 月 31 日

表 1–5　劳动法律体系变迁梳理（五）

序号	法律法规名称	效力等级	效力期间
1	《劳动合同法》①	法律	2008.1.1 至今
2	《中华人民共和国就业促进法》	法律	2008.1.1 至今
3	《职工带薪年休假条例》	行政法规	2008.1.1 至今
4	《中华人民共和国劳动争议调解仲裁法》	法律	2008.5.1 至今
5	《中华人民共和国劳动合同法实施条例》	行政法规	2008.9.18 至今
6	《企业职工带薪年休假实施办法》	部门规章	2008.9.18 至今

（二）2009 年 1 月 1 日至今

表 1–6　劳动法律体系变迁梳理（六）

序号	法律法规名称	效力等级	效力期间
1	《中华人民共和国社会保险法》②	法律	2011.7.1 至今
2	《女职工劳动保护特别规定》	行政法规	2012.4.28 至今
3	《劳务派遣暂行规定》	部门规章	2014.3.1 至今
4	《工伤职工劳动能力鉴定管理办法》③	部门规章	2014.4.1 至今
5	《劳动人事争议仲裁组织规则》	部门规章	2017.7.1 至今
6	《劳动人事争议仲裁办案规则》	部门规章	2017.7.1 至今
7	《重大劳动保障违法行为社会公布办法》	部门规章	2017.7.1 至今

① 《全国人大常委会关于修改〈中华人民共和国劳动合同法〉的决定（2012）》（发布日期：2012 年 12 月 28 日，实施日期：2013 年 7 月 1 日）修正。

② 根据《人力资源社会保障部关于修改部分规章的决定（2018）》（发布日期：2018 年 12 月 14 日，实施日期：2018 年 12 月 14 日）修订。

③ 根据《全国人民代表大会常务委员会关于修改〈中华人民共和国社会保险法〉的决定（2018）》（发布日期：2018 年 12 月 29 日，实施日期：2018 年 12 月 29 日）修订。

在此期间，《全国年节及纪念日放假办法》《工伤认定办法》等与劳动领域密切相关的部门规章或其他规范性文件陆续修订。

五、近期法律清理的梳理

《最高人民法院关于废止部分司法解释及相关规范性文件的决定》于2020年12月23日由最高人民法院审判委员会第1823次会议通过，自2021年1月1日起施行。上述基于配套《民法典》实施而清理的法规会对企业部分法律适用问题产生影响。

表1–7 劳动法律体系变迁梳理（七）

序号	劳动法相关被清理文件名称	发文日期及文号	效力
1	《最高人民法院关于审理名誉权案件若干问题的解释》	1998年8月31日 法释〔1998〕26号	已失效
2	《最高人民法院关于违反计划生育政策的超生子女可否列为职工的供养直系亲属等问题的复函》 附:《劳动部保险福利司关于违反计划生育政策的超生子女可否列为职工的供养直系亲属等问题的征求意见函》	1990年8月13日 〔1990〕法民字第17号	已失效
3	《最高人民法院关于审理劳动争议案件适用法律若干问题的解释》	2001年4月16日 法释〔2001〕14号	已失效
4	《最高人民法院关于审理劳动争议案件适用法律若干问题的解释（二）》	2006年8月14日 法释〔2006〕6号	已失效
5	《最高人民法院关于审理劳动争议案件适用法律若干问题的解释（三）》	2010年9月13日 法释〔2010〕12号	已失效
6	《最高人民法院关于审理劳动争议案件适用法律若干问题的解释（四）》	2013年1月18日 法释〔2013〕4号	已失效
7	《最高人民法院关于劳动仲裁委员会逾期不作出仲裁裁决或者作出不予受理通知的劳动争议案件，人民法院应否受理的批复》	1998年9月2日 法释〔1998〕24号	已失效
8	《最高人民法院关于解除劳动合同的劳动争议仲裁申请期限应当如何起算问题的批复》	2004年7月26日 法释〔2004〕8号	已失效
9	《最高人民法院关于印发国家统计局〈关于对职工日平均工资计算问题的复函〉的通知》	1996年2月13日 〔1996〕法赔字第1号	已失效

实际上，人力资源和社会保障部也有类似的规章清理，企业应及时关注，以了解法律法规及政策变化对用工的影响。

不仅国家层面，地方层面也基于《民法典》在整理此前的相关法律文件，如《广东省高级人民法院关于废止部分审判业务文件的决定》（粤高法〔2020〕132号），决定废止73件审判文件。

第四节　劳动法律的地域差异

造成企业用工合规具有地域性的原因很多，从立法角度上讲，法律赋予的地方立法权是产生地域性特征重要的原因之一。《中华人民共和国立法法》（以下简称《立法法》）[①]规定，地方人大及其常委会有权根据本行政区域的具体情况和实际需要，在不同宪法、

---

① 《立法法》第七十二条规定："省、自治区、直辖市的人民代表大会及其常务委员会根据本行政区域的具体情况和实际需要，在不同宪法、法律、行政法规相抵触的前提下，可以制定地方性法规。

设区的市的人民代表大会及其常务委员会根据本市的具体情况和实际需要，在不同宪法、法律、行政法规和本省、自治区的地方性法规相抵触的前提下，可以对城乡建设与管理、环境保护、历史文化保护等方面的事项制定地方性法规，法律对设区的市制定地方性法规的事项另有规定的，从其规定。设区的市的地方性法规须报省、自治区的人民代表大会常务委员会批准后施行。省、自治区的人民代表大会常务委员会对报请批准的地方性法规，应当对其合法性进行审查，同宪法、法律、行政法规和本省、自治区的地方性法规不抵触的，应当在四个月内予以批准。

省、自治区的人民代表大会常务委员会在对报请批准的设区的市的地方性法规进行审查时，发现其同本省、自治区的人民政府的规章相抵触的，应当作出处理决定。

除省、自治区的人民政府所在地的市，经济特区所在地的市和国务院已经批准的较大的市以外，其他设区的市开始制定地方性法规的具体步骤和时间，由省、自治区的人民代表大会常务委员会综合考虑本省、自治区所辖的设区的市的人口数量、地域面积、经济社会发展情况以及立法需求、立法能力等因素确定，并报全国人民代表大会常务委员会和国务院备案。

自治州的人民代表大会及其常务委员会可以依照本条第二款规定行使设区的市制定地方性法规的职权。自治州开始制定地方性法规的具体步骤和时间，依照前款规定确定。

省、自治区的人民政府所在地的市，经济特区所在地的市和国务院已经批准的较大的市已经制定的地方性法规，涉及本条第二款规定事项范围以外的，继续有效。"

第七十三条规定："地方性法规可以就下列事项作出规定：

（一）为执行法律、行政法规的规定，需要根据本行政区域的实际情况作具体规定的事项；

（二）属于地方性事务需要制定地方性法规的事项。

除本法第八条规定的事项外，其他事项国家尚未制定法律或者行政法规的，省、自治区、直辖市和设区的市、自治州根据本地方的具体情况和实际需要，可以先制定地方性法规。在国家制定的法律或者行政法规生效后，地方性法规同法律或者行政法规相抵触的规定无效，制定机关应当及时予以修改或者废止。

设区的市、自治州根据本条第一款、第二款制定地方性法规，限于本法第七十二条第二款规定的事项。

制定地方性法规，对上位法已经明确规定的内容，一般不作重复性规定。"

法律、行政法规相抵触的前提下制定地方性法规，具体包括：为执行法律、行政法规的规定，需要根据本行政区域的实际情况作具体规定的事项；属于地方性事务需要制定地方性法规的事项。就劳动法律而言，地方立法主要包括以下几种类型。

一、法律规定由地方立法确定的事项

（一）最低工资

《劳动法》第四十八条规定："……最低工资的具体标准由省、自治区、直辖市人民政府规定，报国务院备案……"

（二）职业培训

《劳动法》第六十七条规定："各级人民政府应当把发展职业培训纳入社会经济发展的规划，鼓励和支持有条件的企业、事业组织、社会团体和个人进行各种形式的职业培训。"

培训对于企业和个人都非常重要，而目前诸如平台用工比较受诟病的原因之一就是让劳动者"困在系统里"，所以职业培训还是非常重要的事情。

（三）计划生育、婚假等各类假期

《中华人民共和国人口与计划生育法》第三十四条规定："本章规定的奖励和社会保障措施，省、自治区、直辖市和设区的市、自治州的人民代表大会及其常务委员会或者人民政府可以依据本法和有关法律、行政法规的规定，结合当地实际情况，制定具体实施办法。"

所以，各地对于晚婚假、晚育假、陪产假等有不同规定。

以上几点只是罗列，并未穷尽地方立法对劳动相关事项的全部规定。

二、地方性法规、条例与规范性文件

以劳务派遣为例，《劳动合同法》从第五十七条到第六十七条，用 11 条规定了劳务派遣单位的设立、劳务派遣适用的条件及各方权利义务。《劳务派遣暂行规定》具体细化了可以适用劳务派遣的岗位、劳务派遣用工数量的比例等。

除了劳务派遣，在劳动合同、各类工时的申请等方面，各地都有相应的具体细化规定。

三、司法裁量权对企业用工合规的影响

国家通过包括司法解释、指导案例等在内的多种形式推进司法统一，但各地的实际情况不同，尤其劳动领域的问题又相对琐碎，所以，各地对于一些具体问题的态度及处理方式并不统一，甚至完全相反。为此，企业在做合规性建设时，必须考虑不同地域的司法裁量对企业的影响。当然，对于会议纪要及类似文件对用工合规性的影响，企业仍然要以法律、行政法规作为判断和衡量标准。并且，将会议纪要作为企业对于某个法律事项的判断依据时，应核实该会议纪要是否现行适用。

当然，对于企业而言，各地司法裁量标准对于个案的影响较大，对于企业合规性建设的影响相对有限。

四、各地不同试点和探索对企业用工的影响

我国法律发展的进程路径之一是将试点上升为法律层面。比如，2020年10月18日，国家发改委正式发布《深圳建设中国特色社会主义先行示范区综合改革试点首批授权事项清单》（以下简称《授权清单》）。首批授权事项清单共有6大类40条，其中，与劳动关系相关的包括特殊工时管理改革试点。深圳作为试点，允许修订促进和谐劳动关系的相关经济特区法规，扩大特殊工时制度适用行业和工种岗位范围，探索适应新技术、新业态、新产业、新模式发展需要的特殊工时管理制度。

劳动法地域化特色有着现实的必要性，然而，到底是确定性的“地域化”还是没有预期的多样性，值得立法者思考，更需要执法部门和司法裁判者有一杆内心的“秤”。

第五节　从刑事责任视角看用工合规的红线

基于对劳动者安全、人身自由以及获得劳动报酬等基本权利的保护，《中华人民共和国刑法》（以下简称《刑法》）规定了劳动领域的相关罪名，明确用人单位、直接负责的主管人员和其他直接责任人员可能承担的刑事责任。

一、与安全生产相关的罪名

包括重大责任事故罪[①]，强令、组织他人违章冒险作业罪[②]，重大劳动安全事故罪[③]，大型群众性活动重大安全事故罪[④]，强迫劳动罪[⑤]。

《中华人民共和国刑法修正案（十一）》由中华人民共和国第十三届全国人民代表大会常务委员会第二十四次会议于2020年12月26日通过，新增危险作业罪，在《刑法》第一百三十四条后增加一条，作为第一百三十四条之一，新增三类可直接入刑的安全生产重大违法行为，将过去常见的“关闭”“破坏”“篡改”“隐瞒”“销毁”，以及“拒不执行整改”“擅自从事高危生产作业活动”等行政违法行为纳入刑法规制的范围内，实施上述行为或将被追究刑事责任。该修正案自2021年3月1日起施行。

二、与儿童保护相关的罪名

雇用童工从事危重劳动罪[⑥]。

---

① 《刑法》第一百三十四条第一款规定：“在生产、作业中违反有关安全管理的规定，因而发生重大伤亡事故或者造成其他严重后果的，处三年以下有期徒刑或者拘役；情节特别恶劣的，处三年以上七年以下有期徒刑。”

② 《刑法》第一百三十四条第二款规定：“强令他人违章冒险作业，或者明知存在重大事故隐患而不排除，仍冒险组织作业，因而发生重大伤亡事故或者造成其他严重后果的，处五年以下有期徒刑或者拘役；情节特别恶劣的，处五年以上有期徒刑。”

③ 《刑法》第一百三十五条规定：“安全生产设施或者安全生产条件不符合国家规定，因而发生重大伤亡事故或者造成其他严重后果的，对直接负责的主管人员和其他直接责任人员，处三年以下有期徒刑或者拘役；情节特别恶劣的，处三年以上七年以下有期徒刑。”

④ 《刑法》第一百三十五条之一规定：“举办大型群众性活动违反安全管理规定，因而发生重大伤亡事故或者造成其他严重后果的，对直接负责的主管人员和其他直接责任人员，处三年以下有期徒刑或者拘役；情节特别恶劣的，处三年以上七年以下有期徒刑。”

⑤ 《刑法》第二百四十四条规定：“以暴力、威胁或者限制人身自由的方法强迫他人劳动的，处三年以下有期徒刑或者拘役，并处罚金；情节严重的，处三年以上十年以下有期徒刑，并处罚金。

明知他人实施前款行为，为其招募、运送人员或者有其他协助强迫他人劳动行为的，依照前款的规定处罚。

单位犯前两款罪的，对单位判处罚金，并对其直接负责的主管人员和其他直接责任人员，依照第一款的规定处罚。”

⑥ 《刑法》第二百四十四条之一规定：“违反劳动管理法规，雇用未满十六周岁的未成年人从事超强度体力劳动的，或者从事高空、井下作业的，或者在爆炸性、易燃性、放射性、毒害性等危险环境下从事劳动，情节严重的，对直接责任人员，处三年以下有期徒刑或者拘役，并处罚金；情节特别严重的，处三年以上七年以下有期徒刑，并处罚金。

有前款行为，造成事故，又构成其他犯罪的，依照数罪并罚的规定处罚。”

三、与支付报酬相关的罪名

拒不支付劳动报酬罪[①]

四、其他可能承担刑事责任的行为

单位不得以暴力、威胁等手段阻挠员工合法参加工会[②]，不得侵害女职工合法权益[③]，不得有阻挠行政执法[④]，骗取社会保险[⑤]，伪造、涂改、冒用、转让、买卖就业证和许可证书[⑥]等行为，否则，将承担相应的刑事责任。另外，用工领域常见的刑事风险还包括：非国家工作人员受贿罪、对非国家工作人员行贿罪、受贿罪、单位受贿罪、行贿罪、对单位行贿罪、介绍贿赂罪、单位行贿罪等。而对于国有企业，在对薪酬等进行分配时，如果违规还有可能触犯私分国有资产罪等罪名。

刑法作为维护社会秩序的最后一道和最严厉的法律屏障，其规定的内容具有“保障

---

① 《刑法》第二百七十六条之一规定：“以转移财产、逃匿等方法逃避支付劳动者的劳动报酬或者有能力支付而不支付劳动者的劳动报酬，数额较大，经政府有关部门责令支付仍不支付的，处三年以下有期徒刑或者拘役，并处或者单处罚金；造成严重后果的，处三年以上七年以下有期徒刑，并处罚金。

单位犯前款罪的，对单位判处罚金，并对其直接负责的主管人员和其他直接责任人员，依照前款的规定处罚。

有前两款行为，尚未造成严重后果，在提起公诉前支付劳动者的劳动报酬，并依法承担相应赔偿责任的，可以减轻或者免除处罚。”

② 《工会法》第五十条规定：“违反本法第三条、第十一条规定，阻挠职工依法参加和组织工会或者阻挠上级工会帮助、指导职工筹建工会的，由劳动行政部门责令其改正；拒不改正的，由劳动行政部门提请县级以上人民政府处理；以暴力、胁迫等手段阻挠造成严重后果，构成犯罪的，依法追究刑事责任。”

③ 《女职工劳动保护特别规定》第十五条规定：“用人单位违反本规定，侵害女职工合法权益，造成女职工损害的，依法给予赔偿；用人单位及其直接负责的主管人员和其他直接责任人员构成犯罪的，依法追究刑事责任。”

④ 《劳动法》第一百零一条规定：“用人单位无理阻挠劳动行政部门、有关部门及其工作人员行使监督检查权、打击报复举报人员的，由劳动行政部门或者有关部门处以罚款；构成犯罪的，对责任人员依法追究刑事责任。”

⑤ 《劳动保障监察条例》第二十七条第二款规定：“骗取社会保险待遇或者骗取社会保险基金支出的，由劳动保障行政部门责令退还，并处骗取金额1倍以上3倍以下的罚款；构成犯罪的，依法追究刑事责任。”

⑥ 《外国人在中国就业管理规定》第二十九条规定：“对伪造、涂改、冒用、转让、买卖就业证和许可证书的外国人和用人单位，由劳动行政部门收缴就业证和许可证书，没收其非法所得，并处以1万元以上10万元以下的罚款；情节严重构成犯罪的，移送司法机关依法追究刑事责任。”

性”特点，因此，用人单位在用工过程中注重安全用工，尊重劳动者自由，保护特殊劳动者以及确保劳动者合法待遇，是企业合规用工的底线。

刑事责任看似离用工较远，但确实是任何个人和单位不能触碰的“红线”。不仅如此，对于刑事责任在用工方面的红线可以不限定在劳动用工领域，诸如行贿、受贿等员工行为也要纳入其中，而这需要企业全方位地构建起内部的合规体系。

第六节　其他视角下的劳动关系法律规制

不要陷入“劳动法”看用工合规监管，而是需要“跳出”固有视角，从企业性质、行业差异及其他领域的行政监管等多角度观察劳动关系法律规制。

一、以国有企业为例看不同性质企业合规用工的特殊性

国有企业用工领域的合规特点比较明确，这些特殊监管至少包括以下几个方面。

（一）从历史脉络看

国有企业合规监管应考虑国有企业改革的背景以及历史，如内退、停薪离职等问题，包括目前正在进行的“国企改革三年行动”，对于很多问题的理解也需要回归历史维度。

（二）从规范内容范围看

国有企业合规监管在职工代表大会与工会、员工招聘、工资薪酬与股权激励、高级管理人员管理、福利管理、政务处分、纪律处分及党纪处分等方面均有特殊规定。以薪酬福利为例，国有企业工资总额与效益的挂钩，内部审计监督与公示，均需要按照国资委的要求落实相关工资决定机制。国有企业职工福利保障管理应严格执行国家关于社会保险、住房公积金、企业年金、福利费等政策规定，不得超标准、超范围列支。企业效益下降的，应严格控制职工福利费支出。

（三）从法律后果看

国有企业合规监管不仅涉及违反劳动法等的相关责任，还涉及管理者追责以及对国

有企业本身的追责等，如依据《中华人民共和国公职人员政务处分法》给予政务处分。

（四）从发展角度看

国有企业改革不断深化，各类监管政策以及鼓励政策根据国有企业改革的进度不断出台。比如，《“双百企业”推行职业经理人制度操作指引》中的“双百企业”推行职业经理人制度、各种市场化激励手段等。再比如，“科改示范行动”是继国企改革“双百行动”“区域性综改试验”后的又一国企改革专项工程，共选取了200余户改革创新紧迫性较强的国有科技型企业，在切实加强党对国有企业的全面领导、坚决防止国有资产流失的前提下，按照高质量发展要求，进一步推动深化市场化改革，重点在完善公司治理、市场化选人用人、强化激励约束等方面探索创新、取得突破，打造一批国有科技型企业改革样板和自主创新尖兵，在此基础上复制推广成功经验。为此，国有企业人力资源合规管理需要结合国有企业改革的大背景进行规范和考量。

（五）从国有企业社会责任、国有企业治理等角度看

国有企业在民主制度建设等方面，有着特殊的要求和规范，如国有独资、全资公司的董事会、监事会中必须有职工董事和职工监事。国有企业中，职工董事和职工监事制度属于企业民主管理制度的重要组成部分，是企业职工民主监督的重要途径。国有企业职代会和工会组织不仅要受工会法和工会章程的规制，还要受《企业国有资产监督管理暂行条例》《中华人民共和国国有资产法》《国有企业领导人员廉洁从业若干规定》以及《中共中央纪委、中共中央组织部、国务院国有资产监督管理委员会等关于进一步做好职工代表大会民主评议国有企业领导人员工作的意见》等特殊性规制。

（六）从党的领导与企业发展角度看

国有企业应坚持党的领导与用工合规管理相统一，对党纪与用工管理规范的衔接等问题需要重点考虑。作为共产党员的国有企业领导人员违反廉洁从业行为规范的，视情节轻重，依照《中国共产党纪律处分条例》给予相应的党纪处分。

二、以银行业为例看行业监管特殊性对机构用工合规的影响

机构不能脱离自身行业去观察用工合规外部监管，不同行业的合规要求不同，我们

要“借”行业监管将用工合规嵌入日常管理的方方面面，而不是“浮”于表面。

（一）高级管理人员任职资格的限制

银行业金融机构从业的董事（理事）、高级管理人员有比较明确的资质限制和要求，除《中华人民共和国商业银行法》第二十七条的规定外，《银行业金融机构董事（理事）和高级管理人员任职资格管理办法》第二章中对董事（理事）、高级管理人员的任职资格作出了进一步的限制和要求。根据《银行业金融机构董事（理事）和高级管理人员任职资格管理办法》第十四条、第十五条以及《中国银监会中资商业银行行政许可事项实施办法》第七十八条的规定，对于银行业金融机构而言，最基本的要求是在任命董事、高级管理人员等对机构经营管理、风险控制有决策权或重要影响力的人员前，均应向金融监管机构提出任职资格审查，经过任职资格审查通过后再进行正式任命。一旦未经资格审查就进行董事、高级管理人员正式任命的，将根据《中华人民共和国银行业监督管理法》受到处罚。

《银行业金融机构董事（理事）和高级管理人员任职资格管理办法》第二十二条、第二十三条及《中国银监会中资商业银行行政许可事项实施办法》第九十七条规定，在出现银行业金融机构的董事长（理事长）、行长（总经理、主任）及分支机构行长（总经理、主任）缺位的情形时，应指定相关人员代为履职，需要及时向监管机构报告，且代为履职的期限不能超过6个月。

（二）商业银行工作人员的一般任职要求

根据《中华人民共和国商业银行法》第五十二条的规定，无论是高级管理人员，还是一般工作人员，均不得在其他经济组织兼职。

此外，根据《中国银监会办公厅关于印发银行业金融机构从业人员处罚信息管理办法的通知》第九条、第十一条、第十四条的规定，对于处罚信息，银行业金融机构应按照“一人一事一报”的原则向银监会或其派出机构报送，银行业金融机构在招录人员过程中应与拟招录人员签订“个人处罚信息授权查询使用承诺书”并向银监会或派出机构申请查询，查询后再决定是否录用。

银行业金融机构如未按照前述要求对员工及拟招用员工进行管理，则可能会因对员工管理不到位而受到处罚。

（三）员工行为规范

对员工行为规范的要求实际包括两类，一类是常规业务的指引类或办法类规范，另一类是根据市场情况出台的某些专项性要求，而专项性要求通常是特定时期的监管重点，银行业金融机构更应将其及时落实在具体工作和管理要求中。

这些规范散见在各类文件中，如《中国银行业监督管理委员会办公厅关于严禁银行业金融机构及其从业人员参与民间融资活动的通知》、《中国银行业监督管理委员会办公厅关于落实案件防控工作有关要求的通知》（其中包括《关于加强案件防控，落实轮岗、对账及内审有关要求的工作意见》和《严禁柜台违规行为防范案件风险的工作意见》)、《中国银监会办公厅关于进一步加强银行业务和员工行为管理的通知》、《中国银监会办公厅关于加强银行业基层营业机构管理的通知》、《中国银监会关于印发银行业金融机构从业人员职业操守指引的通知》、《中国银监会办公厅关于加强银行业金融机构内控管理有效防范柜面业务操作风险的通知》。除此之外，根据业务类型和业务领域的不同，也存在与业务类型相关的其他要求，如《个人贷款管理暂行办法》《商业银行授信工作尽职指引》《固定资产贷款管理暂行办法》《中国银监会办公厅关于加强银行卡发卡业务风险管理的通知》《中国人民银行、中国银行业监督管理委员会、中国证券监督管理委员会等关于规范金融机构同业业务的通知》《商业银行理财业务监督管理办法》等。此外，需要注意的是，区别于一般员工的行为规范，银行业金融机构的高级管理人员因为有更高的审慎注意和管理方面的要求，可能会因对一般员工的管理不善而承担相应的管理责任。

另外，《银行业从业人员职业操守和行为准则》于 2020 年 9 月 2 日发布。该准则是为进一步规范银行业金融机构从业人员职业操守和行为准则，塑造共同价值观，加强行业自律和从业人员行为管理，推动清廉金融文化建设而修订。该准则从职业操守、行为规范（具体包括行为守法、业务合规、履职遵纪）及保护客户合法权益、维护国家金融安全、强化职业行为自律等方面进行了规范。

（四）内部规章制度以及审慎经营等原则

为遵循银行业金融机构审慎经营、有效控制风险的基本原则，与前述规范金融机构工作人员的相关规定相对应，根据《中国银行业监督管理委员会关于印发商业银行内部控制指引的通知》的相关要求，为了做到合法合规地对员工进行管理，需要严格按照相关法律法规的要求制定行之有效的内部管理制度、排查制度等，在建立合理合法、行之有效的制度基础上，要严格按照制度的规定对员工进行管理，及时排查，及时妥善处理违规行为，否则银监会及其派出机构可依照有关规定采取监管措施。

（五）其他与员工管理相关的合规要求

其他与员工管理相关的合规要求主要集中在对公司内部人员、高级管理人员等的特殊要求，如不能通过其他企业代员工持股，薪酬制度，以及董事、监事和高级管理人员薪酬对外披露等，相关的规范主要有《中国银保监会关于印发银行保险机构公司治理准则的通知》《中国银行业监督管理委员会关于印发银行业金融机构绩效考评监管指引的通知》《中国银行业监督管理委员会关于印发〈商业银行稳健薪酬监管指引〉的通知》《商业银行与内部人和股东关联交易管理办法》《财政部、中国人民银行、银监会等关于规范金融企业内部职工持股的通知》等。

上述规范均构成了银行业用工合规管理的要求，不只银行业，其他金融机构，包括医疗行业、食品行业等都有不同的监管要求。

这些监管与劳动法之间的张力，也是类似行业机构必须面对的问题，如金融机构的递延奖金与劳动报酬的关系，司法实践中支持递延奖金的案例本书不再赘述，笔者主要通过一个败诉案例说明其中的问题。（2019）鲁15民终3298号一案中，梁某于2011年10月入职银行工作，梁某离职后，银行扣除梁某薪酬130000余元，后梁某提起劳动仲裁，劳动仲裁机构认为银行应支付梁某的绩效工资。但银行对裁决不服，诉至法院。一审法院认为，银行制定的《银行薪酬延期支付管理办法》虽然经过民主程序，且经过员工学习并签字确认，但用人单位制定的规章制度的内容不得违反国家法律、法规的强制性规定。《劳动法》第五十条规定："工资应当以货币形式按月支付给劳动者本人。不得克扣或者无故拖欠劳动者的工资。"《工资支付暂行规定》第九条规定："劳动关系双方依法解除或终止劳动合同时，用人单位应在解除或终止劳动合同时一次付清劳动者工资。"而本案中，银行制定的《银行薪酬延期支付管理办法》第十条第一项第一目规定："合同期满，员工单方面提出解除劳动合同的，应扣回其个人账户内尚未兑现的资金。"

第十一条规定："每年度延期支付薪酬经领导小组审议通过后在后续三年内平均支付，领导小组也可根据不同业务的风险周期，确定薪酬的合理支付时间，但不得少于3年。"上述规定违反了法律、法规的强制性规定，故原告、被告解除劳动合同时，银行应支付梁某相应的绩效薪酬。二审法院认同一审法院的观点。类似案例还有不少，如（2020）湘01民终12448号一案。

由上述案例可以看出，司法实践中不支持绩效薪酬奖金延迟支付的理由主要为：1.不得克扣或者无故拖欠劳动者的工资，劳动关系双方依法解除或者终止劳动合同时，用人单位应在解除或终止劳动合同时一次付清劳动者工资，而绩效薪酬属于工资范畴，在员工离职时应当一次性付清；2.对于用人单位规章制度中明确规定离职时止付绩效薪酬的情形，绩效薪酬延期支付及追回制度将在司法实践中面临挑战，在延期支付发生争议时，我们是应当依据行业的特殊性规定还是依据劳动法的一般性规定？这二者之间的冲突如何解决？以及离职后绩效薪酬追回与离职时一次性付清劳动报酬规定之间的冲突如何解决？这些问题的回答都需要解决绩效薪酬的性质认定，同时，尽量通过制度和劳动合同中更明确的规范予以解决。

三、透过行政处罚从更大视角看劳动用工合规

2021年6月11日，国家企业信用信息公示系统显示，椰某集团近日被罚40万元，原因为"妨碍社会公共秩序或者违背社会良好风尚"，作出行政处罚的机关为海南省市场监督管理局，依据为《中华人民共和国广告法》第九条，即广告不得妨碍社会公共秩序或者违背社会良好风尚，不得含有民族、种族、宗教、性别歧视的内容等。

招聘广告受到类似处罚虽然有，却并不多，而通常大家对招聘广告可能更关注是否构成就业歧视等。类似这样的案例也表明，对于劳动用工合规监管不能局限在劳动领域，一定要用更大的视角去观察。

企业面临的外部法律环境日益复杂，很多问题不再局限于劳动法律本身，如2021年9月1日生效的《中华人民共和国安全生产法》，其中有两条与劳动法律直接相关。第四十一条第一款、第二款规定，生产经营单位应当建立安全风险分级管控制度，按照安全风险分级采取相应的管控措施。生产经营单位应当建立健全并落实生产安全事故隐患排查治理制度，采取技术、管理措施，及时发现并消除事故隐患。事故隐患排查治理

情况应当如实记录，并通过职工大会或者职工代表大会、信息公示栏等方式向从业人员通报。其中，重大事故隐患排查治理情况应当及时向负有安全生产监督管理职责的部门和职工大会或者职工代表大会报告。第四十四条第二款规定，生产经营单位应当关注从业人员的身体、心理状况和行为习惯，加强对从业人员的心理疏导、精神慰藉，严格落实岗位安全生产责任，防范从业人员行为异常导致事故发生。

不仅如此，我们也不应当局限在国内视角，全球化的解读至关重要，尤其对于“走出去”的企业，国外用工政策、文化环境对用工的影响很大，如疫情期间各地出台的相关政策。

2021 年是劳动用工外部政策和法律调整的重要一年，不论是共同富裕语境下公平和效率的重新排序，还是合规管理主导下规则与责任的重新认识，三胎政策和延迟退休的变化，新就业形态的规范与鼓励等，这些外部调整、劳动力市场年龄结构的变化、用工形式的丰富、科技与互联网对传统用工模式的改造，都对我们提出了新的命题与挑战。

第二章 用发展眼光看企业用工方式

导言

企业用工方式日益丰富，劳动关系、劳务派遣、劳务外包、实习生、退休返聘、借工等多种形式在企业经营和发展中发挥着不同作用。伴随科技进步、用工成本增加及招工难等，平台用工、灵活用工等方式逐步进入企业视野。同时，海外用工复杂度也在增加。如果属于事业单位，则涉及聘用制人事关系，《事业单位人事管理条例》是规范聘用关系的主要法律依据之一，本书主要介绍劳动关系。

人是创造价值的主体，统筹用工方式实现与企业经营的结合是企业发展的必要条件。然而，用工方式筹划需要了解清楚劳动关系如何认定，劳动关系认定是用工方式筹划的逻辑起点。

企业需告别仅用“法律成本”衡量用工关系的误区，对劳务派遣、劳务外包等用工方式重新定位，不应将劳务派遣、劳务外包作为“减负”的手段。企业需告别劳动关系由其主导的认识误区，管理实践中用人单位与劳动者真实关系的呈现方式具有多样性，只有进行个体化解决，劳动关系和谐和稳定才有可能。企业需告别签订劳动合同才建立劳动关系的误区，劳动合同是否签订与双方是否建立劳动关系并无必然联系，相反，如果不及时签订书面劳动合同，还涉及未订立书面劳动合同需支付二倍工资的问题。企业需告别双方签署非劳动合同则双方并非劳动关系的误区，劳动关系的认定并不取决于双方签署合同的名称，而需要从主体、从属性等角度进行实质判断。

用工方式的转变与组织变化密切相关，公司作为一种组织形态，其内部也在不断发生演变，即使用工方式外部的法律表现形态没有发生变化，用工方式内部的管理模式也在悄悄发生着变化。比如，“90后”“00后”进入职场，其自主意识等群体特征必然影响公司的管理方式。

用工方式转变还与技术发展、经济发展水平、人口数量等密切相关，随着现代技术的发展以及人口红利消失后带来的“用工荒”，用工方式的变化也会是未来的一种趋势。

第一节　劳动关系的认定既是法律问题，更是实践问题

劳动关系是企业用工的基础模式，统筹用工方式必然涉及劳动关系与其他关系的比较；遇到特殊情况时，劳动关系的判断是基础，如某临时招聘人员与用人单位是否构成劳动关系。劳动关系认定既是法律问题，又是实践问题，因为是法律问题，所以需要了解劳动关系的构成要件；因为是实践问题，所以涉及对管理等要素的判断和衡量。

现行法律未对劳动关系下定义，《中华人民共和国劳动合同法实施条例（草案）》中提到，劳动关系即“用人单位招用劳动者为其成员，劳动者在用人单位的管理下，提供由用人单位支付报酬的劳动而产生的权利义务关系”。该劳动关系的界定，实际上将劳动关系的平等性、人身属性及财产属性均做了准确表述。

《劳动合同法》规定用人单位应当与劳动者签订书面劳动合同，双方劳动关系自用工之日起建立，根据《劳动合同法》，用工是认定劳动关系的关键。

《劳动和社会保障部关于确立劳动关系有关事项的通知》（以下简称《通知》）是认定劳动关系的主要依据。

《通知》第一条规定：“用人单位招用劳动者未订立书面劳动合同，但同时具备下列情形的，劳动关系成立。（一）用人单位和劳动者符合法律、法规规定的主体资格；（二）用人单位依法制定的各项劳动规章制度适用于劳动者，劳动者受用人单位的劳动管理，从事用人单位安排的有报酬的劳动；（三）劳动者提供的劳动是用人单位业务的组成部分。”该规则确定了认定劳动关系的三个标准，即主体、从属性、所提供劳动是业务组成部分。在劳动关系认定中，从属性是关键，主体则是前提。

一、劳动关系的主体

主体是审查是否构成劳动关系的前提要素。由于主体问题除类似达到退休年龄的人是否具有劳动者主体资格、被吊销营业执照的用人单位是否具有主体资格等特殊问题外，其他争议相对较少，为此，本部分主要对一些特殊问题进行说明，其他不再赘述。

（一）用人单位的主体资格

《劳动合同法》第二条规定，中华人民共和国境内的企业、个体经济组织、民办非企业单位等组织均可以作为用人单位。

1. 设立中的公司

与已设立公司相比，设立中的公司有一定特殊性。实践中，设立中的公司是否具备独立的法律责任主体资格仍有争议。

根据《劳动法》及《劳动合同法》的规定，设立中的公司并非“用人单位”，但不能因其不是《劳动法》《劳动合同法》规定的用人单位，而简单认定设立中的公司与劳动者之间就是劳务关系或其他关系。

《劳动部办公厅关于用人单位筹备组与职工发生劳动争议有关问题意见的函》规定：“用人单位在组建过程中，其筹备组与职工发生劳动争议的，筹备组和发起人（法人）共同作为劳动争议主体，承担连带责任。”若根据上述意见，则发起人为法人的，按劳动关系处理，若发起人为非法人的，则不按劳动关系处理。

根据《最高人民法院关于审理劳动争议案件适用法律问题的解释（一）》第二十九条和第三十条的规定，劳动者与未办理营业执照的用人单位发生争议的，应当将用人单位或者出资人列为当事人，未办理营业执照而以挂靠等方式借用他人营业执照经营的，应当将用人单位和营业执照的出借方列为当事人。

相比《劳动部办公厅关于用人单位筹备组与职工发生劳动争议有关问题意见的函》，《最高人民法院关于审理劳动争议案件适用法律问题的解释（一）》并未区分出资人为法人或非法人，而是用出资人的概念统一，我们认为是对劳动者更好的保护。

就该问题，部分地方司法实践中也有相关的指导意见，如《广东省高级人民法院关于审理劳动争议案件若干问题的指导意见》第六条规定，未经工商登记的企业与其所雇用的人员因用工关系发生纠纷，出资人属于《劳动法》第二条规定的用人单位的，该纠纷应作为劳动争议案件处理。

由于设立中的公司不能办理营业执照以及社会保险登记证，设立中的公司在用人实践中，不仅劳动关系认定存在争议，社会保险等也存在问题，如果出资人属于法人的，出资人与劳动者建立劳动关系并缴纳社保，设立中的公司完成设立，劳动关系主体变更，工龄等连续认定应该是更好的选择。

2. 公司被吊销或注销营业执照

《劳动合同法》第四十四条第五项规定，用人单位被吊销营业执照、责令关闭、撤销或者用人单位决定提前解散的，劳动合同终止。《最高人民法院关于审理劳动争议案件适用法律问题的解释（一）》第二十九条和第三十条也规定了公司在被吊销或注销时，将出资人列为当事人。

3. 企业破产重整

破产重整是指对可能或已经具备破产原因但又有维持价值和再生希望的企业，经由利害关系人的申请，在法院主持和利害关系人参与下，进行业务上的重组和债务调整，以帮助债务人摆脱困境的法律制度。根据《劳动合同法》第四十一条的规定，破产重整是企业经济性裁员的法定条件之一。但在破产重整期间，劳动关系仍然可能存续。基于破产期间法人主体地位尚存，劳动关系并不受实质影响，只是在用工管理中，管理人将起到核心作用，一旦破产重组失败，劳动关系会涉及解除与终止问题。

4. 其他情形

（1）关于非法用工

根据《劳动合同法》第九十三条的规定，对不具备合法经营资格的用人单位的违法犯罪行为，依法追究法律责任；劳动者已经付出劳动的，该单位或者其出资人应当依照本法有关规定向劳动者支付劳动报酬、经济补偿金、赔偿金；给劳动者造成损害的，应当承担赔偿责任。该条规定突破了合同相对性，直接确定由出资人承担劳动法上的相应责任。

（2）关于承包经营

根据《劳动合同法》第九十四条的规定，个人承包经营违反本法规定招用劳动者，给劳动者造成损害的，发包的组织与个人承包经营者承担连带赔偿责任。该条提示用人单位在进行承包经营时，应当注意承包主体的资格审核。

（二）个体作为劳动者的条件

个人作为劳动者一般有最低年龄限制，随着退休年龄变化以及老年人就业权保障等问题不断被提上讨论日程，退休年龄是否还作为衡量是否具备劳动者主体资格的要素尚需观察。关于已达到退休年龄的人是否可作为《劳动法》项下适格的劳动者，下文将进行讨论。

表 2-1　特殊年龄劳动者适格条件

个体	条件
不满 16 周岁的未成年人	学校、其他教育机构以及职业培训机构按照国家有关规定组织不满 16 周岁的未成年人进行不影响其人身安全和身体健康的教育实践活动、职业技能培训；文艺、体育单位经未成年人的父母或其他监护人同意，可以招用不满 16 周岁的专业文艺工作者、运动员。
年满 16 周岁未满 18 周岁的未成年人	用人单位不得安排从事矿山井下、有毒有害、国家规定的第四级体力劳动强度的劳动和其他禁忌从事的劳动；对未成年工应定期健康检查。《中华人民共和国未成年人保护法》还规定，营业性娱乐场所等不适宜未成年人活动的场所不得招用已满 16 周岁的未成年人。
达到退休年龄的人	国家法定的企业职工退休年龄为男年满 60 周岁，女工人年满 50 周岁，女干部年满 55 周岁。从事高空和特别繁重体力劳动工作累计满 10 年、从事井下和高温工作累计满 9 年或从事其他有害身体健康工作累计满 8 年的，退休年龄为男年满 55 周岁，女年满 45 周岁。因病或非因工致残，依照劳动鉴定程序经市、区、县劳动鉴定委员会鉴定达到完全丧失劳动能力的，退休年龄为男年满 50 周岁，女年满 45 周岁。（详见《国务院关于工人退休、退职的暂行办法》）

1. 法律规定的梳理

《劳动合同法》第四十四条第二项并未以达到退休年龄作为劳动合同终止标志，而是将享受基本养老待遇作为劳动合同终止的节点。《最高人民法院关于审理劳动争议案件适用法律问题的解释（一）》第三十二条规定，用人单位与其招用的已经依法享受养老保险待遇或者领取退休金的人员发生用工争议而提起诉讼的，人民法院应当按劳务关系处理，也未将达到退休年龄作为劳动合同终止的节点。

《人民司法》2021 年第 7 期刊登了最高人民法院民一庭法官的文章，即《〈关于审理劳动争议案件适用法律问题的解释（一）〉几个重点问题的理解与适用》。该文认为，可将《中华人民共和国劳动合同法实施条例》第二十一条规定的“劳动者达到法定退休年龄的，劳动合同终止”视为《劳动合同法》第四十四条第六项规定的“法律、行政法规规定的其他情形”，但这并不意味着劳动关系必然自动终止。人民法院应当对该条规定适用情形作实质审查，对于达到法定退休年龄，但是非因用人单位原因不能享受基本养老保险待遇的，可终止劳动关系；对于达到法定退休年龄，但是因用人单位原因不能享受基本养老保险待遇的，不能随意终止劳动关系。

上述法律规定、司法解释与《中华人民共和国劳动合同法实施条例》及《国务院关于工人退休、退职的暂行办法》对劳动者达到退休年龄作为劳动合同终止条件的认定不一致。实践中，已达到退休年龄的人大多是按照不适格劳动者处理的，然而该口径近两年有变化，为此，对该问题需要持续关注立法及司法新动向。

《中华人民共和国国民经济和社会发展第十四个五年规划和2035年远景目标纲要》中明确，综合考虑人均预期寿命提高、人口老龄化趋势加快、受教育年限增加、劳动力结构变化等因素，按照小步调整、弹性实施、分类推进、统筹兼顾等原则，逐步延迟法定退休年龄。

2. 各地的不同观点

由于对该问题的立法规定存在差异，也导致司法实践中观点差异较大。

（1）达到退休年龄一律不视为适格劳动者，与用人单位的关系按劳务关系或雇佣关系处理

《北京市高级人民法院、北京市劳动争议仲裁委员会关于劳动争议案件法律适用问题研讨会会议纪要（二）》第十二条指出，依法享受养老保险待遇的人员、领取退休金的人员、达到法定退休年龄的人员，其与原用人单位或者新用人单位之间的用工关系按劳务关系处理。

（2）达到退休年龄，但未依法享受基本养老保险待遇的，可与用人单位建立劳动关系，但相关待遇区别于劳动关系

《重庆市高级人民法院民一庭关于九龙坡区法院劳动争议案件法律适用问题研讨会议综述》第九条指出，法院一致意见认为，我国《劳动合同法》第四十四条规定，劳动者开始依法享受基本养老保险待遇的，劳动合同终止。据此，劳动者依法享受基本养老保险待遇后，可以认定其与用人单位之间的劳动合同终止。已达退休年龄但未依法享受基本养老保险待遇的人员，可以与用人单位建立劳动关系。但是，此种情形下，用人单位因政策障碍无法向劳动者履行缴纳社会保险义务的，应当免除用人单位相应的法律责任，即劳动者不能全面享受正常劳动关系所应有的待遇。重庆市人社局调解仲裁管理处认为，已达退休年龄但未依法享受基本养老保险待遇的人员，不宜认定为与单位建立劳

动关系，但对于劳动者工伤保险待遇、工资报酬的请求予以支持。

江苏省劳动人事争议仲裁委员会《江苏省劳动人事争议疑难问题研讨会纪要》（苏劳人仲委〔2017〕1号）第二条第二款规定："用人单位与其招用的已达到或超过法定退休年龄但未享受基本养老保险待遇或领取退休金的人员发生用工争议，双方之间用工情形符合劳动关系特征的，应按劳动关系特殊情形处理。劳动者请求享受《劳动法》《劳动合同法》规定的劳动报酬、劳动保护、劳动条件、工作时间、休息休假、职业危害防护、福利待遇的应予支持。但劳动者请求签订无固定期限劳动合同、支付二倍工资、经济补偿、赔偿金及社会保险待遇的不予支持（其中社会保险待遇争议不包括本意见第十二条规定的情形）。双方另有约定的除外。"上述规定将劳动关系项下的权利义务进行了拆分，尽管超过退休年龄但未享受养老保险待遇的劳动者可以与用人单位建立劳动关系，但其并不享有完整的劳动关系项下劳动者权利。严格来说，这样的拆分同样缺乏法律依据支撑。

（3）达到退休年龄，但未依法享有养老保险待遇或领取退休金的人员，如属用人单位继续用工的，则应认定劳动关系，否则，按劳务关系处理

最高人民法院分别于2007年7月5日作出《关于离退休人员与现工作单位之间是否构成劳动关系以及工作时间内受伤是否适用〈工伤保险条例〉问题的答复》、2010年3月17日作出《关于超过法定退休年龄的进城务工农民因工伤亡的，应否适用〈工伤保险条例〉请示的答复》，上述批复指出，离退休人员受聘于现工作单位，现工作单位已经为其缴纳了工伤保险费，其在受聘期间因工作受到事故伤害的，以及用人单位聘用的超过法定退休年龄的务工农民，在工作时间内、因工作原因伤亡的，应当适用《工伤保险条例》的有关规定进行工伤认定。

不仅各地观点不同，同一地方的观点在不同时间段也有差异，即使相关会议纪要表达了相关观点，在司法实践中仍有不同的判决。以江苏省为例，江苏省高级人民法院、江苏省劳动争议仲裁委员会《关于审理劳动争议案件的指导意见》第三条规定："用人单位招用已达到法定退休年龄的人员，双方形成的用工关系按雇佣关系处理。"显然与江苏省劳动人事争议仲裁委员会《江苏省劳动人事争议疑难问题研讨会纪要》（苏劳人仲委〔2017〕1号）的观点不同。

3. 用人单位招录和使用已达退休年龄的员工如何管理？

随着老龄化社会的到来，达到退休年龄劳动者的工作权将会受到更广泛的关注。如

今的中国，与1978年颁布《国务院关于工人退休、退职的暂行办法》的时代相比，已经发生了翻天覆地的变化，为此，我们不能用僵化的退休年龄衡量用人单位与劳动者的关系。特别是在现行法律规定不明确，法律规定与行政法规等存在冲突的情况下，该问题更不适宜用“单一”观点判断。

（1）员工达到退休年龄，企业应当及时办理终止劳动合同的手续，并协助办理退休

（2）企业招聘达到退休年龄的员工，应当了解该员工是否享受养老保险待遇

对于不享受养老保险待遇的劳动者，应当慎重录用，需要录用该类劳动者时，如果当地允许该类劳动者缴纳工伤保险的，应当依法缴纳，若不能缴纳工伤保险，应当通过商业保险等方式尽量减少企业用工风险。不仅如此，双方还应当签署相关协议，以明确双方权利义务。

比如，根据《四川省工伤保险条例》第四十五条的规定，已经达到或者超过法定退休年龄且未依法享受职工基本养老保险待遇的人员，可以参照本条例参加工伤保险，具体办法由省人民政府社会保险行政部门会同有关部门制定。

（3）应当关注司法实际及法律对该问题的调整，并根据具体情况调整相应管理方式

最高人民法院法官对《最高人民法院关于审理劳动争议案件适用法律问题的解释（一）》第三十二条第一款的相关解读开始关注公司过错因素，但该解读是否会影响后续具体个案，或者是否会影响立法走向，还需要时间考察。

综上，对超过退休年龄但未享受养老保险待遇的人，企业在招聘时应当具体情况具体分析。如果需要聘用，除考虑法律上的限制性规定外，还应当关注对该类劳动者遭受工伤等意外风险的防控。同时，企业用工应当时刻关注外部法律及司法实践的变化。

通过达到退休年龄的员工与用人单位建立劳动关系性质的争议，我们也可以看出，就我国劳动法律方面，上位法与下位法冲突、地方规定差异化、司法裁判尺度不一致等问题比较突出，这种立法现状和司法环境也构成了企业用工复杂化的外部环境。

二、合意和从属性

劳动关系认定的基础是合意，关键是从属性，即经济从属性、人格从属性、组织从属性。合意不能仅从双方签订的劳动合同判断，尤其不能仅基于双方合同的名称判断，还应当判断签订合同时是否存在胁迫、欺诈等情形。基于从属性并无准确的法律概念，

只能结合实践中的案件进行说明，从属性是一个非常复杂的问题。

（一）双方合意

是否具有建立劳动关系的合意是判定双方之间是否存在劳动关系的基础。在具体个案中，认定合意并非只以双方意思表示为准，法院会结合个案进行综合判断，如入职离职手续、相对固定金额报酬的支付、员工入职手续的邮件、印制名片等。

（二）从属性

1. 经济从属性

劳动者一方使用用人单位的资本、生产资料以实现劳动力价值，劳动者并不负担或分摊单位的经营成本或利润。经济从属性非常重要的标志即是否承担风险，还是相对固定取酬。

2. 人格从属性

用人单位通过提供生产资料、发放劳动报酬，对劳动者进行一定程度的控制、支配，表现为要求劳动者按照用人单位要求提供劳动、安排时间、遵守规章制度。管理关系会体现在很多维度，是否了解制度、是否参与日常的工作等，均是人格从属性的判断要素。

3. 组织从属性

劳动者的职责从属于用人单位。劳动关系一旦形成，劳动关系的一方——劳动者，要成为另一方——用人单位的成员。用人单位作为劳动力使用者，要安排劳动者在组织内和生产资料结合；而劳动者则要通过运用自身的劳动能力，完成用人单位交给的各项生产任务，并遵守用人单位内部的规章制度。

4. 从属性的判断是一种综合判断

（1）用人单位依法制定的各项劳动规章制度适用于劳动者：是全部规章制度适用于劳动者，还是部分规章制度适用于劳动者即可？

《劳动合同法》第四条第二款规定，用人单位的规章制度包括但不限于劳动报酬、工作时间、休息休假、劳动安全卫生、保险福利、职工福利、职工培训、劳动纪律以及劳动定额管理等。如此，在认定劳动关系时，需要全部制度都适用于劳动者，还是部分适用即可？如果部分适用即可，具体指部分适用即可？还是任意部分适用即可？

（2）劳动者受用人单位的劳动管理：劳动管理具体指什么？是时间管理、业务质量管理还是其他？

劳动管理是认定劳动关系的重要考量因素，但劳动者受用人单位管理具体包括哪些方式？用人单位如果不对劳动者进行时间管理、任务管理，仅是业务或培训管理，是否属于对劳动者的管理？或者，用人单位不对劳动者进行表面的强制管理，亦不制定规章制度，而是通过其他形式的“隐形”手段进行管理，如金钱激励等，是否构成劳动管理？这些问题同样没有明确的法律规定。

如在（2019）桂13民终1010号一案中，诉讼双方签订了保险代理合同，法院认为不能以此作为认定双方存在劳动关系或者劳务关系的依据，应依据双方履行合同的事实来认定双方的法律关系属于保险代理关系还是劳动合同关系，应从人身从属性、原告从事的具体工作、经济从属性进行辨别。法院区分了《中华人民共和国保险法》第一百一十二条规定“保险公司应当建立保险代理人登记管理制度，加强对保险代理人的培训和管理……”中保险公司对保险代理人的管理与劳动用工中管理的差异，法院认为，保险公司对保险代理人的管理是一种业务规范性的、业务合法性的管理，而本案中，保险公司对原告的管理已经超出前述“管理”性质，从上下班打卡，特别是原告休产假的审批程序来看，被告对原告的“管理”已经大大超过保险公司对保险代理人管理的必要限度，双方已丧失了保险代理关系中人身关系的平等性，反而符合劳动关系中人身依附性的特征。

通过这个案例可以看出，管理维度是多方面的，其他关系中并非没有管理，而是要综合判定该“管理”的限度有无丧失人身关系的平等性而转换为具有依附属性的管理。

（3）从事用人单位安排的劳动：“安排”如何理解？非直接下指令，而是由劳动者自行选择是否可以排除“安排”的认定？

“安排”从字面意思解读是指针对某项内容所制定的具体的、切实的、可执行的一个计划或指令。如果这样理解，不是用人单位主动发起的计划和指令，是否就不构成“安排”？劳动者自行选择是否可以排除“安排”的认定？

在（2019）苏04民终2987号一案中，法院认为，从形式上看，吕某接受公司安排为患者进行护工护理，每月从公司处领取相对固定工资，公司对吕某的工作内容进行培训，双方之间具有劳动关系的特征。但是，从实质上分析，双方之间属于劳务中介关系。法院认为，护工接受了劳务中介机构安排的患者后，主要根据患者的需求对患者进行日常生活照料和护理，护工能够相对自主地安排工作和休息，无须接受公司考勤制度约束，公司也未对吕某进行考勤，公司的监督检查以及安排培训主要是提高护工服务水平，双方签订的协议也明确了双方之间不存在劳动合同关系。由于吕某接受公司安排的患者后，能相对自主地安排工作和休息，双方人身依附性较弱，为此，双方不存在劳动关系并无不当。

通过该案我们也不难看出，对“安排”同样有不同理解，该案中，双方合同的签订、具体管理的弱化、具体工作指令的发出，均影响了关系的认定，而表面报酬的定期发放并没有成为认定从属性的重要依据。

（4）获得报酬是劳动关系认定中的重要因素：支付主体不同、周期不固定是否可以当然认定所获得利益不属于劳动报酬？

劳动关系项下报酬的主要法律依据包括：《国家统计局关于工资总额组成的规定》《工资支付暂行规定》《最低工资规定》，以及各地相关的工资支付条例、最低工资的相关规定。劳动关系项下，报酬与工资在某种程度上是同一事项的不同说法。工资是指用人单位依据劳动合同的约定，以各种形式支付给劳动者的工资报酬。法律对于工资支付项目、工资支付水平、工资支付形式、工资支付对象、工资支付时间以及特殊情况下的工资支付均有相关规定。工资具有支付的稳定性、周期性、固定性，劳动者对于工资具有依赖性。

同样以（2019）苏04民终2987号一案为例，法院未认定劳动关系的重要理由之一是从护工工资的性质来看，公司仅从患者缴纳的护理费中提取中介服务费，近76%的护理费作为工资支付给了吕某，该报酬计算方式近似于双方对护理费的分成，与一般劳动者领取工资有所不同。

由此看出，“报酬”获得形式在实践中对认定劳动关系的影响仍然存在较大争议。

（5）劳动者工作属于用人单位业务的组成部分：劳动者工作属于用人单位业务的组成部分是否就一定构成劳动关系？

首先，用人单位业务如何理解？是主营收入性的业务，还是包括所有运营过程中相关的业务，如支撑性业务？是否需要考量核心业务？其次，如果属于主营收入性的业务，是否能当然认定劳动者的工作属于用人单位的组成部分进而认定劳动关系？最后，业务组成是根据营业执照等文件理解，还是可根据商业模式、发展阶段等不同维度去理解？

同样以（2019）桂13民终1010号一案为例，法院认为，在保险代理关系中，保险代理人通过为保险公司揽取保险业务，获取保险代理佣金。本案双方签订的保险代理合同中也只是约定原告揽取保险业务并从事为揽取保险业务应从事的相应辅助性工作，但在实际履行过程中，被告又要求原告从事财务工作、保险单证领取及保管工作，已经超出双方保险代理合同约定的范围，并且属于被告不可分割的业务组成部分，因此，原告向被告提供的劳动已经嵌入被告的主营业务中，符合劳动关系的特征。从该案例我们也不难看出，业务组成的判断是很宽泛的，同时也能说明该角度在实践中的判断存在不确定性。

梳理上述法律以及结合案例不难看出，法律对于劳动关系认定虽有规定，却更多是模糊空间。

三、举证责任

《通知》第二条规定，“用人单位未与劳动者签订劳动合同，认定双方存在劳动关系时可参照下列凭证：（一）工资支付凭证或记录（职工工资发放花名册）、缴纳各项社会保险费的记录；（二）用人单位向劳动者发放的‘工作证’、‘服务证’等能够证明身份的证件；（三）劳动者填写的用人单位招工招聘‘登记表’、‘报名表’等招用记录；（四）考勤记录；（五）其他劳动者的证言等。其中，（一）、（三）、（四）项的有关凭证由用人单位负举证责任。”对于劳动关系认定，主张属于劳动关系的一方承担初步的举证责任，用人单位应当依法提交证据，对劳动关系认定进行反驳时，应当提交相关证据。

以上劳动关系的认定主要围绕全日制用工进行说明，“非全日制”作为非典型劳动关系，除工伤保险外，不涉及其他社会保险。同时，非全日制用工不是必须签订书面劳动合同，解除和终止劳动关系时无经济补偿金问题。但非全日制用工关系也有着不可突破的红线：（1）非全日制用工的工作时间平均每天4小时，每周工作时间累计不超过24小时；（2）非全日制劳动报酬结算周期最长不超过15天。

第二节 莫用规避劳动关系的角度审视“劳务派遣”或“劳务外包”

劳动派遣或劳务外包均为企业宏观用工方式的一种，企业应当告别如下误区：为降低用工成本而使用“劳务派遣”或“劳务外包”；不重视“劳务派遣”或“劳务外包”的合规管理；不能有效区分劳动关系与“劳务派遣”或“劳务外包”的关系。

《劳动合同法》第五章第二节，共 11 个条文，从派遣单位设定，劳务派遣单位、用工单位及劳动者的权利义务，派遣协议，派遣单位的告知义务，跨地区派遣劳动者的劳动报酬、劳动条件，用工单位义务，同工同酬，工会，劳动合同解除，适用岗位需要满足的“三性”原则以及逆向派遣等进行了规范。

2014 年 3 月 1 日生效的《劳务派遣暂行规定》更加详细地规定了劳务派遣用工中的问题，包括“三性”的具体界定、劳务派遣人员的退回、劳务派遣用工比例等。

一、用工单位视角下的劳务派遣合规管理

劳务派遣法律关系是根据《劳动合同法》《劳务派遣暂行规定》等，在劳务派遣单位、用工单位和被派遣劳动者三方之间形成的法律关系，这种法律关系包括劳务派遣单位与用工单位之间的法律关系，劳务派遣单位与被派遣劳动者之间的法律关系、用工单位与被派遣劳动者之间的法律关系。在该法律关系项下，劳动关系的管理权在一定程度上由用工单位依法享有。

（一）劳务派遣单位应当具备合法资质

《劳动合同法》第五十七条规定，经营劳务派遣业务，应当向劳动行政部门依法申请行政许可；经许可的，依法办理相应的公司登记。未经许可，任何单位和个人不得经营劳务派遣业务。

经营劳务派遣业务应当具备下列条件：注册资本不得少于人民币二百万元；有与开展业务相适应的固定的经营场所和设施；有符合法律、行政法规规定的劳务派遣管理制度；法律、行政法规规定的其他条件。

（二）劳务派遣合规管理要点

用工单位应当选择有资质的劳务派遣公司，这里需要注意，根据《劳动合同法》第六十七条规定，用人单位不得设立劳务派遣单位向本单位或所属单位派遣劳动者。即该派遣公司不得是用工单位股东投资设立的派遣公司，亦不得是自己设立的劳务派遣公司。

1. 劳务派遣只能在“三性”岗位上使用，即临时性、替代性和辅助性岗位上

《劳动合同法》第六十六条中规定，劳动合同用工是我国的企业基本用工形式。劳务派遣用工是补充形式，只能在临时性、辅助性或者替代性的工作岗位上实施。

临时性工作岗位是指存续时间不超过 6 个月的岗位。辅助性工作岗位是指为主营业务岗位提供服务的非主营业务岗位；《劳务派遣暂行规定》第三条第三款规定，用工单位决定使用被派遣劳动者的辅助性岗位，应当经职工代表大会或者全体职工讨论，提出方案和意见，与工会或者职工代表平等协商确定，并在用工单位内公示。替代性工作岗位是指用工单位的劳动者因脱产学习、休假等原因无法工作的一定期间内，可以由其他劳动者替代工作的岗位。

相关岗位只要具备上述“三性”中的“一性”，就可适用劳务派遣，无须同时具备“三性”。

2. 劳务派遣的用工数量比例应当符合法律规定

《劳务派遣暂行规定》规定劳务派遣用工比例不得超过 10%，第二十八条还规定了 2 年的过渡方案，即用工单位在本规定施行前使用被派遣劳动者数量超过其用工总量 10% 的，应当制定调整用工方案，于本规定施行之日起 2 年内降至规定比例。但是，《全国人民代表大会常务委员会关于修改〈中华人民共和国劳动合同法〉的决定》公布前已依法订立的劳动合同和劳务派遣协议期限届满日期在本规定施行之日起 2 年后的，可以依法继续履行至期限届满。

用工总数是指用工单位订立劳动合同的劳动者人数与用工单位辅助性工作岗位使用的被派遣劳动者人数之和。

《劳务派遣暂行规定》第二十五条规定，外国企业常驻代表机构和外国金融机构驻华代表机构等使用被派遣劳动者的，以及船员用人单位以劳务派遣方式使用国际远洋海员的，不受“三性”以及用工比例的限制。

3. 用工单位退回劳务派遣员工应当符合法律规定

劳务派遣退回与劳动合同解除和终止同样都是法定事由，只有在满足《劳动合同法》及《劳务派遣暂行规定》规定的事由下才能退回或解除 / 终止，否则将承担相应法律责任。之所以要将劳务派遣退回与劳动合同解除进行比对，是为了避免用工单位将两者混淆。

（1）事由对比

表 2-2　劳动合同解除与劳务派遣退回的事由对比

劳动合同解除	劳务派遣退回
《劳动合同法》第三十六条、第三十七条、第三十八条、第三十九条、第四十条、第四十一条	《劳务派遣暂行规定》第十二条第一款：有下列情形之一的，用工单位可以将被派遣劳动者退回劳务派遣单位：（一）用工单位有劳动合同法第四十条第三项、第四十一条规定情形的；（二）用工单位被依法宣告破产、吊销营业执照、责令关闭、撤销、决定提前解散或者经营期限届满不再继续经营的；（三）劳务派遣协议期满终止的。
《劳动合同法》第四十二条：劳动者有下列情形之一的，用人单位不得依照本法第四十条、第四十一条的规定解除劳动合同： （一）从事接触职业病危害作业的劳动者未进行离岗前职业健康检查，或者疑似职业病病人在诊断或者医学观察期间的； （二）在本单位患职业病或者因工负伤并被确认丧失或者部分丧失劳动能力的； （三）患病或者非因工负伤，在规定的医疗期内的； （四）女职工在孕期、产期、哺乳期的； （五）在本单位连续工作满十五年，且距法定退休年龄不足五年的； （六）法律、行政法规规定的其他情形。	《劳务派遣暂行规定》第十三条：被派遣劳动者有劳动合同法第四十二条规定情形的，在派遣期限届满前，用工单位不得依据本规定第十二条第一款第一项规定将被派遣劳动者退回劳务派遣单位；派遣期限届满的，应当延续至相应情形消失时方可退回。

（2）具体差异比较

①退回不存在劳动者单方退回

对于劳动者而言，不存在主动退回派遣单位这一概念。根据《劳动合同法》第六十五条的规定，如依照《劳动合同法》第三十六条、第三十八条的情形，被派遣劳动者可以与劳务派遣单位解除劳动合同，而非退回劳务派遣单位。

如劳动者辞职，应按照《劳动合同法》第三十七条的规定，与劳务派遣单位解除劳动合同，而非从用工单位退回劳务派遣单位。

②协商一致退回存在一定争议

《劳动合同法》第三十六条规定了协商一致解除劳动合同，但协商一致退回并没有法律依据。

协商一致退回属于约定退回，即派遣单位、用工单位、劳动者就法定退回外的退回情形进行约定，满足约定退回条件时，用工单位可根据约定将劳动者退回派遣单位。关于约定退回，由于无明确法律规定，实践中存在争议。支持方认为可以约定退回，因为派遣合同本质是民事合同，且派遣本身具有灵活性，在现行法律没有明确禁止的情形下，根据平等自愿和协商一致原则，约定退回的效力应当被承认。反对方认为退回不能约定，退回事由应当局限在《劳动合同法》第六十五条、《劳务派遣暂行规定》第十二条规定的情形，派遣单位和用工单位可约定的范围仅限于退回的程序步骤、退回产生的费用和责任具体由谁承担。根据各地的相关地方性规定，上海市认可约定退回，广州市则持否定态度。协商解除劳动合同问题没有争议，但协商退回存在不被法院认可的风险。

③解除和退回的程序存在差别

解除劳动合同时，《劳动合同法》对用人单位有一系列程序性要求，如《劳动合同法》第四十三条规定："用人单位单方解除劳动合同，应当事先将理由通知工会。用人单位违反法律、行政法规规定或者劳动合同约定的，工会有权要求用人单位纠正。用人单位应当研究工会的意见，并将处理结果书面通知工会。"但劳务派遣退回并无经过工会程序方面的要求。

此外，还有其他程序存在一定争议，如根据《劳动合同法》第四十条第三项的规定，劳动合同订立时所依据的客观情况发生重大变化，致使劳动合同无法履行，经用人单位与劳动者协商，未能就变更劳动合同内容达成协议的，用人单位提前三十日以书面形式通知劳动者本人或者额外支付劳动者一个月工资后，可以解除劳动合同。根据这一规定，并非客观情况发生重大变化即可立刻解除劳动合同，而是需要经过协商。那么以客观情况发生重大变化退回是否需要先行协商，在法律法规上并无明确规定，这一问题在实践中也存在一定争议，但大部分对此并无强制性审查要求。

④解除与退回的法律后果不同

解除劳动合同的后果是劳动关系解除，当然，如果属于违法解除，要承担相应的法律责任，如支付赔偿金或者继续履行劳动合同。

而退回并不意味着解除劳动合同，《劳务派遣暂行规定》第十二条第二款规定："被派遣劳动者退回后在无工作期间，劳务派遣单位应当按照不低于所在地人民政府规定的最低工资标准，向其按月支付报酬。"

劳务派遣退回后也可能涉及解除劳动合同。《劳务派遣暂行规定》第十五条规定：

"被派遣劳动者因本规定第十二条规定被用工单位退回，劳务派遣单位重新派遣时维持或者提高劳动合同约定条件，被派遣劳动者不同意的，劳务派遣单位可以解除劳动合同。被派遣劳动者因本规定第十二条规定被用工单位退回，劳务派遣单位重新派遣时降低劳动合同约定条件，被派遣劳动者不同意的，劳务派遣单位不得解除劳动合同。但被派遣劳动者提出解除劳动合同的除外。"另外，如果退回满足单方解除劳动合同法定事由，劳务派遣单位可依法解除劳动合同。

4. 用工单位应与劳务派遣单位签署合法有效的劳务派遣协议

用工单位应根据工作岗位实际需要与劳务派遣单位确定派遣期限，不得将连续用工期限分割订立数个短期劳务派遣协议。《劳务派遣暂行规定》第七条规定了劳务派遣协议应包括的内容：派遣的工作岗位名称和岗位性质；工作地点；派遣人员数量和派遣期限；按照同工同酬原则确定的劳动报酬数额和支付方式；社会保险费的数额和支付方式；工作时间和休息休假事项；被派遣劳动者工伤、生育或者患病期间的相关待遇；劳动安全卫生以及培训事项；经济补偿等费用；劳务派遣协议期限；劳务派遣服务费的支付方式和标准；违反劳务派遣协议的责任；法律、法规、规章规定应当纳入劳务派遣协议的其他事项。

5. 用工单位应当依法履行相关法律义务

根据《劳动合同法》第六十二条的规定，用工单位应当履行下列义务：执行国家劳动标准，提供相应的劳动条件和劳动保护；告知被派遣劳动者的工作要求和劳动报酬；支付加班费、绩效奖金，提供与工作岗位相关的福利待遇；对在岗被派遣劳动者进行工作岗位所必需的培训；连续用工的，实行正常的工资调整机制；不得将被派遣劳动者再派遣到其他用人单位。

此外，用工单位不得利用派遣替代劳动合同用工等。根据《劳动合同法》第九十二条第二款规定："劳务派遣单位、用工单位违反本法有关劳务派遣规定的，由劳动行政部门责令限期改正；逾期不改正的，以每人五千元以上一万元以下的标准处以罚款，对劳务派遣单位，吊销其劳务派遣业务经营许可证。用工单位给被派遣劳动者造成损害的，劳务派遣单位与用工单位承担连带赔偿责任。"

（三）劳务派遣下的"同工同酬"

《劳动合同法》第六十三条规定被派遣劳动者享有与用工单位的劳动者同工同酬的

权利。“同工同酬”是劳务派遣合规管理的要点之一。从司法实践看，近年来，类似案件虽然日益增多，但劳务派遣同工同酬案件中劳动者诉求仍难以得到支持，劳务派遣真正实现“同工同酬”还有较长的路要走。

1. 同工同酬的法律概念

《劳动部关于〈劳动法〉若干条文的说明》(劳办发〔1994〕289号)第四十六条对“同工同酬”解释为：“用人单位对于从事相同工作，付出等量劳动且取得相同劳绩的劳动者，应支付同等的劳动报酬。”按照这个解释，“同工”需要满足三个要件：工作岗位与内容相同、劳动量相同、劳动业绩相同。但在很多行业中，对劳动量和劳动业绩的衡量有一定难度，工作岗位内容也不能直接清晰对比。如此，被派遣劳动者主张与同岗位劳动者工作相同，从而主张工资差额，就难以被认定。

“同酬”即相同或相等的报酬，包括劳动者获得的各种形式的工资、奖金和津贴。如民事判决书(2018)兵08民终637号中提到，“原告主张同工同酬的年终绩效奖金10000元及2015年的奖金1000元，但未提供相应的证据证明被告应当支付原告上述奖金”。虽然被派遣劳动者的主张因证据不足未获支持，但可以看出法院对奖金同工同酬做了相应审查，奖金是包含在“同酬”范围内的。

需要注意的是，福利不属于同酬。人社部相关司局曾明确表示，虽然劳务派遣职工享有与用工单位的劳动者同工同酬的权利，但同工同酬不包括福利和社会保险，在实务中法院也不支持相关请求。如民事判决书(2018)内25民终589号中提到，关于高寒补贴问题，上诉人与劳务派遣单位存在劳动关系，其要求被上诉人(用工单位)根据同工同酬原则与其员工一致享受高寒补贴待遇的诉求，无事实与法律依据，法院不予支持。

“同工同酬”并不意味着在相同的岗位或相同的劳动条件下，工资水平就一定相同，“同工同酬”更强调的是在劳动者身份存在差异的情况下，用人单位不能歧视，应给予付出相同劳动且取得相同劳动成果的劳动者同等的劳动报酬。

2. 关于司法实践中被派遣劳动者诉请同工同酬的裁判观点

同工同酬案件中，虽然大部分判决未支持被派遣劳动者的诉请，但判定方式并不统一，通过分析不同的判决思路也能窥见同工同酬中的一些争议和问题。

(1)具体比较“同工”与“同酬”，因劳动者无法举证属于同工不同酬而不予支持该类判决将“同工”与“同酬”拆分，具体比较被派遣劳动者和用工单位同岗位劳动者是否做了相同的工作，是否发放了相同的报酬，这是判定同工同酬最直接的方式，也符合同工同酬最基本的含义。比如，在（2018）苏02民终1540号一案中，陈某在入职时间、工作经验、熟练程度、职位及岗位职责、教育背景等方面均与赵某、戴某、袁某存在差异，因此不能说陈某与赵某、戴某、袁某属于同工的范畴。用工单位也提交了相关工资清单，经对照、比较，陈某与其他员工的主要差距是在有效工时数、加班工资两项。由于用工单位并未对员工进行定额，故有效工时的计算完全与个人的熟练程度、生产合格产品数量有关，即根据员工的实际能力和劳动业绩进行综合考量。因此，用工单位根据用工单位相关规定计算陈某的工资并不违反相关法律规定。陈某要求与赵某、戴某、袁某同工同酬，没有法律依据，法院不予支持。

（2）从是否实行同一套劳动报酬分配办法判断是否属于同工同酬

被派遣劳动者和用工单位同岗位劳动者是否适用同一套劳动报酬分配办法也是该类案件常用的判决方式。这种判定方法更简明，亦符合《劳动合同法》第六十三条的规定，即用工单位应当按照同工同酬原则，对被派遣劳动者与本单位同类岗位的劳动者实行相同的劳动报酬分配办法。

劳动报酬分配办法的主要依据是用人单位规章制度的相关规定——岗位职责的规定、绩效考核的规定、薪酬发放制度。被派遣劳动者与用工单位同岗位劳动者的工作量、业绩不同，劳动报酬也不需要完全相同，只要都依据同一套规章制度发放工资即可。

但在同工同酬案件中，法院对用工单位的相关审查往往较为宽松，只要“同工不同酬”在规章制度中能找到依据，用工单位得到支持的可能性就很大，法院不会对规章制度本身的合理性做过多审查。例如，在（2019）沪02民终9298号一案中，据用工单位提供的《营运驾驶员薪酬分配实施方案》等规定，公司对年终奖、工龄工资的发放均作了明确规定。公司根据员工为其服务的年限制定工龄工资支付规定亦不违反相关法律。蒋某于2010年被派遣至公司工作，其之前的工作年限与用工单位并无关系，蒋某的工作年限并非同一单位工作年限，故不支持蒋某诉请。

（3）综合考量个案特殊因素

除具体比较“同工”“同酬”和审查劳动报酬分配办法外，法院对同工同酬的判定还会采取更加灵活的方式，强调分配原则在实践中的相对性，即使在相同岗位工作，资历、能力、经验等多方面因素也会导致劳动者个体存在差异，亦会影响劳动者实际工资收入，导致合理的差额存在。

如在（2019）闽06民终2559号一案中，法院认为："由于劳动者存在个体差异，不能简单以不同劳动者是否在相同岗位工作作为同工的标准，而应综合考虑劳动者的个人工作经验、工作技能、工作积极性等特殊因素，允许用人单位依此对相对工作岗位的劳动者在劳动报酬方面有所差别。"

（4）同工同酬还是用人单位经营自主权，也是该类案件中经常权衡的角度

同工同酬要求用人单位给予同岗位同工作劳动者相同的劳动报酬，然而这也限制了用人单位的经营自主权。基于用工自主权，用人单位可以根据生产经营特点和经济效益情况在合法范围内自主确定工资分配方式和工资水平，如此也就允许了在同工情况下一定范围内工资差额的存在。

比如，在（2018）鲁13民终6638号一案中，法院认为："同工同酬也允许合理差别存在，根据职工的劳动技能、劳动强度、劳动责任、劳动条件和实际贡献，决定工资、奖金的分配档次，在职工工资不低于最低工资标准的前提下，根据自身实际情况制定工资发放制度，是单位的自主行为，并不违背同工同酬的法律规定。"

以上四种判定方法并非泾渭分明，实务中法院在多数情况下会结合起来进行综合判断。但无论哪一种判定方法，法院对支付同工同酬差额掌握得都比较严格。

3. 同工同酬案件中，被派遣劳动者承担较重的举证责任

同工同酬适用谁主张谁举证的一般举证责任分配方式，诉讼的举证责任分配给了被派遣劳动者。被派遣劳动者需提供证据证明自己与用工单位同岗位劳动者工作量、业绩相同，但劳动报酬不同。

被派遣劳动者需要证明的事项非常繁杂，包括证明自己和参照人的工作岗位、工作熟练程度、出勤情况、工作业绩、工资标准等相关内容。然而，很多相关证据都掌握在用人单位手中，劳动者很难获取，尤其是其他劳动者的工作内容、薪酬水平，很多用人单位在规章制度中规定不允许随意告知其他同事。劳动者举证不能是败诉的重要原因。例如，在（2019）黑03民终865号一案中，张某主张应与金某等享受相同的劳动报酬，由张某就"同工同酬"承担举证责任，而张某提交的证据不足以证实其与金某等的职级相同、职业资格相同、付出等量劳动并取得相同劳动业绩，故张某的此项主张事实依据

不足，法院不予支持。

在现行证据规则之下，举证责任分配无疑为劳动者主张同工同酬制造了很高的门槛。

二、从外包与派遣的差异性看劳务外包的合规管理

关于劳务派遣与劳务外包，可从主体要求、目的、法律关系、岗位要求、管理责任主体等角度分析，如表 2-3 所示。

表 2-3 劳务派遣与劳务外包的区别

区别	劳务派遣	劳务外包
主体要求	派遣单位需要有劳务派遣资质	并非一定要有资质要求
目的	以获取劳动力为目标	以完成特定的工作成果为目标
法律关系	涉及用工单位、劳务派遣单位及被派遣劳动者三方，主要适用《劳动法》《劳动合同法》	企业只与承包单位之间存在合同关系，主要适用《民法典》
岗位要求	有“三性”要求	没有要求，特殊行业除外
管理责任主体	由企业（用工单位）对劳务派遣员工进行管理	由企业委托的承包单位对劳动者进行管理，企业不参与管理
费用支付标准	按照劳务派遣合同约定的派遣人数、工资标准进行结算，遵守同工同酬要求	按照合同约定的工作量进行结算
违约责任	根据劳务派遣协议承担违约责任，根据《劳动合同法》的规定承担民事责任及行政责任	根据劳务外包协议承担违约责任

简而言之，如图 2-1 所示：

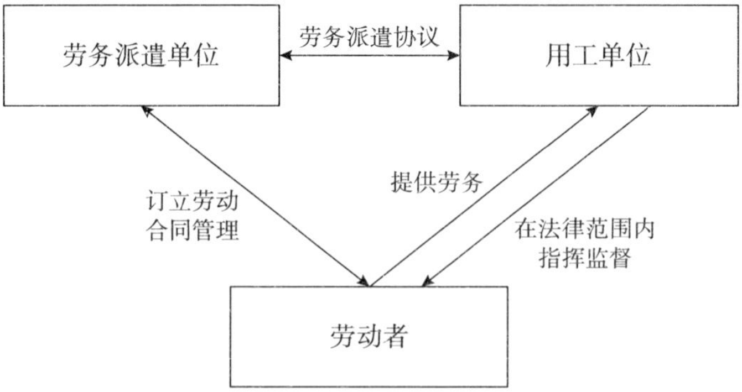

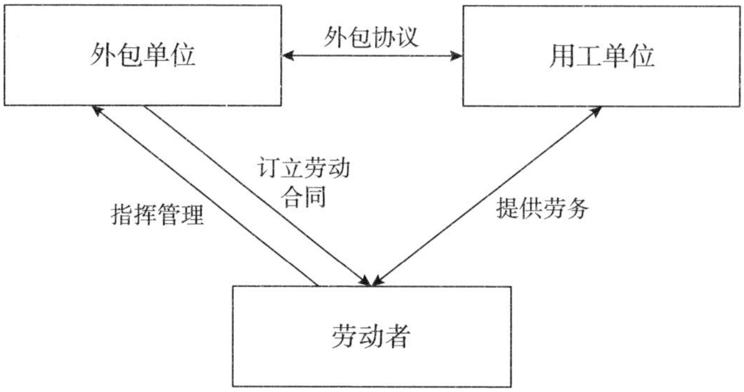

图 2-1　劳务派遣与劳务外包对比

通过图 2-1 不难看出，劳务派遣是雇佣和使用的适度分离，劳务外包并不涉及雇佣和使用分离，只是会体现在劳动者做的工作与用工单位有关。为此，劳务派遣与劳动关系的区别主要靠法律规定，即主体不同、岗位是否符合“三性”原则等，而劳务外包和劳务派遣的区别，核心是看管理关系。

（一）有关“假外包、真派遣”的司法判决

法院一般从用工管理中是否存在直接管理行为、劳动报酬支付的主体、承包费用是否按照人头计算、劳务派遣的资质等角度进行审查。

1. 不突破外包协议认定派遣是常态

在（2017）沪 02 民终 2883 号一案中，劳动者认为其是“假外包”，但法院从三个角度论述了外包协议合法有效。首先，员工是否明确知晓外包关系。白某在 2015 年与德某公司签订劳动合同时，明确知晓德某公司与威某公司之间存在外包服务关系，亦知晓自己是基于两公司间的劳务外包关系为威某公司提供外包服务。其次，外包协议是否违反法律规定。德某公司与威某公司就双方的劳务外包关系签订了《服务总包协议》，对双方的合作范围、权利义务进行了约定，并不违反法律规定，德某公司的经营范围中亦包括白某为威某公司所提供之服务。最后，管理是否基于必要。白某为威某公司提供驻场服务，在工作过程中接受威某公司的必要管理和监督亦属合理。该案件的审核角度是不少类似案件的审核思路，即不轻易突破协议，在管理上会根据是否基于必要等因素进行考量。

2. 实质审查到底是外包关系还是派遣关系，结合用工管理、费用支付等多角度判断

在（2018）辽 02 民终 6538 号一案中，核心争议焦点即各方是劳务派遣关系还是劳务

外包法律关系。首先，对劳务派遣和劳务外包进行了定义。法院认为，二者的主要区别在于劳动者归谁管理、合同标的是劳动者还是劳动成果、结算的方式是按人结算还是按工作量结算。其次，具体对比了直接用工关系。在劳务派遣中，劳动者接受用工单位管理，按照用工单位的工作时间和形式进行劳动；而在劳务外包中，劳动者接受发包方管理，还由承包方安排劳动时间和形式。最后，具体对比了费用结构。在劳务派遣中，用工单位购买的是劳动者的劳动力，标的指向是“人”，用工单位按人进行结算费用；而在劳务外包中，发包方购买的是劳动者的劳动成果，标的指向是“事”，根据承包方完成的工作量支付费用。

结合本案，安保岗位具有临时性、辅助性以及可替代性的特征，根据双方签订的安保服务合同的相关约定可以看出，原告在被告公司工作期间受被告公司的监督、管理，原告须遵守被告公司的规章制度，按照被告公司的要求进行工作，被告公司对原告具有管理权。而且，安保服务费按劳动者人数计算，包括安保人员的工资、个人保险、生活补贴、上岗培训费、着装费用等，而非按照工作量计算服务费用，被告公司购买的是劳动力，而非劳动成果。据此，实质上符合《劳动合同法》关于劳务派遣法律关系的规定。

通过上述两个案例不难发现，用工标准是判断外包还是派遣的重要因素，只不过具体判断尺度有所差异。另外，报酬支付主体、报酬的构成、费用的结算也是衡量要素之一，费用结构中包括用工成本的，或者费用被认定为“按人头”计算的，被认定为劳务派遣的风险较高。

（二）从用工单位看劳务外包的合规管理

企业应当明确劳务外包购买的是“服务”，不得对劳务外包员工进行直接管理；选择劳务外包供应商时，除考察相关资质外，相应经济实力、用工是否规范等，也应当是考察重点；应当签署合法有效、便于操作的劳务外包协议，协议中尽量避免“按人头”收费等条款；劳务外包管理过程中，应当以劳务外包协议为主要依据，对工作成果等进行管理，避免直接介入员工管理；在与外包供应商终止合作时，应当督促供应商依法妥善解决员工问题，避免不必要的争议。

综上，企业在选择劳务派遣和劳务外包时，首先，应当考虑哪类用工方式更有利于企业发展；其次，应当对照不同用工方式对管理的需求审视自身的管理能力，评估自身对于管理的需求，规范管理；最后，企业应当了解不同用工方式合规管理的重点与方式。

第三节　用更开放的视角看组织与人的关系

一、劳务关系

对于劳务关系，规范性法律文件中并无清晰界定。劳务关系的实际范围很广，需要付出体力、脑力劳动或提供服务类的社会关系都可包括其中，如雇佣关系、承揽关系、委托关系、居间合同关系、委托代理关系等。我国并没有涉及劳务关系的一般规则，提供劳务一方所获得的劳动保护较弱，主要取决于当事人的约定，而没有法律强制规定的保护。

表 2–4　劳动关系与劳务关系的对比

区别要素	劳动关系	劳务关系
主体	自然人不能以个人名义成为劳动关系中的用工主体，用工主体需具备法定的主体资格。①	劳务关系双方都可以是自然人、法人或其他组织，只要具备民事行为能力即可。
主体之间的关系	用人单位与劳动者不仅存在财产关系，还存在行政隶属关系。劳动者提供劳动的同时应接受用人单位的管理，服从其安排。	双方只存在财产关系，不存在行政隶属关系，没有管理与被管理、支配与被支配的权利和义务。并且，提供劳务的一方仅获得劳动报酬，该报酬的支付可以是分期的，亦可以是一次性的。
承担责任	劳动者的职务行为由用人单位承担责任	各自独立承担责任
法律规制	劳动关系中双方的权利义务往往由强制性法律规范界定，如劳动合同的解除。	劳务合同受国家干预程度低，在合同内容的约定上，在不违反国家法律、法规的强制性规定的前提下，主要取决于双方当事人的意思自治。
稳定性	劳动关系双方的关系较为稳定，劳动关系的变更、解除、终止均有条件限制。	劳务关系的解除等由双方自行约定。

① 《劳动法》第二条规定："在中华人民共和国境内的企业、个体经济组织（以下统称用人单位）和与之形成劳动关系的劳动者，适用本法。国家机关、事业组织、社会团体和与之建立劳动合同关系的劳动者，依照本法执行。"

《劳动部关于贯彻执行〈中华人民共和国劳动法〉若干问题的意见》第一条规定："劳动法第二条中的'个体经济组织'是指一般雇工在七人以下的个体工商户。"第五条规定："中国境内的企业、个体经济组织在劳动法中被称为用人单位。国家机关、事业组织、社会团体和与之建立劳动合同关系的劳动者依照劳动法执行。根据劳动法的这一规定，国家机关、事业组织、社会团体应当视为用人单位。"

《劳动合同法》第二条规定："中华人民共和国境内的企业、个体经济组织、民办非企业单位等组织（以下称用人单位）与劳动者建立劳动关系，订立、履行、变更、解除或者终止劳动合同，适用本法。"

综上，劳务关系更强调双方之间的合意，个体在提供劳务服务时有更多的自由，不论是时间安排、地点选择，还是对工作任务的选择。

二、“共享用工”

“共享用工”其实质就是“借工”，用法律语言表达即劳动合同变更。“共享用工”涉及工作地点、工作岗位等变更。根据《劳动合同法》第三十五条的规定，劳动合同的变更应当经双方协商一致。

对于“共享用工”，涉及三方权利义务，即借出单位、借用员工以及借用单位。借出单位与借用单位之间的协议属于民事协议，可不受劳动法约束，借出单位与借用员工的劳动关系不变，只是在一定期间内的管理、工作纪律、劳动报酬等发生了变化。而对于借用单位而言，在借用员工为其服务期间，有关安全保障、基本劳动条件等，应当依法提供。

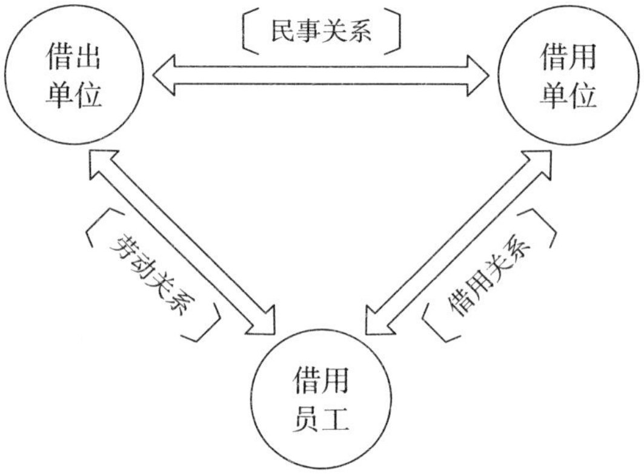

图 2-2 “共享用工”法律关系

（一）法律对“共享用工”的规定

2020 年 2 月 21 日，人力资源和社会保障部针对企业复工复产中普遍关心的劳动用工、劳动关系、工资待遇、社保缴费等问题进行了解答，其中提到，“共享用工”不改变原用人单位与劳动者之间的劳动关系，原用人单位应保障劳动者的工资报酬、社会保险等权益，并督促借调企业提供必要的劳动保护，合理安排劳动者工作时间和工作任务，保障劳动者身心健康。合作企业之间可通过签订民事协议明确双方权利义务关系。原用人单位不得以营利为目的借出员工。原用人单位和借调单位均不得以“共享用工”之名，进行违法劳务派遣，或诱导劳动者注册为个体工商户以规避用工责任。

根据《劳动部关于贯彻执行〈中华人民共和国劳动法〉若干问题的意见》第七条的规定，用人单位应与其长期被外单位借用的人员签订劳动合同，但在外借期间，劳动合同中的某些相关条款经双方协商可以变更。

《最高人民法院关于审理工伤保险行政案件若干问题的规定》第三条中规定，单位指派到其他单位工作的职工因工伤亡的，指派单位为承担工伤保险责任的单位，这一规定从另外的角度说明法律对借工是认可的。

（二）司法实践对于借调协议的态度

依法签订的借调协议具有法律效力，对于借用单位而言，应当避免构成事实劳动关系。为此，最好由三方签订借调协议，尤其要说明劳动关系不变，社保关系保持稳定，就社保费用负担问题可以由借出单位和借用单位约定，同时应当明确约定发生工伤的责任承担、福利待遇、员工管理、召回方式等事项。

三、灵活用工或平台用工

2020 年 7 月 28 日，国务院办公厅发布《关于支持多渠道灵活就业的意见》。灵活用工并非一种法律关系，即灵活就业者与平台或者其他法人单位之间，可构成劳动关系，也可构成劳动关系以外的其他关系，具体是何种法律关系，需结合具体事实及特征判断。

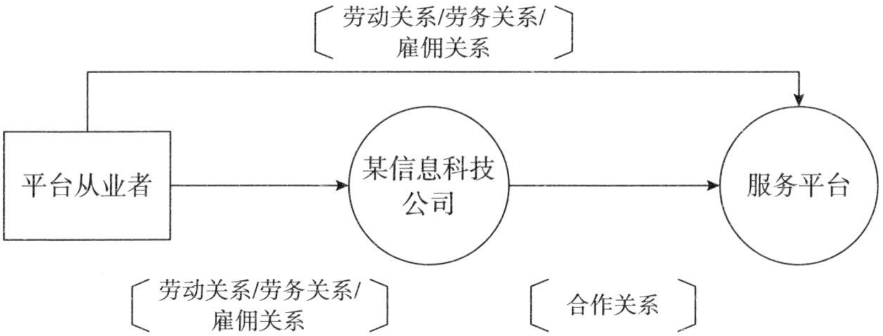

图 2-3　平台用工法律关系

以外卖送餐骑手为典型的平台用工广受关注，该类用工确实对我国现有的劳动用工法律体制提出了挑战，现有的“劳动二分法”框架不能完全解决这样的新型问题。该问题的解决路径还有赖于法律的进一步明确和理论上更清晰的讨论。对于平台用工，不能用传统的劳动关系来审视，面对现实的需求，我们需要用智慧解决该类问题。

当然，从司法实践看，平台用工的法律关系仍然被基于传统用工关系来“解释”。梳理大量案例后发现，发生伤害类事故往往是认定平台用工劳动关系的起因，在认定劳动关系以及非劳动关系方面，法院审核的要素有相似之处，只是最终判别是否构成劳动关系时所采取的标准不同。

（一）法院审查要素

除主体资格、劳动者提供的劳动是否为用人单位业务的组成部分外，就从属性问题，法院审查的角度包括但不限于以下因素，如图 2-4 所示。

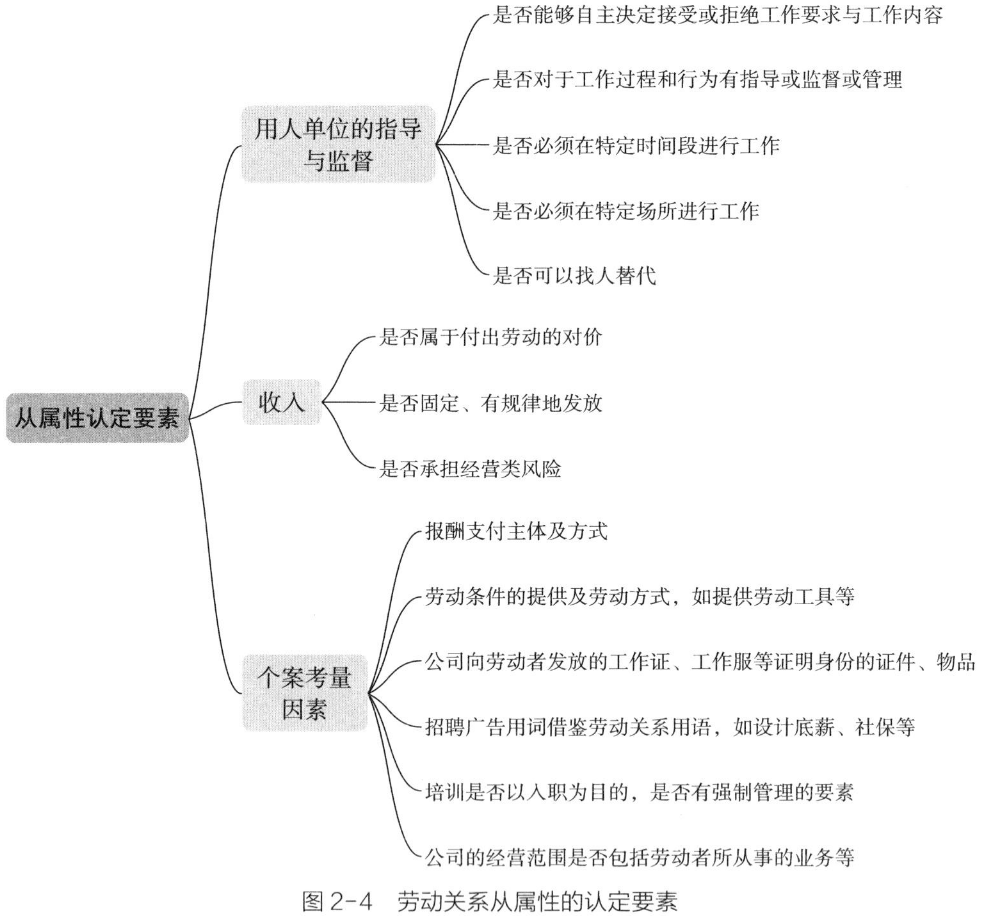

图 2-4　劳动关系从属性的认定要素

（二）司法实践中的认定差异

法院在审查时往往会从劳动者利益保护以及兼顾新业态发展角度考量，但我们也看到“类案不同判”现象在互联网用工领域比较普遍，发生在同一公司的类似案件，有被认定为劳动关系的，亦有不被认定为劳动关系的。

比如，同样是北京亿某汽车技术开发服务有限公司，法院对司机与该公司之间法律关系的认定完全不同。一个案件发生在北京，另一个案件发生在上海。（2015）一中民终字第 176 号一案中，不认可双方存在劳动关系。而在（2014）浦民一（民）初字第 37776 号一案中，通过要求公司承担责任等方式暗含了双方之间存在劳动关系。

笔者试图通过司法案例提炼某些影响劳动关系认定的关键要素，尝试后发现这是徒劳。以劳动报酬为例，在（2019）京 01 民终 3931 号一案中，发放主体并非公司，但并未影响劳动关系的建立；在（2019）苏 04 民终 2987 号一案中，公司固定发放报酬，但双方仍然不是劳动关系。所以，劳动报酬这一要素似乎也不是关键。

（三）逐步开展的灵活就业保险等保障机制，或许是探索新机制的一种方式

传统劳动关系认定中非此即彼的方式会制约平台与从业者的选择。如果是劳动关系，除非全日制之外，意味着需要缴纳社会保险与住房公积金等。一方面，大部分平台不愿意承担如此高额的成本；另一方面，社保缴纳有属地性，而互联网用工比较分散，即使有企业愿意负担，社保缴纳的属地化管理也让社保缴纳存在操作上的障碍。

同时，《中华人民共和国社会保险法》（以下简称《社会保险法》）规定，无雇工的个体工商户、未在用人单位参加基本养老保险的非全日制从业人员以及其他灵活就业人员可以参加基本养老保险，由个人缴纳基本养老保险费。而个人身份参保的具体险种是有限制的，尤其是工伤保险无法缴纳，解决不了互联网用工中最需要解决的问题。

但我们欣喜地看到，法律和政策正在发生变化。《关于促进分享经济发展的指导性意见》（发改高技〔2017〕1245 号），明确要“研究完善适应分享经济特点的灵活就业人员社会保险参保缴费措施，切实加强劳动者权益保障”。

2019 年 8 月 1 日，《国务院办公厅关于促进平台经济规范健康发展的指导意见》，明确要“抓紧研究完善平台企业用工和灵活就业等从业人员社保政策，开展职业伤害保障试点，积极推进全民参保计划，引导更多平台从业人员参保”。

2019 年 12 月 4 日，李克强总理在国务院常务会议中再次强调，启动新就业形态人员职业伤害保障试点。

2020 年 1 月 2 日，《中共中央、国务院关于抓好“三农”领域重点工作确保如期实现全面小康的意见》首次明确提出开展新业态从业人员职业伤害保障试点。2020 年 5 月 11 日，《中共中央、国务院关于新时代加快完善社会主义市场经济体制的意见》明确提出开展新业态从业人员职业伤害保障试点。

《国家发展改革委、中央网信办、工业和信息化部等关于支持新业态新模式健康发展激活消费市场带动扩大就业的意见》（发改高技〔2020〕1157 号）明确要“完善灵活就业人员劳动权益保护、保费缴纳、薪酬等政策制度，明确平台企业在劳动者权益保障方面的相应责任，保障劳动者的基本报酬权、休息权和职业安全，明确参与各方的权利义务关系。探索完善与个人职业发展相适应的医疗、教育等行业多点执业新模式。结合双创示范基地建设，支持建立灵活就业、‘共享用工’服务平台，提供线上职业培训、灵活就业供需对接等就业服务。推进失业保险金的线上便利化申领，方便群众办事”。

相信引入保险等基准保护之后的灵活用工和平台用工，将有更规范的发展。

2021 年 7 月 16 日，人力资源和社会保障部、国家发展和改革委员会、交通运输部、应急管理部、国家市场监督管理总局、国家医疗保障局、最高人民法院、中华全国总工会联合发布《关于维护新就业形态劳动者劳动保障权益的指导意见》（人社部发〔2021〕56 号），文件中对平台用工不再局限于劳动关系与非劳动关系的讨论，而是从保障劳动者权利、支持和规范发展新就业形态出发，明确了平台的保障责任与劳动者权益。

各地也陆续出台了相关规定，如江苏省《关于维护新就业形态劳动者劳动保障权益的意见》，该意见提出了不完全劳动关系，即新业态劳动者有较强的工作安排自主权，在线工作接受平台规则管理或算法约束并获取劳动报酬的，企业应与劳动者协商订立书面用工协议，合规合理确定双方的权利义务。该定义在一定程度上为未来新就业形态关系的确认提供了新思路。当然，本书前面讨论的各种关系的区分可能仍然会是司法实践中绕不开的问题。从学术和实践上看，对于不完全劳动关系或第三种劳动关系仍未达成共识，但不论如何争议，我们必须面临现实中这些关系与传统劳动关系的差异。

当然，不完全劳动关系也好，或者第三种劳动关系也罢，从程序上也面临新的问题，即对该类争议劳动仲裁或监察是否受理。就该问题，江苏省《关于维护新就业形态劳动者劳动保障权益的意见》中明确，强化新业态领域劳动争议办案指导，对于符合立案条件的案件，法院和仲裁机构要应收尽收，根据用工事实认定企业与新业态劳动者的关系，依法妥善处理新业态劳动者劳动保障权益案件。对不完全劳动关系新业态劳动者与企业有关工资报酬、应参加未参加职业伤害保障赔偿争议案件，法院和仲裁机构应予受理并依照本意见及双方用工协议约定处理。当然，该问题在实践中到底如何操作，还需要继续观察。

不论如何，科技带来的用工领域大变革的时代已经来临，跳出固有思维，以保护劳动者利益为基点，探讨各种可能性，或许对我们来说也是一件幸事。

四、关联用工

关联用工一般是指劳动者已与某用人单位建立了劳动关系，由于人员借调、委派等情况而到与该用人单位存在关联关系的另一用人单位（“关联公司”）进行用工，接受关联公司的管理和工作安排，从而客观上导致该劳动者与关联公司之间也存在类似劳动关系的法律关系的一种现象。比如，集团公司、母子公司之间的人员借调、委派；两家公司的法人、实际控制人、办公场所等存在高度混同，劳动者同时为两家公司提供劳动，导致无法确认劳动者的用人单位等。

（一）关联用工中的劳动关系认定

大多数观点认为，在有关联关系的用人单位之间交叉轮换使用劳动者的，若根据现有证据难以查明劳动者实际工作状况，首先应以劳动合同签订主体作为认定劳动关系的依据。未订立劳动合同的，可以根据发放工资主体、缴纳社会保险主体、工作地点、工作内容，作为判断存在劳动关系的因素，进行综合认定。

但劳动关系认定时各方的意思自治空间不同。比如，山东省给了劳动者个人更大的选择权，在关联公司混同用工，劳动者与两公司之间均符合劳动关系特征的情况下，劳动者对于劳动关系的确认享有选择权，但是劳动关系项下的劳动权益不能重复享受。

（二）关联用工与工龄

《中华人民共和国劳动合同法实施条例》第十条规定：“劳动者非因本人原因从原用人

单位被安排到新用人单位工作的，劳动者在原用人单位的工作年限合并计算为新用人单位的工作年限。原用人单位已经向劳动者支付经济补偿的，新用人单位在依法解除、终止劳动合同计算支付经济补偿的工作年限时，不再计算劳动者在原用人单位的工作年限。”

对于何为“劳动者非因本人原因从原用人单位被安排到新用人单位工作”，《最高人民法院关于审理劳动争议案件适用法律问题的解释（一）》第四十六条规定：“劳动者非因本人原因从原用人单位被安排到新用人单位工作，原用人单位未支付经济补偿，劳动者依据劳动合同法第三十八条规定与新用人单位解除劳动合同，或者新用人单位向劳动者提出解除、终止劳动合同，在计算支付经济补偿或赔偿金的工作年限时，劳动者请求把在原用人单位的工作年限合并计算为新用人单位工作年限的，人民法院应予支持。用人单位符合下列情形之一的，应当认定属于‘劳动者非因本人原因从原用人单位被安排到新用人单位工作’：（一）劳动者仍在原工作场所、工作岗位工作，劳动合同主体由原用人单位变更为新用人单位；（二）用人单位以组织委派或任命形式对劳动者进行工作调动；（三）因用人单位合并、分立等原因导致劳动者工作调动；（四）用人单位及其关联企业与劳动者轮流订立劳动合同；（五）其他合理情形。”

因此，在劳动者被两家关联公司轮流用工的情况下，除非有明确证据表明劳动者是出于个人原因而在两家公司之间进行调动，否则劳动者在两家关联公司之间的工龄应连续计算。

（三）劳动合同签订次数

劳动合同签订次数对于无固定期限劳动合同的订立具有重要意义。根据《劳动合同法》第十四条的规定，连续订立二次固定期限劳动合同的，且劳动者没有本法第三十九条和第四十条第一项、第二项规定的情形，除劳动者提出订立固定期限劳动合同外，应当订立无固定期限劳动合同。

在关联用工的情形下，如劳动者先后入职两家关联公司，那么，劳动合同的签订次数应该累计计算吗？对此问题，浙江省给出了明确答案，即劳动者非因本人原因从原用人单位被安排到新用人单位工作，劳动者在原用人单位订立劳动合同的次数合并计算为新用人单位订立劳动合同的次数。而其余地区，如北京市、广东省、山东省，均强调是否存在规避签订无固定期限劳动合同的恶意。比如，《广东省高级人民法院、广东省劳动争议仲裁委员会关于适用〈劳动争议调解仲裁法〉、〈劳动合同法〉若干问题的指导意见》（粤高法发〔2008〕13号）规定，用人单位恶意规避《劳动合同法》第十四条的下列行为，应认定为无效行为，劳动者的工作年限和订立固定期限劳动合同的次数仍应连续计算：（一）为使劳动者"工龄归零"，迫使劳动者辞职后重新与其签订劳动合同的；（二）通过设立关联企业，在与劳动者签订合同时交替变换用人单位名称的；（三）通过非法劳务派遣的；（四）其他明显违反诚信和公平原则的规避行为。

（四）规章制度的适用

基于法人独立性的问题，规章制度原则上不应当关联适用，因为规章制度涉及民主和公示两个程序。但该问题在江苏母公司和子公司项下的关联用工中有一些特殊规定，《江苏省高级人民法院劳动争议案件审理指南（2010）》第三章第三节有关"规章制度制定程序存在瑕疵时的效力认定"中指出，有独立法人资格的子公司执行母公司的规章制度，如子公司履行了《劳动合同法》第四条规定的民主程序，或母公司履行了《劳动合同法》第四条规定的民主程序且在子公司内向劳动者公示或告知的，母公司的规章制度可以作为处理子公司劳动争议的依据。

但从我们查到的其他地区的案例来看，规章制度原则上不应当关联适用，在个别案例中会对民主程序瑕疵有部分宽容，但在公示程序上，需要单独告知劳动者。

（五）未订立书面合同的二倍工资差额

《劳动合同法》第八十二条第一款规定，用人单位自用工之日起超过一个月不满一年未与劳动者订立书面劳动合同的，应当向劳动者每月支付二倍的工资。

未订立书面合同的二倍工资差额的认定离不开对劳动关系的认定，实践中，未订立书面劳动合同主要有以下两种情况。

一种情况为有关联关系的用人单位均未与劳动者签订书面劳动合同。在该种情况下，最终被认定为与劳动者存在劳动关系的主体有义务与劳动者签订书面劳动合同，该主体需要向劳动者支付未签订书面劳动合同的双倍工资差额，另一混同用工主体将对此承担连带责任。

另一种情况为劳动者与其中一方用人单位签订了书面劳动合同，与另一家有关联关系的用人单位未签订书面劳动合同，劳动者要求确认与另一方存在劳动关系，进而要求未订立书面劳动合同的二倍工资差额。在该种情况下，一般来说，劳动者对未签订劳动合同的二倍工资差额的主张不会被支持，如（2017）京02民终1922号一案，但个别案例中也有支持二倍工资差额的。

（六）给付责任的连带承担

根据《北京市高级人民法院、北京市劳动争议仲裁委员会关于劳动争议案件法律适用问题研讨会会议纪要（二）》第二十六条的规定，在有关联关系的用人单位交叉轮换使用劳动者，工作内容交叉重叠的情况下，对劳动者涉及给付内容的主张，可根据劳动者的主张，由一家用人单位承担责任，或由多家用人单位承担连带责任。

该条款明确了关联公司混同用工的给付责任分配问题。除北京市外，该原则也在其他地区的司法实践中广泛应用。

（七）工伤保险责任

《工伤保险条例》第四十三条第三款规定，职工被借调期间受到工伤事故伤害的，由原用人单位承担工伤保险责任，但原用人单位与借调单位可以约定补偿办法。因此，在关联公司借调使用劳动者的情况下，对外由原用人单位承担工伤保险责任，对内原用人单位与借调单位可以约定补偿办法。但对于非借用关系的关联用工，应当首先确定劳动关系，再根据劳动关系确定工伤责任的承担。至于社保等其他问题，同样以劳动关系认定作为确认依据。

关联用工在实践中不可避免，为规范管理，企业应当高度重视，包括但不限于：若涉及劳动合同变更，应依法签订书面变更协议，约定劳动者与原用人单位以及新用人单位之间的各类权利义务，明确约定工作年限、待遇等问题；在劳动关系变动的情况下，及时合规办理原用人单位离职和新用人单位入职手续，新用人单位应当完成规章制度的民主和公示程序；若属于借用，应签署相关借用协议，明确各方权利义务。

第四节　多维度看用工关系管理

对用工方式的理解，不应当局限于劳动法的视角。除上述讨论的问题外，实践中还有很多问题，如实习生管理等，笔者无法穷尽，本部分将重点说明对于用工方式的宏观思考。

一、站在企业主体的视角去考虑

用工方式规范管理会影响企业上市。如根据公开披露的信息，凌某科技上市时被要求说明发行人是否存在未签订劳动合同进行用工情况，发行人是否存在劳务派遣用工形式，劳务派遣占比是否符合相关规定。江苏博某则被要求披露报告期内签订劳务协议的员工人数、岗位，是否存在同工不同酬情形，签订劳务协议而非劳动合同的原因，是否违反《劳动法》《劳动合同法》等相关法律法规，是否存在受到处罚的风险。因此，企业用工方式合规管理不仅是用工管理的需要，也是企业发展、融资等多方面的需要。

二、看到经济社会发展“质”的转变

传统劳动关系是工业时代的产物，我们应当看到数字时代、互联网经济、科技进步等给组织与个人关系变化带来的挑战。随着社会发展、经济结构调整、技术革新，劳动方式正在改变，灵活就业等形式不断涌现，劳动关系多样化越来越明显，原来的“标准劳动关系”已经变形。从属性的弱化，使得原本建立的一套认定劳动关系的标准出现了偏差，但如果仅从劳动关系认定角度考虑灵活用工似乎又有些狭隘。所以，多角度看待灵活就业是未来用工方式的必然。

三、用工方式筹划不应以牺牲劳动者权益为代价

不论是否属于劳动关系，基准保护的理念应当坚持，劳动者最低生活保障、休息权、社会保障等问题应当得到优先解决。

在解决上述劳动者基准保护的基础上，以经济基础为依托，结合实际情况进行用工方式的筹划才有可能。劳动力市场的变化，科技对资源利用与配置的影响，都在深刻影响着用工方式。

第三章

规章制度的制定与执行

导言

“没有规矩，不成方圆”，任何组织，不论规模大小、所处发展阶段、所属行业，都要有章法，都要有规章制度。不少劳动法实务方面的书，对规章制度的介绍都集中在民主和公示程序，以及内容合法性等方面。本书对于规章制度的介绍在上述内容的基础上，将重新审视对待规章制度的态度，以及规章制度如何更好地在企业合规管理中发挥作用。

规章制度到底应该细致一些，还是粗放一些？规章制度到底应该强硬一些，还是柔滑一些？规章制度到底应该着眼于未来，还是立足于现在？这些都是在制定规章制度以及执行规章制度时必须思考的问题。虽然很难有一个放之四海而皆准的定论，然而有一点是肯定的：规章制度需要确定一个组织最基本的行为规范，让每个人各司其职，有预期、有安全感，释放最大能力。

第一节　规章制度的法外思考

规章制度是法律问题，更是管理问题。规章制度是组织运行的基础，是组织合规管理的基础，它不一定是书面文本，凡在企业运行中发挥作用的规则，实际上都是制度的一部分。当然，如果有可能，高频适用的规则还是应当书面化。

一、企业规章制度差异化的底层逻辑

即使文字表述一致的规章制度，在不同组织的运行和演绎过程中也存在差异，造成这种差异的原因是什么呢？笔者认为，差异在于追求不同，或盈利，或其他；在于规章制度的承载方式不同，或文字，或约定俗成；在于规章制度背后的理念不同；在于规则与企业契合度、规则与个体融入度、执行度等不同；在于员工对规章制度的敬畏感不同；在于领导者的管理理念和方法不同；等等。而这种差异，在某种程度上造就了不同量级

和不同发展速度的企业。

笔者做律师久了，看制度时，不再只看制度的文字，还看制度背后的文化、制度中部的支撑，以及制度底层的执行。

二、规章制度在不同企业效用不同的原因

以一个场景为例来呈现制度在不同企业的不同效用。假如员工因奖金与企业发生争议，从以下几个问题的回答中就可以看出制度在企业中的作用：员工的工资结构是什么？奖金发放有相应的制度吗？奖金历年是如何发放的？不发放奖金有相应条件吗？如何决定不发放奖金或者按照一定金额发放奖金？

有的企业可以很清晰地回答这些问题，而有的企业需要再去翻阅制度，然而再追问其是否按照制度执行时，答案也是五花八门。从中不难窥见规章制度在不同企业的不同演绎，规章制度在不同企业发挥不同作用也就是很正常的事情。

规章制度构建起来后，规章制度的执行决定了其作用的发挥。我们看制度时，一定要看规章制度在企业的运行是否与书面制度相贴合。

三、规章制度体系建设的难点及破解路径

规章制度体系化建设不容易，不同类型的企业面临不同的问题：对于新设企业，经营都是问题，大量的管理投入可能意味着更大的负担；而对于成熟企业，已经在管理上形成惯性，制度改革绝非易事，梳理过往制度本身就是一项浩大工程。

作为律师，首先会考量规章制度的合法合规性；其次会考量规章制度能否经得住考验，比如，当发生劳动争议时，规章制度合法性是否能经得住司法考验；当被追究行政责任或刑事责任时，能否作为免责或减轻责任的证据。但仅限于此的无力感总是让笔者如鲠在喉，因为单纯从法律角度看规章制度还远远不够。

带着这样的追问，笔者不断剖析规章制度建设为什么难？到底该如何破解？笔者认为，规章制度体系化建设的难点至少包括五个方面：启动难、推进难、落实难、见效难、平衡难。这些难点交织在一起，让不同层面的人都感受到难。决策层可能会考量启动后的利益平衡、管理震动、成本投入与落实效果等；执行层会从自身角度进行考量，可能态度积极、消极或者中立，而这又构成了推进难、落实难和见效难的重要影响因素。规

章制度体系化建设，如果没有管理层的支持和执行层的推动，经常是走走过场。

为此，规章制度体系化建设需要剖析牵涉各方的利益，搭建制度建设工作小组，解决推进难和落实难问题；澄清规章制度要解决的问题，设定具体阶段目标，让效果可追溯、可呈现；认清企业经营的本质，迎难而上，自我革命但又合情合理地解决平衡难问题。

不仅如此，在规章制度体系化建设前，需要梳理企业规章制度的现状，从制定主体、执行主体、修订情况、制定时间、执行过程中的效果、合法性、与公司发展的契合度等多方面进行梳理。同时，在制度梳理的基础上对企业制度的制定主体，以及执行、评估等流程进行规范，如此，规章制度体系化建设就有了章法。

第二节　对规章制度错误认识的纠偏

规章制度需要与企业文化契合，规章制度不能解决所有问题，用企业文化浸润人心才能长久；规章制度需要和管理能力结合，没有管理能力做支撑，会让员工对规章制度丧失敬畏之心；规章制度还应当与员工预期结合，并不是说规章制度需要迎合员工预期，而是通过员工预期评判规章制度落实需解决的难点。

企业规章制度是一个宏大概念，限于篇幅，本书主要以人力资源管理制度作为切入点，但其他制度大同小异，有很多事项都是共通的。

一、对规章制度的常见偏见

每个个体基于各自体验，对规章制度往往有不同“偏见”，我列举以下几个常见情形。

比如，有读者问：“程律师，能给我一个规章制度模板吗？我们要起草这个制度，想直接找个模板改改。”

遇到这样的问题，刚开始笔者会解释一下：规章制度的模板不重要，重要的是企业现状、想达到的目的，以及企业管理中存在的问题等。在解释了不知道多少次后，笔者会回复：好的。

认为规章制度就是随便在一个模板上改改的观念根深蒂固，很难通过三言两语改变。当然，规章制度背后需要一系列投入，对不少企业而言，先照搬一个制度应急也是一种解决问题的路径。

再如，有读者问："程律师，我们特别想修订一下规章制度，但领导觉得这个不是工作重点，也就只能搁浅了。"

面对这一问题，笔者完全理解。对于问题确实特别突出的，笔者一般会说：如果有可能，可以和领导具体沟通一下。在沟通中，往往会发现领导的一些顾虑和看法：任何一种规则的改变都有可能引发不可控的波动，而这种波动潜在的不可控性是很多管理者不能承受的，毕竟更多时候，规章制度并没有达到非改不可的程度；企业经营管理中的问题太多，经营才是重点，规章制度属于锦上添花，所以等企业做大了再说规章制度的事情吧；企业之前有很多规章制度，但实际上都没有太大作用，只是摆设，完全不用花精力去修订；请外部团队修改或制定规章制度，外部团队也不了解企业的实际情况，还需要一笔不小的开支，暂时等等看吧……

这是四种比较常见的理由，一方面反映出大家对规章制度的不同态度，包括规章制度与经营的关系、规章制度与成本的关系、规章制度的效用等；另一方面，在某种程度上也能说明规章制度制定、执行的难度，以及规章制度与管理、经营方面的矛盾。

还如，有读者问："程律师，我发现近期试用期的员工总出问题，能不能制定一个这方面的制度？通过制度的方式把问题尽可能化解在萌芽状态。"

面对这样的需求，笔者会进一步询问以下问题：企业之前有试用期的相关管理制度吗？或者说，此前企业对试用期员工是如何管理的？目前对试用期员工的管理，出现的问题在哪里？是录用条件设置的问题，还是试用期考核程序的问题？等等。当了解以上问题后，笔者会继续探讨是否一定需要通过规章制度的方式来解决这个问题，还是可以通过其他方式解决。

类似问题实际上是理解规章制度的另外一个极端。当出现管理问题时，首先想到的就是制定制度，但我们必须清楚，并不是所有问题都要上升到规章制度的高度来解决。规章制度是企业内部的"法律"，企业处在不同发展时期，需要上升到"法律"层面解决的问题也有差异。同时，规章制度与管理者管理理念有很大关系，处理好激发善意与有效约束是规章制度建设中绕不开的话题。

二、对规章制度错误认识的纠偏方法

（一）反复拷问，上升为规章制度的事项是否可执行

规章制度制定后执行不力比规章制度缺失的危害更大，如同法律被虚置的危害。所

以，从该角度讲，制定规则前的慎重思考是必要的。

比如，某企业拟加强考勤，要求所有员工外出必须使用企业开发的系统提供打卡定位。在该考勤制度制定前，笔者曾就该制度本身的合法性、可操作性等问题和该企业进行沟通，但企业管理者坚持认为必须对外出事项做这样的管理，于是出台了相应制度。该制度出台后，安装该系统的员工不到一半，即使安装了该系统的员工，实际使用率也不到一半。企业不断督促后，仍然没有达到全员安装，且执行率很低。可想而知，该制度最后无疾而终。

单一规章制度的执行不力可能不是问题，问题是员工会认为企业所有的规则都是可以讨价还价的，管理界限感会模糊或丧失。而多次发生类似问题时，如同“狼来了”，员工会逐渐对企业制定的规则失去敬畏感，如此，管理问题必然频发。

在可执行性的论证上，至少需要回答这样几个问题：1. 规章制度发挥作用需要哪些配套，如人员配备、管理手段配备等；2. 规章制度要改变的是什么？对利益格局的影响有多大？现实的阻力有多大？也就是规章制度在落实中可能遇到哪些障碍？这些障碍能否消除或者这些障碍在多大程度上影响执行？如果涉及消除障碍，需要投入的成本等是否可以承受？如果不通过规章制度的方式而选择其他方式来解决，是否更有利于企业发展？通过规章制度，我们想解决的问题到底是什么？

当思考清楚这些问题后，我们会更加坦然，因为清楚规章制度不是万能的，知道了规章制度的边界，亦不会对规章制度抱有不切实际的奢望。对于企业经营管理过程中遇到的问题，如果把规章制度作为“救命稻草”，认为只有规章制度才是解决问题的唯一方法，这样的定位可能就注定了“失败”。

（二）对规章制度作用的多维度思考

规章制度是企业内部的“法律”，是企业管理员工的重要手段，也是一个机构的基本规则。规章制度可以是理念，也可以是操作规程，还可以是行为边界。

所以，我们可以从不同角度对规章制度有不同理解。从内容上看，规章制度通常包括劳动报酬、工作时间、休息休假、劳动安全卫生、保险福利、职工培训、劳动纪律以及劳动定额管理等方面。企业规模不同、所处行业不同，规章制度也有很大差异。从出台层级上看，有一些是企业层面的，还有一些可能是部门层面的。从不同角度看规章制度，可清晰了解单一制度只能解决部分问题，且单一制度又会与相关制度发生“化学反应”，必须仔细厘清其中的各种关系，在整体中看局部，在局部中看整体。

只有多角度看规章制度、多维度思考规章制度，才能避免对规章制度作用的失真评价。

（三）对规章制度的思考没有尽头

“洞察”问题并不容易，而企业制度建设需要制定者有洞察力，对外了解发展趋势，对内明确要指引和激发哪些要素。

很多制度需要用“动态”和“未来”的思维去看待其产生的效用，比如，2021 年 4 月颁布的《中华人民共和国反食品浪费法》，该法以“防止食品浪费，保障国家粮食安全，弘扬中华民族传统美德，践行社会主义核心价值观，节约资源，保护环境，促进经济社会可持续发展”为立法目标。如果从可执行性的角度来看，该法还需要非常多的配套措施，但从立法牵引管理的角度，该法律将会撬动很多变化，比如，该法法律责任主体广泛，从国家层面，到政府机关、企事业单位、食品生产企业经营者、餐厅饭店、商场超市、学校、旅行社、行业协会、消协组织、消费者个人，让每个组织和个人参与其中。所以，不能只着眼于现实看《中华人民共和国反食品浪费法》能否立即见效，而应当看到这部法律出台后，北京、天津等地都出台了相关的地方性法规进行细化，长效机制将逐步建成。

实际上，在借鉴其他企业的相关制度时，也需要透过现象看到制度的本质，要从制度产生的原因、组织成长的方法、发挥作用的外部条件、内部的运作模式等多角度对比。

规章制度致力于让组织成员养成习惯、形成文化。《习惯的力量》一书对笔者启发很大，如果我们想通过“制度”改变行为，让成员养成习惯，关注行为当然是对的，但更应当关注时间、地点、情绪状态、其他人的行为、刚刚发生的事情，通过这些外部因素让个体自主选择行为。观察行为的同时，要更关注这些行为背后的因素。

规章制度的起草需要我们对组织成员的行为有觉察，需要确定线索和奖赏，然后再为不好的行为找到替代品，如此，组织中个体的行为将慢慢养成，这样的制度不一定多，但每一个管理动作都会让组织不断具有向前的生命力。

规章制度是一个既宏大又微观的话题，只看宏观，难免让人觉得纸上谈兵；限于微观，又囿于只见树木不见森林。也正因如此，该话题需不断思考，没有终点，不断在宏观与微观中切换，通过实践中出现的问题来审视和矫正此前的制度，不断拓展认知进而更有远见地看见未来。规章制度对于任何机构都是思考的产物，疏漏与不足在所难免，我们要在发现和解决问题的过程中，不断以制度方式积累自我和组织的智慧。

第三节 规章制度的定义

下定义总是危险的，但笔者还想尝试另辟蹊径为规章制度下定义，之所以这样尝试，是想换角度思考：不同企业规章制度的差异到底在哪里？规章制度到底应起到哪些作用？为切实起到这些作用，规章制度到底要如何制定？或者说，制约规章制度运行的原因有哪些？这一维度更多是以操作作为视角，实际上，从组织视角再看时，又是不一样的“风景”。

抱着以上初衷，笔者把规章制度划分为三个层面：第一个层面是规则，第二个层面是规范，第三个层面是规矩。这样划分规章制度并无太多理论支撑，只是笔者在长期实践工作中的一种总结。在不停处理各类咨询和问题时，笔者经常想探究一下是否有一定规律可循，看似“严谨”的制度为何在执行过程中问题百出，或者苦心费力制定的制度为何没有达到应有的管理效果？或许从规章制度的不同层次和适用范围做解读能给大家一些启发，不是泛泛而谈规章制度，而是庖丁解牛般看看规章制度到底有哪些要素？问题到底出在哪个环节？

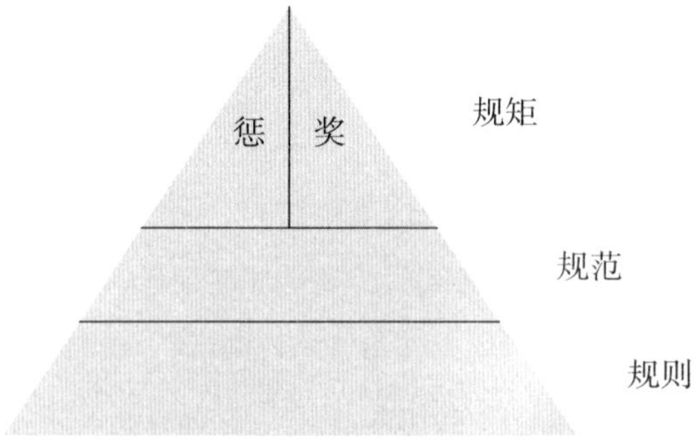

图 3-1 规章制度的三个层面

当然，规章制度的三个层面都蕴含着企业的管理理念、文化，而律师作为旁观者，在工作中总能感受到不同文化对于规章制度的影响。举一个简单的例子说明，大部分公司都有旷工解除劳动合同的规则，但不同公司的规则差异非常大。有的公司一经发现，坚决处理，所以，员工对于类似规则的执行并不会感到惊讶。有的公司出于宽容，平日对旷工行为“视而不见”，忍无可忍想用该规则解决问题时，被处罚人觉得不公平，其他人也是各有说法。很难评说两者孰是孰非，但从中也不难发现，看似简单的规则，由于理念、文化等方方面面的不同在现实中会发生各种演绎。

不仅如此，看似相同的规章制度，实际与企业管理者本身的权威、员工的规则意识、企业和员工的黏合紧密度等息息相关。所以，规章制度总是说起来容易，做起来绝非易事。

为此，规章制度很难用一个维度解释清楚，三个层次的划分也属于新的尝试，规则、规范以及规矩层面到底如何理解，各层面分别解决哪些问题？这是本部分的主要内容。

一、从“规则”视角看规章制度的明晰性

本部分，笔者强调“始终如一，标准如一”，让组织里的每个人都有一个清晰指引。这里隐含着两个前提：公司有相应规则；规则清晰，可操作，无歧义。

当然，无法否认任何一个组织都没有办法穷尽所有的规则，让所有规则都有一个统一标准。所以，只能根据企业自身情况去斟酌规则的设立以及标准的明晰，对于某些问题，灰度处理[①]也是管理的智慧，任何问题都不是单一价值观的判断，需要考虑利益、社会规范和道德，还应当关注人性。在制定制度的过程中，这些价值判断需要不断思考。

（一）规则缺失，员工无所适从

规章制度中经常出现的问题是看似清晰的规则没有一把标尺，所以，在操作中五花八门，进而引发了矛盾，增加了管理成本。

规则是什么？规则就是涉及日常管理，尤其是与法律利益相关的管理事项，有明

① 《灰度决策》，作者：小约瑟夫·巴达拉克，这本书主要讲述我们需要克服个人局限、道德绑架、人性弱点，才能避免更大损失。而这里引用这本书，主要是因为在制度层面，不论是制定还是执行，灰度决策的智慧需要我们不断练习。

确、可操作的标尺。

举例说明，在笔者的日常咨询工作中，经常有人问这样的问题："程律师，有一个员工想把婚假、年休假连着十一长假一起休，领导不想批准，我们可以不批吗？"遇到这样的问题，笔者通常会追问一句："企业规章制度中有相关假期请休叠加的规则吗？"而得到的答案大部分时候是："没有。"

对这一问题仔细分析，可以得出以下结论：婚假、年休假以及国庆节等法定假期都是员工享有的休假权，员工有权休假；对于年休假，企业有安排权，也就是员工申请年休假时，企业可根据工作情况统筹决定是否批准；婚假的具体请休规则要根据企业情况确定，如果企业没有相关规定，员工申请婚假，原则上企业应当批准。

这样看似简单的问题，如果处理不当，可能会诱发争议，甚至会让员工对于企业管理的公平性、人性化等产生看法。原因在哪里呢？任何企业都是人的集合，每个个体对事情的看法不同，大家对于休息的期望值不同；员工申请休假时企业工作是否繁忙等情况不同，每个参与其中的个体都会产生各自的看法；当出现类似问题时处理方式不同，即有的可以连续请，有的不可以连续请，员工考虑的不再是具体某个人请假时的情形，而是会怀疑管理者的公平性等。

从笔者的执业经历看，不少劳动争议都是由这样的小事积累而来的。所以，为避免类似的问题，对于一些常见问题应当设立规则，该规则应当清晰、无歧义。比如，在《员工手册》中规定：婚假、年休假不得与法定假期连休，或者各类假期连休时，累计不得超过 15 天等。

这就是笔者从规则层面理解的规章制度，如果有明晰的规则，或许能让管理更轻松一些。

（二）明晰规则，考验管理能力

在明晰规则这个层面，主要考验制定者的以下能力：是否可根据公司发展、文化等方方面面抽象出哪些是必须明确的规则？能否把握给予管理者自由权限的边界到底在哪里？明晰规则后，是否有能力坚持执行，不在特殊性上摇摆？如果没有这三个方面的能力，规章制度在规则层面将无法切实发挥作用。明晰规则绝非易事，具体而言，需要经过以下思考才能对一个规则是否列入制度、如何列入制度有全面考虑。

首先，需要了解基于公司长期发展，需要哪些规则？

其次，每项规则的落实需要哪些配套？

再次，规则在落实中可能会遇到哪些特殊情况？是否有充分的考虑？

最后，该规则在企业管理中的地位，即是基础规则，还是配套规则，抑或阶段性规则？

此外，还必须知道这些规则与管理如何联动才能达到规则制定的初衷，或者说需要回归人心，用规则引导人心。这一方面考量的可能就不是技术层面可以解决的问题，需要管理的大智慧。

（三）示例说明规则的制定

理解规章制度时，需从规则层面去思考，包括不同规则之间的衔接、选择优先性等都需要讨论。一旦作为规则，标尺如一就是关键。

可能有读者会问，哪些事项可以作为规则呢？对此没有一定之规，企业之间差异很大，但也有一些是企业通用的。以休假制度为例，可以明晰的规则包括但不限于：各类假期的休假程序；各类假期休假需要提供的材料；各类假期之间的衔接；各类假期程序或材料出现问题时的补救；违反各类假期规则的处罚。

考量完这些要素，才能形成一个明晰的规则。这样的规则让管理者的权力受到约束，让员工知道行为的边界。

规则视角让我们更深度地理解制度中明晰以及可操作的重要性。

二、从“规范”角度看规章制度的落地性

企业用工合规管理中经常会遇到这样的问题，某员工劳动合同到期了，忘记续签了，现在该怎么办？

对这一问题，需要继续追问：劳动合同第几次到期？到期不续签的时间多长了？

用人单位和劳动者第一次签订的固定期限劳动合同在劳动合同期限届满后，如果用人单位决定不续签，提前 30 天通知劳动者，劳动合同到期终止。但有一个例外，即劳动合同到期时，如果有劳动者患病或者非因工负伤，在规定的医疗期内等的特殊情况时，劳动合同顺延至相应期限届满。

用人单位与劳动者第二次订立固定期限劳动合同期限届满时，用人单位是否可以在

到期前再享有单方终止权，目前各地操作不一，如北京市现在的观点是用人单位无权选择订立固定期限劳动合同或终止劳动合同。

为此，企业需要了解：即使是第一次签订固定期限劳动合同，也并非劳动合同到期当然终止，还需要提前 30 天通知劳动者不再续签；对于在劳动合同到期时因医疗期等特殊原因合同顺延的，要在顺延期限届满前根据情况确定是否续签，并及时发出通知；第二次固定期限劳动合同到期前，需了解劳动者是否存在《劳动合同法》第三十九条和第四十条第一项、第二项的情形，根据不同区域的口径，发出到期终止或者续签通知。

回到问题本身，是简单的"忘记续签"了吗？我们有必要梳理一下类似事件的脉络，如签订劳动合同的登记，到期前多长时间的提醒，等等。梳理后不难发现，"忘了"本身是因为规范缺失、流程缺失。这就是笔者想说的规章制度的规范层面，规范层面更多是让具体操办人来用的。

规范要解决的问题就是与用工相关的具体流程节点，每个节点的管理工作，每项工作落实的提醒和程序，不是靠人脑来记忆类似事情的处理，而是在人机交互中把这些问题解决好。

三、从"规矩"层面看规章制度的指引性

规章制度如果没有惩罚，规章制度就少了手脚，是无力的。规矩是什么，规矩就是奖惩。

（一）奖励真的起到指引、激发作用了吗？

企业的奖励体系大同小异，周期有年度、季度及月度等多种划分方式；奖励方式包括名誉、身份差异、未来发展空间及金钱等。如果注意观察我们可以发现，即使是同样的奖励措施，在不同企业的作用也完全不同。以最佳员工评选为例，有的企业会激发大家向优秀员工学习，而有的企业会让这一活动演绎为一场职场斗争。

激励不是简单的周期及实现方式问题，更需要具体程序、规则设计，而程序和规则的设计，在每个企业一定是有差异的。以最佳员工评选为例，到底是民主选举，还是推荐后由考评委员会决定，不同方式各有利弊，与企业决策文化习惯、企业规模及考评标准等息息相关。

再以股权激励为例，股权激励范围、兑现规则、与员工工作表现是否挂钩等，考虑的不仅是企业是否与员工共享利益，而更应当关注何种规则才能激发员工的积极性。奖励企业稀缺的要素才能起到指引作用，需要超出员工期待才能更好地激发潜力。如同在教育孩子的过程中，考试成绩好到底要不要奖励？作为家长至少需要清楚：是之前成绩不好这次提升了，还是之前成绩一直很好？是因为越来越努力成绩才变好了吗？奖励的应该是好成绩，还是孩子努力的行为？在企业中，我们激励的一定是员工的行为，如果他通过努力业绩变好受到奖励，他就会更努力，如果奖励的只是好的业绩，他可能会采取其他方式让业绩看起来很好。这也是很多时候指标考核最终无法发挥管理价值的原因所在。

同样，激励也需要用变化的视角看。以我们熟悉的商鞅变法为例，商鞅变法时，建立了“以杀敌首级定升爵”的制度（我们不能用现在的眼光去评判该制度的合法性，仅从激励角度讨论），该奖励体系在改革初期，对于秦国建立强大的新军起到了很大作用。但随着秦国的强大，再以一统六国来审视该激励制度时，却发现该规则存在严重弊端，如不能更好地让其他国家信服秦国。那这样的措施到底改还是不改，显然面临着维护规则稳定还是因势而变的问题，最终，该规则还是做了相关调整。以此为例，只是想说明没有恒定不变的规则，变化永远是制定规则中需要考量的因素，不同阶段的适当取舍才是规则制定者的智慧所在。

（二）惩罚到底应当发挥震慑作用还是纠偏功能？

宋志平先生在《企业迷思》一书中指出，企业要靠规范的制度约束行为，让员工在一定的框框内说话行事。他在书中讲到的一个故事很好地诠释了制度中惩罚的作用。他指出，他刚当厂长的时候，员工纪律涣散，不少人上班迟到。

遇到这样的事情，你会如何做？

他没有直接用制度对员工进行处罚，而是和人劳处处长一起站在工厂门口数迟到人数，6 天后，迟到的人数减至 0。此后，工厂基本没有人迟到，也没有因为迟到而罚过人。

当然，正如他在《企业迷思》一书中所指，包容并不是纵容，不正确的行为必须坚决纠正，这是原则。所以，奖惩制度设立后，奖惩制度的执行需要管理者对问题进行判断，而不能只看到行为的表面。

（三）企业的惩罚体系建立了吗？

《政务院关于颁布“国营企业内部劳动规则纲要”的决定》及《企业职工奖惩条例》曾规定用人单位惩戒权，其中，《企业职工奖惩条例》规定了惩戒处分的事由、程序和手段。两个规定失效后，用人单位惩戒权的法律依据一直空白。目前，不少企业规章制度仍沿用《企业职工奖惩条例》搭建内部惩戒体系，即“警告，记过，记大过，降级，撤职，留用察看，开除。在给予上述行政处分的同时，可以给予一次性罚款”。部分国有企业借鉴党纪中的处罚“警告、严重警告、撤销党内职务、留党察看、开除党籍”。这些惩罚体系是否可行？应当注意哪些问题？

1. 用人单位惩戒权的性质

制度的价值不仅在于实用，还在于经得起司法审查，如果司法审查质疑制度本身的合理性和合法性，内部规章制度由惩戒权构建起来的“权威性”必然受到质疑。为此，探究惩戒权来源及类型有着现实意义。

（1）惩戒权的相关学说

“固有权说”认为惩戒权的来源是企业维护工作规律、经营秩序当然产生的固有权限，为此，即使法律没有明确规定，用人单位也可以对劳动者惩戒。随着大家对劳动者利益保护、用人单位权力限制必要性认识的加深，该学说现在已成为少数人观点，但对于企业工作纪律、秩序维护必要性的论证仍是普遍共识。然而，该学说在企业日常管理中仍有着很大的市场，不少用人单位在设定处罚时，基本逻辑点即惩戒是管理的必然手段，外部不应干涉。

“契约说”认为用人单位对劳动者的惩戒应当根据双方签订的协议确定，该学说将民法上的契约理论移植到劳动法中，虽然强调了劳动合同的平等性，却忽略了用人单位与劳动者事实上不平等等因素。我们在审核部分劳动合同时发现，大量的管理要求和规范被约定在劳动合同中，然而在劳动合同中约定的这些规则不能当然构成劳动合同解除的理由。

“维护企业秩序说”认为维护企业秩序必须制定一定规则，劳动者对于规则的遵守是基于诚信原则、忠实义务等而产生的附随义务。相对来说，该学术介于“固有权说”和“契约说”之间，也更符合“惩戒权”的本质。但诚信义务、忠实义务衍生而来的附随义务到底有哪些？厘清也并不那么容易。

学说探讨对于实务工作有着指导意义，但如学说没有转换为立法，则只能通过影响某些人对该问题的看法而发挥作用。上述这些学说在实践中有着不同的受众，司法实践中也能找到相关判决。在一定程度上，学说会成为个案中司法自由裁量权的一种参考依据。而这些学说也会与不同公司的管理文化和习惯契合，在不同公司有着不同的展现形式。

（2）回归劳动关系的本质属性理解惩戒权

“从属性”是劳动关系的基本特征，劳动者必须接受用人单位的指挥和管理，用人单位对劳动者的指挥和管理通过劳动合同、集体合同以及规章制度等方式实现，而惩戒权是用人单位实现管理的重要手段和内容。笔者认为，哪种学说不是最重要的，核心在于“惩戒权”来自劳动合同的本质属性，是“指挥”和“管理”必然派生的权力。为此，《企业职工奖惩条例》的失效，不代表用人单位惩戒权没有法律依据。

同时，用人单位在劳动关系中处于强势地位，基于劳动者利益保护，对于惩戒权进行合理性限制以避免劳动者利益受损也是应有之义，这是劳动法社会属性的当然体现。

如此，回归劳动关系本质及劳动法社会属性的角度看用人单位惩戒权的问题，有助于对规章制度合法性和合理性进行评判。

（3）惩戒权的类型

根据惩戒权是否有明确的法律依据，笔者将惩戒权分为法定惩戒权和特别惩戒权。法定惩戒权如用人单位单方解除劳动合同；特别惩戒权包括警告、罚款、调岗、责令停职等。本部分重点讨论特别惩戒权。

2. 用人单位惩戒权的原则

惩戒制度的前提是规章制度合法有效，同时，司法实践中还可能会进行合理性审查，且合理性审查的尺度和标准并不一致。尽管部分观点认为，司法不应当介入企业日常管理，应仅对规章制度做合法性审查，但合理性审查在司法实践中仍占多数。

（1）惩戒事由应当合法

原则上，用人单位可以惩罚的员工行为应当是与工作相关的，或者违反相关劳动者义务的，参照《企业职工奖惩条例》包括违反出勤纪律、拒绝工作安排、消极待岗、违反安全卫生等规则、扰乱正常工作秩序、未妥善保管公共财物等。

基于惩戒事由是惩戒的前提，规章制度在对可惩戒事由的列举上应当遵守如下原则：

惩戒事由原则上应当与工作相关，且惩戒事由应当符合基本的道德标准。惩戒权的正当性来源是基于劳动关系的从属性，原则上，用人单位惩戒劳动者的事由应与工作相关。与工作相关的判断比较复杂，通常来说，劳动者在工作时间内的行为，用人单位有权管理。

（2）惩戒规则应当遵守明确、公平、合理的原则

用人单位行使惩戒权会对员工权利产生影响，事先制定明确、公平、合理的规则是前提，而不应当通过事后解释或其他方式对员工进行处分。

（3）惩戒措施应当遵循适当性原则

用人单位惩戒权应当是分层次的，对于员工不同的行为行使不同的处分权，而不应当任意从严处分。

（4）惩戒应当遵守及时性原则

已废止的《企业职工奖惩条例》第二十条第一款规定，审批职工处分的时间，从证实职工犯错误之日起，开除处分不得超过五个月，其他处分不得超过三个月。《企业职工奖惩条例》废止后，法律法规并未对这一问题作出相应规定。

该规定废止后，部分地区有类似规定出台，如《浙江省高级人民法院民事审判第一庭、浙江省劳动人事争议仲裁院关于印发〈关于审理劳动争议案件若干问题的解答（二）〉的通知》第八条的规定、《天津市贯彻落实〈劳动合同法〉若干问题实施细则》第十二条都有相应期限的要求。根据上述规定，处罚措施不同，在“有效期”上有不同的考量。

除此之外，惩戒程序应当遵守劳动者可救济、公开、公平原则等。

3. 各类惩戒措施应当注意的事项

（1）警告——名誉权与惩戒权的平衡

用人单位管理权超过合理限度的，可能构成侵权，判断的关键在于用人单位公布决定的范围、用人单位进行管理的事项是否属于劳动关系范畴等。

比如，（2001）房民初字第 4978 号一案中，某单位主管就某员工丢钱一事，对该员工所在小组 50 余名员工以偷窃进行训斥，并要求所有员工将衣兜掏出，兜内东西托在手中接受检查。该小组员工之一张某认为单位的上述行为严重侵犯自己的名誉权，诉至法院要求单位赔礼道歉，法院最终支持了张某的请求，法院认为，管理人员在工作期间得知员工物品被窃后，应依法由国家有关机关处理，但其滥用职权，在没有任何依据的情况下责令

原告张某等50余名员工当众掏兜进行检查，其行为损害了原告人格，侵犯了原告名誉权。

当然，对于名誉权与处分权的平衡不限于警告，在其他处分中也涉及该问题。

（2）罚金——罚款的合法性

对劳动者的违规违纪行为，用人单位无罚款权。对于劳动者给用人单位造成经济损失的，可扣除一定数额工资弥补损失，并警示惩戒劳动者[①]，或按照劳动合同的约定，要求劳动者进行赔偿。经济损失的赔偿可以从工资里扣除，但每月扣除工资不得超过当月工资的20%，扣除后剩余工资不得低于当地最低工资标准[②]。

《深圳经济特区和谐劳动关系促进条例》第十六条规定："用人单位依照规章制度对劳动者实施经济处分的，单项和当月累计处分金额不得超过该劳动者当月工资的百分之三十，且对同一违纪行为不得重复处分。实施处分后的月工资不得低于市人民政府公布的特区最低工资标准。"

《深圳市员工工资支付条例》第三十四条规定："用人单位可以从员工工资中扣减下列费用：（一）员工赔偿因本人原因造成用人单位经济损失的费用；（二）用人单位按照依法制定的规章制度对员工进行的违纪经济处罚；（三）经员工本人同意的其他费用。用人单位每月扣减前款第（一）、（二）项费用后的员工工资余额不得低于最低工资。"

根据《江苏省工资支付条例》第十二条的规定，劳动者违反用人单位依法制定的规章制度，被用人单位扣除当月部分工资，但提供了正常劳动的，用人单位支付给劳动者的工资不得低于当地最低工资标准，其中非全日制劳动者的工资不得低于当地小时最低工资标准。

从上述规定中可以看出，即使在深圳、江苏，允许一定条件之下的罚款，用人单位也需要制定合法有效的规章制度，且应当符合合理性等原则。

---

① 《北京市工资支付规定》第十一条第三款规定："因劳动者本人原因给用人单位造成经济损失，用人单位按照前款规定扣除劳动者工资的，扣除后的余额不得低于本市最低工资标准。"《山东省企业工资支付规定》第三十条规定："因劳动者原因造成企业经济损失需要赔偿的，企业可以从劳动者工资中扣除，但扣除后的剩余部分不得低于当地月最低工资标准。"

② 《工资支付暂行规定》第十六条规定："因劳动者本人原因给用人单位造成经济损失的，用人单位可按照劳动合同的约定要求其赔偿经济损失。经济损失的赔偿，可从劳动者本人的工资中扣除。但每月扣除的部分不得超过劳动者当月工资的20%。若扣除后的剩余工资部分低于当地月最低工资标准，则按最低工资标准支付。"

（3）停职——劳动权的保护

停职处分实际上也会涉及很多法律问题，如果有薪资调整，还会涉及合法性与合理性的判断。实践中，该类处罚措施并不少见，除考虑单方变更劳动合同的合理性与合法性外，更深层的问题即劳动者劳动权的保护。

《劳动法》第三条第一款规定："劳动者享有平等就业和选择职业的权利、取得劳动报酬的权利、休息休假的权利、获得劳动安全卫生保护的权利、接受职业技能培训的权利、享受社会保险和福利的权利、提请劳动争议处理的权利以及法律规定的其他劳动权利。"该条款并未明确规定"劳动权"。类似停职的惩戒，司法实践中基本还是围绕必要性、合理性、规章制度民主或公示程序进行审理。在我国现行法的框架下，法律上对于"停职"可能只能结合没有提供劳动条件、未足额发放工资等劳动者的救济权作为一种制约，但是这样的救济路径在一定程度上让员工失去了工作。对此，我们期待立法的变化以及司法实践中更多的尝试。

（4）限期调离——劳动者一旦拒绝执行，可能会陷于僵局

对"限期调离"在1993年《关于金融系统应被清除人员的处理意见》（2007年1月5日失效）有规定，限时调离一般指劳动者有违规行为但不满足开除条件时，用人单位对其作出要求其在一定期限内自行联系接受单位并离开工作岗位的处分决定。

限期调离期间，劳动者与用人单位之间的劳动关系尚未解除，基于劳动关系项下的权利义务仍然存续，包括工资待遇、社会保险等。如果劳动者在限期调离期间自行离职，则通常不会产生争议，争议往往发生在限期调离期限届满而员工拒绝调离的情形。发生类似情况时，用人单位通常会对拒绝调离的劳动者予以解除劳动关系。如此，就会涉及该种解除是否合法的问题。实践中对此观点不一，主要争议点在于该处分是否属于基于同一行为对劳动者所进行的二次处罚。

一种观点认为，用人单位以劳动者拒绝限期调离为由解除劳动合同合法。该观点认为，该处罚是基于两种行为，一种是基于违规行为后的限期调离；另一种是基于不执行处罚措施。根据该观点，用人单位只要证明每次处罚依据的制度依据合法有效、有充分的事实依据且执行程序合法即可。如在（2015）哈民一民终字第5号一案中，首先，用人单位规章制度明确不完成限期调离属于严重违反制度的行为；其次，规章制度已完成民主和公示程序；最后，解除劳动合同已征求工会意见、已完成有效送达等。

另一种观点认为，用人单位以劳动者拒绝限期调离为由解除劳动合同违法。该观点认为，该处罚实质上是对一个行为的两次处罚。该观点从导致该处罚的源头说起，即两个处罚实际上都源于劳动者的违规行为。根据该观点，用人单位对于劳动者的一个行为给予两个处罚违反了基本的一事不再罚原则，因此该单方解除行为违法。

基于实践中观点不一，用人单位对劳动者作出限期调离的处罚时，应当说明其被限期调离的原因、所依据的制度、通过的程序，以及限期调离的法律后果，尤其应当对限期调离的期限及该期限届满后解除劳动关系的后果作出说明，以明确限期调离决定的性质及法律效果。

（5）调岗与赔偿损失

对于赔偿损失，这里不再赘述。惩戒性调岗的合理性同样需要满足必要性、不具有侮辱性等要求。

在各种惩罚措施中，警告、记过等处分与员工声誉相关，部分员工对于类似处分，尤其是处分公开的程度非常关注，企业应当尽量限定在一定范围内。同时，员工改过后不再被时常“追究”，是企业应该努力营造的工作氛围，真正营造“有错可以改”的工作环境。当然，在各种惩罚措施中还要关注员工的其他权利，如通报批评中员工的名誉权。

第四节　知易行难：规章制度的民主与公示程序

《劳动合同法》第四条第四款规定：“用人单位应当将直接涉及劳动者切身利益的规章制度和重大事项决定公示，或者告知劳动者。”《最高人民法院关于审理劳动争议案件适用法律问题的解释（一）》第五十条第一款规定：“用人单位根据劳动合同法第四条规定，通过民主程序制定的规章制度，不违反国家法律、行政法规及政策规定，并已向劳动者公示的，可以作为确定双方权利义务的依据。”

由此可知，与劳动者切身利益相关的规章制度制定要经过公示程序，确保员工知晓规章制度后，方对劳动者产生法律效力。

实践中，民主程序会与公司治理结合起来，如果是国有企业，还涉及“三重一大”等会议。比如，到底是先经过职工代表大会，还是先经过“三重一大”是实践中经常遇到的问题。《中共中央办公厅、国务院办公厅印发关于进一步推进国有企业贯彻落实“三重一大”决策制度的意见》规定，国有企业应当健全议事规则，明确“三重一大”事项的决策规则和程序，完善群众参与、专家咨询和集体决策相结合的决策机制。

一、规章制度的民主程序

在规章制度的民主程序方面，对于不少企业而言，容易出现以下问题：不了解民主程序的意义，总认为企业通过了制度，就当然对劳动者有约束力；担心劳动者有其他想法，不敢经过民主程序；民主程序没有做留痕管理。

首先，民主程序是员工参与管理的程序，员工参与的方式包括职工代表大会或者全体职工大会讨论。关于职工代表大会以及全体职工大会召开的方式本书其他章节有介绍，本部分不再赘述。关于民主程序的参与方式，主要有现场会议、网络会议或其他方式，除法律或者本单位职工代表大会有明确议事规则外，用人单位可以根据情况选定具体的方式。

其次，规章制度本身是对所有人的约束，最好的约束是每个人都认同这些规则，民主程序的讨论有利于制度的执行。企业管理中对于民主程序的担心更多还是对“管理”的不自信，如果在制度制定时充分听取员工意见，民主程序本身不会是障碍。

最后，公司应当注意保留职工代表大会或者全体职工大会讨论，以及与工会或者职工代表协商的书面证据。规范会议管理也是企业管理水平的一种体现，会议准备、通知召开、召开过程、召开后的结果等均应当留痕，比如，历次讨论会议记录、参与人员签名的规章制度协商确定过程中的历次书面材料等。

二、规章制度的公示程序

公示方式多种多样，包括但不限于：劳动合同约定法；员工手册发放法；会议宣传法；传阅法；规章制度考试法；OA 系统公示法等，核心是切实让员工了解并做留痕管理。无论何种方式，应确保每个员工对规章制度的了解，不仅如此，如果规章制度有修订，公示程序需重新完成。相比民主程序，公示程序的操作比较容易。

三、部门规章制度的民主和公示

现行法律对部门规章制度的效力并无相关规定，但在管理过程中，部门内部制定一些制度也是管理常态，该问题一方面与企业内部授权体系相关，另一方面涉及类似制度与员工切身利益相关时，如何确保完成民主和公示程序。

基于法律对该问题没有明确规定，司法实践中基本有两种观点：1. 避免对部门规章制度的合法有效性进行论证，直接适用部门规章制度进行裁判，如（2016）苏 01 民终 4267 号案；2. 部门在职权范围内制定规章制度，且经部门内部民主程序确定并公示的，应合法有效，如（2020）湘 01 民终 1291 号案。

管理好部门层级规章制度的民主和公示程序也同样重要。

第五节　规章制度内容的合法性和合理性

规章制度的内容企业间差异较大，但至少应当包括企业文化、用人原则；招聘、录用、试用期转正、调岗调薪、合同解除以及终止等制度；员工行为准则以及奖惩体系（如销售提成等）；员工休假制度（包括各类假期、加班等）；员工各类福利制度；员工培训、保密、竞业禁止等制度（但此部分制度并不能替代协议本身）；办公管理、办公品、报销等。

就上述规章制度的具体内容不再详述，重点说明规章制度合法性及合理性等问题。

一、规章制度的合法性

在企业实际经营过程中，除以企业名义制定的规章制度外，各个部门亦有不同形式的制度，如果不妥善处理企业制度和部门制度的关系，就会出现规章制度制定主体不适格的问题。执行某一职能的部门如生产部、销售部、财务部等，虽然可以参与企业规章制度的制定活动，但是该规章制度在发布时应以企业名义发布。如果以某一部门的名义公布，往往会面临制定主体不适格的法律风险，在出现涉及规章制度的劳动纠纷时，会遭受该规章制度仅对该部门员工有效、对其他部门员工没有约束力的抗辩而导致败诉。

为此，企业规章制度应由对企业事务及其所有员工实施统一管理的机构制定，并以企业名义颁布实施。实践中，企业在制定规章制度时一般授权人力资源部门或者行政部门制订，最终以企业名义发布。

二、规章制度的合理性

（一）现行法律对规章制度审查的规定

1. 劳动保障部门审查用人单位规章制度的相关法律依据

《劳动法》第八十九条规定："用人单位制定的劳动规章制度违反法律、法规规定的，由劳动行政部门给予警告，责令改正；对劳动者造成损害的，应当承担赔偿责任。"该条规定了劳动行政部门对于规章制度的审查权，但主要集中在规章制度是否符合法律、法规。

《劳动部关于对新开办用人单位实行劳动规章制度备案的通知》（于2016年5月31日宣布废止），该通知同样规定审查的要点为是否符合法律法规规定，以及相关程序性规定。

根据《劳动保障监察条例》第十一条的规定，劳动保障行政部门可以对用人单位制定内部劳动保障规章制度的情况进行劳动保障监察。

根据《劳动合同法》第七十四条的规定，劳动行政部门依法对用人单位制定的直接涉及劳动者切身利益的规章制度及其执行情况进行监督检查。由此，劳动行政部门对用人单位制定的规章制度具有审查权，但具体监督检查的尺度并不明确。

2. 仲裁机构和法院审查用人单位规章制度的主要依据

《最高人民法院关于审理劳动争议案件适用法律问题的解释（一）》第五十条第一款规定，用人单位根据劳动合同法第四条规定，通过民主程序制定的规章制度，不违反国家法律、行政法规及政策规定，并已向劳动者公示的，可以作为确定双方权利义务的依据。不难看到，法院在审查规章制度时还可根据政策进行。

各地司法实践中，部分地区相关参考意见或会议纪要明确规定用人单位规章制度适用的前提是不存在明显不合理之处，如《河北省高级人民法院关于我省劳动争议案件若干疑难问题处理的参考意见》第十六条、《海南省高级人民法院关于审理劳动争议案件若干问题的指导意见》第十七条、《浙江省高级人民法院关于审理劳动争议案件若干问题的意见（试行）》第二十四条以及《广东省高级人民法院、广东省劳动争议仲裁委员会关于适用劳动争议仲裁法、劳动合同法若干问题的指导意见》第二十条。上述地区的规定类似，但细节方面略有差异，如广东省的相关规定还要求劳动者没有异议。

从总体来看，法律层面并未明确规定仲裁机构和法院可对规章制度进行合理性审查，认为仲裁机构和法院可对规章制度进行合理性审查的主要依据是《劳动合同法》第三十九条第二款规定使用了“严重”违反用人单位规章制度的表述。但是法律并未对“严重”的认定标准进行界定，这就使得司法实践中呈现各种不同的认定标准。

（二）规章制度合理性审查的考量维度

规章制度合理性审查的标准并无法律规定，但考量的维度有一定规律性，需要多维度综合考量。

1. 是否超越劳动管理的范畴

用人单位对劳动者行为的规范原则上应当限定在与工作相关，在工作时间和工作地点。当然，限定在工作时间和工作地点并非绝对，还要综合考虑是否与工作相关等各种因素。

2. 是否过度减损劳动者利益

劳动关系项下劳动者会让渡部分自身权益，但并不代表没有边界，是否过度减损劳动者利益是合理性审核的重要标准。

3. 是否影响正常的管理秩序

对用人单位管理秩序的影响需要考虑行业特点、劳动者岗位、行为发生的时间、地点、影响范围等因素。

4. 结合行业特点和管理程序

应当充分考虑行业特点对于用人单位规章制度的影响。

5. 规则或行为是否超出一般人可承受范围

对用人单位规章制度合理性进行审查时，既要规范和限制用人单位管理权，又要尊重用人单位的经营自主权，如果用人单位制定的规章制度中出现“员工言语顶撞上级主管，用人单位据此可以解除劳动关系”等内容，则该内容的要求显然对员工过于苛刻，且超出一般人的可承受范围，司法将会予以调整，以保障员工的合法权益。

我们无法穷尽各种合理性的判断要素，但实际上还是有迹可循，除上述提到的标准外，还包括比例原则、普世的价值观、各方的过错等因素。

第六节　规章制度起草和审核的“套路”

关于合同起草和审核的方法论介绍很多，关于规章制度的并不多。实际上，规章制度的起草和审核也有相应“范式”，以起草为例，关于规章制度的结构，从制定目的、制定主体、组织结构、职责划分、行为规范和要求、落实与责任，再到附则都有基本的体系。规章制度审核和起草中有关前后对应、用语统一、制度衔接、文字表达准确等与合同并无太大差异，为此，类似上述部分本书不再赘述，本节将重点介绍规章制度审核的原则和方法。

一、审核规章制度的五大原则

（一）以合法为基础的情理法交融原则

劳动关系的人身属性决定了规章制度不能只考虑合法性，合法是基础，但限于合法将寸步难行。劳动法律是嵌入用人单位组织和管理中的，在日常经营中，靠的并不仅是用工合法，而是基于文化、组织、管理、协作等。为此，以合法为基础的情理法交融原则是审核规章制度的首要原则。

1. 合法的“法”应是扩大化的法，而不限于劳动领域的法律

审核规章制度时，合法性审查不能局限在与劳动相关的民事法律和民事责任层面，还应对与用工相关的行政法、刑法等规定予以梳理。不仅如此，司法实践中的裁判尺度应当作为法律风险识别的依据，还应当关注用工地域性的影响，各地对于一些具体问题的态度以及处理方式并不统一，甚至完全相反，审核规章制度时必须考虑不同地域的司法裁量权的影响。当然，各地司法裁量标准的不同对个案的影响较大，对于企业用工合规性建设的影响相对有限。

2. 让规章制度有规矩，也有温度

情理法交融让规章制度融入用人单位的日常管理，而不是束之高阁。不同文化、不同性质的企业在规章制度的“情理”方面差异极大，“情理”必须建立在对用人单位深刻了解的基础上，而不是审核者自己的想当然。

以“丧假”为例，不少国有企业仍然沿用《国家劳动总局、财政部关于国营企业职工请婚丧假和路程假问题的通知》的规定，即职工本人结婚或职工的直系亲属（父母、配偶和子女）死亡时，可以根据具体情况，由本单位行政领导批准，酌情给予一至三天的婚丧假。那么问题来了，如果是公婆或者岳父母死亡呢？当这个问题引起争议时，《北京市劳动局关于国营企业职工请丧假范围有关问题的通知》规定，经征得财政局同意，女职工的公婆死亡时和男职工的岳父母死亡时，经本单位领导批准，可酌情给予一至三天的丧假。该问题虽然可以从法律规范上找到援引，但对于非国营企业来讲，在审核类似制度时，不要仅局限于劳动法领域对于“直系亲属”的法律认定，更需要通人情。

用人单位倡导职业化，但每个个体都是有家庭、有感情的人，不通人情的制度可能不断遭受挑战，尤其是类似“丧假”这样的制度。

（二）服务经营原则

规章制度的目的是什么？固于管理恐怕会让制度失色不少。对于大部分用人单位而言，经营才是最重要的。笔者之所以用经营，而非盈利，一方面是考虑有一些非营利性机构，另一方面是即使营利性机构，也有相应社会责任的承担，从规章制度看，服务经营可能更全面一些。

律师审核规章制度时，由于职业特性，往往容易陷入“主体、规则、违反的后果”这样的思维定式中，陷入这样的思维会让制度失去“生命力”。

以股权激励制度为例，对于律师擅长的股权激励的对象、条件、兑付以及终止等只是基础，服务经营原则需要我们在审核制度时考虑得更长远一些，如股权激励对象的选择规则是什么？这可能就需要明确股权激励的目的是什么？作为一种福利留下更好的员工，还是作为激励手段激发一批奋斗者？这两个目的显然对于制度的需求是不同的。如此，就需要我们与用人单位不断沟通他们设置制度的目的，让制度回归服务经营。

（三）尊重历史与兼顾发展原则

没有几个企业是可以轻装上阵的，历史和发展的纠结在审核制度中经常能有体现，大刀阔斧的改革是一种选择，温和前行未尝不是一种路径。不论是哪种方式，在制度审核时，尊重历史和兼顾发展必须有所平衡。

以“探亲假”为例，1981 年出台的《国务院关于职工探亲待遇的规定》规定了探亲假，即职工与配偶、父母团聚的时间，根据实际情况可以给予路程假。根据该规定，只有在国家机关、人民团体和全民所有制企业（国有企业）、事业单位工作的职工才可以享受探亲假待遇。但不少企业，尤其是国有类的企业在历次变革中都沿用了该制度。时过境迁，当交通四通八达，年休假等假期制度在落实时，探亲假本身是否有必要存在出现争议，而对规定了该制度的不少用人单位而言，也常常陷入烦恼，即谁真正享有“探亲假”。我们既需要尊重“探亲假”的历史，为劳动者争取更多的福利，但如果这样的制度成为少数人的福利，该少数人往往还是工作量较少的人，对用人单位而言，可能就是对公平的破坏、对发展的掣肘。当然，这个例子不一定恰当。笔者想说明的仅是尊重历史与兼顾发展是管理的艺术，也是审核制度中需要遵守的一个原则。

（四）可执行、可落地原则

徒法不足以自行，商鞅当年徙木立信实际就是制度执行、落地的典范。制度再好，如果不被执行、不可落地，其危害可能不亚于没有制度。

笔者举例来说明可执行、可落地在审核制度中的作用，比如，某规章制度规定：员工旷工，该员工所在部门需填写《旷工登记表》，记录旷工事实，并由员工本人签字确认，若员工拒绝签字确认的，则公司可按照实际考勤确定其是否旷工。如果我们不考虑可执行、可落地时，该制度似乎无须修改。

对此，有这么几个问题：让员工签署《旷工登记表》的是员工所在部门还是人力部门？员工拒绝签字当天确定旷工还是什么时间？实际考勤本身指的又是什么？让员工签署《旷工登记表》到底是好还是不好？从管理主动权角度讲，员工签字确认环节可能徒增不确定性因素，员工拒绝签字会不会对日后旷工事实的认定造成一定的影响？但如果从管理效果看，让员工签署《旷工登记表》本身是管理手段的落实，对于员工的心理会有很大的影响，或许该旷工行为并不当然引发可能的单方解除等，而员工可能会选择主动离职。

从不同视角看待以上问题的答案不同，从可执行、可落地的角度，建议将该条修改为“员工旷工以公司规章制度确定的考勤记录为准（若考勤方式有变的，以最新的考勤方式确认）。当员工有旷工行为超过 3 天（具体时间可根据情况调整）时，用人部门应当通知人事部门，并由用人部门负责，人事部门配合，要求员工在《旷工登记表》中签字，员工拒绝签字不影响旷工事实的认定”。

审核制度秉承可执行、可落地原则时，审核者要考虑更多，才能让规章制度实际上更能落地。

（五）程序正义原则

程序正义原则不是指规章制度的民主和公示程序，而是由于规章制度管理要素的存在，各类规章制度，尤其是涉及员工切身利益的制度应当体现“程序正义”的原则，即员工权益的获得或失去需要经过合理的程序，且应当有内部的申诉路径让员工充分表达自己的意见。

以奖金考核制度为例，考核程序的设置、主考人员的组成、考核具体规则的设定均应体现程序正义，让员工感觉到公平，或者即使感觉到不公平仍然有救济路径，这是至关重要的。

二、审核规章制度的四大步骤

审核不同规章制度具体的方法略有差异，但审核的步骤大同小异。

（一）明确规章制度制定主体在组织中的定位

规章制度制定主体有集团公司，有个体公司，有集团公司的下属公司，还有跨国公司等，这些不同的主体必须在审核制度时首先予以明确，一方面该问题涉及制度内部衔接适用的问题，另一方面也与管理权限相关。

（二）明确规章制度的内容属于内部管理类内容、涉及员工利益的内容或是其他

用人单位的规章制度很多，如报销制度、培训制度、劳动合同管理制度，这类制度更多涉及内部管理，但也有考勤制度、假期制度、奖金制度等这些涉及员工切身利益的内容。在组织中，不同地位的主体、不同内容的制度，审核方法均不同，因此，明确该

问题是制度审核的前提。

（三）分析规章制度的结构，对通用条款和非通用条款有效区分

任何规章制度都有结构，只是会有不同的展现方式而已。通用条款包括制度制定的依据、原则，制度制定的主体、适用范围，制度解释的解释主体，制度生效的时间，制度生效之前相关制度的效力，以及可能的过渡性条款等，对于这些通用条款，应当根据企业自身情况进行确定。对于非通用条款，则需要根据具体内容确定不同的审核重点。（对于非通用条款，后续内容将具体讲述）

（四）熟知规章制度依据的法律规范、司法实践、日常管理中的常见问题。与客户充分沟通痛点所在，确定审核思路，识别规章制度中的法律问题和管理问题

三、审核规章制度的进阶之路

对于规章制度实体内容的审核，具体来说，应当做到以下几点。

（一）看到法律背后的问题

看到法律背后的经营管理目标；看到法律背后的情理法交融；看到法律背后的企业历史；看到法律背后的执行效果；等等。

（二）甄别哪些是法律问题

以规章制度中的“连坐处罚”规则为例，某单位《虚假事件问责制度》规定：“1个自然月内，所辖范围存在虚假事件，相关当事人及上一级责任人解除劳动合同。”再比如，“因管理者工作失职或监管不力导致组内员工发生A级投诉，连带两级管理者降级追责，其直接上级主管和所属大区经理每次减发当月绩效1000元。B级投诉成立率超标小组，为管理者工作失职或监管不力，减发相应组长当月绩效500元”。“连坐”类的处罚措施是否具有法律效力，连坐的处罚规则是否可行呢？是否能延展性考虑类似条款中需要注意的问题，如法不溯及既往原则，企业内部的规章制度可以溯及既往吗？如果类似条款无效，是保留该条款并提醒企业注意还是直接删除？

每一个看似简单的问题，背后都有相应法律问题的提炼，是否能敏感地看到这些问题，是校验专业与否的重要标志。

（三）预见未来的“坑”

用人单位规章制度的程序性事项要考虑到司法检验的需要，也需要结合自己的管理现状，如果没有过多的管理成本投入，制度中的程序性事项对管理将是一种“制约”。应该用发展的视角审核规章制度，而不是停留在某一时间段。类似的例子有很多，旷工属于严重违反规章制度，那么什么是旷工？旷工几天可以解除劳动合同？面对这些问题，首先要有一个旷工的定义，根据企业情况判断是否有必要充实各种表述，毕竟，不同企业对于工作时间的管理严格性是不同的。

第七节　规章制度的落地与执行

规章制度执行过程中应当遵循及时、公正公平、程序正义等原则，除此之外，基于劳动关系的特殊性，规章制度在执行过程中还应当注意以下原则。

一、同理心——生硬的制度之外应该充满人情的关怀

规则给人的感觉总是“生硬”的，它规制着人的行为，限制着人的自由。因此，规则在设定和执行时要对“人性”进行充分考量，对人充满关怀，比如，同样是给员工警告，是大张旗鼓、杀鸡吓猴的处分，还是真正让员工认识到错误给予其一定“教训”，全在一念之间，这与制度无关，而只与执行相关。

二、从管理和经营角度看制度执行

规章制度执行的效果评估可以从多角度看，管理和经营角度是很重要的维度。以最常见的迟到早退为例，管理迟到早退的背后难道仅仅是为了限制员工的上下班时间吗？显然不是，背后是工作纪律性、工作积极性、工作投入度等一系列问题。为此，规章制度的执行应当有全方位的视野，而不应当局限在点上。正所谓，通过人看事，通过事看人，不断往复。

三、向善激励的未来导向

规章制度的执行一定不能以处罚为目标，而应当激发人的善意。人性天生厌恶约束，如果通过处罚让员工有了“逆反心理”，那将是执行制度最糟糕的状态。为此，在规章制度执行过程中，一定要通过宣传、具体个案的处理释放向善激励的未来导向。

规章制度执行还涉及很多问题，如建立争议解决思维，了解基本证据规则。用人单位还经常面临规章制度在执行过程中要不要有例外、规章制度中未明确规定的行为如何处理等问题。在一定程度上，规章制度的执行往往也是管理的艺术，然而，应牢固守住红线和底线。

第四章

工会、职代会与集体协商

导言

工会、职代会及集体协商在劳动关系中起着重要作用，从不同角度解读工会、职代会与集体协商会有不同的内容。本书对于工会、职代会及集体协商的介绍主要是从企业合规用工角度进行说明。

部分企业认为工会、职代会以及集体协商会干扰正常用工，这种错误认识应该进行更正。如今，人力资本对于企业发展越来越重要，听取员工意见，调动员工积极性，让员工与企业融为一体，工会、职代会和集体协商大有作为。

2021 年《工会劳动法律监督办法》出台，该办法是对 1995 年《工会劳动法律监督试行办法》的修订，新的监督办法进一步规范和加强工会劳动法律监督工作，提升工会劳动法律监督的实效和水平，工会重点监督用人单位恶意欠薪、违法超时加班、违法裁员、未缴纳或未足额缴纳社会保险费等问题。随着该办法的落地，工会在用工方面的作为值得期待。

新修订的《工会法》于 2022 年 1 月 1 日起实施，规定工会是中国共产党领导的职工自愿结合的工人阶级群众组织，是中国共产党联系职工群众的桥梁和纽带，同时还明确了工会应适应企业组织形式、职工队伍结构、劳动关系、就业形态等方面的发展变化，依法维护劳动者参加和组织工会的权利。

第一节　工会应当做好劳动者合法权益的代表

《工会法》《劳动法》《劳动合同法》以及《中华人民共和国公司法》等都提到了工会作为劳动者、职工的代表，应当维护职工的合法权益。《工会法》《中国工会章程》以及相关文件中，对工会职责和权利有详细规定。本节主要以劳动关系以及企业常见问题为出发点展开讲述。

一、企业工会的建立与职工入会

（一）企业是否必须组建工会？

《工会法》规定，有职工的地方（包括企业、事业单位、机关、其他组织等）都可以组建工会。此处使用了“可以”而不是“应当”，为此，法律并未规定企业必须建立工会。虽然企业设立工会不是必需的，但企业不得阻挠员工设立工会，且应依法为员工设立工会提供帮助。

对于不少未建立工会的企业而言，困惑在于企业建立工会的意义。首先，企业建立工会后，与劳动者沟通增加一个渠道，工会是提高企业凝聚力和竞争力的“原动力”，也是将员工冲突化解在萌芽状态下的“润滑剂”，更是创造广阔发展空间的“桥梁”和“纽带”。其次，企业建立工会后，基于工会经费，可为员工提供法律范围内的福利，如工会可以积极组织职工开展职业技术培训、劳动技能竞赛、岗位培训等活动，有助于提高企业生产效率、技术革新等。同时，工会可以举办行业技术交流特色活动，为行业交流提供展示、学习和借鉴的平台。最后，企业建立工会后，必然促进企业合规管理，进而对经营和发展起到促进作用。当职工与企业产生劳动纠纷时，工会可作为“中间方、缓冲带”积极协调处理，既维护企业方的利益，又维护劳动者合法权益，缓和劳动者与企业的矛盾，公平公正地保护双方合法权益，营造和谐劳动关系。

（二）企业组建工会的工作流程

第一步：职工或用人单位提出组建工会的意向，并向所在辖区的街乡工会提出组建工会申请，在京的中央企业（集团）工会等有特殊规定的除外。①

第二步：上级工会调查审批后，做出是否同意建立工会的批复，得到上级工会同意批复后，用人单位方可展开相关工作。

第三步：成立筹备组，筹备组应当在用人单位发展工会会员，根据中华全国总工会

---

① 《中华全国总工会办公厅关于印发〈基层工会法人登记管理办法〉的通知》（总工办发〔2020〕20号）第七条第一款第三项规定：“中央和国家机关工会联合会所属各基层工会、在京的中央企业（集团）工会由中华全国总工会授权北京市总工会登记管理；京外中央企业（集团）工会由其所在地省级总工会登记管理或授权市级总工会登记管理。”

《工会基层组织选举工作条例》第十七条的规定，基层工会委员会委员和常务委员会委员应差额选举产生。第十八条规定，基层工会主席、副主席可以等额选举产生，也可以差额选举产生。第三十六条规定，基层工会经费审查委员会由会员大会或会员代表大会选举产生。主任、副主任可以由经费审查委员会全体会议选举产生，也可以由会员大会或会员代表大会选举产生。第三十八条规定，基层工会组织有女会员 10 人以上的建立女职工委员会，不足 10 人的设女职工委员。女职工委员会与基层工会委员会同时建立。

第四步：召开工会成立大会并选举工会委员会委员、工会经费审查委员会委员、工会主席及工会经费审查委员会主任，并将选举结果以书面形式请呈上级工会审批，上级工会组织对选举结果予以批复。

第五步：办理法人资格证[①]、开设工会账号、刻制工会印章等。

（三）职工如何加入工会？

首先，需要由职工本人自愿提出申请；其次，经工会基层委员会批准后颁发会员证。

具体来说，填写《中华全国总工会入会申请书》和《工会会员登记表》，经过工会基层委员会批准，即可成为中华全国总工会会员，并颁发中华全国总工会会员证[②]。

---

① 《基层工会法人登记管理办法》（总工办发〔2020〕20 号）第三条规定："基层工会按照本办法规定经审查登记，领取赋有统一社会信用代码的《工会法人资格证书》，取得法人资格，依法独立享有民事权利，承担民事义务。"

《中华全国总工会办公厅关于进一步做好工会经费独立核算工作的通知》（总工办发〔2008〕20 号）明确规定，各企业、行政事业单位、社会团体和中介机构等基层工会，应当按照中华全国总工会《基层工会法人资格登记办法》（总工发［1997］24 号）的要求，取得工会法人资格证书，并凭此证书办理银行账户开户手续，实行工会经费独立核算。产业工会办理银行账户开户手续过程中，确需提供工会法人资格证书的，可以向所在地地市级以上工会领取工会法人资格证书。

② 《工会会员会籍管理办法》第五条规定："职工加入工会，由其本人通过口头或书面形式及通过互联网等渠道提出申请，填写《中华全国总工会入会申请书》和《工会会员登记表》，经基层工会审核批准，即为中华全国总工会会员，发给《中华全国总工会会员证》（以下简称"会员证"），享有会员权利，履行会员义务。工会会员卡（以下简称"会员卡"）也可以作为会员身份凭证。"

《中华全国总工会办公厅关于进一步加强〈中华全国总工会会员证〉管理工作的通知〉》（厅字〔2017〕4 号）第六条规定，对新加入工会的会员，基层工会要为其颁发会员证，作为会员身份凭证，享有会员权利，履行会员义务。不应以工会会员服务卡等代替颁发会员证。地方或基层工会可通过举行入会仪式、集体发放会员证等形式，增强工会会员意识。会员劳动（工作）关系发生变化后，由调出单位工会填写会员证"工会组织关系接转"栏目中有关内容，会员以会员证等证明其工会会员身份，新的用人单位工会应予以接转登记。会员退会的，由基层工会收回其会员证。会员因严重违法犯罪受到刑事处分被开除会籍的，报上一级工会备案后，由基层工会收回其会员证。

二、工会在劳动关系中的权利义务

（一）与企业用工法律风险管理相关的民主制度

工会的作用在于其代表和维护劳动者的合法权益，根据《劳动合同法》的规定，用人单位在制定、修改或者决定有关直接涉及劳动者切身利益的规章制度或者重大事项时，应当经职工代表大会或者全体职工讨论，提出方案和意见，与工会或者职工代表平等协商解决。即工会有权参与企业相关规章制度的制定、修改和完善，当企业或事业单位违反职工代表大会制度和其他民主管理制度时，工会有权纠正。

企业与工会平等协商，形成类似《工会审核〈员工手册〉的意见》文件，是工会参与了协商程序，但不代表民主程序完成。原因在于用人单位规章制度制定权来源于法律授权，目的在于用制度方式加强内部人员管理，形成良好劳动秩序。员工作为用人单位劳动管理的亲历者，对涉及切身利益的规章制度内容最敏感，也最有发言权，工会代表员工参与其中，但工会委员会的平等协商程序并不能替代职代会或者全体职工的讨论，即只有工会的协商程序不能说明民主程序已经完成。

（二）工会在签订劳动合同、集体劳动合同等方面的职责

工会应当帮助和指导与用人单位签订劳动合同的劳动者，根据法律规定，工会代表职工与用人单位就签订集体合同的事宜进行协商，集体合同草案应当提交职工代表大会或全体职工讨论通过，在用人单位侵犯劳动者权益时，工会可以要求其承担责任，还可以向劳动争议仲裁机构提请仲裁。就劳动者集体福利有关事宜，工会可以协助用人单位，切实做好工资、劳动安全卫生和社会保险工作。

（三）工会认为对劳动者的处分不适当，可以向用人单位提出意见

《劳动合同法》第四十三条规定："用人单位单方解除劳动合同，应当事先将理由通知工会。用人单位违反法律、行政法规规定或者劳动合同约定的，工会有权要求用人单位纠正。用人单位应当研究工会的意见，并将处理结果书面通知工会。"

《最高人民法院关于审理劳动争议案件适用法律问题的解释（一）》第四十七条规定："建立了工会组织的用人单位解除劳动合同符合劳动合同法第三十九条、第四十条

规定，但未按照劳动合同法第四十三条规定事先通知工会，劳动者以用人单位违法解除劳动合同为由请求用人单位支付赔偿金的，人民法院应予支持，但起诉前用人单位已经补正有关程序的除外。”未建立工会组织的用人单位单方解除劳动合同时该如何履行通知义务呢？或者是否需要通知工会呢？

我们先来看部分地区的规定。《江苏省劳动合同条例》第三十一条规定：“用人单位解除或者终止劳动合同，应当符合法定的条件和程序。用人单位单方解除劳动合同，应当事先将理由通知工会；用人单位尚未建立工会的，通知用人单位所在地工会。”

我们再来看司法实践。对这一问题，法院裁判存在一定差异，有法院认为应通过告知并听取职工代表意见的方式或者向当地总工会征求意见的变通方式来履行告知义务；也有法院认为用人单位在未建立工会的情况下应当事先通知公司所在地工会以履行告知程序义务；还有法院认为，未建立工会的用人单位单方解除劳动合同之时向谁履行通知程序并没有明确法律规定，劳动者以用人单位未履行通知程序为由主张单方解除劳动合同违法不具有法律依据。

上述差异问题的解决，一方面需要立法进一步明确，另一方面，用人单位也需要随时关注各地政策的变化调整。

（四）用人单位经济性裁员，必须听取工会意见，工会认为不适当，可以提出意见

（五）需要进一步落实的权利

工会认为用人单位存在侵犯劳动者利益的情形，包括但不限于克扣工资、劳动安全卫生不合格、劳动时间过长、女职工及未成年特殊权益得不到保护等，有权代表员工进行交涉，并提出改正要求，用人单位拒不改正的，工会可以要求政府处理，一定情况下可以代为诉讼等。

上述工会权利的类似实践还比较少，需要立法及司法个案的共同推动。

三、工会的组织体系

（一）工会主席

1. 工会主席任职资格和产生

《企业工会主席产生办法（试行）》第五条规定：“企业工会主席应具备下列条件：

（一）政治立场坚定，热爱工会工作；（二）具有与履行职责相应的文化程度、法律法规和生产经营管理知识；（三）作风民主，密切联系群众，热心为会员和职工服务；（四）有较强的组织协调能力。”第六条规定：“企业行政负责人（含行政副职）、合伙人及其近亲属，人力资源部门负责人，外籍职工不得作为本企业工会主席候选人。”第十三条规定：“企业工会主席产生均应依法履行民主选举程序，经会员民主选举方能任职。”

2. 工会主席职责

《企业工会工作条例（试行）》第二十七条规定：“企业工会主席的职权：（一）负责召集工会委员会会议，主持工会日常工作。（二）参加企业涉及职工切身利益和有关生产经营重大问题的会议，反映职工的意愿和要求，提出工会的意见。（三）以职工方首席代表的身份，代表和组织职工与企业进行平等协商、签订集体合同。（四）代表和组织职工参与企业民主管理。（五）代表和组织职工依法监督企业执行劳动安全卫生等法律法规，要求纠正侵犯职工和工会合法权益的行为。（六）担任劳动争议调解委员会主任，主持企业劳动争议调解委员会的工作。（七）向上级工会报告重要信息。（八）负责管理工会资产和经费。”

工会主席应全心全意争取职工的切身利益，做好职工与企业沟通的桥梁，在企业出现生产经营重大策略问题的时候，工会主席也应向企业管理层传达职工的意愿，让职工真正体会到归属感与集体感。

（二）工会委员会

工会委员会是职工代表大会的工作机构，负责职工代表大会的日常工作，履行下列职责：提出职工代表大会代表选举方案，组织职工选举职工代表和代表团（组）长；征集职工代表提案，提出职工代表大会议题的建议；负责职工代表大会会议的筹备和组织工作，提出职工代表大会的议程建议；提出职工代表大会主席团组成方案和组成人员建议名单；提出专门委员会（小组）的设立方案和组成人员建议名单；向职工代表大会报告职工代表大会决议的执行情况和职工代表大会提案的办理情况、厂务公开的实行情况等；在职工代表大会闭会期间，负责组织专门委员会（小组）和职工代表就企业职工代表大会决议的执行情况和职工代表大会提案的办理情况、厂务公开的实行情况等，开展巡视、检查、质询等监督活动；受理职工代表的申诉和建议，维护职工代表的合法权益；向职工进行民主管理的宣传教育，组织职工代表开展学习和培训，提高职工代表素质；

建立和管理职工代表大会工作档案。

（三）工会主席、副主席以及工会委员的特殊保护

1. 工会主席、副主席以及工会委员会委员特殊保护的法律规定

《工会法》第十七条第一款规定，“工会主席、副主席任期未满时，不得随意调动其工作。因工作需要调动时，应当征得本级工会委员会和上一级工会的同意。”第十八条规定：“基层工会专职主席、副主席或者委员自任职之日起，其劳动合同期限自动延长，延长期限相当于其任职期间；非专职主席、副主席或者委员自任职之日起，其尚未履行的劳动合同期限短于任期的，劳动合同期限自动延长至任期期满。但是，任职期间个人严重过失或者达到法定退休年龄的除外。”

《企业工会主席合法权益保护暂行办法》第五条第一款规定：“企业工会主席因依法履行职责，被企业无正当理由解除或终止劳动合同的，上级工会要督促企业依法继续履行其劳动合同，恢复原岗位工作，补发被解除劳动合同期间应得的报酬，或给予本人年收入二倍的赔偿，并给予解除或终止劳动合同时的经济补偿金。”

上述规范构成了工会主席、副主席以及工会委员在工作调动、劳动合同解除、劳动合同到期终止以及调整工作岗位方面的特殊保护。

2.《工会法》第十八条中的“个人严重过失”如何认定？

《最高人民法院关于在民事审判工作中适用〈中华人民共和国工会法〉若干问题的解释》第二条第二款规定：“工会法第十八条规定的‘个人严重过失’，是指具有《中华人民共和国劳动法》第二十五条第（二）项、第（三）项或者第（四）项规定的情形。”具体对应的情形分别为：严重违反劳动纪律或者用人单位规章制度；严重失职、营私舞弊，对用人单位利益造成重大损害；被依法追究刑事责任。

3. 劳部发〔1996〕122 号文规定，不经本单位工会委员会和上级工会同意，企业不得与工会主席解除劳动合同，到底应该如何理解？

《劳动部关于企业工会主席签订劳动合同问题的通知》（劳部发〔1996〕122 号）规定，已经与企业签订了劳动合同的工会主席，双方应继续履行劳动合同，不经本单位工会委员会和上级工会同意，企业不得解除劳动合同。《劳动和社会保障部办公厅关于工会主席任职期间用人单位能否因违纪解除劳动合同问题的复函》（劳社厅函〔2005〕24

号）中对北京市劳动和社会保障局明确回复："用人单位按照《劳动法》第二十五条的规定解除劳动合同不受其他附加条件限制，因此，如工会主席、副主席或者委员在任职期间存在《劳动法》第二十五条规定情形之一的，用人单位可以解除劳动合同。同时，根据《工会法》第二十一条规定，用人单位单方面解除职工劳动合同时，应当事先将理由通知工会，若工会认为用人单位违反法律、法规和有关合同，要求重新研究处理时，用人单位应当研究工会的意见，并将处理结果书面通知工会。"

通过上述法律规范的梳理，我们不难发现，"劳社厅函〔2005〕24 号文"实质上已经取消了"劳部发〔1996〕122 号文"关于用人单位解雇工会主席应当事先征得本单位工会委员会和上级工会同意的规定。但劳动法律领域总是有很多不敢下定论的地方，就该规定，各地又有不同态度，如《江苏省实施〈中华人民共和国工会法〉办法》第二十五条第三款规定："基层工会主席、副主席任期未满确需变更其工作单位、工作岗位，或者被所在单位认定需要解除劳动（聘用）合同的，应当事先书面征得本级和上一级工会同意。"

适用国家层面的规定还是地方层面的规定，从法律效力等级来看应当无争议，但实践中总是有不同观点，如有人认为国家法律、行政法规没有明文规定时，地方性法规可以补充立法，也有人认为地方性法规不得实质性违反上位法，为企业设立更多限制。该问题在劳动法律领域并无统一认识，也正是由于没有统一认识，实践中出现了"五花八门"的裁判规则，而这些问题的解决，需要理论以及立法的共同推动。

四、工会经费收支应合法合规

《工会法》第四十二条规定，建立工会组织的企业、事业单位、机关按每月全部职工工资总额的 2% 向工会拨缴工会经费。工会经费的合法合规使用非常重要。

（一）工会经费及缴纳

根据《工会法》第四十二条的规定，工会经费主要用于为职工服务和工会活动。目前，全国各省（市）已基本实现工会经费由税务机关代收，工会经费（建会筹备金）由地税代收将工会经费收缴纳入法治化轨道。

以浙江省为例。工会经费（建会筹备金）代收基数：暂按企业缴纳社会保险人数与上一年度浙江省职工平均工资基数并按一定比例计算。工会经费因错缴造成多收费款的，由缴费单位向总工会提出书面申请，经总工会核实并加盖公章后，送地税部门办理退费。对未按规定缴纳或者逾期缴纳工会经费（建会筹备金）的，按《浙江省实施〈中华人民共和国工会法〉办法》第三十四条的规定，每日按欠缴金额的千分之五加收滞纳金；对拒不缴纳工会经费（建会筹备金）的，工会可依法向当地人民法院申请支付令，对拒不执行支付令的，工会可以依法申请人民法院强制执行。

（二）工会经费使用要求

经费使用具体办法按《工会会计制度》《工会预算管理办法》和《基层工会经费收支管理办法》等规定执行。

《中国工会章程》第四十条规定，各级工会委员会按照规定编制和审批预算、决算，定期向会员大会或者会员代表大会和上一级工会委员会报告经费收支和资产管理情况，接受上级和同级工会经费审查委员会审查监督。即：主体独立，各级工会依法成立并取得法人资格后，按照“统一领导、分级管理”的财务体制，独立管理所在工会的经费；使用独立，按照《工会法》规定，各级工会有关经费的使用规则应按照中华全国总工会的要求执行；监督独立，按照“统一领导、分级管理、分级负责、下审一级”的经费审查监督体制，各级工会经费的使用自觉接受本级和上级工会经费审查委员会的监督审查，并且定期向会员大会或者会员代表大会报告，接受监督，与此同时，工会会员大会或者会员代表大会有权对经费使用情况提出意见。

（三）工会经费使用监督机制

《工会法》第四十四条规定：“工会应当根据经费独立原则，建立预算、决算和经费审查监督制度。各级工会建立经费审查委员会。各级工会经费收支情况应当由同级工会经费审查委员会审查，并且定期向会员大会或者会员代表大会报告，接受监督。工会会员大会或者会员代表大会有权对经费使用情况提出意见。工会经费的使用应当依法接受国家的监督。”《中国工会审计条例》第三条规定：“工会审计是指各级工会经费审查委员会（以下简称经审会）依照法律和《中国工会章程》规定的职责、权限和程序，对工会经费收支、资产管理等全部经济活动的真实、合法与效益实施的审计监督。”根据《中华全国总工会办公厅关于加强工会经费财务管理和审计监督切实管好用好工会经费的通知》第五条的规定，各级工会领导班子应当自觉接受上级和同级工会经审会的审查审计监督，按照审计结果的要求，明确责任，制定措施，落实整改。各级工会经审会要依照规定职责、权限和程序，对工会经费收支、资产管理情况实施全过程的审查审计监督。

第二节　民主管理的路径：职工代表大会或全体职工大会

国家层面对职工代表大会的相关规定主要集中在《全民所有制工业企业职工代表大会条例》及《中华全国总工会办公厅关于规范召开企业职工代表大会的意见》。各地有关于职工代表大会的相关规定，如《山东省企业职工代表大会条例》《河北省企业职工代表大会条例》《上海市职工代表大会条例》《北京市企业民主管理及职工代表大会（暂行）办法》《辽宁省职工代表大会规定》以及《湖南省职工代表大会条例》等。

关于职工代表大会或全体职工大会的很多规则，在实践中需要企业结合自身情况制定，通用性的方面包括：职工代表的选择、职工代表的组织形式、职工代表的职权等。但如职代会闭会期间一些需要决议的事项如何处理，投票的具体规则等法律并不会规定。

一、是否所有企业都需要有职代会或者职工大会？

《企业民主管理规定》第三条规定：“职工代表大会（或职工大会，下同）是职工行使民主管理权力的机构，是企业民主管理的基本形式。企业应当按照合法、有序、公开、公正的原则，建立以职工代表大会为基本形式的民主管理制度，实行厂务公开，推行民主管理。公司制企业（以下简称公司）应当依法建立职工董事、职工监事制度。企业应当尊重和保障职工依法享有的知情权、参与权、表达权和监督权等民主权利，支持职工参加企业管理活动。”

《企业民主管理规定》第十五条第一款规定：“县级以下一定区域内或者性质相近的行业内的若干尚不具备单独建立职工代表大会制度条件的中小企业，可以通过选举代表联合建立区域（行业）职工代表大会制度，开展企业民主管理活动。”

二、职代会与工会的区别与联系

职工代表大会是职工行使民主管理权力的机构，是企业民主管理的基本形式。

工会是职工自愿结合的工人阶级的群众组织。中华全国总工会及其各工会组织代表职工的利益，依法维护职工的合法权益。各级工会委员会由会员大会或者会员代表大会民主选举产生。工会委员会是职工代表大会的工作机构，负责职工代表大会的日常工作。

三、职工代表的人数确定以及代表构成

与企业签订劳动合同建立劳动关系以及与企业存在事实劳动关系的职工，有选举和被选举为职工代表大会代表的权利。依法终止或者解除劳动关系的职工代表，其代表资格自行终止。

（一）人数确认

企业可以根据职工人数确定召开职工代表大会或者职工大会。企业召开职工代表大会的，职工代表人数按照不少于全体职工人数的 5% 确定，最少不少于 30 人。职工代表人数超过 100 人的，超出的代表人数可以由企业与工会协商确定。

（二）代表构成

职工代表由工人、技术人员、管理人员、企业领导人员和其他方面的职工组成。企业中层以上管理人员和领导人员一般不得超过职工代表总人数的 20%。有女职工和劳务派遣职工的企业，职工代表中应当有适当比例的女职工和劳务派遣职工代表。关于劳务派遣员工代表问题，很多企业担心会因此被认定为与“假派遣，真劳动”相关，这样的理解并不准确，派遣员工与用人单位建立劳动关系，但由于实际用工在用工单位，其参与民主管理和厂务公开有必要性。

（三）职工代表任期

职工代表大会每届任期为三年至五年。具体任期由职工代表大会根据本单位的实际情况确定。职工代表大会因故需要提前或者延期换届的，应当由职工代表大会或者其授权的机构决定。《企业民主管理规定》第二十六条规定，职工代表实行常任制，职工代表任期与职工代表大会届期一致，可以连选连任。

（四）职工代表选举

按照法律规定享有政治权利的企业职工，均可当选为职工代表。

职工代表的产生，应当以班组或者工段为单位，由职工直接选举。大型企业的职工代表，也可以由分厂或者车间的职工代表相互推选产生。

职工代表中应当有工人、技术人员、管理人员、领导干部和其他方面的职工。其中企业和车间、科室行政领导干部一般为职工代表总数的五分之一。青年职工和女职工应当占适当比例。为了吸收有经验的技术人员、经营管理人员参加职工代表大会，可以在企业或者车间范围内，经过民主协商，推选一部分代表。职工代表分成代表团（组），推选团（组）长①。

职工代表对选举单位的职工负责，选举单位的职工有权监督或者撤换本单位的职工代表。

职工代表因为劳动合同解除或终止，职工代表资格终止，需要通过合法方式及时候补职工代表。

四、职代会的机构设置

（一）非中央企业

非中央企业职代会的必设机构为：工会委员会、职工代表团；可选择设立的机构为：专门委员会（小组）、联席会议、主席团。

专门委员会（小组）：职工代表大会根据需要，可以设立若干专门委员会（小组），负责办理职工代表大会交办的事项。专门委员会（小组）成员人选必须经职工代表大会审议通过。

联席会议：职工代表按照基层选举单位组成代表团（组），并推选团（组）长。可以设立职工代表大会团（组）长和专门委员会（小组）负责人联席会议，根据职工代表大会授权，在职工代表大会闭会期间负责处理临时需要解决的重要问题，并提请下一次职工代表大会确认。联席会议由企业工会负责召集，联席会议可以根据会议内容邀请企

① 《全民所有制工业企业职工代表大会条例》（1986年10月1日生效）第十二条。

业领导人员或其他有关人员参加。

主席团：职工代表大会可以设主席团主持会议。主席团成员由企业工会与职工代表大会各团（组）协商提出候选人名单，经职工代表大会预备会议表决通过。其中，工人、技术人员、管理人员不少于50%。

（二）中央企业

根据《国资委党委、国资委关于建立和完善中央企业职工代表大会制度的指导意见》，中央企业职代会的必设机构为：主席团、联席会议、工会委员会、职工代表团；可选择设立的机构为：专门委员会。

主席团：在征求职工代表意见的基础上，召开职工代表团（组）长会议，协商提出主席团成员候选人名单。主席团成员必须在职代会的预备会议上由职工代表选举产生。主席团成员应有一线职工、技术管理人员和企业负责人，人数可以根据企业的具体情况确定。劳模先进人物、青年职工和女职工的代表在主席团成员中应有适当名额。

联席会议：企业职代会的联席会议在职代会闭会期间，由企业工会主持召开，就需要临时解决涉及职工切身利益的重要问题，以及对职代会审议通过的方案在实施中发生的个别需要做部分修改或补充的问题进行协商处理，履行民主程序。联席会议形成的意见、决议或决定，必须向下次职代会报告，提请确认，职代会对职权范围内的事项具有最终审定权。联席会议由职代会主席团成员、职工代表团（组）长、职代会专门委员会（小组）负责人、工会委员会成员、职工董事、职工监事组成。联席会议可以根据会议内容邀请本企业其他有关人员参加。

专门委员会：职代会可设立若干个专门委员会（小组），受职代会领导，为职代会依法行使职权服务。专门委员会（小组）应根据职代会职权内容与企业规模设立，如提案、民主评议干部等。专门委员会（小组）的成员人选，一般由职工代表担任，也可以推荐部分熟悉业务的非职工代表。专门委员会（小组）成员在职代会全体会议上由职工代表选举产生。

五、职代会的召开以及有效决议的条件

职工代表大会应当每年至少召开一次。每次会议必须有三分之二以上的职工代表出席。遇有重大事项，经厂长、企业工会或三分之一以上职工代表、工会委员会的提议，可召开临时会议。

职工代表大会全体会议必须有三分之二以上的职工代表出席。职工代表大会进行选举和作出决议，必须经全体职工代表过半数通过。

职工代表大会实行民主集中制。职工代表大会选举和表决相关事项，必须按照少数服从多数的原则，经全体职工代表的过半数通过。对重要事项的表决，应当采用无记名投票的方式分项表决。

六、职代会的职权

一是听取企业主要负责人关于企业发展规划、年度生产经营管理情况，企业改革和制定重要规章制度情况，企业用工、劳动合同和集体合同签订履行情况，企业安全生产情况，企业缴纳社会保险费和住房公积金情况等报告，提出意见和建议；

二是审议企业制定、修改或者决定的有关劳动报酬、工作时间、休息休假、劳动安全卫生、保险福利、职工培训、劳动纪律以及劳动定额管理等直接涉及劳动者切身利益的规章制度或者重大事项方案，提出意见和建议；

三是审议通过集体合同草案，按照国家有关规定提取的职工福利基金使用方案、住房公积金和社会保险费缴纳比例和时间的调整方案，劳动模范的推荐人选等重大事项；

四是选举或者罢免职工董事、职工监事，选举依法进入破产程序企业的债权人会议和债权人委员会中的职工代表，根据授权推荐或者选举企业经营管理人员；

五是审查监督企业执行劳动法律法规和劳动规章制度情况，民主评议企业领导人员，并提出奖惩建议；

六是法律法规规定的其他职权。

国有企业和国有控股企业职工代表大会除按上述规定行使职权外，行使下列职权：听取和审议企业经营管理主要负责人关于企业投资和重大技术改造、财务预决算、企业业务招待费使用等情况的报告，专业技术职称的评聘、企业公积金的使用、企业的改制等方案，并提出意见和建议；审议通过企业合并、分立、改制、解散、破产实施方案中职工的裁减、分流和安置方案；依照法律、行政法规、行政规章规定的其他职权。

七、职代会闭会期间如何行使权利？

企业工会委员会在职工代表大会闭会期间，负责组织专门委员会（小组）和职工代表就企业职工代表大会决议的执行情况和职工代表大会提案的办理情况、厂务公开的实行情况等，开展巡视、检查、质询等监督活动。

根据《中华全国总工会办公厅关于规范召开企业职工代表大会的意见》规定，职代会闭会期间遇有重大问题，可由企业行政、工会或三分之一以上的职工代表联名，提议召开职代会，并按照规范程序进行。

根据《国资委党委、国资委关于建立和完善中央企业职工代表大会制度的指导意见》规定，企业职代会的联席会议在职代会闭会期间，由企业工会主持召开，就需要临时解决涉及职工切身利益的重要问题，以及对职代会审议通过的方案在实施中发生的个别需要做部分修改或补充的问题进行协商处理，履行民主程序。联席会议形成的意见、决议或决定，必须向下次职代会报告，提请确认，职代会对职权范围内的事项具有最终审定权。联席会议由职代会主席团成员、职工代表团（组）长、职代会专门委员会（小组）负责人、工会委员会成员、职工董事、职工监事组成。联席会议可以根据会议内容邀请本企业其他有关人员参加。

关于集团企业的民主程序，《企业民主管理规定》第十六条规定："集团企业的总部机关和各分公司、分厂、车间以及其他分支机构可以按照一定比例选举产生职工代表，召开集团企业职工代表大会，实行企业民主管理。集团企业的总部机关和各分公司、分厂、车间以及其他分支机构，按照本规定建立职工代表大会制度，在各自的职权范围内分别开展民主管理活动。"集团企业的职工代表大会应该包括各分公司的职工代表，分公司应当建立自己的职工代表大会。

实践中，职代会的召开并非简单的事情，从职代会议题确认、召开前的通知、召开流程、提前根据事项确定表决规则等都需要依法确认。

第三节　需要长期培育的集体协商机制

集体协商离不开集体合同，集体合同是指单位与工会或本单位职工一方的代表，依据法律、法规、规章的规定，通过集体协商，就劳动报酬、工作时间、休息休假、劳动安全卫生、职业培训、保险福利等事项，在平等协商一致的基础上签订的书面协议。集体合同是调整劳动关系、协调劳动关系矛盾、维护职工权益的一项重要劳动法律制度。

集体协商实际也是员工参与管理，与企业相对公平协商的一种方式，不过集体协商目前在我国劳动关系治理体系上还没有发挥出更明显的作用。

一、集体合同的签订

（一）集体合同的签订主体是特定的

《劳动合同法》第五十一条第二款以及《集体合同规定》均明确规定了签订集体合同的主体资格，一方是用人单位，而另一方是单位工会，单位没有建立工会的，另一方为由上级工会指导劳动者推举出的职工代表。而劳动者个人或其他组织均不能代表单位职工与单位签订集体合同。

（二）集体合同的内容可能涉及劳动关系的各个方面，也可以有专项集体合同，如工资、妇女权益保护等

根据《劳动合同法》第五十一条第一款及《集体合同规定》第八条的规定，集体合同的内容主要包括：劳动报酬、工作时间、休息休假、劳动安全卫生、保险福利等事项。《劳动合同法》第五十五条规定，签订的集体合同中所约定的劳动报酬和劳动条件等标准均不得低于当地人民政府规定的最低标准。

（三）集体合同的形式是书面的，且经过备案才发生法律效力

根据《劳动合同法》第五十一条、第五十二条、第五十三条、第五十四条及《集体合同规定》的规定，集体合同属于要式合同，签订集体合同应遵守严格的法定程序，集体合同签订后应于法定期限内报送劳动行政部门备案审查，劳动行政部门自收到集体合同文本之日起十五日内未提出异议的，集体合同即行生效。依法订立的集体合同对用人单位和劳动者具有约束力。

二、集体合同与规章制度之间的关系

集体合同与规章制度对用人单位的全体员工均具有约束力，都能调整劳动关系。规章制度是依照法律规定的权利和程序所制定的内部规范性文件，体现的是单位对职工的

管理关系，双方在法律地位上不具有平等性，不具有合同的性质。而集体合同则是双方协商的结果，具有合同的属性。为此，规章制度主要通过奖励和惩罚两种手段来落实，依靠的是用人单位的单方行政、人力管理权，体现了劳动关系双方管理与被管理的关系；而集体合同主要依靠协议本身的合同约束力来保障落实。《劳动合同法》及《集体合同规定》对签订集体合同的主体资格、签订程序等事项作了明确规定，且要求报劳动行政部门审查；而规章制度则需要满足民主和公示程序即可。

三、集体合同（协商）在我国法律上的困局

集体协商要想在实践中发挥更重要的作用，需要进一步明确协商的内容，协商的参与度，以及违反协商内容的救济措施等，而这条路任重道远。

（一）司法实践的两种倾向

司法实践中对于集体合同能否对全体员工当然生效并直接变更个体之间劳动合同的问题持不同看法。司法实践中对于集体协商与个体劳动合同效力对比存在两种倾向。

一种是肯定集体协商具有变更个体劳动合同约定的效力（“肯定说”），即在集体协商的程序和内容符合法律规定的前提下，认可集体协议对个体劳动合同的变更。如（2016）苏民申4111号一案中，法院认定：从程序上，会议纪要和签到表能证明参与协商的职工代表系经民主推荐，并经半数以上职工同意选举产生，选举程序符合法律规定，且《职工代表大会决议书》已经职工代表半数以上同意，该决议书的通过程序亦具有合法性；从内容上，决议书中关于劳动报酬、经济补偿金的约定未违反法律、行政法规的强制性规定，故该决议书具有合法性，对劳动关系双方均具有法律约束力。职工代表大会的11名代表与公司就全体职工解除劳动关系后，包括一次性支付经济补偿金在内的所有经济补偿协商一致，形成《职工代表大会决议书》，并由10名代表签名确认。刘某未在该决议书上签字，不影响该决议书的通过，刘某和公司均应当按照决议书内容行使各自权利、履行各自义务。

持此类观点的还有（2017）粤01民终10358号一案、（2018）沪01民终7129号一案等判决。

另一种是否定集体协商具有变更个体劳动合同约定的效力（“否定说”），该观点的

核心强调集体不能代替个体。比如，某公司召开职工代表大会试行全员双向选择竞聘机制，公司和公司工会委员会均在会议纪要和决议书上盖章确认。周某作为职工代表在职工代表大会会议签到表上签字，参加了上述职工代表大会扩大会议。综合管理部双向竞聘统计表显示的竞岗结果来看，除周某外，参与竞岗的员工最终都竞岗成功。公司以周某竞岗落选为由对其进行调岗并降低薪酬待遇，周某以未足额发放工资为由提出解除劳动合同并要求经济补偿及工资差额。

法院认为，从形式上看，全员双向选择竞聘机制通过职工代表大会决议，周某作为职工代表参加会议，周某也参加了双向竞聘会议并填写岗位竞聘申请表，明确了竞聘岗位。但从具体过程来看有违协商一致原则。全员竞岗，意味着不论劳动者是否同意，必须参与竞岗，不竞岗则原岗位也无法保留，变成待岗。故法院认为，即使召开了职工代表大会并经大会表决同意，公司也无权直接决定尚在合同期内的劳动合同中止履行或解除。故公司无权以职代会通过相关决议为由得出其全员竞岗系合法的结论。从综合管理部双向竞聘统计表显示的竞岗结果上看，除周某外，只要参与竞岗的员工最终都竞岗成功，无一失败，且前后岗位几无变化，无从看出竞岗的“竞”字体现在何处。故从实质上而言，双向竞岗是公司单方改变了周某的工作岗位，并未与周某协商一致。为此，支持周某的诉请。

通过上述两个观点我们不难看出，当集体协商的内容直接涉及劳动者切身利益的方面且对劳动者存在不利的情况时，会产生集体合同与劳动合同的效力冲突。虽然根据法律规定，按照劳动合同效力优先，但具体个案中并不全然这样判断。

（二）集体协商发生纠纷后的处理

履行集体合同争议并没有被纳入《中华人民共和国劳动争议调解仲裁法》的受案范围，规定该类争议解决程序的主要是《劳动法》第八十四条第二款的规定，即因履行集体合同发生争议，当事人协商解决不成的，可以向劳动争议仲裁委员会申请仲裁；对仲裁裁决不服的，可以自收到仲裁裁决书之日起十五日内向人民法院提起诉讼。

《工会法》第二十条第四款和《劳动合同法》第五十六条后半句基本沿用了《劳动法》第八十四条第二款的规定，同时在两个方面做了调整：一是明确提出工会可以依法申请仲裁、提起诉讼；二是就向法院提起诉讼的条件，在对仲裁裁决不服之外，增加了仲裁不予受理。

部分地区以法规形式明确规定了集体协商争议的处理和调处程序，如《上海市集体协商争议协调处理办法》规定，集体协商争议受理由用人单位住所地的区县人力资源行政部门管辖，区县人力资源和社会保障行政部门受理申请后可召集区县工会、企业联合会/企业家协会、工商业联合会等有关组织共同协调处理。但具体实施效果还有待观察。

（三）疫情带来的劳动关系治理困局说明集体协商的培育有着深远意义

2020年2月7日，《人力资源社会保障部、全国总工会、中国企业联合会/中国企业家协会、全国工商联关于做好新型冠状病毒感染肺炎疫情防控期间稳定劳动关系支持企业复工复产的意见》（人社部发〔2020〕8号）发布，该文件规定，对受疫情影响导致企业生产经营困难的，鼓励企业通过协商民主程序与职工协商采取调整薪酬等措施稳定工作岗位，明确体现了支持困难企业协商工资待遇的意见。

遗憾的是，我们并未看到太多具体实践，虽然新闻中有相关报道，但协商的操作规程等还比较欠缺。

第五章

劳动关系的建立、履行与变更

导言

劳动关系管理是人力资源管理的主线，包括员工招聘、入职、劳动关系建立、劳动合同签订及变更等。本部分内容既有对常见问题的梳理，也有对争议事项的讨论，还通过不同章节从不同角度说明管理中的问题，比如，在劳动合同签订中以劳动合同管理办法说明了法律风险管理需要落实在制度中。

笔者想表达的核心是：1. 只知道法律风险控制不能解决问题，必须通过具体工作的拆解落实到管理动作中；2. 了解法律风险不是目的，尽量在管理中减少法律风险的发生才是目标；3. 劳动关系问题的法律分析是基础，但解决方案可以多样化，限于法律解决问题总是会有很强的无力感。

当然，我国目前劳动立法还有很多问题需要进一步明确，如用工自主权与劳动权概念的树立、诚信原则与忠实义务在劳动法中作用的加强等。

第一节　招聘、入职与试用期管理——企业选人的三道屏障

将招聘、入职与试用期管理放到同一项下多少有些奇怪，而笔者将这三个问题放到一起有着自己的考虑。企业选择适合的人是非常重要的事情，而招聘、入职管理以及试用期管理实际是企业筛选人的三道屏障，笔者主要从法律人的角度看招聘、入职管理以及试用期管理中应当注意的问题，除了合规管理的基本要求外，更重要的是从“筛选合适的人”的角度去分析。

一、招聘要避开的“坑”与要扎的“网”

企业招聘通常分为校招和社招。从渠道上可能分为自招、内推或者通过猎头招聘等，不论哪种类型或哪种路径，都有一些共性问题和个性问题。人才错配和信息不流通

让不少企业感到招聘“难”，这个问题律师无力解决，笔者只能从法律风险角度分析招聘中要避开的坑与要扎的网，要避开的坑是招聘中的法律风险，要扎的网是为筛选合适的人设好屏障。

（一）录用条件设计要警惕就业歧视

企业在招聘时可设置录用条件，但不得以民族、种族、性别、宗教信仰等作为录用条件。招聘条件构成歧视时，员工可以要求撤销歧视性条件，并可请求损害赔偿，这将对企业的雇主和品牌形象造成很大损失。

1. 平等就业权的立法现状

平等就业权是我国公民的宪法性权利，如《宪法》第四十八条第二款规定，国家保护妇女的权利和利益，实行男女同工同酬，培养和选拔妇女干部。

关于反就业歧视，《劳动法》《中华人民共和国就业促进法》（以下简称《就业促进法》）是最基础的法律，《中华人民共和国职业教育法》《中华人民共和国妇女权益保障法》《中华人民共和国残疾人保障法》《中华人民共和国民族区域自治法》等相关法律，以及《艾滋病防治条例》《女职工劳动保护特别规定》等条例，以及一些就业政策文件等共同搭建了我国反就业歧视的立法体系。

（1）《劳动法》列举了 4 类就业歧视情形

《劳动法》第十二条规定了禁止就业歧视原则，即劳动者就业，不因民族、种族、性别、宗教信仰不同而受歧视，该规定以封闭列举的方式明确了构成就业歧视的 4 种情形。

（2）《就业促进法》扩大了禁止歧视保护范围

首先，《就业促进法》第三条第一款明确，劳动者依法享有平等就业和自主择业的权利。

其次，扩大就业歧视范围，在《劳动法》第十二条列举的 4 种情形基础上增加了“等”字。

最后，单独增设一章，专门规定公平就业，就政府职责、用人单位、职业中介应当提供公平就业机会，不得实施就业歧视等问题进行了细化。同时，还规定“用人单位招用人员，不得歧视残疾人”“用人单位招用人员，不得以是传染病病原携带者为由拒绝录用。但是，经医学鉴定传染病病原携带者在治愈前或者排除传染嫌疑前，不得从事法律、行政法规和国务院卫生行政部门规定禁止从事的易使传染病扩散的工作”“不得对农村劳动者进城就业设置歧视性限制”等。

（3）司法解释将平等就业权作为独立案由予以明确

2018 年 12 月，《最高人民法院关于增加民事案件案由的通知》在第一部分“人格权纠纷”的第三级案由“9. 一般人格权纠纷”项下增加一类第四级案由“1. 平等就业权纠纷”，该通知于 2019 年 1 月 1 日生效。

（4）《全国人民代表大会常务委员会关于批准〈1958 年消除就业和职业歧视公约〉的决定》

2005 年，在第十届全国人民代表大会常务委员会第十七次会议上，全国人民代表大会常务委员会批准于 1958 年 6 月 25 日经第 42 届国际劳工大会通过的《1958 年消除就业和职业歧视公约》；同时声明：在中华人民共和国政府另行通知前，《1958 年消除就业和职业歧视公约》暂不适用于中华人民共和国香港特别行政区。

该公约第一条即明确了“歧视”的范围，“歧视”包括：基于种族、肤色、性别、宗教、政治见解、民族血统或社会出身等原因，具有取消或损害就业或职业机会均等或待遇平等作用的任何区别、排斥或优惠；有关会员国经与有代表性的雇主组织和工人组织（如存在此种组织）以及其他适当机构协商后可能确定的、具有取消或损害就业或职业机会均等或待遇平等作用的其他此种区别、排斥或优惠。但同时也明确，对一项特定职业基于其内在需要的任何区别、排斥或优惠不应视为歧视。

上述法律以及我国已加入的公约以及各具体规定构成了我国就业歧视的立法体系。虽然立法体系已搭建，但有关就业歧视的定义、就业歧视与相关政策文件的关系等问题并没有厘清，而相对“低廉”的违反就业歧视的代价，并未让就业歧视这一问题引起用人单位重视。

2. 反就业歧视的司法实践

（1）实际参与应聘是构成就业歧视的前提

通过不少案例，我们可以看出，就业歧视的前提是因为歧视而未录用，而不仅仅包括招聘广告涉嫌歧视。由于进入就业歧视保护需要实际参与应聘，对于很多因为条件设置而被排除在外的间接就业歧视并没有构建起保护空间，笔者认为，就业歧视不应当是个案保护，而应当是公平就业环境的营造，当然，个案也往往具有推动公平环境营造的效果。

（2）就业歧视还是企业用工自主权的判断标准，目前在司法实践中并未形成统一标准

①用人单位可以根据实际需求和岗位需要自主制定有关岗位职责

比如，(2018) 鲁 08 行终 122 号一案，法院认为，用人单位可以根据实际需求及岗位要求自主制定相关职位的资格条件，李某系高等教育自学考试本科学历，其报考的职位学历要求为“全日制大学本科以上”，因学历不符合要求而未报考成功，不属于就业歧视。

②用人单位列明的招聘限制条件只要不违反法律强制性和禁止性规定，即属于自主管理权范畴

部分法院认为，用人单位每列明一项招聘限制条件都将排除部分群体的报考就业资格，这种排除是否对所涉群体或想报名的个体构成就业权利或其他权利的侵害，判断的标准应以法律规定为准。只要用人单位列明的招聘限制条件不违反法律强制性和禁止性规定，则属于用人单位行使“用人单位依法享有自主用人的权利”的表现，法院应给予尊重，不应过多干涉。

③不仅应当考虑法律列明的就业歧视类别，凡是构成无合理合法依据的差别类行为，进而不能提供平等就业机会的，即构成就业歧视

就地域歧视是否构成就业歧视，法律上无明确规定。2019 年 11 月，浙江省首例就业地域歧视案宣判。该案判决中，法院将《就业促进法》第三条的“等”进行了扩大解释，即没有完全以法律明确限定的歧视范围作为审核范围。同时，法院为就业歧视下了定义，就业歧视是指用人单位在招聘过程中，对招聘条件相同或者相近的求职者基于某些与个人工作能力或工作岗位无关的要素，而不能给予平等的就业机会或在工资、岗位安排、劳动条件与保护、社会保险与福利等方面不能提供平等待遇，就业歧视本质是没有正当理由的差别待遇，即存在差别对待的行为，差别对待没有合理性，为法律所禁止。为此，法院判决用人单位构成就业歧视。

通过上述三个观点不难看出，用人单位设定招聘条件的行为是否构成就业歧视，判断标准在司法实践中并不统一。原因在于，我国立法上对于就业歧视并无明确定义，《劳动法》是封闭式列举，《促进就业法》虽然用了“等”，但在后面公平就业一章中还是列举式的，为此，就业歧视到底是由法律规定明确列举，还是可以根据就业歧视本身进行解释，必然会引发争议。

3. 用人单位如何避免就业歧视？

在招聘过程中，用人单位不得违反法律规定存在就业歧视，不得因条件的设置制造

没有正当理由的差别待遇

（1）判断是否构成就业歧视时，还涉及相关法律具体条文的对比，到底是就业歧视还是劳动保护，需要综合判断

如在（2016）京03民终195号一案中，关于是否构成性别的就业歧视，用人单位的一个抗辩理由为投递员是法律法规禁止女性从事的负重体力劳动。《劳动法》第六十条规定："不得安排女职工在经期从事高处、低温、冷水作业和国家规定的第三级体力劳动强度的劳动。"《邮电女职工劳动保护规定实施细则》第六条规定："禁止安排女职工从事电信线务高空作业、邮件押运工作，以及连续负重超过二十公斤，间断负重超过二十五公斤、国家规定的第四级体力劳动强度的劳动和对女性生理机构有特殊危害的其它女职工禁忌从事的劳动。"投递邮件属于邮件运输范围，为此，法院认定用人单位不构成就业歧视。

（2）用人单位不仅应当关注写在纸上的招聘条件，还应当注意招聘过程中的言语管理

在（2016）粤01民终10790号一案中，法院最终认定用人单位构成就业歧视，原因是其前后发布的招聘广告中，第一次招聘广告中未表明性别，第二次招聘广告表明仅限男性，以及前台工作人员告知梁某"厨房学徒不要女的""厨房里没有女工，都是男的""公司规定厨房不招女工，即便具备厨师证也不行""不招女工，你填了（表）也没用""不是说有没有实力的问题，这是管理的问题，就是如果不招女生的话就是不招"等。在本案中，梁某提交了招聘广告网页公证书、录音录像以及证人证言等系列证据，相互印证，已经形成证据链，足以证明用人单位构成就业歧视。

为此，用人单位在招聘过程中，除了关注书面招聘条件，也应关注对工作人员的言语管理。

（3）不仅要关注招聘环节的就业歧视，在日常管理中也应留意

在（2019）京02民终11084号一案中，法院在判决中提到，虽然《劳动法》和《就业促进法》并未明确规定劳动者不因变性而受歧视，但劳动者因为进行性别置换手术而转变性别并获公安机关认可后，其享有平等就业不受歧视的权利，应系其中之义。本案中，用人单位于2019年7月22日向高某某发送的函件中提及"其他员工的恐惧、不安和伦理尴尬、如厕问题"等内容，高某某据此主张受到了用人单位的就业歧视。法院呼吁用人单位及其员工能够发扬"开放、平等、协作、快速、分享"的互联网精神，以更加开放、宽

容的心态面对高某某，在高某某能够胜任新岗位的前提下构建和发展和谐稳定的劳动关系。

用人单位还应当关注规范变化，如 2020 年 11 月 20 日《教育部关于做好 2021 届全国普通高校毕业生就业创业工作的通知》指出，国有类企业不得将毕业院校、国（境）外学习经历、学习方式（全日制和非全日制）作为限制性条件。用人单位违反就业歧视规定，员工可以提起侵权之诉，也可以追究缔约过失责任，还可以提起仲裁。为此，用人单位应高度关注就业歧视问题。

不仅如此，招聘启事还应当符合道德边界，一定要树立法律红线，如确保员工的公平就业权、隐私权和人格权；一定要有高压线规则，招聘的“人事权”不应当滋生内部腐败；一定要有道德底线，而这一点考验着企业文化。

（二）企业招聘规则要明晰

不少企业都有招聘工作的具体工作流程，招聘权是企业人事权的重要组成部分，招聘规则的明晰不仅有利于招聘更合适的人，也可以预防道德风险。招聘规则明晰至少应包括以下维度，不同企业的侧重点可以有所差异，如果是国有企业、事业单位等，还应当严格符合相关监管要求。

1. 以公开招聘为原则，内部或其他招聘为例外

公开招聘确实付出成本更高，尤其是对中小企业，通过亲戚朋友介绍进行招聘以节省成本，这些无可厚非。只是从企业健康有序发展考虑，公开招聘应当作为原则，除非有涉密、内部招聘更优等情况。公开招聘不仅有助于企业增加更多的选人机会，还能避免企业形成固化的“团体”，避免部分管理者利用招聘形成内部利益团队。

2. 企业应当逐步建立规范的招聘制度

中小企业建立规范的招聘制度可能存在一定难度，即使没有制度化建设，招聘计划、招聘程序、信息发布、招聘纪律、监督渠道等规则还是应当逐步建立。

3. 信息公示

招聘信息至少应当包括招聘数量、岗位条件等，招聘结果是否公示则根据企业情况自行确定，对于部分企业和事业单位，监管要求公示结果，如国有企业招聘应届毕业生，通常要求在本单位网站或其他公共媒体对招聘结果进行公示，并且公示信息不得缺少拟聘人员姓名、性别、毕业院校等内容，同时公布本单位纪检部门的监督电话与通信地址，公示期不得少于 7 天。

4. 利益申报或亲属回避

虽说举贤不避亲，但从规范管理的角度，利益申报以及亲属回避有其必要性。比如，国有企业招聘应届高校毕业生时，根据要求，与应聘者有夫妻关系、直系血亲关系、三代以内旁系血亲或近姻亲关系的国有企业负责人不得参与招聘工作。其他企业是否设定类似规定，需要根据具体情况确定。

本部分讨论的问题并非严格意义上的法律问题，而是企业招聘合规制度建立的问题，但如果处理不当，后续都有可能演化为法律问题。企业合规建设中“分权”机制建立，应当体现在企业制度的各个方面。

（三）企业招聘不得要求员工提供担保或收取“风险抵押金”

企业为保护自身利益，在招聘员工时，尤其是招聘掌握单位财产的员工时，往往要求其提供担保或者“风险抵押金”。然而，《劳动合同法》第九条规定：“用人单位招用劳动者，不得扣押劳动者的居民身份证和其他证件，不得要求劳动者提供担保或者以其他名义向劳动者收取财物。”第八十四条第二款规定：“用人单位违反本法规定，以担保或者其他名义向劳动者收取财物的，由劳动行政部门责令限期退还劳动者本人，并以每人五百元以上二千元以下的标准处以罚款；给劳动者造成损害的，应当承担赔偿责任。”根据上述法律规定，企业不得要求劳动者提供担保或者以其他名义向员工收取财物，只能通过内部监控等其他途径来保障自身利益。

不少企业可能关心一个问题，即招聘应届毕业生签订三方协议时，能否约定违约金？该违约责任是否属于劳动法意义上的违约金或者招聘过程中的抵押金呢？

从法律上讲，该协议属于民事协议，各方可以在不违反法律行政法规强制性规定的情况下就有关事项做出约定，该类约定应当有效。从司法实践案例来看，一般只要在三方协议中约定违约金，且违约金不过分高于违约导致实际损失的，法院通常会支持用人单位。当然，我们也处理过部分应届毕业生通过市长热线等投诉方式解决该类问题的，企业通常会根据情况与毕业生达成一致意见。

对于该问题，除了适用《民法典》外，《教育部关于〈全国普通高等学校毕业生就业协议书〉管理办法》中对该类协议如何签署与解除有详细规定，具体包括：毕业生在协议书上签署个人意见之后，用人单位或学校两方之中只要有一方在协议书上签字，毕业生即不得单方面终止协议的签订工作；毕业生违约时，须办理完毕与原签约单位的解约手续，然后将原协议书交还校就业指导中心，并换取新的协议书。

（四）企业招聘发出录用通知后不应随意撤销

企业应谨慎发放录用通知书，建议在录用通知书中明确约定录用通知的有效期。录用通知书能否撤销需结合以下三个要素判断：录用通知发出后候选人是否回复；录用通知是否附生效条件；撤销录用通知的原因。

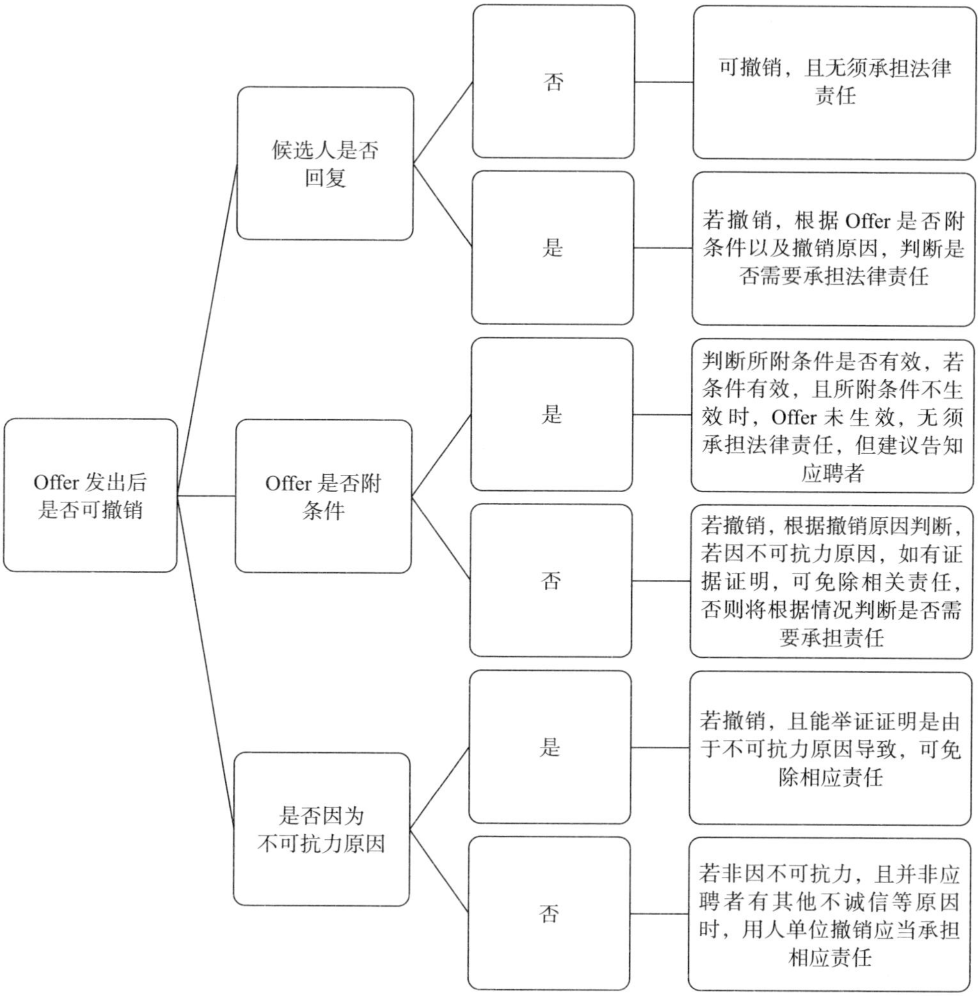

图 5-1　Offer 撤销的综合判断

如撤销录用通知无法律和事实依据，企业将承担相应责任。对此，部分地区有明确规定，如《深圳经济特区和谐劳动关系促进条例》规定，企业应支付劳动者相当于一个月工资标准的赔偿金和为订立、准备履行劳动合同而支出的必要费用。未明确有规定的地区，司法实践中则以缔约过失为依据进行裁判，具体赔偿金额结合劳动者举证等情况而定，通常为 1 个月到 6 个月工资不等。当然，企业不能仅从法律角度考虑，还应考虑取消录用通知对企业雇主形象等造成的影响。

（五）体检结果与入职条件挂钩要慎重

1. 企业可以依法了解与工作相关的员工身体情况，但不得以体检不合格拒绝录用，且体检指标的设置应当符合法律规定

《劳动合同法》第八条规定，用人单位有权了解劳动者与劳动合同直接相关的基本情况，劳动者应当如实说明。《就业促进法》第三十条规定，用人单位招用人员，不得以是传染病病原携带者为由拒绝录用。但是，经医学鉴定传染病病原携带者在治愈前或者排除传染嫌疑前，不得从事法律、行政法规和国务院卫生行政部门规定禁止从事的易使传染病扩散的工作。

部分特殊岗位，企业有权依法了解员工的身体情况，如医疗、食品、化妆品、公共场所经营等领域明确规定了禁止从事相关岗位的疾病种类，如《中华人民共和国食品安全法》第四十五条第一款规定，食品生产经营者应当建立并执行从业人员健康管理制度。患有国务院卫生行政部门规定的有碍食品安全疾病的人员，不得从事接触直接入口食品的工作。再如，《公共场所卫生管理条例实施细则》第十条规定，公共场所经营者应当组织从业人员每年进行健康检查，从业人员在取得有效健康合格证明后方可上岗。患有痢疾、伤寒、甲型病毒性肝炎、戊型病毒性肝炎等消化道传染病的人员，以及患有活动性肺结核、化脓性或者渗出性皮肤病等疾病的人员，治愈前不得从事直接为顾客服务的工作。

2. 企业以体检不合格不予录用、不予转正，甚至解除劳动合同时，将面临相关法律风险

企业可能面临被认定为就业歧视、违法解除劳动合同或承担缔约过失责任等法律风险，但企业并非不得增设合理的体检项目，只要不违反法律规定，就是可以操作的。就增设的体检项目，企业应告知拟聘用人员，在录用通知书中应视不同岗位的具体情形就体检不合格的情形进行约定，前提是不能违反法律的强制性规定。

3. 对于从事接触职业病危害作业的，需要在上岗前组织职业健康检查

根据《中华人民共和国职业病防治法》（以下简称《职业病防治法》）第三十五条[①]的规定，用人单位应当按照国务院卫生行政部门的规定，组织上岗前的职业健康检查，并将检查结果如实告知员工。职业健康检查费用由用人单位承担。用人单位不得安排未经上岗前职业健康检查的员工从事接触职业病危害的作业。

入职体检也是企业预防风险非常重要的手段，企业应当在法律允许范围内合理设计。

（六）企业设置的招聘和录用条件应当清晰、客观、可衡量和合理

录用条件直接与后续不符合录用条件解除挂钩，如果录用条件设计模糊，试用期考核将形同虚设。录用条件设计是一个比较复杂的问题，条件清晰、客观和可衡量的具体差异较大，如何管理确实存在难度。笔者重点阐述录用条件的合理性，即不存在设定明显不能完成的、超过一般劳动者平均水平的条件，不存在歧视性条件，不违反法律法规的规定。录用条件在法律层面没有具体规定，但部分地区的规定可供参考。

1. 北京市相关规定

《北京市高级人民法院、北京市劳动人事争议仲裁委员会关于印发〈审理劳动争议案件法律适用问题的解答〉的通知》中列举了不符合录用条件的主要情形："就劳动者是否符合录用条件的认定，在试用期的认定标准可适当低于试用期届满后的认定标准。劳动者不符合录用条件的情况主要有以下情形：（1）劳动者违反诚实信用原则对影响劳动合同履行的自身基本情况有隐瞒或虚构事实的，包括提供虚假学历证书、假身份证、

---

① 《职业病防治法》第三十五条规定："对从事接触职业病危害的作业的劳动者，用人单位应当按照国务院卫生行政部门的规定组织上岗前、在岗期间和离岗时的职业健康检查，并将检查结果书面告知劳动者。职业健康检查费用由用人单位承担。

用人单位不得安排未经上岗前职业健康检查的劳动者从事接触职业病危害的作业；不得安排有职业禁忌的劳动者从事其所禁忌的作业；对在职业健康检查中发现有与所从事的职业相关的健康损害的劳动者，应当调离原工作岗位，并妥善安置；对未进行离岗前职业健康检查的劳动者不得解除或者终止与其订立的劳动合同。

职业健康检查应当由取得《医疗机构执业许可证》的医疗卫生机构承担。卫生行政部门应当加强对职业健康检查工作的规范管理，具体管理办法由国务院卫生行政部门制定。"

假护照等个人重要证件；对履历、知识、技能、业绩、健康等个人情况说明与事实有重大出入的；（2）在试用期间存在工作失误的，对工作失误的认定以劳动法相关规定、用人单位规章制度以及双方合同约定内容为判断标准；（3）双方约定属于用人单位考核劳动者试用期不符合录用条件的其他情况。”

2. 天津市相关规定

《天津市高级人民法院关于印发〈天津法院劳动争议案件审理指南〉的通知》规定，录用条件应当符合劳动合同目的，与工作岗位、工作能力相联系，不存在设定明显不能完成的、超过一般劳动者平均水平的条件，不存在歧视性条件，不违反法律法规的规定。

3. 湖北省相关规定

《湖北省高级人民法院关于审理劳动争议案件若干问题的意见（试行）》规定，《劳动法》第二十五条第一款中的“录用条件”，以法定最低就业年龄等基本录用条件以及用人单位招用时规定的文化、技术、身体、品质等条件为标准。

录用条件设置考验企业的管理水平，但也不能过度设置相关考核规则，毕竟任何考核背后都是成本，我们总需要在管理和经营中予以平衡。

二、入职不是简单的手续办理，而是严格的入职审查

员工拿着录用通知书报到时，企业不应将入职办理定义为手续办理，而应作为企业选人用人的第二道屏障——入职审查。

（一）入职审查的要素

入职审查包括但不限于身份、联系方式、资质、离职证明、是否负担竞业限制义务等。

1. 身份

身份审查包括对年龄审查等必要信息的审查，年龄审查是为了防范用人单位出现违法用工的风险。

2. 联系方式

主要包括联系电话、联系地址、电子邮箱及微信等，联系方式应当与劳动合同送达条款等结合起来。

3. 紧急状况联系方式

紧急状况联系方式包括紧急状况联系人、联系电话、联系地址，提供该联系方式是

确保遇到紧急情况联系不到本人时，可以通过紧急状况联系人予以联系，以及后续如果无法与本人联系时，相关法律文书的送达。

4. 家庭主要成员

家庭主要成员包括父母和配偶，用人单位通过家庭主要成员的基本情况来更加深入了解应聘者。对于该类信息的了解，应当注意与员工隐私权之间的平衡，如员工填写未婚，但实际已婚，能否认定提供虚假信息等问题时有发生，基于该类信息属于员工隐私，且不当然与履行劳动合同相关，就此认为员工不诚信或者违反规章制度显然不妥。当然，如果根据行业管理要求或者基于员工岗位需要而必须披露该类信息，员工违反时，则需要结合规章制度和具体情节处理。

5. 资质

资质审查主要包括对学历、学位证明和各种资格证书的审查。如果应聘者提供的是虚假证明文件，则可结合试用期管理制度等进行处理。对于超过试用期发现的类似学历、学位等信息造假，是否当然能以违反规章制度、有违诚信等原则解除劳动合同，还需个案讨论。

6. 离职证明

离职包括主动离职和被动离职，审查离职证明可了解员工的离职情况及员工当前的劳动关系状况，避免对其他用人单位承担赔偿责任。《劳动合同法》并不禁止双重劳动关系，但如果用人单位招聘了与其他单位尚未解除或终止劳动合同的员工，如果原用人单位仍在为员工缴纳社会保险，新的用人单位将无法再为员工缴纳社会保险。因此，招聘时，用人单位应要求应聘者提供已与原用人单位解除或终止劳动合同的证明，如劳动合同解除通知书或劳动合同终止通知书。

如果劳动者承担竞业限制义务、保密义务等，用人单位可能会连带承担相关的侵权责任。

（二）入职审查过程中应避免侵权或违规

企业在对婚育状况进行审查时应当注意合规边界，2019 年 2 月 18 日发布《关于进一步规范招聘行为促进妇女就业的通知》（以下简称《通知》），主要内容包括：明确了用人单位在女职工权益保护方面的禁止性行为；明确对违反规定的行为加强行政监管；明确司法救济途径和司法倾向性保护；形成社会合力，保护女性就业的公平。

《通知》第二条明确，各类用人单位、人力资源服务机构在拟定招聘计划、发布招聘信息、招用人员过程中，不得询问妇女婚育情况；不得将妊娠测试作为入职体检项目；不得将限制生育作为录用条件。

《通知》第三条明确，对用人单位、人力资源服务机构发布含有性别歧视内容招聘信息的，依法责令改正；拒不改正的，处 1 万元以上 5 万元以下的罚款；情节严重的人力资源服务机构，吊销人力资源服务许可证。这一规定的来源为《人力资源市场暂行条例》第二十四条第一款的规定，即用人单位发布或者向人力资源服务机构提供的单位基本情况、招聘人数、招聘条件、工作内容、工作地点、基本劳动报酬等招聘信息，应当真实、合法，不得含有民族、种族、性别、宗教信仰等方面的歧视性内容。《人力资源市场暂行条例》第四十三条对违反上述规定的行为规定了罚则，即发布的招聘信息不真实、不合法，未依法开展人力资源服务业务的，由人力资源社会保障行政部门责令改正；有违法所得的，没收违法所得；拒不改正的，处 1 万元以上 5 万元以下的罚款；情节严重的，吊销人力资源服务许可证；给个人造成损害的，依法承担民事责任。违反其他法律、行政法规的，由有关主管部门依法给予处罚。

（三）背景调查

基于部分岗位的重要性，企业可能会采取一些方式进行背景调查，背景调查必须在合法的前提下进行。背景调查的方式包括通过公开渠道如审判信息网查询员工涉诉情况，通过与上家公司访谈等了解员工此前的工作情况等。2021 年 11 月 1 日起实施的《中华人民共和国个人信息保护法》（以下简称《个人信息保护法》）对背景调查提出了新的挑战，合法告知与同意是合规背景调查的前提。

三、试用期管理不应形同虚设，而应是彼此的考核

试用期一方面是企业对新招收员工的各方面考察，包括品格、工作态度、实际工作能力、工作风格等。另一方面也是员工对企业的选择，员工将考察企业的文化、管理、工作氛围等。双方通过试用期的磨合，确定是否可以建立长期、正式的劳动关系。

（一）试用期的法律规范

有关试用期期限，根据《劳动合同法》的相关规定，如表 5-1 所示。

表 5–1　试用期期限

劳动合同期限	试用期期限
以完成一定工作任务为期限的劳动合同、劳动合同期限 <3 个月、非全日制用工	不得约定试用期
3 个月≤劳动合同期限 <1 年	试用期≤ 1 个月
1 年≤劳动合同期限 <3 年	试用期≤ 2 个月
劳动合同期限≥ 3 年、无固定期限劳动合同	试用期≤ 6 个月

实践中，对于试用期期限如何约定，上述法律规定仅是基础，企业在确定试用期时，会综合考虑自身用人需求、市场人才的紧缺程度等，甚至有些企业会对标同行对试用期的约定，将试用期长短作为吸引人才的手段之一。

关于试用期待遇，《劳动合同法》第二十条规定了最低标准，即“劳动者在试用期的工资不得低于本单位相同岗位最低档工资或者劳动合同约定工资的百分之八十，并不得低于用人单位所在地的最低工资标准”。而具体管理中，很多企业的试用期期间工资与转正后的工资并无差异，也同样是考虑到人才竞争等多方面因素。

不论是试用期期限约定还是待遇约定，都应当符合法律规定，否则，将承担违法约定试用期的法律责任。根据《劳动合同法》第八十三条规定：“用人单位违反本法规定与劳动者约定试用期的，由劳动行政部门责令改正；违法约定的试用期已经履行的，由用人单位以劳动者试用期满月工资为标准，按已经履行的超过法定试用期的期间向劳动者支付赔偿金。”

（二）试用期能否延长或缩短？

1. 员工因为请病假较长时间没有到岗上班，试用期可以延长吗？

《劳动合同法》第十九条规定同一用人单位与同一劳动者只能约定一次试用期，通说认为试用期不可延长。

2. 因不可抗力导致劳动合同中止履行时，试用期可以中止吗？

一些地区规定不可抗力可以作为劳动合同中止的原因，如果确实发生不可抗力，若与劳动者约定试用期中止的，按照当地规定属于有效，但也不应理解为试用期延长，因为其试用期并未延长，只是通过试用期中止的方式摘除了无法达成试用期目的的期限。对于未有上述规定的地区，企业可与劳动者协商变更试用期，司法实践中的部分案例也支持了该观点，如（2017）京 03 民终 5053 号一案，法院认为，对于劳动合同中止的情形，双方约定试用期暂时中止是双方的真实意思表示，且不违反法律规定，应属有效。

然而，不论是明确不可抗力作为劳动合同中止事由的地区，还是基于司法实践有类似判断的地区，都有一个前提：基于“不可抗力”的因素。显然，工作中遇到的类似医疗期等情形是无法用不可抗力来解释的。为此，企业应当通过协商解决试用期中止问题，且要签署相关协议予以落实。

3. 试用期遭遇医疗期或三期等情形，可以约定试用期顺延吗？

对试用期协商顺延与试用期延长应当区分，如《北京市高级人民法院、北京市劳动人事争议仲裁委员会关于审理新型冠状病毒感染肺炎疫情防控期间劳动争议案件法律适用问题的解答》第五条规定，劳动者在试用期内因客观原因不能返岗上班，用人单位可以采取灵活的试用考察方式考核劳动者是否符合录用条件。无法采取灵活考察方式实现试用期考核目的的，用人单位与劳动者协商顺延试用期，不违反《劳动合同法》第十九条第二款关于“同一用人单位与同一劳动者只能约定一次试用期”的规定精神。为此，如果在法定试用期之内确实无法完成试用期考核的，双方协商一致延长试用期，并不是当然无效，但最好不要超过最长法定试用期。

部分地区对此已经有了比较明确的规定，如《浙江省高级人民法院民事审判第一庭、浙江省劳动人事争议仲裁院关于审理劳动争议案件若干问题的解答（五）》第六条规定：“用人单位与劳动者约定了试用期，试用期内双方协商一致以书面形式约定延长试用期，延长后累计的试用期仍在法定期限内的，不属于同一用人单位与同一劳动者多次约定试用期的情形，该约定合法有效。”

尽管司法实践已经有一些相对突破的规定，但对于试用期的顺延和变更还是应当保持慎重的态度。

（三）试用期应当是过程管理

试用期发现不符合录用条件的，要依法依规办理，而不是简单的人情牵绊，试用期不符合录用条件的解除在本书其他章节中有详细介绍，本部分内容主要想说明试用期管理到底应当是“再给机会”，还是应当当机立断？

对人的“管理”最复杂，甚至在一定程度上不应当用“管理”这个词。不论外部人才市场显示多少人就业难，对于任何一个企业，招聘合适的人都是非常难的。所以，试用期出现一些彼此不适，不少管理者会选择“再试试”，而很多纠纷就发生在“再试试”期间或者后续。任何企业都应当有包容机制，应当给员工提供成长的时间，但企业又是一个经营机构，必须想清楚什么样是不能“再试试”的。作为管理者，必须考虑清楚员工的成长性、企业可以给的等待时间、管理的精力、团队整体的协作等。

试用期的管理应当受到重视，既要有规则的一面，也要有人情的一面，却又不能陷入人情牵绊。

同时，试用期管理应该是过程管理，从员工决定接受企业发出的录用通知那天起，企业就应当想好试用期期间到底应该做什么。很多企业有着成熟的试用期管理机制，如新人培训、导师督导、试用期谈话与考核等，这些都属于试用期管理的过程管理，那这些过程管理起到作用了吗？

劳动法律在人力资源管理中，永远都是底线管理，不符合录用条件具体情况的过程留痕是试用期管理的基础，试用期期间的过程管理更应该体现在试用期如何让员工更好地融入，如何将一些不适尽快予以调整等。

第二节　劳动合同管理——劳动合同签订、履行与变更

企业与员工建立劳动关系，劳动合同签订、履行与变更系列工作将展开。

一、劳动合同管理要点

（一）重视劳动合同内容

很多用人单位与员工签署书面劳动合同时，对劳动合同中的内容并没有认真对待。尽管文本永远无法穷尽履行过程中的所有事项，但还是应当高度重视劳动合同文本。《劳动法》《劳动合同法》等明确规定了劳动合同文本应当包括的条款、劳动合同的签订时间、劳动合同履行与变更的方式。

（二）关注劳动合同重要条款

即使不使用统一范本，劳动合同条款的规范也至关重要。《劳动合同法》第十七条规定，劳动合同应当具备以下条款：用人单位的名称、住所和法定代表人或者主要负责人；劳动者的姓名、住址和居民身份证或者其他有效身份证件号码；劳动合同期限；工作内容和工作地点；工作时间和休息休假；劳动报酬；社会保险；劳动保护、劳动条件和职业危害防护；法律、法规规定应当纳入劳动合同的其他事项。

（三）规范流程管理和文本管理

劳动合同管理是系列工作，不仅包括劳动合同范本规范，劳动合同变更协议、单方变更劳动合同通知书也应当规范化管理。用人单位应当重视劳动合同管理工作，劳动合同管理是协同工作，需要业务部门、人力部门，甚至法务部门的有效配合，也是琐碎细致、充满挑战的工作。

（四）加强劳动合同管理

一方面，基于文本的局限性，劳动合同管理中双方均应秉承诚实信用以及忠实义务，员工应当最大限度履约，而用人单位也应当在法律规定的范围内合法合理行使用工自主权。另一方面，应当制定劳动合同管理办法，牵引劳动合同的管理。

对于重要合规要求以及管理节点应当确保落地，如《劳动合同法》第十九条规定，用人单位与同一员工只能约定一次试用期。类似合规要求不仅要写在纸面上，更应当落实到具体的工作细节中，如有权确认合同试用期的部门，再如，对于试用期转正，需要明确人力部门什么时间征求业务部门意见，业务部门应当如何反馈，试用期考核流程以及标准，试用期启动不符合录用条件解除时的审批程序等。只有这样，才有可能将试用期管理做到合法合规。

劳动合同管理办法通常包括总则、职责分工、劳动合同订立、劳动合同履行与变更、劳动合同续签、劳动合同解除与终止、劳动合同档案管理，部分企业还将集体合同、争议解决等也纳入管理制度中。基于劳动合同订立、履行、变更、续签、解除终止等在本书相应章节有相应介绍，本部分重点说明劳动合同管理中的职责分工、档案管理等问题。

劳动合同管理环节，明确相关部门的职责至关重要，尤其对于集团化企业，人力部门、经办部门、工会等分别负责的事项、总部与下属公司权责的划分等，应当结合具体管理的授权体系进行搭建。对于劳动合同的管理职责不应当限于签署劳动合同等，还应当包括劳动法律法规及规章制度的宣传、培训工作；在管理权限内，决定和处理日常的劳动合同管理事务；劳动争议的预防与处理等。

（五）注重管理留痕

劳动合同管理应当有留痕意识，档案管理至关重要，由谁负责档案管理、借阅以及归还流程是否明确，劳动合同变更等是否及时进行档案调整，档案管理的留存时间这些都需要明确。

劳动合同签订、履行与变更都是劳动合同管理的一部分，企业应当建立劳动合同管理的规则，具体包括企业内部部门职责的划分、劳动合同不同阶段管理的重点等。

二、劳动合同签订

劳动合同签订受到重视，在一定程度上与未订立书面劳动合同支付二倍工资差额的处罚规则有很大关系，但劳动合同签订又不限于简单地签订劳动合同。

（一）明确劳动关系的类型，选择恰当的劳动合同种类

首先，劳动关系分为全日制用工与非全日制用工，虽然非全日制用工并不要求签订书面劳动合同，笔者仍建议规范签署书面合同。

其次，对于全日制用工，到底是签署固定期限劳动合同、无固定期限劳动合同还是以完成一定工作任务为期限的劳动合同，应结合实际需要选择。

固定期限劳动合同，是指用人单位与劳动者约定合同终止时间的劳动合同。期限届满，合同即告终止。

无固定期限劳动合同，是指用人单位与劳动者约定无确定终止时间的劳动合同。只要不出现法律、法规或合同约定的可以变更、解除、终止劳动合同的情况，双方当事人就不得擅自变更、解除、终止劳动关系。《劳动合同法》规定，有下列情形之一，劳动者提出或者同意续订、订立劳动合同的，除劳动者提出订立固定期限劳动合同外，应当

订立无固定期限劳动合同：劳动者在该用人单位连续工作满十年的；用人单位初次实行劳动合同制度或者国有企业改制重新订立劳动合同时，劳动者在该用人单位连续工作满十年且距法定退休年龄不足十年的；连续订立二次固定期限劳动合同，且劳动者没有本法第三十九条和第四十条第一项、第二项规定的情形，续订劳动合同的。用人单位自用工之日起满一年不与劳动者订立书面劳动合同的，视为用人单位与劳动者已订立无固定期限劳动合同。

以完成一定工作任务为期限的劳动合同，是指用人单位与劳动者约定以某项工作的完成为合同期限的劳动合同。合同中不明确约定合同的起止日期，以某项工作或工程完工之日为合同终止之时。

最后，签订劳动合同种类，除了考虑经营需要外，法律因素、文化因素也应当考虑。比如，劳动合同期限长短会决定试用期长短，有些企业会直接签订无固定期限劳动合同以让员工有归属感；当然，也有企业第一次与员工签订的劳动合同期限为一年，是考虑通过一年来审视员工是否适合公司，比试用期的审视更准确，如果不合适，又能在一年期限届满时合法终止劳动关系。

（二）劳动合同版本应当定制化，且很多看似标准化的条款应当引起关注

一些企业会适用政府公布的规范文本，只要求员工签字，很多条款实际是空白条款，如此，劳动合同签订并不会对日后管理起到作用。企业应当关注劳动合同中的条款，笔者举几个例子进行说明。

1. 双方的具体信息以及送达条款

劳动合同文本中，双方的基本信息一般都有，只是具体操作中，相关信息不一定填写完整。越来越多的企业开始关注送达条款，只是送达信息的确认还是比较困难的事情。双方信息条款应当填写完整，并且，对于身份证信息应当予以核对。

企业负责人信息变化、名称修改时，不少企业会有是否需要变更劳动合同的困惑，根据《劳动合同法》第三十三条的规定，用人单位变更名称、法定代表人、主要负责人或者投资人等事项，不影响劳动合同的履行。为此，如果只是上述信息的变化，并不当然需要变更劳动合同。

送达条款应当与员工入职信息登记表等结合，尤其现在社交通信工具较多，必要

时，可以将类似微信、钉钉等作为送达方式之一，而非局限于传统的邮寄送达。

2. 自动续约条款

部分企业通过约定劳动合同自动续签条款以避免应当续签时未及时签订书面劳动合同的法律风险，对此，法律并不禁止，《广州市中级人民法院民事审判若干问题的解答》《北京市高级人民法院、北京市劳动争议仲裁委员会关于劳动争议案件法律适用问题研讨会会议纪要》《江苏省劳动合同条例》《浙江省高级人民法院关于审理劳动争议案件若干问题的解答（二）》等文件中均有此规定。

但在续签条款中，不仅应当写明“合同到期前一个月，如果用人单位或员工没有书面提出终止劳动合同的，本合同自动延续一定年限”，还应当说明，符合签订无固定期限劳动合同条件时，双方签订无固定期限劳动合同等。

3. 劳动合同变更条款

劳动合同可约定调岗调薪的弹性条款，如“甲方有权根据经营的实际需要，按乙方专业特长、工作表现及身体状况等因素，调整乙方的工作岗位和工作地点，或安排乙方到甲方关联公司工作，并按照具体工作岗位支付相应的工资，乙方应当服从甲方的工作安排”。

4. 以职务发明为例的知识产权归属条款

《中华人民共和国专利法》第六条规定：“执行本单位的任务或者主要是利用本单位的物质技术条件所完成的发明创造为职务发明创造。职务发明创造申请专利的权利属于该单位，申请被批准后，该单位为专利权人。该单位可以依法处置其职务发明创造申请专利的权利和专利权，促进相关发明创造的实施和运用。非职务发明创造，申请专利的权利属于发明人或者设计人；申请被批准后，该发明人或者设计人为专利权人。利用本单位的物质技术条件所完成的发明创造，单位与发明人或者设计人订有合同，对申请专利的权利和专利权的归属作出约定的，从其约定。”《中华人民共和国专利法实施细则》第十二条第一款规定：“专利法第六条所称执行本单位的任务所完成的职务发明创造，是指：（一）在本职工作中作出的发明创造；（二）履行本单位交付的本职工作之外的任务所作出的发明创造；（三）退休、调离原单位后或者劳动、人事关系终止后1年内作出的，与其在原单位承担的本职工作或者原单位分配的任务有关的发明创造。”

为此，根据法律，只要构成职务发明的，权属归单位。利用本单位的物质技术条件所完成的发明创造，单位与发明人或者设计人订有合同，对申请专利的权利和专利权的归属作出约定的，从其约定。为此，对于科技类公司，涉及职务发明的，应当有类似条款。

（三）劳动合同签订

依照《劳动合同法》第十条的规定，用人单位与劳动者自用工之日起建立劳动关系，应当自用工之日起一个月内与劳动者订立书面劳动合同。判断是否构成劳动关系是签订劳动合同的前提，本部分主要介绍劳动合同订立。不少用人单位还是会忽略劳动合同的签订，以下几项工作至关重要。

1. 通过明确劳动合同签订的负责部门、具体经办人解决劳动合同签订事宜

法律规定企业应当依法及时与员工签订书面劳动合同，首次签订的，应当在建立劳动关系之日起一个月内签订；续签劳动合同的，应当在劳动合同到期之前确定。该类规定看似明确，企业管理中却必须落实到具体负责人。

2. 员工拒绝签订劳动合同时，用人单位应当依法终止劳动关系

因劳动者原因未签订劳动合同的，自用工之日起一个月内，经用人单位书面通知后，劳动者不与用人单位订立书面劳动合同的，用人单位应当书面通知劳动者终止劳动关系，且无须向劳动者支付经济补偿。劳动者自用工之日起超过一个月不满一年不与用人单位订立书面劳动合同的，用人单位应当书面通知劳动者终止劳动关系，并依照有关规定支付经济补偿。如果劳动者故意不签订劳动合同，且多次获得二倍工资差额的，裁判机构可能对此情形下的二倍工资差额请求持否定态度。

3. 基于各种原因未及时签订书面劳动合同，员工同意补签，也应当谨慎操作

补签的时间、补签时双方确认的签订期间的处理都很关键。以北京为例，北京有关会议纪要明确，单位与劳动者在签订劳动合同时将日期补签到实际用工之日，视为单位与劳动者达成合意，劳动者主张二倍工资可不予支持，但劳动者有证据证明补签劳动合同并非其真实意思表示的除外。单位与劳动者虽然补签劳动合同，但未补签到实际用工之日的，对实际用工之日与补签之日间相差的时间，依法扣除一个月订立书面劳动合同的宽限期，劳动者主张未订立劳动合同二倍工资的，可以支持。

（四）签订劳动合同要留意细节，以确认劳动者签字为本人签字为例

企业一定要核实劳动者的签字为本人签字，且签字与劳动者平时字体一致。合法有

效的签章是签订劳动合同的必备条件，实践中，劳动者找人代签等情况时有出现，让劳动者用平时的笔体当面签署是必需的。

《劳动合同法》第八十一条规定："用人单位提供的劳动合同文本未载明本法规定的劳动合同必备条款或者用人单位未将劳动合同文本交付劳动者的，由劳动行政部门责令改正；给劳动者造成损害的，应当承担赔偿责任。"为此，及时交付劳动合同，且让员工签署已领取劳动合同的文件也很重要。

（五）电子劳动合同

《劳动法》《劳动合同法》规定，用人单位和劳动者应该签订书面劳动合同。前几年，电子劳动合同的签订还是少数公司的选择，但新冠肺炎疫情发生后，基于居家办公等原因，以电子形式签订劳动合同成为不少企业的刚需。2020 年 3 月 4 日，人力资源社会保障部办公厅发布《人力资源社会保障部办公厅关于订立电子劳动合同有关问题的函》（以下简称《复函》）规定："用人单位与劳动者协商一致，可以采用电子形式订立书面劳动合同。"这是人社部首次提出用人单位采用电子形式订立劳动合同。如果用人单位选择以电子形式签署劳动合同的，还要关注以下事项。

1. 选择自建平台还是第三方平台

选择第三方平台涉及员工信息安全问题，企业在选择第三方平台时还有很多顾虑。如果企业决定选择第三方平台，一定要对资质、信息保护、资信（存储时间以及方式）等问题进行详细调研，并且第三方平台一定要符合《中华人民共和国电子签名法》规定的要求并被当地司法机关认可。落实《复函》和《中华人民共和国电子签名法》中的"可视为书面形式的数据电文"和"可靠的电子签名"非常重要。

2. 与员工达成一致

企业不应单方面决定采取电子形式与员工签署劳动合同，而应当与员工就此达成一致，当然，协商一致的方式可以多样，如微信、短信或电子邮件等方式均可，且应保留事先征得劳动者同意签署电子劳动合同的证据。

3. 以电子形式签署劳动合同的细节

具体包括身份的验证、双方对劳动合同文本的确认、电子签名等，关于电子签名，需要符合《中华人民共和国电子签名法》等法律的规定，实践中可通过可信时间戳、区块链等方式进行证据收集、固定和防篡改。企业选择持有工信部颁发的《电子认证服务许可证》的电子认证服务提供者可能更稳妥一些。

《最高人民法院关于互联网法院审理案件若干问题的规定》第十一条第二款规定："当事人提交的电子数据，通过电子签名、可信时间戳、哈希值校验、区块链等证据收集、固定和防篡改的技术手段或者通过电子取证存证平台认证，能够证明其真实性的，互联网法院应当确认。"

深圳市人力资源和社会保障局、深圳市劳动人事争议仲裁委员会于 2021 年 5 月 13 日发布了《深圳市电子劳动合同争议处理规则（试行）》，第五条规定："电子劳动合同的真实性与合法性，可以从以下方面进行审核认定：（一）主体要求。签署电子劳动合同的主体身份是否真实、准确，是否符合法律、法规规定的主体资格。（二）签署意愿。用人单位与劳动者是否协商一致，签署电子劳动合同是否为双方真实意思表示。（三）技术条件。服务平台提供的签署系统是否符合相关法律和技术标准的要求，确保电子劳动合同的生成、传输、储存全过程完整、准确、不可篡改。（四）存证要求。服务平台是否记录劳动合同各方的签署意愿、身份认证、操作记录等全流程信息，保证电子证据链的完整性，保证相关信息可查询、可调用。（五）合同内容。电子劳动合同的内容是否具备《中华人民共和国劳动法》《中华人民共和国劳动合同法》等法律法规规定的必备条款和内容，约定条款是否符合法律法规的规定。"《苏州工业园区劳动人事争议仲裁委员会电子劳动合同争议处理规则（试行）》也有类似规定。

企业采用电子形式订立劳动合同，需要正向考虑如何签署，但也应当从争议角度对电子形式书面劳动合同的采信进行验证。目前，地方政府也在积极推进电子形式订立书面劳动合同，企业可以关注政府平台推出的一些具体操作指引和要求。

三、劳动合同的履行

（一）劳动合同履行的原则

劳动合同属于典型的继续性合同，劳动合同约定的权利义务在劳动关系存续期间持续存在，劳动合同不可能穷尽所有事项。明晰劳动合同履行的原则有利于解决劳动合同在履行过程中的相关事宜。

1. 诚实信用原则

劳动合同订立后，合同双方应当依照约定履行合同条款，以实现合同目的。劳动合同通常具有持续性、长期性的特点，是继续性关系，人身依附属性很强，为此，对双方当事人相互配合的义务要求更多。在劳动合同履行过程中，相互关照的诚信依赖关系是基础。

2. 全面履行原则

《劳动合同法》第二十九条规定："用人单位与劳动者应当按照劳动合同的约定，全面履行各自的义务。"该原则是指劳动合同双方当事人应当按照合同约定，全面积极地履行合同义务，即劳动合同生效后，当事人双方除按照劳动合同约定的主要义务履行外，还要按照劳动合同约定的时间、地点、方式，按质、按量地履行全部义务，不得擅自变更合同，更不能任意不履行合同，这样才能充分实现双方的合法权益。

不仅如此，全面履行还意味着基于劳动合同签订时无法穷尽所有事项，为实现合同目的，基于诚信原则等，双方应当全面履行劳动合同中虽未明确约定，但符合劳动关系本意的事项。

3. 实际履行原则

也称"事实优先原则"，《劳动合同法》第七条规定："用人单位自用工之日起即与劳动者建立劳动关系。用人单位应当建立职工名册备查。"因此，对劳动关系的判断应以劳动者提供劳动并获得报酬的相关事实为依据，而不取决于当事人所提供的合同名称、形式。以该原则为指导的劳动关系认定方法极为重要，尤其在保护劳动者权益与维持企业用工灵活性之间发挥着重要的平衡价值。

4. 亲自履行原则

《劳动法》第十六条规定："劳动合同是劳动者与用人单位确立劳动关系、明确双方权利和义务的协议。建立劳动关系应当订立劳动合同。"首先，劳动力是人的体力和脑力的总和，不能脱离人体而单独存在，这在客观上就决定了劳动力具有人身依附性。其次，劳动合同的目的是履行的过程，尽管用人单位追求的是利润的最大化，但利润的实现要通过具备该项能力的劳动者的劳动。再次，用人单位还会对劳动者进行相关的培训和指导，没有接受过培训的其他人员很难胜任该工作。最后，由于劳动过程具有持续性，在履行过程中会产生劳动者和用人单位之间相互信任的关系。如果劳动者不亲自履行合同，这种信任关系就得不到保障。

实践中，会出现类似“替工”的行为，实际履行和亲自履行原则也有利于解决“替工”是否属于劳动关系等争议性事项。

5. 继续履行原则

《劳动合同法》第三十三条规定：“用人单位变更名称、法定代表人、主要负责人或者投资人等事项，不影响劳动合同的履行。”第三十四条规定：“用人单位发生合并或者分立等情况，原劳动合同继续有效，劳动合同由承继其权利和义务的用人单位继续履行。”可以看出，未出现劳动合同解除和终止的情形，劳动条件没有较大变更时，劳动合同一般应当继续履行。第四十八条规定：“用人单位违反本法规定解除或者终止劳动合同，劳动者要求继续履行劳动合同的，用人单位应当继续履行；劳动者不要求继续履行劳动合同或者劳动合同已经不能继续履行的，用人单位应当依照本法第八十七条规定支付赔偿金。”可以看出，当用人单位违法解除劳动合同时，也是以继续履行为原则，赋予劳动者请求继续履行的权利，以实现对劳动者的保障。

劳动合同履行过程中当然应遵守合法合规、公平等原则，这些原则是双方履行劳动合同发生争议时，平衡双方利益的重要尺度。

（二）劳动合同履行中，企业面临的几个管理难点

如果劳动合同平顺履行，好像没有什么问题，但劳动合同履行过程中，也可能会发生一些意外或变化，如员工涉嫌刑事犯罪被采取强制措施、员工“泡病假”等，劳动合同履行中的类似问题在其他章节中有所介绍，本部分主要选取了部分难点进行阐述。

1. 职场性骚扰，不再只是管理问题，而是法律问题

（1）有关性骚扰的法律规范

《民法典》第一千零一十条规定：“违背他人意愿，以言语、文字、图像、肢体行为等方式对他人实施性骚扰的，受害人有权依法请求行为人承担民事责任。机关、企业、学校等单位应当采取合理的预防、受理投诉、调查处置等措施，防止和制止利用职权、从属关系等实施性骚扰。”该条规定了性骚扰的构成要件，1. 违背他人意愿；2. 方式包括言语、文字、图像、肢体行为等；3. 受害人的相关权利。同时，规定了用人单位预防、受理、调查处置性骚扰的义务。

《中华人民共和国妇女权益保障法》《女职工劳动保护特别规定》将预防和制止性骚扰列为用人单位义务。《中华人民共和国妇女权益保障法》第四十条规定，禁止对妇女实施性骚扰。受害妇女有权向单位和有关机关投诉。《女职工劳动保护特别规定》第十一条规定，在劳动场所，用人单位应当预防和制止对女职工的性骚扰。

《最高人民法院关于增加民事案件案由的通知》将性骚扰损害责任纠纷作为独立案由，在第九部分“侵权责任纠纷”的“348. 教育机构责任纠纷”之后增加一个第三级案由“348 之一、性骚扰损害责任纠纷”。

除此之外，各地的相关条例对用人单位防止职场性骚扰的义务规定大同小异，均规定了用人单位对性骚扰采取合理预防、受理投诉、调查处置等措施的义务。另外，福建省、浙江省、广东省、湖南省、山东省、河南省、陕西省的相关规范在此义务基础上更加强调了“保护女职工的个人隐私”。湖南省、山东省的相关规范要求女职工向公安机关报案或者向人民法院提起民事诉讼的，单位应当给予支持；《深圳经济特区性别平等促进条例》不再将保护范围限于女职工，而且要求用人单位对职工进行反性骚扰的教育；《江苏省女职工劳动保护特别规定》则详细列举了用人单位应当采取的措施，包括制定禁止劳动场所性骚扰的规章制度、开展预防和制止性骚扰的教育培训活动、提供免受性骚扰的工作环境、畅通投诉渠道，及时处理并保护当事人隐私及其他措施。

（2）《民法典》出台后的新问题

《民法典》时代，企业很可能会从主张解除骚扰者劳动合同行为合法的一方，转变为被主张没有完整履行防止职场性骚扰义务从而要承担连带责任的被告。

（3）企业可能承担的责任

企业在对职场性骚扰进行调查时，可能因侵犯骚扰者名誉权、隐私权而对其承担侵权责任；此外，若用人单位解除与骚扰者的劳动合同，可能涉及因违法解除劳动合同而对其承担劳动法下的法律责任。

就名誉权。企业在对性骚扰案件进行调查时，一般需要将相关信息在企业内部流传，将涉及公民的名誉权。《民法典》第一百一十条第一款规定：“自然人享有生命权、身体权、健康权、姓名权、肖像权、名誉权、荣誉权、隐私权、婚姻自主权等权利。”第一千零二十四条规定：“民事主体享有名誉权。任何组织或者个人不得以侮辱、诽谤等方式侵害他人的名誉权。名誉是对民事主体的品德、声望、才能、信用等的社会评价。”为此，企业在对职场性骚扰进行调查时，应当尊重相关当事人的名誉，否则，可能因侵犯骚扰者的名誉权而对其承担相应的侵权责任。

就隐私权。在调查过程中，企业很可能需要查看涉案者的个人通信记录、个人物品等，这些就涉及隐私权。虽然《劳动合同法》第八条规定用人单位有权了解劳动者与劳动合同直接相关的基本情况，但调查类似职场性骚扰问题时，涉及的个人事项不当然属于与劳动合同直接相关的基本情况。《民法典》第一千零一十条规定了用人单位对职场性骚扰行为有采取调查处置措施的义务，该项义务的落实却需要合法的方式。

《民法典》第一千零三十二条规定：“自然人享有隐私权。任何组织或者个人不得以刺探、侵扰、泄露、公开等方式侵害他人的隐私权。隐私是自然人的私人生活安宁和不愿为他人知晓的私密空间、私密活动、私密信息。”可见，企业调查性骚扰行为的权限与劳动者的隐私权之间的界限比较模糊，企业在了解劳动者与劳动合同有关的基本情况时，如超越必要限度，则仍有可能侵犯员工隐私权。

《民法典》第一千零一十条对性骚扰受害人的用词是“他人”而非“妇女”，也就是说，男性被性骚扰的，仍可依据《民法典》第一千零一十条对未尽防止性骚扰义务的单位主张连带赔偿责任。因此，用人单位采取合理的预防、受理投诉、调查处置等措施来预防、制止职场性骚扰行为时，一定要注意将男员工也纳入保护范围。

除上述可能承担的责任外，如果企业以员工有性骚扰行为解除劳动合同时，解除劳动合同应当合法操作。

（4）企业应当建立性骚扰预防、个案处理等全面机制

从制度层面，《民法典》明确了用人单位采取合理的预防、受理投诉、调查处置等措施，防止和制止利用职权、从属关系等实施性骚扰的义务。因此，企业需参照地方出台的相关规范，对劳动者加强反性骚扰的宣传教育，并设立受理性骚扰受害人投诉的专门机制，明确对骚扰者的调查处置措施，以避免就性骚扰承担连带责任。

从个案处理层面，企业应当在合法合规范围内展开调查，同时，在调查过程中应当注意保密，证据留存要合法，尤其需要注意留存证明职场性骚扰事实存在的直接证据，如事发时的监控录像、照片、录音、骚扰者自书的事情经过、出警记录、公安机关对骚扰者的行政处罚决定书等。

从全面性角度，企业处理类似问题时还应当关注舆情等风险，对不少企业而言，性

骚扰管理是一个全新的命题。

2. 职场霸凌虽然存在立法空白，却是日常管理不能忽略的问题

针对职场霸凌的探讨，目前仍较大程度停留在社会问题和心理影响层面上，从劳动法律领域对其进行的研究存在较大范围的空白。然而，职场霸凌的发生与工作环境、劳动过程紧密相关，从劳动法领域建立预防规制不可缺少，然而不论是从现行立法，还是司法实践，抑或是行政执法，均未有清晰路径。但笔者相信，该问题会越来越多地被讨论，为此，企业将“职场霸凌”作为劳动合同履行管理中的一个问题，有其必要性。

（1）职场霸凌是什么？

职场霸凌通常被定义为在工作场合中受到他人或是其他群体的不平等对待或不合理的暴力胁迫，如散布谣言、语言侮辱，滥用权力孤立排斥，不合理干涉工作，暴力、威胁、恐吓等都包括在内。这些行为可能是单独的，也可能是一段时间内连续存在。这样的定义比较宽泛，将言语或行为，身体或心理，暴力或非暴力等，各种职场中具有欺凌性质的行为都涵盖在内。

对于职场霸凌，可能更多需要从管理层面解决，如果通过法律手段规制职场霸凌行为时，需要进一步对职场霸凌进行界定。我们可以借鉴美国学者在职场霸凌立法建议中的细化，将其细分为四个层级的要素：敌对工作环境、有形伤害、不利雇佣行为和推定解雇。从层次较轻的让劳动者感受到不适的敌对环境，到对劳动者造成身心、利益上的实质损害，再到降职、处分、扣工资等的不利雇佣行为，最后是单位有纵容霸凌并变相逼迫劳动者离职的严重行为。随着层次推进，对劳动者造成的伤害逐步增加，针对不同层级的霸凌，可以逐步引入单位规章制度、劳动监察、劳动法律法规进行规制。

（2）我国职场霸凌的立法现状

我国在立法上没有相应的概念，如果从现行法上找寻法律渊源，与职场霸凌相关的规范散见在民法、就业促进法等中。虽然我国并未从立法层面规制职场霸凌，但对用人单位来讲，职场霸凌容易导致用人单位整体工作氛围压抑，进而影响企业的生产经营秩序。

目前，大部分职场霸凌行为还游离在法律规制之外。只有当职场霸凌构成“侵权行为”“治安违法行为”“刑事犯罪行为”时，遭受霸凌的员工才可能诉诸司法救济途径。这使得大部分职场霸凌陷于“罚”与“非罚”的灰色地带，霸凌行为不会被制止，霸凌者并不会受到处罚，遭受霸凌的劳动者权益也难以保障。

在防治职场霸凌立法上，部分国家出台了规制职场霸凌的单行法。例如，韩国2019年7月起施行的《职场霸凌禁止法》，旨在禁止利用职场内地位给其他职员造成身心伤害，规定用工者或员工不得利用职权和资历优势，超越逾越公私界限给其他员工造成精神、身体痛苦，或恶化工作环境。若申报的员工和受害者受到不公正待遇，可处以3年以下徒刑、3000万韩元以下罚金。而大部分国家仍然是在原有法律体系中规制职场霸凌，如美国没有单行的反职场欺凌法，但在侵权法、劳动法和反歧视法中作出针对不同情况下的职场欺凌的规定。

（3）职场霸凌，企业不应视而不见

许多用人单位对职场霸凌重视程度不高，甚至从管理层至普通员工都对职场霸凌行为不以为意。用人单位应纠正此种观念，意识到职场霸凌不仅对劳动者和用工关系有损害，对于单位本身的生产效率、经营秩序也有着负面影响。并且，用人单位对劳动者也有着保障工作环境的健康和安全的义务。

用人单位可以在规章制度中作出相应规定，列举常见的职场霸凌行为，并对其进行相应处罚。一旦发生职场霸凌，对职场欺凌的加害人根据规章制度采取相应处分，如降职、降薪等。同时，设立有效的监督和申诉机制，员工遭受职场霸凌后可向单位进行举报，单位及时进行调查和介入。同时，对员工可以定期进行职业欺凌的相关教育培训。

职场霸凌的法律规制实际上在于为所有劳动者创造一个相对“安全”的职场环境，让彼此行为受到约束。只不过，即使有法律规定，职场霸凌仍然难以杜绝。然而，从营造更好的工作环境而言，企业可以在这方面做得更多。

3. 言论管理在互联网媒体时代尤为重要

经常有因为员工的不当言论让企业形象受损的事件发生，言论管理在互联网媒体考验着企业和个人。言论自由是公民的宪法权利，企业不能任意干涉。然而，在劳动关系中，公民的言论自由受到忠实义务的约束。虽然我国劳动法层面并未明确规定忠实义务的概念，但员工言论自由的问题应当放在忠实义务项下进行考量，言论自由是员工的权利，却不能任意为之。

员工的言论自由不得有损单位的利益，个人感受的抒发、意见的表达应当在合理范围内，不得有恶意诋毁等言论。如果言论明显具有谩骂、侮辱和攻击性时，如果言论有损公司声誉，且使用贬损、恶意攻击等语言时，如果言论自由损害单位的正常经营时，员工的言论自由就超出了合理的边界，企业可以对其言论进行规范，即员工言论自由不得侵犯公民、法人的名誉权、荣誉权、商业秘密等权利。

言论自由不仅是劳动者的权利，从企业内部多样化建设、健康成长、发挥员工积极性等各种角度，畅通的言论也是必要的外部环境。在倡导言论自由的同时，用人单位必然需要在一定程度上容忍批评。但上述论述并不意味着员工的言论自由没有边界，但用人单位也不能简单粗暴地管理，而是应当通过畅通投诉机制、加强内部沟通、制定通信工具的使用原则和规则等措施进行规范，这是管理的应有之义。

用人单位既不能基于忠实义务当然对言论自由有约束而放弃管理，也不能由于限制言论而让企业失去活力。

4. 劳动者给用人单位造成损失

《劳动法》《劳动合同法》并未对劳动者在履行职务行为过程中因个人原因造成单位经济损失是否应当承担赔偿责任作出明确规定，《工资支付暂行规定》第十六条规定："因劳动者本人原因给用人单位造成经济损失的，用人单位可按照劳动合同的约定要求其赔偿经济损失。经济损失的赔偿，可从劳动者本人的工资中扣除。但每月扣除的部分不得超过劳动者当月工资的 20%。若扣除后的剩余工资部分低于当地月最低工资标准，则按最低工资标准支付。"这是用人单位要求劳动者赔偿因个人原因给用人单位造成的损失的主要法律依据。

（1）虽部分案件从公平原则，包括劳动者忠实、尽责履行劳动义务原则等角度进行衡量，但在合同中约定相关赔偿条款会尽量减少不必要的争议

劳动者履行劳动合同中给用人单位造成损失，企业追责较为困难的原因之一即该损失的发生到底是员工行为还是公司管理失职。由于用人单位与劳动者法律地位不同，用人单位在此会形成双重身份，既是受害者，又是管理人。让劳动者对用人单位的全部损失承担赔偿责任，明显对劳动者不公平。不仅如此，用人单位运行存在天然的经营风险，其获得盈利就需要承担相应风险，用人单位不能苛求劳动者在工作过程中不发生任何失误。对于用人单位而言，是应当预见经营过程中劳动者可能的失误的，应当通过管理、保险等多种风险分担方式解决。为此，在追责劳动者给单位造成的损失时，应当严格审查，而不应当任意扩大。

对于劳动者给单位造成损害后的赔偿范围，应以对生产、经营和工作造成的直接经

济损失为限。并且，是否就直接经济损失承担全部赔偿责任也要综合考虑过错、报酬等因素，必须合理划定劳动者赔偿责任，这样，既使得劳动者的职业风险限定在一定限度内，也有助于劳动者自觉遵守法律法规和单位制度，善意地履行劳动合同。

（2）用人单位承担相应举证责任，劳动者离职不影响用人单位在追诉时效内维护自身权益

如果在工作过程中发现劳动者给单位造成损失的，符合报警条件的，应当及时报警，并保留相关的证据；同时，单位应健全内部控制体系，安全培训也是其基本义务，单位应当充分证明自己尽到管理职责，当然，因果关系以及实际损失也需要充分证据证明。

劳动者给单位造成损失，单位是否与其解除劳动合同则需要结合实际情况考虑，并不当然涉及劳动合同解除。如果单位发现劳动者给单位造成损失是在劳动合同解除或终止后，只要在追诉时效内，并不影响单位依法维护自身权利。

经营风险防不胜防，用人单位需要通过实践中的案例来反推自身管理中是否有漏洞，进而不断改进。

5. 有效激发员工是用人单位在劳动合同履行过程中的管理重点

从人性层面讲，每个人都会有惰性；从工作角度讲，单位需要每个员工对工作充满热情。这两者之间必然存在冲突和矛盾，正因如此，管理才有其价值。

大家对以下这些绩效考核表述有没有感到很熟悉：自我感觉良好，工作中缺乏带头引领精神，维护部门形象有所欠缺，缺乏主动性与积极性，对上级交办的事情存有情绪，工作能力一般，工作随意性较强，年休假未按人事管理规章履行手续，工作未进行当面交接，影响工作进度，经询问该员工无自我改善与提升措施……

基本上，每一个组织中都能找到类似这样的员工，只是公司的宽容度以及各种因素决定了事情的不同走向。一些“职场老人”谙熟企业的各种制度，很难从实质上找到其违规之处，且不少“职场老人”人缘还不错，工作经常是不好不坏。对这类员工的管理是所有组织管理的难点，个体内部缺乏驱动力，而外部驱动力很难奏效。但该类工作状态的传染性极强，而如何解决这一问题并没有万能法宝，需要结合企业管理现状、预期目标来定。

（1）人性经不住考验，不要设计任何考验人性的制度

抽象看，个人价值在团队价值中的作用评价一直都是管理的难点。人性使然，每个

人都会夸大自己的作用而忽略甚至忘记平台的价值。所以，组织要从制度层面让人意识到个体价值的有限，并感知到平台带给自己的价值，这应该是管理中孜孜以求的事情。在管理过程中，如何从“灵魂人物”的影响力逐步过渡到制度化建设应该是重点。

（2）任何一个团队，总有一些人充当着“意见领袖”，正向引导是关键

个人价值的彰显和团队价值的强调一样重要，只是两者之间不能失衡。只强调个人价值，必然会让团队没有合力，而只强调团队价值，也必然让个体失去动力。所以，一个团队中，我们无须避讳个人价值和团队价值的探讨，甚至可以一直探讨。毕竟，在不同阶段，个体和团队价值的平衡点是不一样的。

不论如何，“员工不得散播负面情绪”等规定在员工行为指引中还是非常重要的。当一个人严重影响团队发展时，不论这个人所处位置和所创造的价值，让他离开应该是管理者坚决要做的事情。

（3）对确实需要离开的员工，管理者可能一再选择宽容，但宽容不一定能获得理解

我们倡导人性化的制度，然后底线和宽容之间一定需要边界，否则管理将一团糟。在此讨论的问题不是一个法律问题，尽管一旦涉及让员工离开往往以法律的方式来解决，但背后却都是管理问题。而类似的管理问题，才是劳动合同履行过程中需要解决问题的常态。

6. 个人信息保护与用工管理

《个人信息保护法》于 2021 年 11 月 1 日执行，其出台标志着公民个人信息自此得到了系统保护，结合《中华人民共和国网络安全法》《中华人民共和国电子商务法》《民法典》等逐渐形成了较为清晰的个人信息保护的法律规范框架。

根据《个人信息保护法》的规定，个人信息是指以电子或者其他方式记录的已识别或者可识别的自然人有关的各种信息，此处的“自然人”包括劳动者，用人单位作为劳动者个人信息的收集者、存储者、使用者，必须时刻按照法律规定进行处理，对用人单位而言是前所未有的挑战。

（1）劳动用工领域个人信息保护的特殊性

劳动关系与其他民事法律关系不同，用人单位与劳动者之间并不是一种简单的平等的法律关系，存在人身依附性，双方是管理与被管理的关系。然而《个人信息保护法》正在将二者之间的地位差缩小，赋予了劳动者对用人单位管理措施说“不”的权利，为

很多事项增加了协商的空间，用人单位如再像过去一样完全按自己的意思采取管理措施极易出现法律风险。但就个人信息保护事项，也必须充分考虑用人单位的管理自主权，如劳动者离职后，用人单位如何保存其个人信息等问题将是用人单位面临的新问题。

（2）涉及权利冲突与选择性保护

从招聘录用阶段开始，用人单位要求劳动者提交的简历和各种资料就蕴含了大量的个人信息甚至敏感个人信息，这将带来用人单位与劳动者权益行使与保护的冲突问题。企业基于实际经营管理需要而享有自主用工管理权、知情权等，然而这势必将与劳动者隐私权、个人信息权益相冲突，双方的立场都是合法、正当的，各不退让只会激化矛盾、两败俱伤，在此情况下，权益行使与保护的边界、权利冲突的解决规则都变得十分重要。

（3）个人信息保护贯穿于劳动用工管理过程的始终

从招聘、面试、入职办理、签订劳动合同、考勤等日常管理，到员工离职、档案转出等，几乎时刻伴随个人信息的收集、存储、使用、提供、删除等，不仅包括员工的姓名、年龄、住址、身份证号、社保缴费信息、工资账户信息等个人信息，甚至还包括员工的亲属信息，整合到一起势必是一网庞大的信息流，可以说个人信息保护势必会影响用人单位劳动用工管理的方方面面，哪怕一些行业内司空见惯的行为都需要重新进行思考，如不同公司之间的背景调查、职场监控是否侵犯员工权益等。

同时，对《个人信息保护法》第十三条的理解将直接关系用人单位在具体工作时到底如何保障获得个人信息的合法性。根据《个人信息保护法》第十三条的规定，为订立、履行个人作为一方当事人的合同所必需，或者按照依法制定的劳动规章制度和依法签订的集体合同实施人力资源管理所必需时，用人单位可以处理员工个人信息，但该条是否包括敏感个人信息、委托他人处理个人信息、个人信息出境等特殊情况仍需要进一步明确。

从个人信息保护角度审视用工日常管理是每个企业，尤其是用工人数较多企业面临的重大课题，特别是越来越多的个人数据以电子形式存储在企业管理的各个角落，从权限设置、应急管理、合规审计等角度建立用工领域有效的个人信息保护制度，是每个企业需要落实的责任。

四、劳动合同的变更

劳动合同变更，变更的到底是什么？个案变更和集体变更实际存在很大差异，虽然法律性质上都是劳动合同变更。《劳动合同法》第三十五条第一款规定："用人单位与劳动者协商一致，可以变更劳动合同约定的内容。变更劳动合同，应当采用书面形式。"因此，只要用人单位与劳动者协商一致，不管之前劳动合同是如何约定的，双方都可以变更约定的内容，包括但不限于调岗调薪。

《劳动合同法》确定了劳动合同变更以双方协商一致为原则，用人单位单方变更为例外。用人单位单方变更的情形主要有：劳动者患病或者非因工负伤，在规定的医疗期满后不能从事原工作的；劳动者不能胜任工作的；患职业病或者因工负伤并被确认部分丧失劳动能力，达到伤残等级五级至六级等。法律之所以规定在特定情况下用人单位单方变更劳动合同的权力，实际上还是为了保护特定人群的利益。而本节讨论的重点不是上述法定的用人单位单方变更，而是用人单位基于管理权的单方变更。

（一）从用人单位基于自主管理权调整工作岗位看劳动合同变更

《北京市高级人民法院、北京市劳动人事争议仲裁委员会关于审理劳动争议案件法律适用问题的解答》第五条规定，用人单位与劳动者约定可根据生产经营情况调整劳动者工作岗位的，经审查用人单位证明生产经营情况已经发生变化，调岗属于合理范畴，应支持用人单位调整劳动者工作岗位。用人单位与劳动者在劳动合同中未约定工作岗位或约定不明的，用人单位有正当理由，根据生产经营需要，合理地调整劳动者工作岗位属于用人单位自主用工行为。判断合理性应参考以下因素：用人单位经营必要性、目的正当性，调整后的岗位为劳动者所能胜任、工资待遇等劳动条件无不利变更。

其他地区也有类似规定，相关判例也显示用人单位在劳动合同中约定或在规章制度中规定"用人单位可根据生产经营情况调整劳动者工作岗位，员工同意并服从用人单位的安排"时，如果确实具备变更劳动合同的必要性、合理性，无侮辱或者歧视条件时，司法实践通常会尊重企业管理自主权。

（二）依据规章制度的规定调岗应当注意的问题

一是规章制度的内容必须合法，不得违反法律、法规的禁止性规定，还要求规章制度的内容合理；二是规章制度的制定程序要合法，即规章制度的制定程序一定要有劳动者参与程序，并且要向劳动者进行公示；三是调岗调薪一定是出于用人单位生产经营的需要，调整岗位后劳动者的工资水平应与原岗位工资水平基本相当，而且不具有侮辱或惩罚性质；四是调岗调薪一定要遵循规章制度中的有关程序性规定，也即程序合法。

（三）用人单位单方调岗调薪处理不当的法律后果

用人单位与劳动者签订劳动合同后，应该按照劳动合同履行义务，为劳动者提供工作岗位和工作条件，支付相应的工作报酬。如果用人单位在不符合法律规定的情况下，擅自调整劳动者的工作岗位，降低劳动者的工作报酬，将面临以下法律后果。

1. 劳动者可以解除劳动合同

根据《劳动合同法》第三十八条的规定，用人单位未按照劳动合同约定提供劳动保护或者劳动条件的，或用人单位未及时足额支付劳动报酬的，劳动者有权依法解除劳动合同。

如果用人单位在不符合法律规定的情况下擅自调整劳动者的工作岗位，降低劳动者的报酬，就属于“未按照劳动合同约定提供劳动保护或者劳动条件”“未及时足额支付劳动报酬”，劳动者有权解除劳动合同并要求支付双倍的经济补偿金[①]。

2. 被劳动行政部门责令改正、承担赔偿责任

《劳动合同法》第八十条规定：“用人单位直接涉及劳动者切身利益的规章制度违反法律、法规规定的，由劳动行政部门责令改正，给予警告；给劳动者造成损害的，应当承担赔偿责任。”调岗调薪涉及劳动者的切身利益，如果用人单位关于调岗调薪的规章制度违反法律、法规规定，则有可能被劳动行政部门责令改正，如果给劳动者造成了损失，还应承担赔偿责任。当然，如果调岗过程中涉及调整薪资的，还会涉及工资补差等责任。

（四）用人单位发生合并或者分立等情况，劳动合同是否变更？

《劳动合同法》第三十四条规定，用人单位发生合并或者分立等情况，原劳动合同

---

① 《劳动合同法》第四十八条规定：“用人单位违反本法规定解除或者终止劳动合同，劳动者要求继续履行劳动合同的，用人单位应当继续履行；劳动者不要求继续履行劳动合同或者劳动合同已经不能继续履行的，用人单位应当依照本法第八十七条规定支付赔偿金。”

第八十七条规定：“用人单位违反本法规定解除或者终止劳动合同的，应当依照本法第四十七条规定的经济补偿标准的二倍向劳动者支付赔偿金。”

继续有效，劳动合同由承继其权利和义务的用人单位继续履行。

实践中，用人单位可能发生合并或者分立的情况。为了保护原用人单位劳动者的合法权益，合并后的法人或者其他组织作为一个新的用人单位承继原用人单位所有的权利和义务，包括原用人单位对其劳动者的权利和义务。

用人单位发生分立的，原劳动合同继续有效，只要新成立的用人单位继承了原用人单位的权利，就应当同时承担其作为用人单位的义务，继续履行原劳动合同并对劳动者负责。

（五）约定脱密期的，在劳动者提出辞职后，用人单位是否可以调整其工作岗位？

脱密期是指用人单位通过约定，要求员工在离职前提前通知用人单位，在员工通知用人单位离职后，还必须为单位再工作一定期限，该期限届满，员工才可以正式离职。脱密措施就是单位可在脱密期内采取的保护商业秘密的措施，目的是减少已获知商业秘密的员工进一步接触商业秘密的机会。一般来说，单位可采取将员工调离机密部门、变更劳动合同的方式。

根据《劳动部关于企业职工流动若干问题的通知》第二条的规定，用人单位与掌握商业秘密的职工在劳动合同中约定保守商业秘密有关事项时，可以约定在劳动合同终止前或该职工提出解除劳动合同后的一定时间内（不超过六个月），调整其工作岗位，变更劳动合同中相关内容。

关于脱密期的约定是否有效，实践中存在争议，主要有以下观点。

一是提前 6 个月的通知期没有法律依据，脱密期约定不予支持，该观点的主要原因是脱密期违背了《劳动合同法》第三十七条[①]关于 30 天通知期的规定。

二是《劳动合同法》没有明确规定不得设定脱密期，根据双方意思自治原则，脱密期约定应予支持。

三是涉及国家秘密的军工等企业，关于涉密人员的脱密期等事项由《保守国家秘密

① 《劳动合同法》第三十七条规定："劳动者提前三十日以书面形式通知用人单位，可以解除劳动合同。劳动者在试用期内提前三日通知用人单位，可以解除劳动合同。"

法》等[①]法律进行规范。

如果用人单位与劳动者约定，用人单位有权提前一个月将劳动者调离涉密岗位。我们倾向于认为这样的约定应当得到法律的认可，一方面这属于用人单位采取的合理的保密措施，另一方面这样的约定也不违反法律、行政法规的强制性规定。至于调岗后的薪酬待遇问题，我们倾向于认为应该维持不变，因该调岗并非由于员工的原因导致，如据此降低薪酬待遇，对员工而言显失公平。

需要注意的是，对于上海等[②]目前认可脱密期约定的地区，对于脱密期期限的约定也可以放宽到 6 个月以内。

（六）轮岗之劳动合同变更

轮岗并非法律术语，其实质即工作岗位的变化，同时可能还涉及工作报酬、工作地点的变化。不少企业都有相关轮岗制度，只是，如果从劳动合同变更角度审视轮岗制度，如何操作轮岗才合法呢?

轮岗有三种常见的法律呈现方式：一是在劳动合同中约定轮岗，如果双方在劳动合同中对于岗位变化、岗位变化对应的报酬，以及工作地点进行了明确约定，原则上应当以双方劳动合同的约定为准；二是在规章制度中设定轮岗制度，该方式在实践中比较常见，其合法的前提是规章制度的民主和公示程序符合法律规定；三是基于用人单位自主管理权，用人单位在经营过程中基于各种原因将轮岗作为管理手段行使，既无劳动合同约定，也无规章制度规定。

虽都为“轮岗”，但不同的法律呈现方式决定了用人单位的操作方法以及法律风险。若双方在劳动合同中做出明确约定的，根据全面履行劳动合同的原则，劳动者应当如约履行，即轮岗并非劳动合同变更；若通过规章制度规定的，其实质还是劳动合同变更，

---

① 《中华人民共和国保守国家秘密法》第三十八条规定：“涉密人员离岗离职实行脱密期管理。涉密人员在脱密期内，应当按照规定履行保密义务，不得违反规定就业，不得以任何方式泄露国家秘密。”《中华人民共和国保守国家秘密法实施条例》第三十条规定：“涉密人员的分类管理、任（聘）用审查、脱密期管理、权益保障等具体办法，由国家保密行政管理部门会同国务院有关主管部门制定。”

② 《上海市劳动合同条例》第十五条第二款规定：“对负有保守用人单位商业秘密义务的劳动者，劳动合同当事人可以就劳动者要求解除劳动合同的提前通知期在劳动合同或者保密协议中作出约定，但提前通知期不得超过六个月。在此期间，用人单位可以采取相应的脱密措施。”

只是基于规章制度的规定让该变更的合理性和必要性更为充分；但若既无合同约定，又无规章制度规定的，则需要按照用人单位单方调整工作岗位的必要性、合理性、无歧视性以及侮辱性角度进行具体分析。

从司法实践来看，法院基本认可用人单位通过规章制度落实轮岗的合理性，但还会对具体轮岗的情况进行合理性审查，如（2019）京 0101 民初 4415 号一案。没有规章制度的规定，但在劳动合同中有相关约定，法院一般也会认为，轮岗符合用人单位自主管理权的范畴，不构成劳动合同变更，如（2018）苏 05 民终 6792 号一案。如果既无合同约定，也无规章制度时，法院通常认为，轮岗属于劳动合同变更，如（2019）琼 01 民终 428 号一案，一旦属于劳动合同变更，原则上双方应当协商一致，单方变更属于违法变更。

除了上述情形的轮岗外，还有部分行业实行强制轮岗，如金融行业，《企业内部控制基本规范》第十六条，以及《商业银行操作风险管理指引》等均有相关强制轮岗的规定。监管机构要求对重要岗位、关键岗位等进行强制轮岗。而且，部分情形还规定了轮岗期限、轮岗方式、履职回避等。区别于企业的自主轮岗，监管机构强制要求轮岗是需要具体落实的，不得采用离岗休假、代班检查或离岗审计等方式来代替轮岗制度的落实。

为此，轮岗作为实质变更劳动合同的一种特殊制度，企业需要从监管、法律、发生纠纷后如何处理等角度去校验轮岗制度的可执行性。

（七）待岗之劳动合同变更

待岗一般是指用人单位在生产经营困难的情况下不得不采取停工停业的方式以待时机，缓解经营压力。待岗一方面为劳动者保留劳动关系，对劳动者有最基本的生活保障；另一方面，考虑用人单位的实际情况，允许用人单位以待岗的方式变更劳动合同。

1. 待岗的法律规范

《工资支付暂行规定》第十二条规定："非因劳动者原因造成单位停工、停产在一个工资支付周期内的，用人单位应按劳动合同规定的标准支付劳动者工资。超过一个工资支付周期的，若劳动者提供了正常劳动，则支付给劳动者的劳动报酬不得低于当地的最低工资标准；若劳动者没有提供正常劳动，应按国家有关规定办理。"这是目前待岗以及待岗待遇的主要法律依据。各地也有相关的类似规定，如《北京市工资支付规定》第二十七条。

新冠肺炎疫情期间，国家和地方层面也出台了不少涉及待岗的规定，如 2020 年 1 月 24 日发布的《人力资源社会保障部办公厅关于妥善处理新型冠状病毒感染的肺炎疫情防控期间劳动关系问题的通知》、2020 年 2 月 7 日发布的《人力资源社会保障部、全国总工会、中国企业联合会 / 中国企业家协会、全国工商联关于做好新型冠状病毒感染肺炎疫情防控期间稳定劳动关系支持企业复工复产的意见》，均对疫情期间待岗问题作出规定。

2. 待岗期间的待遇以及支付周期

各地对于待岗期间的工资待遇，一般是根据《工资支付暂行规定》来规定，并与人社部意见一致，均区分了一个工资支付周期内及超过一个工资支付周期的工资支付方式。

在一个工资支付周期内，第一个月的工资支付标准有两种模式，一种是北京、江苏、广东、山东等模式，按照劳动者正常提供劳动支付工资；另一种是上海、浙江、湖南等模式，按照劳动合同的约定支付工资。

超过一个工资支付周期的，对于安排工作的劳动者，双方可另行约定工资支付标准，但一般不得低于当地最低工资标准；对于未安排工作的劳动者，一般按照不低于当地最低工资标准的 70%、80% 或 75% 支付生活费。但需要注意的是，各地对此的具体规定有所差异。

待岗周期与工资支付周期不一致的，在工资支付周期内折算，但对于“一个工资支付周期”的理解，却存在以下三种观点。

第一种理解：按照自然月理解（自然月是指每个月 1 日到该月的最后一天），即仅指停工停产的当月处于“一个工资支付周期”，下月属于“超过一个工资支付周期”，但现实中很多用人单位未必是以自然月作为计薪周期，同时待岗时间节点的选择也未必如此恰当。

第二种理解：从停工停产之日起计算一个月，为“一个工资支付周期”，这是很多用人单位常用的方式，便于立即启动待岗，只是在待岗待遇的测算上会稍显复杂。

第三种理解：按照用人单位实际结算月工资的具体时间段来理解，如上月 20 日至本月 19 日为用人单位的实际计薪周期，自停工停产第一天起算，至停工停产后出现的第一个计薪周期结束，为“一个工资支付周期”。在该种情形下，鉴于选择待岗的时间节点可能会产生“一个工资支付周期”是超出一个完整月还是少于一个月的不同理解，从而对第一个月的待岗工资计算期间产生歧义。

3. 待岗期间的社会保险与公积金缴纳

对于发放待岗工资是否已经包括社保和住房公积金，各地有不同的操作。一种做法是发放的待岗期间生活费不包括劳动者个人应当缴纳的社保和住房公积金。另一种做法是发放的待岗期间生活费包括劳动者个人应当缴纳的社保和住房公积金。

4. 待岗的法律风险

待岗的实质是劳动合同变更，应避免单方强制待岗。一旦违法待岗，劳动者可以要求恢复工作岗位，以及工资待遇补偿；劳动者可以用人单位未足额发放工资或未提供劳动条件为由解除劳动合同，要求经济补偿金，另外，劳动者如根据法律规定投诉或举报，用人单位还将面临行政处罚。

上述变更讨论更多的还是个体变更，不少企业实行竞聘上岗实际上也是劳动合同变更的方式之一，对这种变更形式还需要从方案到执行、从民主参与到个人同意进行全方位论证。

第六章

劳动合同的解除与终止

导言

本章内容本应放在第五章，梳理劳动关系从建立到终结全流程，但考虑到该部分内容较多，以及劳动合同的解除与终止是劳动争议发生的重要原因，故将其单独作为一章予以介绍。

企业与员工都很关心劳动合同（关系）终结，只是各自视角与重点不同。企业关心“离职率”，离职率过高或过低都不利于组织发展，而员工流动时，往往是企业与劳动者矛盾的高发期；企业关心“如何让不合适的人妥善离开”，但法律与管理之间的需求总有很深的鸿沟；企业还关心让优秀的人留下来，员工离职往往让企业措手不及。员工关心工作是否稳定，离开时是否会承担责任，被“开除”时能否维权等。双方各自关注重点的差异在一定程度上也决定了劳动合同解除与终止不能只从法律层面考虑，当然，法律是基础。

劳动关系终结的原因包括解除和终止，其中，劳动关系终止是指《劳动合同法》第四十四条规定的情形。劳动关系解除则分为三种情况：1. 协商一致解除（《劳动合同法》第三十六条）。2. 员工单方解除，包括员工主动辞职（用人单位无过失）与被动辞职（用人单位存在过失）。主动辞职是指员工按照《劳动合同法》第三十七条提出辞职，被动辞职是指员工根据《劳动合同法》第三十八条提出辞职，该情况下，员工有权要求单位支付经济补偿金。3. 企业单方解除，主要法律依据包括《劳动合同法》第三十九条的过失性辞退，第四十条的无过失性辞退，以及第四十一条的经济性裁员。同时，法律还规定了企业不得解除劳动合同的情形，劳动合同的逾期终止，解除与终止的法律责任和违法解除与终止的法律后果（《劳动合同法》第四十二条、第四十五条、第四十六条、第四十七条和第四十八条）。

了解上述解除与终止的规范体系后，从宏观层面，企业应当构建自身的离职文化；从管理角度，应当建立健全离职管理流程；而从微观层面，应当关注离职过程中发生的各种小问题。不仅如此，还应当从沟通等角度营造离职管理中的“人情味”。企业应当从文化、合规、流程化等多角度管理“离职”。

第一节　告别误区，心存敬畏，构建符合企业情况的离职文化

劳动合同终结是否平顺考验企业管理水平和文化建设，过往工作经验表明，企业文化建设的试金石之一即离职冲突管理。企业做好离职管理需要告别误区，心存敬畏，因为，离职管理处理的是与人息息相关的事。

一、劳动关系的人身属性决定了离职管理首先是情绪管理

有企业将员工离职后不说企业坏话作为离职管理的目标；也有企业定期会将离职员工邀请回公司参观或参加活动；不少企业都有离职沟通环节。实际上这些动作都是离职管理的一部分，具体如何管理企业可根据情况去做任何调整，管理目标之一是“情绪”。

（一）不要试图控制员工情绪，要接纳和回应员工情绪

劳动关系在建立、存续过程中，员工交付的不仅是劳动成果，更是情感、时间等多重无形付出，所以，离职不是简单的劳动关系终结，一定也有非法律要素，情绪就是其中之一。情绪是中性词，在离职管理中，管理者应当正视员工情绪，响应情绪，当然也无须纠缠于情绪，无论如何，“无视”是最糟糕的选择。

（二）不仅应考虑离职员工的情绪，在职员工的情绪也要关注

一个或几个员工离职，影响的不仅是本人，还会影响其他在职员工。每个人都是理性和感性的综合体，只是不同场合下合理性和感性发挥的作用不同。组织正常流动无可厚非，若出现非正常流动或影响力较大的员工离职，关注在职员工的情绪也是离职管理的组成部分。

（三）不仅要考虑在职员工的情绪，参与离职处理相关事项的人的情绪更应当关注

所有管理动作都需要具体的人落地，员工对于企业文化的感受是通过具体的人、具体的事获得的，所以，离职管理不是简单的流程、文件签署，企业更不应当只关注员工，

而忽略了具体处理这些事情的人。

以上这些与法律看似无关，却又紧密相关，处理得当就皆大欢喜；处理不当，就要承担法律风险，管理成本进一步增加，而不会产生管理价值。

二、企业管理手段的一致性决定了离职是否会被其他员工效仿

个别员工离职或个别离职纠纷在组织运营中都属于正常事项，但有些离职值得警惕，比如，员工以单位未支付加班费为由提出离职并要求经济补偿金；与不能胜任工作的员工解除劳动关系后，员工提起仲裁等。这些离职之所以应当被关注，是因为很可能会让其他员工“效仿”，同时，这些事件的背后是对企业制度的挑战。一旦挑战成功，企业的福利就会无法留下人才；企业管理中可能存在的漏洞就会被无限利用；企业的管理权威就会荡然无存，而这些都是管理中的大忌。

所以，离职管理确实不是简单的离职流程的设计，不同的离职对应不同的管理动作和流程。或许，这样的离职管理显性成本会增加，但如果不重视，给企业带来的负面影响将持续存在。

三、企业单方解除 / 终止劳动合同的法定性决定了离职管理不能任性

前两点主要是从管理角度说明离职管理应当关注的问题，管理者不能只关注管理，而忽略离职中隐藏的法律问题。

（一）企业单方解除 / 终止，必须存在法定事由

在实际工作中，难点之一是企业找不到合适的解除 / 终止理由，毕竟用人单位单方解除或终止的法定事由有限，只有《劳动合同法》第三十九条、第四十条、第四十一条以及第四十四条。而管理中的问题层出不穷，比如，某员工在工作中总是犯一些小错误，谈不上不能胜任工作，但管理者无法忍受；企业需要转型，部分员工的思想跟不上组织发展等。法律规定的解除理由的相对有限性与现实经营中的千变万化，形成了一个不可调和的矛盾，尽管如此，企业仍应当知道离职管理的法律边界。

（二）企业单方解除 / 终止，必须有充分证据

企业单方解除 / 终止的理由本就有限，再加上企业必须举证证明解除 / 终止理由成

立，经常让用人单位“手足无措”。《最高人民法院关于审理劳动争议案件适用法律问题的解释（一）》第四十四条规定：“因用人单位作出的开除、除名、辞退、解除劳动合同、减少劳动报酬、计算劳动者工作年限等决定而发生的劳动争议，用人单位负举证责任。”

举证并非易事，以劳动者“泡病假”为例，用人单位明知道“病”是假的，但苦于“假条”是真的，只能“忍气吞声”，想要证明病情是假“难于上青天”。用人单位举证证明“符合法律规定的解除理由”比“选择理由”更难，因为，日常的经营不可能为了打官司而投入过多。

（三）企业单方解除 / 终止，必须履行法定程序

对比前两个难点，解除程序相对简单，履行程序的主动权掌握在用人单位手中，但仍有需要注意的问题，如解除通知等文件送达方式的选择，当面、OA、电子邮件、邮寄等多种送达方式并用，而公告送达必须在前面所列举的全部送达方式都无法满足的情况下进行。

也有一些特殊情况，如通知工会，部分未建立工会的企业是否必须通知工会，实践中，各地操作也不一。部分地区要求未建立工会的企业，应当通知单位所在街道的街乡工会，而街乡工会往往认为该事项并不属于其职责范围内的事项，用人单位陷入两难。对于有特殊要求的地区，用人单位应当履行通知当地街乡工会的程序要求。

尽管程序实践有所差异，但做到程序合法还是相对容易的事情，企业应当在解除和终止劳动关系时做到合法有效。

（四）企业解除 / 终止前必须依法排除属于特殊劳动者

《劳动合同法》第三十九条项下规定的用人单位单方解除不受特殊劳动者的限制，但即便如此，从合理性角度考虑，企业在具体执行解除行为时，还是要对特殊劳动者的身份予以考虑。比如，以“三期”女职工严重违反规章制度为由解除时，在“严重性”的判断上需要与非“三期”女职工存在差别。

用人单位要排除的特殊劳动者，除了法律规定的在“医疗期”“三期”内的职工、在本单位连续工作满 15 年，且距法定退休年龄不足 5 年的职工外，对于家庭特别困难的，性格偏执的，有潜在精神病等的员工也需要予以特殊关注。

（五）企业必须认识到违法解除的后果不是赔钱了事，还可能涉及继续履行劳动合同

《劳动合同法》第四十八条规定："用人单位违反本法规定解除或者终止劳动合同，劳动者要求继续履行劳动合同的，用人单位应当继续履行；劳动者不要求继续履行劳动合同或者劳动合同已经不能继续履行的，用人单位应当依照本法第八十七条规定支付赔偿金。"对于希望"花钱了事"的用人单位来说，继续履行如"悬顶之剑"，要防止剑落头上，每一次启动单方解除或终止都要慎重。

2017 年 4 月，北京市高级人民法院、北京市劳动人事争议仲裁委员会印发《审理劳动争议案件法律适用问题的解答》，其中规定，用人单位违法解除或终止劳动合同后，劳动者要求继续履行劳动合同，原则上应当支持继续履行，并具体列举了"劳动合同确实无法继续履行"的情形：（1）用人单位被依法宣告破产、吊销营业执照、责令关闭、撤销，或者用人单位决定提前解散的；（2）劳动者在仲裁或者诉讼过程中达到法定退休年龄的；（3）劳动合同在仲裁或者诉讼过程中到期终止且不存在《劳动合同法》第十四条规定应当订立无固定期限劳动合同情形的；（4）劳动者原岗位对用人单位的正常业务开展具有较强的不可替代性和唯一性（如总经理、财务负责人等），且劳动者原岗位已被他人替代，双方不能就新岗位达成一致意见的；（5）劳动者已入职新单位的；（6）仲裁或诉讼过程中，用人单位向劳动者送达复工通知，要求劳动者继续工作，但劳动者拒绝的；（7）其他明显不具备继续履行劳动合同条件的。

上述事项旨在为企业梳理离职管理的维度，简而言之，首先，离职管理应当是人的管理；其次，离职管理是重点事项的管理，每个企业可能关注不同的重点事项；最后，离职管理是底线管理，知道法律的边界是离职管理的基础。

第二节　企业离职管理的框架

企业离职管理需要明确离职管理文化、离职管理职责及权限，还需要设定离职流程，如发起、审批、工作交接等。基于企业文化、职责及权限差异较大，本节将重点梳理离职管理的流程框架。

一、制定离职管理的通用流程

企业应当建立通用的离职管理流程，具体包括离职流程的发起、离职理由的确认、离职工作交接以及离职后的管理、计算经济补偿金。

（一）离职流程的发起

劳动关系终结原因与经济补偿金、工作流程、潜在的法律风险等直接相关，为此，劳动关系终结必须首先确认原因，且不同原因应当适用不同的发起流程。用人单位启动单方解除 / 终止程序必须有事先管理程序，而不能任何人都有单方解除或终止劳动合同的权利，应当建立单方解除或终止的发起人、审批人以及决策机制。

（二）离职理由的确认

1. 合法合规论证

不论单方解除或终止的发起人是业务部门还是人力部门抑或是个人，都必须有合法合规的论证。企业论证单方解除或终止合法合规的角度至少应当包括以下几项：（1）解除与终止的理由是否符合法律规定；（2）劳动者是否属于法定需要保护的特殊人群，以及企业需要重点关注的人群；（3）解除与终止是否有充分的证据，是否经得起司法审查；（4）解除与终止的程序是否合法，如送达地址的确认，解除前的工会征求意见程序；（5）劳动合同解除或终止是否还有其他问题，如是否涉及竞业限制、服务期、赔偿损失等，是否需要办理其他变更手续等（如登记的高管、行业备案的管理人员等）。

只有经过合法合规论证的单方解除或终止，在充分评估法律风险及其他风险的情况下，企业方能启动单方解除或终止劳动合同的程序。

如果是劳动者提出单方解除，并依据《劳动合同法》第三十八条规定要求经济补偿金的，需要高度重视，调查了解后应当支付经济补偿金或者及时告知员工相应的问题不存在，不适用经济补偿金的规定。

2. 审查拟离职员工的情况

审查内容包括但不限于：年龄、性别、入职时间、工作年限；劳动合同的类型及期限等；社会保险及公积金缴纳情况；是否签订服务期协议、保密协议、竞业限制协议；

年休假、加班费、报销等相关福利待遇等情况；离职可能对正常工作的影响，以及对工作交接的要求；员工是否为党员，在职期间是否有相关的处分等；员工档案、户口等是否由企业保留。

此外，还要审查员工是否属于下列特殊情形：从事接触职业病危害作业的劳动者未进行离岗前职业健康检查，或者疑似职业病病人在诊断或者医学观察期间的；在本单位患职业病或者因工负伤并被确认丧失或者部分丧失劳动能力的；患病或者非因工负伤，在规定的医疗期内的；女员工在孕期、产期、哺乳期的；在本单位连续工作满 15 年，且距法定退休年龄不足 5 年的；法律、行政法规规定的其他情形。

（三）离职工作交接

离职交接管理应当纳入离职管理，管理目标在于工作不受影响，避免后续可能的争议。

根据《劳动合同法》第五十条的规定，用人单位应当在解除或者终止劳动合同时出具解除或者终止劳动合同的证明，并在十五日内为劳动者办理档案和社会保险关系转移手续。劳动者应当按照双方约定，办理工作交接。

1. 明确交接规则

企业应当制定明晰的交接规则，明确部门及人力部门对离职员工工作交接管理的权限和职责。工作交接包括但不限于确定工作接收人、交接具体工作内容、向行政部门交接办公用品及用人单位财产等，上述交接流程应当由相对应部门和人员签字确认。如果涉及保密的，一定要处理好相关保密信息和资料。

2. 薪资财务等核算

应当由确定的职责部门对离职员工的薪酬进行核算，包括但不限于工资、奖金、加班费、未休年休假工资、福利。在条件允许的情况下，对于未休年休假、未倒休加班等情况，可安排休假或倒休，尤其应当对不予发放的奖金等问题予以明确。同时，结算的费用还应当包括员工借款及服务期违约金等。

3. 特殊人员的处理

（1）负有保密义务的员工

对于负有保密义务的员工，应当审核保密协议以及竞业限制协议的签署情况；对于已签订竞业限制协议但无须履行竞业限制义务的，应当根据协议履行告知义务。当然，对于需要履行竞业限制义务的员工，除告知义务外，还应当根据协议支付补偿金。

（2）与用人单位签订了服务期协议的员工

员工与企业签订了服务期协议的，若符合法律以及约定满足支付违约金的条件，企业相关职责部门应当要求员工向用人单位支付违约金。

（3）工伤或医疗期员工

对该类员工，应当依法确认是否需要支付相应的费用，以及社保经办部门需要办理的手续。

当然，可能还有其他特殊员工，如在工商局登记备案的高管、在行业监管部门备案的人员，企业应当根据实际情况罗列相关特殊人员，将特殊人员的离职管理纳入常规化离职管理流程。尤其对于担任类似职工董事等职务的人员，应当及时办理相关的手续。比如，《国有独资公司董事会试点企业职工董事管理办法（试行）》规定，公司董事会成员中，至少有 1 名职工董事。《中华全国总工会关于进一步推行职工董事、职工监事制度的意见》规定，职工董事、职工监事离职的，其任职资格自行终止。职工董事、职工监事出缺应及时进行补选，空缺时间一般不得超过 3 个月。

（四）离职后的管理

企业应当依法为员工出具离职证明，离职证明的日期应为员工在岗工作的当日，员工与用人单位的劳动关系自离职证明所载日期的次日解除。

1. 离职证明中是否可以记载员工的其他违规事项

《劳动合同法实施条例》第二十四条规定："用人单位出具的解除、终止劳动合同的证明，应当写明劳动合同期限、解除或者终止劳动合同的日期、工作岗位、在本单位的工作年限。"

企业为员工开具的离职证明中能否含有员工的负面信息，实践中有两种观点。一种观点认为，企业可在离职证明中记载员工的负面信息，只要该信息是客观、真实的。另一种观点认为，《劳动合同法实施条例》在第二十四条已经对离职证明的内容进行了限定，企业不能记载其他信息。对此，实践中确实也存在不同的判例，但不论如何，客观性以及不影响劳动者就业应当是基础。

2. 员工拒绝办理档案转移时企业的法律风险

除《劳动合同法》对档案转移进行规定外，《企业职工档案管理工作规定》第十八条也规定："企业职工调动、辞职、解除劳动合同或被开除、辞退等，应由职工所在单位在一个月内将其档案转交其新的工作单位或其户口所在地的街道劳动（组织人事）部门。职工被劳教、劳改，原所在单位今后还准备录用的，其档案由原所在单位保管。"

档案对于员工日后退休、失业金申领等都有重要影响，为此，离职管理中，档案移交非常重要。实践中，存在员工拒绝档案转移的情况，对此，用人单位应当尽到充分告知和催促义务，用人单位还应当积极通过合法渠道转交档案。若确实无法转交，劳动者也拒绝转移时，用人单位一定要注意妥善保管。

3. 员工离职后，企业还能为员工代缴社保吗?

从合法合规的角度，不建议企业用这种方式"帮助"员工，根据《社会保险法》的规定，企业为与其建立劳动关系的人缴纳社保是其法定义务，如果已经离职，双方之间不存在劳动关系，则缴纳社保的法律基础丧失。

（五）计算经济补偿金

对于需要支付经济补偿金的离职，企业应准确计算经济补偿金。

1. 计算基数

即劳动合同解除或者终止前 12 个月的平均工资。按照劳动者应得工资计算，包括计时工资或者计件工资以及奖金、津贴和补贴等货币性收入。劳动者在劳动合同解除或者终止前 12 个月的平均工资低于当地最低工资标准的，按照当地最低工资标准计算。劳动者工作不满 12 个月的，按照实际工作的月数计算平均工资。

2. 计算年限

经济补偿按劳动者在本单位工作的年限，每满一年支付一个月工资的标准向劳动者支付。六个月以上不满一年的，按一年计算；不满六个月的，向劳动者支付半个月工资的经济补偿。

3. 年限和基数特殊规则（适用于《劳动合同法》施行后的工作年限）

劳动者月工资高于用人单位所在直辖市、设区的市级人民政府公布的本地区上年度职工月平均工资三倍的，向其支付经济补偿的标准按职工月平均工资三倍的数额支付，向其支付经济补偿的年限最高不超过 12 年。

4. 分段计算

《劳动合同法》施行之日存续的劳动合同在《劳动合同法》施行后解除或者终止，依照《劳动合同法》第四十六条规定应当支付经济补偿的，经济补偿年限自《劳动合同法》施行之日起计算；《劳动合同法》施行前按照当时有关规定，用人单位应当向劳动者支付经济补偿的，按照当时有关规定执行。

关于分段计算各地实践中也有一些具体规则，具体个案中可予以确认。

5. 经济补偿金的个人所得税

《财政部、国家税务总局关于个人所得税法修改后有关优惠政策衔接问题的通知》（财税〔2018〕164 号）第五条第一款规定，个人与用人单位解除劳动关系取得一次性补偿收入（包括用人单位发放的经济补偿金、生活补助费和其他补助费），在当地上年职工平均工资 3 倍数额以内的部分，免征个人所得税；超过 3 倍数额的部分，不并入当年综合所得，单独适用综合所得税率表，计算纳税。

经济补偿金的计算在实践中比较复杂，涉及哪些属于工资的认定，还涉及特殊情况下，如医疗期届满，工资按照原正常工资计算还是按照医疗期的工资计算等问题。对于该类问题，司法实践并未形成一致观点，具体处理时，需要结合实际情况确认。

二、区分离职理由，启动不同离职管理流程

本部分主要说明不同法定离职理由下，企业管理的重点与难点。

（一）员工因个人原因提出离职，企业管理仍应慎重

员工提出离职时，大部分企业会对员工进行挽留，尤其对于确实需要和优秀的人，但在挽留员工的同时，管理仍应跟上。

启动离职流程后，首先应审查员工提交的书面辞职报告。若员工口头辞职，经谈话确实无法挽留的，应要求员工补充书面辞职报告。审核辞职报告时应当注意，员工辞职

理由是否为《劳动合同法》第三十八条[①]所列情形。

其次要确定劳动合同解除日期。根据法律规定，员工离职时间为提交辞职报告次日起第30日，试用期员工为提交辞职报告次日起第3日。当然，具体解除时间双方亦可协商，对于需要离职审计、离职体检等的特殊员工，企业应当根据法律[②]以及规章制度确定离职时间。这里需要注意的问题是，对超期不办理离职手续仍然在岗员工的管理，除非企业仍然愿意与员工保留劳动关系，否则，应当及时通知员工办理离职手续，并确保在解除日期后，双方不再有事实上的劳动关系，即员工不再提供劳动，企业不再对员工进行管理。

（二）如果员工因单位原因提出离职，用人单位应当采取措施

员工依据《劳动合同法》第三十八条的规定提出辞职，主要指：未按照劳动合同约定提供劳动保护或者劳动条件的；未及时足额支付劳动报酬的；未依法为劳动者缴纳社会保险费的；用人单位的规章制度违反法律、法规的规定，损害劳动者权益的；用人单位订立劳动合同时存在欺诈、胁迫、乘人之危情形致使劳动合同无效的；用人单位以暴力、威胁或者非法限制人身自由的手段强迫劳动者劳动的，或者用人单位违章指挥、强

---

① 《劳动合同法》第三十八条规定："用人单位有下列情形之一的，劳动者可以解除劳动合同：

（一）未按照劳动合同约定提供劳动保护或者劳动条件的；

（二）未及时足额支付劳动报酬的；

（三）未依法为劳动者缴纳社会保险费的；

（四）用人单位的规章制度违反法律、法规的规定，损害劳动者权益的；

（五）因本法第二十六条第一款规定的情形致使劳动合同无效的；

（六）法律、行政法规规定劳动者可以解除劳动合同的其他情形。

用人单位以暴力、威胁或者非法限制人身自由的手段强迫劳动者劳动的，或者用人单位违章指挥、强令冒险作业危及劳动者人身安全的，劳动者可以立即解除劳动合同，不需事先告知用人单位。"

② 《职业病防治法》第三十五条规定："对从事接触职业病危害的作业的劳动者，用人单位应当按照国务院卫生行政部门的规定组织上岗前、在岗期间和离岗时的职业健康检查，并将检查结果书面告知劳动者。职业健康检查费用由用人单位承担。

用人单位不得安排未经上岗前职业健康检查的劳动者从事接触职业病危害的作业；不得安排有职业禁忌的劳动者从事其所禁忌的作业；对在职业健康检查中发现有与所从事的职业相关的健康损害的劳动者，应当调离原工作岗位，并妥善安置；对未进行离岗前职业健康检查的劳动者不得解除或者终止与其订立的劳动合同。

职业健康检查应当由取得《医疗机构执业许可证》的医疗卫生机构承担。卫生行政部门应当加强对职业健康检查工作的规范管理，具体管理办法由国务院卫生行政部门制定。"

令冒险作业危及劳动者人身安全的。

用人单位应当与相关部门核实员工的辞职理由是否属实，若不符合实际情况应及时回应，就员工的辞职理由要求其修改或者不予批准。若员工的辞职理由成立，则应尽可能双方协商解除劳动合同，并及时纠正企业管理中存在的问题。

（三）过失性辞退情形

根据《劳动合同法》第三十九条的规定，过失性辞退主要包括：在试用期间被证明不符合录用条件的；严重违反用人单位的规章制度的；严重失职，营私舞弊，给用人单位造成重大损害的；劳动者同时与其他用人单位建立劳动关系，对完成本单位的工作任务造成严重影响，或者经用人单位提出，拒不改正的；以欺诈、胁迫的手段或者乘人之危，使对方在违背真实意思的情况下订立或者变更劳动合同的，致使劳动合同无效的；被依法追究刑事责任的。

过失性辞退的不同情形下，企业应重点关注不同要点。

1. 试用期以不符合录用条件为由单方解除劳动合同的前提是有效的试用期管理

首先，企业应当确保试用期约定本身的合法性，这是探讨试用期解除合法性的前提。试用期约定常见的问题包括：企业与劳动者未签订书面劳动合同，口头约定试用期无效；试用期约定不合法，如以完成一定工作任务为期限的劳动合同、劳动合同期限不满三个月的，以及非全日制用工的劳动合同，不得约定试用期；同一用人单位与同一劳动者只能约定一次试用期，多次约定试用期无效。

其次，企业与员工应当有书面文件明确约定录用条件，书面文件包括劳动合同、试用期制度等。录用条件一般来讲包括以下几个层面：劳动者所从事岗位的职责要求；劳动者应当具备的职业操守等；劳动者基本的纪律规范要求；劳动者与企业文化等的契合度。当然，试用期的录用条件一定要清晰、明确以及可考核，而不应当都是主观化的感受。其中，试用期更应关注的问题是是否违反诚信原则，如虚假学历、假身份证、假护照；对履历、知识、技能等个人情况说明与事实有重大出入等情况。

最后，企业应当有明确、可操作的录用条件考核程序，且考核应当在试用期届满前完成。企业应当设定考核启动时间，在流程上确保录用条件考核有操作可能性，如由谁启动考核、考核参与部门以及考核结果的最终确定等。同时，录用条件考核标准需满足合法性、客观性、合理性，考核程序要确保公正。

以不符合录用条件为由解除劳动合同的时间一定要在试用期届满前，一旦试用期届满，不论用人单位是否为该员工办理转正手续，在法律上，用人单位已经无权再以不符合录用条件为由解除劳动合同。

2. 以严重违反规章制度为由解除需要重点关注的事项

“严重违反用人单位规章制度”是用人单位解除劳动合同时广泛使用的方式，该种解除需要满足如下条件：规章制度的民主程序与合法程序；规章制度的合法性和合理性；用人单位有证据证明劳动者存在严重违反规章制度的行为；解除程序合法，包括经过工会以及通知程序等。

但这些宽泛条件并不能有效解决实践中的问题，就该解除事项，企业应注意避免以下风险。

（1）以违反劳动纪律为由解除，应当慎之又慎

《劳动法》规定用人单位可以严重违反劳动纪律为由解除合同，《劳动合同法》第三十九条将用人单位以违反劳动纪律为由解除劳动合同取消了。实践中，不少企业仍然以违反劳动纪律为由解除劳动合同。

根据《企业职工奖惩条例》（已失效）第十一条的规定，对“违反劳动纪律，经常迟到、早退，旷工，消极怠工，没有完成生产任务或者工作任务的”职工，经批评教育不改的，应当分别情况给予行政处分或者经济处罚。由此条可以看出，劳动纪律是指有关迟到、早退，旷工，消极怠工等最基本的工作要求。劳动纪律最初由法律直接规定，劳动者违反劳动纪律即违反法定义务。1994 年《劳动法》颁布后，劳动纪律可由劳动关系双方协商议定。2008 年《劳动合同法》出台，劳动纪律不再由劳动关系双方约定，而是作为规章制度的一部分。

在未制定规章制度或规章制度不合法的情况下，企业能否以劳动者严重违反劳动纪律或职业道德解除劳动合同呢？该问题在实践中争议比较大，各地有不同的规定，如《北京市高级人民法院、北京市劳动人事争议仲裁委员会关于审理劳动争议案件法律适用问题的解答》第十三条规定：“在规章制度未作出明确规定、劳动合同亦未明确约定的情况下，劳动者严重违反劳动纪律和职业道德的，用人单位是否可以解除劳动合同？《劳动法》第三条第二款中规定：‘劳动者应当遵守劳动纪律和职业道德’。上述规定是

对劳动者的基本要求，即便在规章制度未作出明确规定、劳动合同亦未明确约定的情况下，如劳动者存在严重违反劳动纪律或职业道德的行为，用人单位可以依据《劳动法》第三条第二款的规定与劳动者解除劳动合同。”尽管如此，以违反劳动纪律或职业道德单方解除劳动合同时，企业也应当慎重。

（2）规章制度规范的是员工行为还是行为造成的后果?

不少单位在规章制度规范内容的制定上并没有一个完整清晰的思路，以至于规章制度本身的表述会在无形中为自己挖很多“坑”。比如，某企业在规章制度中规定：员工拒绝公司工作任务，且给公司造成重大损失的，属于严重违反公司规章制度。当员工多次拒绝公司安排的任务，公司以该条款为由进行解除，但最后并未胜诉，原因就在于规章制度本身规定员工的行为需要给公司造成重大损失，而公司并没有证据证明重大损失的存在。

（3）规章制度规范的时空范围是否超出了合理边界?

用人单位对劳动者的管理必须在一定的时间和空间范围内，对于工作场所、工作时间之外的行为，如果作为解除理由时，企业必须有充分的理由，如对工作的影响、对管理的影响等，否则用该类理由解除劳动合同将存在法律风险。

（4）员工受到行政处罚本身能否视同违反规章制度?

对于员工受到行政处罚是否一定可以单方合法解除，除考虑规章制度是否有规定、规章制度本身的合法性外，还应当考虑该行政处罚对于企业正常经营管理等的影响，两者并非当然画等号。

（5）员工严重违反规章制度行为的发生时间与处罚时间的间隔

《企业职工奖惩条例》第二十条规定，审批职工处分的时间，从证实职工犯错误之日起，开除处分不得超过五个月，其他处分不得超过三个月。职工受到行政处分、经济处罚或者被除名，企业应当书面通知本人，并且记入本人档案。《企业职工奖惩条例》废止后，法律法规并未对这一问题作出相应规定。

该规定废止后，部分地区有类似规定出台，如《重庆市职工权益保障条例》第二十六条规定：“因用人单位作出的解除和终止劳动合同、减少劳动报酬、计算职工工作年限等决定而发生的劳动争议，用人单位负举证责任。用人单位应当从知道或者应当知道职工违反规章制度行为之日起一年内作出处理决定。逾期未处理的，不再追究该违章责任。"《浙江省高级人民法院民事审判第一庭、浙江省劳动人事争议仲裁院关于印发〈关于审理劳动争议案件若干问题的解答（二）〉的通知》第八条规定，劳动者违反用人单位规章制度，符合用人单位与其解除劳动合同的条件，用人单位一般应在知道或者应当知道之日起5个月内行使劳动合同解除权。2018年8月1日生效的《天津市贯彻落实〈劳动合同法〉若干问题实施细则》第十二条明确规定，劳动者有《劳动合同法》第三十九条第二项、第三项、第四项、第五项、第六项情形之一，用人单位与劳动者解除劳动合同的，应自知道或应当知道劳动者存在上述情形之日起六个月内做出解除劳动合同的决定。为此，基于处罚措施的不同，在"有效期"上有不同的考量。

（6）规章制度处罚措施的梯次

用人单位在规章制度中规定的处罚一般包括警告、记过及劳动合同解除等，该部分常见的问题是：一个行为同时并列对应多个处罚措施，但适用时直接适用最严重的处罚措施；对于某些行为直接顶格规定属于严重违反公司规章制度，但是否合情合理没有论证。

企业以严重违反规章制度为由解除劳动合同，既需要流程化管理，更需要个案的判断。

3. 以严重失职、营私舞弊，给用人单位造成重大损失为由解除劳动合同，考验企业日常管理留痕习惯

根据《劳动合同法》第三十九条的规定，以"严重失职、营私舞弊，给用人单位造成重大损害"为由解除劳动合同需要满足三个要件：一是严重失职，指劳动者对本职工作不认真负责，未依照规定履行自己的职务，达到了严重程度；二是营私舞弊，指劳动者为了谋取私利，违背职业操守；三是给用人单位造成重大损害。

何为重大损失，法律并无明确的规定。《劳动部关于〈劳动法〉若干条文的说明》（劳办发〔1994〕289号）第二十五条第三款规定："本条中的'重大损害'由企业内部规章来规定。因为企业类型各有不同，对重大损害的界定也千差万别，故不便对重大损害作统一解释。若由此发生劳动争议，可以通过劳动争议仲裁委员会对其规章规定的重大损害进行认定。"因此，重大损害的判定标准主要依据用人单位规章制度的规定。而具体个案审查中，裁判机关基本依据用人单位规章制度对严重失职和重大损失的规定，综合考量劳动者的失职行为、用人单位本身存在的经营风险以及损害程度的因果关系，辅之以诚实信用原则进行判断。

此外，应注意行为和结果之间是否存在因果关系。不能当然认为劳动者造成了重大损害，就认定劳动者存在严重失职、营私舞弊的行为，因为劳动者给用人单位造成重大损失的原因可能是多样的，可能涉及用人单位的监督失当、客观因素等。

（1）界定职责是认定严重失职的前提

认定失职的基础是明确劳动者的岗位职责，在劳动合同中写明岗位职责，双方明确约定职责的内容范围；具体的细化内容和职责标准，应当告知劳动者，可以召开会议、组织培训进行告知并制作会议、培训记录让劳动者签字确认已知悉，还可以在通过民主程序制定的规章制度、员工手册中明确规定并让劳动者签收；用人单位可在规章制度中列明严重失职的判断标准，并列举主要行为以作为依据。

（2）明确重大损害标准以避免日后争议

根据《劳动部关于〈劳动法〉若干条文的说明》第二十五条第三款的规定，重大损害应由企业内部规章来规定，若由此发生劳动争议，仲裁机构或法院根据企业类型、规模和损害程度等情况，对规章制度中规定的重大损害进行认定。用人单位可直接在规章制度中规定重大损害的数额，但数额应当是合理的。

重大损害不仅包括直接经济利益损失，亦包括企业商誉受损、潜在或现有客户流失等利益损失。对于可量化的损害，可规定经济损失达到一定数额即为“重大损害”，如造成 30 万元以上的损失，避免因损害程度之争而导致风险；对于不可量化的损害，如工作进度延误、安全质量事故、企业名誉受到影响等，可以确定一个损害范围。

（3）应当注意严重失职与不能胜任工作的区别

不能胜任工作指的是劳动者不能按要求完成劳动合同约定的工作量或同种工位的工作量。根据《劳动合同法》第四十条的规定，劳动者不能胜任工作，经过培训或者调整工作岗位，仍不能胜任工作的，用人单位提前三十日以书面形式通知劳动者本人或者额外支付劳动者一个月工资后，可以解除劳动合同。

4. 劳动者同时与其他用人单位建立劳动关系，对完成本单位的工作任务造成严重影响，或者经用人单位提出，拒不改正的单方解除，企业举证是难点

该解除理由在实践中操作难度较大。首先，劳动关系认定存在争议，比如，员工兼职做滴滴司机是否属于与其他单位建立劳动关系；其次，劳动关系通常具有一定的隐秘性，企业很难举证证明劳动者与其他单位建立了劳动关系；最后，随着社会发展与就业形式多样，“类劳动关系”的兼职在部分领域被鼓励，如《聘请科学技术人员兼职的暂行办法》《国家科委关于科技人员业余兼职若干问题的意见》等。

对该问题，笔者想从企业如何管理员工的角度阐述。首先，如果企业对于工作时间、工作成果有着相对规范的管理流程，员工在外与其他单位建立劳动关系的可能性就会变小；其次，员工兼职的行为不一定构成与其他单位建立劳动关系，但企业可以将兼职纳入企业规章制度的管理要求，至少可以将兼职信息披露作为所有员工的基本规则，如此，能在一定程度上解决举证难的问题；最后，对于特殊监管行业，企业尤其应当关注该问题，如《私募基金管理人登记须知》规定：“根据《私募基金登记备案相关问题解答（十二）》，为维护投资者利益，严格履行‘受人之托、代人理财’义务，防范利益输送及道德风险，私募基金管理人的高管人员应当勤勉尽责、恪尽职守，合理分配工作精力，在私募基金管理人登记及相关高管人员提出变更申请时，应当遵守以下要求：1. 不得在非关联的私募机构兼职；2. 不得在与私募业务相冲突业务的机构兼职……”

5. 劳动合同无效的单方解除是一个看起来很美，但执行起来困难重重的制度

劳动合同的效力问题本应在整个劳动法律体系中占据重要地位，但是该问题经常被忽略和无视，因为事实劳动关系的认定会让劳动合同效力制度在一定程度上被架空。同时，劳动合同/劳动关系有其特殊性，尤其是人身依赖性。劳动合同一旦被确认无效，即意味着劳动合同自始无效。实践中，轻易否认劳动合同效力的案件也不多见。虽然自始无效后不影响劳动者获得报酬的权利，但劳动关系项下涉及的不只是劳动报酬，休息休假、最低工资保障等一系列问题如何解决，现行法律并未给出答案。

因劳动者原因导致劳动合同无效，用人单位可以单方解除劳动合同在逻辑上还是存在一些问题。同时，用该理由解除劳动合同时，还涉及劳动合同无效的确认权由谁来行使。根据《劳动法》第十八条第三款的规定，劳动合同无效的确认权仅赋予特定机关，解除无效劳动合同需要企业先启动仲裁程序确认劳动合同无效。

根据《劳动法》第十八条以及《劳动合同法》第二十六条的规定，与劳动合同解除相关的情形是欺诈、胁迫或乘人之危，在违背真实意思表示下的劳动合同无效，这类问题实际上通过试用期、违反规章制度等方式均能解决，不当然需要通过本方式实现劳动合同的解除。

表 6–1 劳动合同无效相关法律规范

《劳动法》第十八条规定："下列劳动合同无效： （一）违反法律、行政法规的劳动合同； （二）采取欺诈、威胁等手段订立的劳动合同。 无效的劳动合同，从订立的时候起，就没有法律约束力。确认劳动合同部分无效的，如果不影响其余部分的效力，其余部分仍然有效。 劳动合同的无效，由劳动争议仲裁委员会或者人民法院确认。"	《劳动合同法》第二十六条规定："下列劳动合同无效或者部分无效： （一）以欺诈、胁迫的手段或者乘人之危，使对方在违背真实意思的情况下订立或者变更劳动合同的； （二）用人单位免除自己的法定责任、排除劳动者权利的； （三）违反法律、行政法规强制性规定的。 对劳动合同的无效或者部分无效有争议的，由劳动争议仲裁机构或者人民法院确认。"

6. 劳动者依法被追究刑事责任的单方解除操作起来并不容易

（1）被追究刑事责任如何确定，以及用人单位在规章制度中是否可以做扩大解释？

首先，《劳动部关于〈劳动法〉若干条文的说明》中规定，"被依法追究刑事责任"，具体指：被人民检察院免予起诉的；被人民法院判处刑罚（刑罚包括：主刑：管制、拘役、有期徒刑、无期徒刑、死刑；附加刑：罚金、剥夺政治权利、没收财产）的；被人民法院依据刑法第三十二条免予刑事处分的。《劳动部关于贯彻执行〈中华人民共和国劳动法〉若干问题的意见》第二十九条指出，"被依法追究刑事责任"是指：被人民检察院免予起诉的、被人民法院判处处罚的、被人民法院依据刑法第三十二条免予刑事处分的。劳动者被人民法院判处拘役、三年以下有期徒刑缓刑的，用人单位可以解除劳动合同。

其次，劳动法项下的依法被追究刑事责任与现行刑法等法律规定有冲突。"被人民检察院免予起诉的"根据 1996 年《中华人民共和国刑事诉讼法》已无该概念。

再次，结合现行有效规定，依法被追究刑事责任主要包括下列情形：被人民法院判处刑罚（刑罚包括：主刑：管制、拘役、有期徒刑、无期徒刑、死刑；附加刑：罚金、剥夺政治权利、没收财产）的；被人民法院判处刑罚，但是缓期执行的；《刑法》第三十七条规定的犯罪情节轻微不需要判处刑罚的，可以免予刑事处罚的情形。

最后，需要我们关注"不起诉"与劳动合同解除。《中华人民共和国刑事诉讼法》第一百七十七条第一款和第二款规定："犯罪嫌疑人没有犯罪事实，或者有本法第十六条规定的情形之一的，人民检察院应当作出不起诉决定。对于犯罪情节轻微，依照刑法规定不需要判处刑罚或者免除刑罚的，人民检察院可以作出不起诉决定。”

检察院不起诉的情形不被认定为犯罪。为此，对检察院不起诉的，不属于依法被追究刑事责任的情形。就该问题，《劳动和社会保障部办公厅关于职工被人民检察院作出不予起诉决定用人单位能否据此解除劳动合同问题的复函》（劳社厅函〔2003〕367号）也有规定：“人民检察院根据《中华人民共和国刑事诉讼法》第一百四十二条第二款规定作出不起诉决定的，不属于《劳动法》第二十五条第（四）项规定的被依法追究刑事责任的情形。”

另外，用人单位不得在规章制度或员工手册中任意扩大“被追究刑事责任”的范围，《劳动合同法》对劳动合同的解除和终止均规定了严格的法定情形，排除了约定解除或终止条件的空间。2021年12月3日发布，2021年12月31日起实施的《公安机关办理犯罪记录查询工作规定》第二条对犯罪记录进行了明确规定，犯罪记录是指我国国家专门机关对犯罪人员的客观记载。除人民法院生效裁判文书确认有罪外，其他情况均应当视为无罪。有关人员涉嫌犯罪，但人民法院尚未作出生效判决、裁定，或者人民检察院作出不起诉决定，或者办案单位撤销案件、撤回起诉、对其终止侦查的，属于无犯罪记录人员。《公安机关办理犯罪记录查询工作规定》与前述内容结合，可以看出追究刑事责任需要以法院生效判决为依据。

（2）企业以员工依法被追究刑事责任为由解除劳动合同时，解除时间如何确定？

该问题本身不应该成为问题，劳动合同解除应当以有效送达劳动者时方能生效，但实践中企业可能并不了解劳动者被追究刑事责任的具体时间，为此就引发了一个问题，劳动关系解除的时间能否追溯至刑事判决生效之时？司法实践对此存在较大争议，其中更深层次的问题是，劳动者被依法追究刑事责任，其与用人单位之间的劳动合同能否自动解除？尽管部分判决认为劳动合同解除的时间可以追溯至刑事判决生效，笔者对该观点仍持保留意见，建议企业及时了解员工涉案裁判情况，结合判决公开等信息渠道，合理合法确定劳动合同解除时间。

（3）员工涉嫌刑事犯罪被采取强制措施，但企业尚未决定劳动关系如何处理时相关待遇的发放

劳动者向用人单位提供劳动是最基本的义务，若其因被采取强制措施无法为用人单位提供劳动时，企业并无义务按照劳动合同约定向其支付工资。《劳动部关于贯彻执行

〈中华人民共和国劳动法〉若干问题的意见》第二十八条规定："劳动者涉嫌违法犯罪被有关机关收容审查、拘留或逮捕的，用人单位在劳动者被限制人身自由期间，可与其暂时停止劳动合同的履行。暂时停止履行劳动合同期间，用人单位不承担劳动合同规定的相应义务。劳动者经证明被错误限制人身自由的，暂时停止履行劳动合同期间劳动者的损失，可由其依据《国家赔偿法》要求有关部门赔偿。"

就该问题，针对公务员、事业单位工作人员有其他规定，实践中，也有企业参照该类标准发放待遇。《中共中央组织部、人力资源和社会保障部、监察部、国家公务员局关于公务员被采取强制措施和受行政刑事处罚工资待遇处理有关问题的通知》（人社部发〔2010〕104 号）、《中共中央组织部、人力资源社会保障部、监察部关于事业单位工作人员和机关工人被采取强制措施和受行政刑事处罚工资待遇处理有关问题的通知》（人社部发〔2012〕69 号）中规定，公务员、事业单位工作人员和机关工人被取保候审、监视居住、刑事拘留、逮捕期间，停发工资待遇，按本人原基本工资的 75% 计发生活费，不计算工作年限。

（4）刑事判决能否当然替代劳动合同解除通知？

司法实践中通常认为，用人单位因员工被追究刑事责任而享有的劳动合同即时解除权是一种形成权，该权利的行使需要用人单位将解除劳动合同的意思表示告知员工方可达到双方劳动关系消灭的法律结果。

如（2017）鄂 01 民终 2959 号一案中，法院认为，用人单位在劳动者被追究刑事责任的情形下，可以自主选择解除或保留劳动合同关系。黄某服刑期间，公司并未做出解除双方劳动合同的意思表示，故不能仅以黄某服刑认定双方劳动合同当然解除。刑事判决无法替代劳动合同解除通知书，劳动合同解除通知也应当有效送达。

（5）作为解除依据的生效刑事判决被依法撤销后劳动关系是否可以恢复？

《劳动部办公厅关于职工被错判宣告无罪释放后，是否应恢复与企业的劳动关系等有关问题的复函》（劳办发〔1997〕40 号）规定："关于企业职工被错判，宣传无罪释放后，企业是否应与其恢复劳动关系，补发工资问题。我们认为，职工于《国家赔偿法》实施以前被判犯罪，后经司法机关改判无罪的，如企业仅因其被判刑而解除劳动关系的，企业应恢复与该职工的劳动关系，并按照原劳动人事部《关于受处分人员的工资待遇问题给天津市劳动局的复文》（劳人薪局〔1985〕第 12 号）的规定，恢复其原工资待遇，并补发在押期间的工资。”（《中华人民共和国国家赔偿法》于1995年1月1日起施行，2012年修正。）

（6）劳动者因涉嫌犯罪被拘留或逮捕时，用人单位能否以旷工为由解除劳动合同？

司法实践观点认为，表面上看，劳动者有不上班的事实，但究其原因，系被公安机关限制了人身自由，导致无法提供正常劳动。因此，用人单位不应以无故旷工严重违反规章制度为由解除劳动合同，但可以“严重违反劳动纪律”为由解除劳动合同。

劳动者因涉嫌刑事犯罪被采取强制措施时，用人单位拥有等待最终生效判决情况再确定是否单方解除劳动合同的决定权，当然，用人单位也可结合员工涉嫌犯罪行为的情况以及规章制度等决定是否采取其他方式解除。无论如何，对该类员工被采取强制措施期间的待遇、劳动合同解除等均需要注意上述提到的问题。

（四）无过失性辞退情形

《劳动合同法》第四十条规定了无过失性辞退的三种情形：劳动者患病或者非因工负伤，在规定的医疗期满后不能从事原工作，也不能从事由用人单位另行安排的工作的；劳动者不能胜任工作，经过培训或者调整工作岗位，仍不能胜任工作的；劳动合同订立时所依据的客观情况发生重大变化，致使劳动合同无法履行，经用人单位与劳动者协商，未能就变更劳动合同内容达成协议的。

无过失性辞退的最优处理方式是协商。无过失性辞退涉及劳动合同的变更以及特殊人群保护，操作周期均较长，并且用人单位应向员工支付经济补偿金（月平均工资 × 本企业工龄），如未提前30天通知员工，还应额外支付一个月工资（以上月工资为标准）。为此，发生该类情形时，建议优先选择通过协商一致的方式解除劳动合同，以规避相关法律风险。

无过失性辞退情形下，企业应关注以下重点事项。

1. 对于医疗期满解除，企业应当健全医疗期管理

首先，当员工确实需要长期病休时，应核实医疗期计算是否准确，并发出《进入医疗期通知书》；医疗期届满前，应发出《医疗期届满到岗通知书》；如果需劳动能力鉴定的，应发出《劳动能力鉴定通知书》。

其次，要有证据证明医疗期届满不能从事原工作，以及不能从事另行安排的工作。

最后，医疗期届满后的单方解除，应当充分考虑劳动者疾病、身体、精神等状况，做到合情合法。

2. 不能胜任工作解除对企业来说是一个“死结”

“不能胜任工作”，每个人都有不同的标准。不能完成工作？不能出色完成工作？考核未通过？工作中出现错误？消极怠工？公司管理层或直接领导不满意？而法律上并没有一个严格的不能胜任工作的判断标准，这就注定对于不能胜任工作的判断会注入价值考量。而在价值考量中，是从解雇保护角度去解释，还是从企业方维度去考量，每个人或许又有不同的选择。

（1）不能胜任工作的法律概念

《劳动部关于〈劳动法〉若干条文的说明》第二十六条规定，“不能胜任工作”，是指不能按要求完成劳动合同中约定的任务或者同工种、同岗位人员的工作量。这一规定仅是宽泛解释，主要包括三个方面：第一，“不能按要求”，意味着劳动者应当服从用人单位对于工作的安排，同时用人单位必须提出相关的要求；第二，“劳动合同中约定”，意味着关于不能胜任工作判断的标准需要双方在协议中约定，即赋予了双方协商的空间；第三，“同工种、同岗位人员的工作量”，意味着若双方未约定工作标准，则可以参照一定的标准进行核定。

（2）不能胜任工作的理解和执行为什么难？

上述关于不能胜任工作的定义虽然有效，但实践难度很大，体现在通过劳动合同约定工作标准的可操作性（预见未来合同履行的变化太难），以及同工种、同岗位对于以知识输出为代表的很多工作者的衡量适用难度非常大。

我们需要从劳动关系/合同的特点理解“不能胜任工作”。

首先，不能胜任工作不是一天两天的短暂判断，一定是通过一定周期、长时间的考察得出的结果。劳动关系建立时，各方无法预料未来发生的事情，所以，无论劳动合同如何约定，都注定了“劳动合同的不完备”，那也意味着，类似不能胜任工作的判断不可能完全由“劳动合同”约定来实现。其次，劳动关系又是持续或者继续发生的，“去年还能胜任工作，今年就不能胜任”也是现实的常态，这是由劳动合同继续履行的特性所决定的。最后，即使借鉴各种模板，有充分的未来预见性，但文字约定的标准和义务总是表面的、浅显的，因劳动关系/合同的身份义务，决定了劳动关系/合同的履行对于诚信、忠实、勤勉有着不一样的要求。为此，对于劳动者适当、全面履行义务，除了可以被外界看到的可衡量的标尺外，还有“良心”。

（3）不能胜任工作的制度化尝试

尽管不能胜任工作的认定确实有难度，企业仍应当通过制度的方式搭建不能胜任工作的考核机制。在搭建过程中，需要解决如下问题。

首先，绩效考核与不能胜任工作。不能胜任工作的判断需双方通过劳动合同约定或者在制度中规定，如有单位规定绩效考评为D时，属于不能胜任工作。原则上，当合同中有约定，制度民主或公示程序合法时，绩效考核结果可以作为不能胜任工作的考评，司法也不应当过度介入用人单位的自主管理空间。在实践中，仍然有不少案件会实质审核绩效考核结果与不能胜任工作的关系是否合理，而该合理性的判断既与考核周期相关，也与考评要素相关，还和考评程序相关。

其次，考核结果原则上应当由员工签字，但也不排除部分情况下员工拒绝签字，若员工拒绝签字，用人单位首先还是应当完成告知义务，而能否进一步对员工进行处理，则取决于考核结果本身依据的制度、考核标准、考核程序的判断。如果可能，用人单位应在规章制度或者协议中尽量说明结果的告知方式、提出异议方式，员工签字作为其中一种方式，而不是唯一方式。

最后，劳动者对绩效考核不满的申诉。程序正义原则同样适用于绩效考核，用人单位在绩效考核环节应当有类似申诉环节。事实上，即使用人单位不设置申诉环节，如员工提出异议的，用人单位同样需要回应。但若用人单位设置了申诉环节的，应遵守相关处理程序，并应当将重新调查的结果告知劳动者。虽然法律并未强制要求用人单位对绩效考核等设置申诉，但从管理以及为员工搭建沟通渠道等角度讲，设定这样的规则有利于减少或者及早发现问题。

（4）与不能胜任工作员工解除劳动合同的流程——调岗或培训

当员工不能胜任工作时，就会涉及“调岗”“培训”，直至劳动合同解除。

调岗的核心是工作内容的变化，调岗主要是合法合理性的判断，该问题在本章劳动合同变更中有相关论述，在此不再赘述。

法律并未规定培训的具体要求，但应围绕不能胜任工作考核目标来考量，即用人单位的培训应当是通过培训帮助员工达到可以胜任工作的程度，为此，培训的周期、培训的内容等应当围绕该目的完成，即培训应当具有针对性。而培训之后的考试，原则上不可替代不能胜任工作的判断，因为考试与不能胜任工作完全是不同的标准。给予培训机会而员工拒绝培训的，用人单位可将该行为纳入规章制度管理中。

考核本身需要成本投入，也需要理念、方法和技巧，不能胜任工作管理只是绩效管理的一部分，所以，以不能胜任工作调岗或者解除劳动合同不是目的。基于不能胜任工作界定的难度、调岗或培训周期较长，如果遇到类似情况，应尽量与劳动者协商解除劳动合同。

3. 客观情况发生重大变化解除

根据《劳动合同法》第四十条的规定，用人单位以此为由解除劳动合同时，需走五步：排除《劳动合同法》第四十二条规定的特殊劳动者及其他法律法规规定的不得解除的对象；判断劳动合同订立时的客观情况是否发生重大变化；判断该变化是否导致劳动合同无法履行；双方协商，但未就劳动合同变更达成一致；或者提前30天通知，或者给予代通知金，并依法给予经济补偿，即发出解除通知，依法给予补偿，若有工会需通知工会。

上述流程看似清晰，但如何判断劳动合同订立时的客观情况发生重大变化、如何认定导致劳动合同无法履行、协商不一致如何证明都不那么轻松。

（1）“客观情况发生重大变化”的法律规范性准则

《劳动部关于〈劳动法〉若干条文的说明》第二十六条之规定是判断是否属于客观情况发生重大变化的重要法律依据，该条规定，“客观情况”指：发生不可抗力或出现致使劳动合同全部或部分条款无法履行的其他情况，如企业迁移、被兼并、企业资产转移等，并且排除本法第二十七条所列的客观情况。

部分地区通过会议纪要等方式明确了客观情况发生重大变化的判断尺度，如《北京市高级人民法院、北京市劳动人事争议仲裁委员会关于审理劳动争议案件法律适用问题的解答》第十二条规定：“‘劳动合同订立时所依据的客观情况发生重大变化’是指劳动合同订立后发生了用人单位和劳动者订立合同时无法预见的变化，致使双方订立的劳动合同全部或者主要条款无法履行，或者若继续履行将出现成本过高等显失公平的状况，致使劳动合同目的难以实现。下列情形一般属于‘劳动合同订立时所依据的客观情况发生重大变化’：（1）地震、火灾、水灾等自然灾害形成的不可抗力；

（2）受法律、法规、政策变化导致用人单位迁移、资产转移或者停产、转产、转（改）制等重大变化的；（3）特许经营性质的用人单位经营范围等发生变化的。”《广东省高级人民法院关于审理劳动争议案件疑难问题的解答》第九条规定，企业因自身发展规划进行的搬迁，属于劳动合同订立时所依据的客观情况发生重大变化。《天津法院劳动争议案件审理指南》规定，用人单位因生产经营状况发生较大变化，经济效益出现下滑等客观情况，对内部经营进行调整，属于用人单位经营自主权的范畴，由此导致劳动者岗位变化、待遇水平降低，劳动者主张用人单位违法调整工作岗位、降低待遇水平的，不予支持。

（2）理论上对客观情况发生重大变化的讨论

学界普遍认为《劳动合同法》第四十条第三项是情势变更原则的体现。在这种观点的影响下，“客观情况发生重大变化”适用难度非常大，以北京为例，需要满足：订立劳动合同时不可预见；客观情况发生重大变化的事实；致使双方订立的劳动合同全部或者主要条款无法履行，或者若继续履行将出现成本过高等显失公平的状况，致使劳动合同目的难以实现。笔者认为，对该条款的理解需要回归雇佣保护与企业经营权平衡的讨论，即到底如何限制用人单位用工自主权。但是，学术界对于该条的理解也不相同，而这些不同的理解在实践中都可以找到相关案例予以印证。

（3）司法判决对于客观情况发生重大变化观点差异也较大

在客观情况发生重大变化的认定上，各地司法实践中自由裁量空间较大。如果采取限制性解释，客观情况发生重大变化的构成将非常困难。如果采取扩大性解释，针对市场经营环境以及根据企业内部情况进行的自主调整也属于客观情况发生重大变化。不过从司法判决中也能发现一些共性，比如：整体的调整不是针对某一个人或某一个部门调整的，调整范围比较大；整体调整并不是基于成本等问题进行的考量，而确实与外界的市场因素、未来的不确定性的变化等相关；调整前后组织结构发生了重大变化，工作地点、工作内容、工作岗位确实取消或发生了重大变化。

（4）如何判断达到不能履行，或者继续履行导致显失公平？

相关案例中相关的单独论述并不多，更多是与客观情况发生重大变化结合起来讨论，甚至不少判决指出，只要客观情况发生重大变化即当然导致不能履行。实践中，该问题常常导致用人单位的“困惑”：都不能履行了，为什么还需要“协商不能达成一致”？这一问题，有赖于立法进一步的明释。

（5）协商不能达成一致

用人单位以客观情况发生重大变化为由解除劳动合同败诉的理由，与未协商一致或无证据证明协商一致有很大关系。虽然我国立法并未将比例原则、解雇最后原则等写入法律，但基于保护劳动者的思维影响，以及解除劳动合同对劳动者的影响，用人单位不仅应当满足协商的程序要求，更应当从沟通次数、工作安排合理性、待遇合理性等角度充分论证，以便让裁决者相信用人单位并未侵犯劳动者合法权益。

（五）经济性裁员

由于经济性裁员涉及人员规模较大，在操作过程中，除了要考量合法性因素外，合情合理也应当予以考虑。

经济性裁员需要满足的法定条件：人数要求；程序性要求；实质性条件。

1. 人数要求

根据《劳动合同法》第四十一条的规定，需要裁减人员二十人以上或者裁减不足二十人但占企业职工总数百分之十以上。

2. 程序性要求

首先，征询工会或全体劳动者的意见。用人单位提前 30 日向工会或者全体职工说明情况，听取工会或者职工的意见。其次，经济性裁员的政府备案。在征求工会和劳动者意见后，方案报人社部门备案。实践中，对于备案的法律性质，存在不同观点，有观点认为具有“行政许可”的性质，人社部门不予批准，不得裁员。

人社部门对于报告如何受理、不受理如何处理等并无统一规范，各地差异比较大。比如，《重庆市劳动和社会保障局关于加强我市企业规模性裁减人员监管工作的通知》规定，各区县（自治县）劳动保障行政部门在收到企业的裁减人员报告后，首先应登记备案，并依法审查相关内容，经审查，如发现企业裁减人员报告有不合法的或有异议的，要向企业出具审查意见书，提出整改意见，待企业依照法律规定完善了相关法律程序和裁减人员符合法律规定后，再向当地劳动保障行政部门重新报告。

企业应当根据当地规定进行备案。关于提请备案所需材料，可以结合当地要求准备，至少包括经济性裁员的报告说明、经济性裁员的职工名单、被裁减人员的补偿方案、征求工会和员工意见的文件、企业裁员风险评估报告等。

3. 实质性要求

《劳动合同法》第四十一条规定了用人单位可以进行经济性裁员的四种情形，该四种情形是企业能否选择经济性裁员的实质条件：依照企业破产法规定进行重整的；生产经营发生严重困难的；企业转产、重大技术革新或者经营方式调整，经变更劳动合同后，仍需裁减人员的；其他因劳动合同订立时所依据的客观经济情况发生重大变化，致使劳动合同无法履行的。

以生产经营发生严重困难为例，《企业经济性裁减人员规定》第二条规定："用人单位濒临破产，被人民法院宣告进入法定整顿期间或生产经营发生严重困难，达到当地政府规定的严重困难企业标准，确需裁减人员的，可以裁员。"经营困难的标准则由当地政府规定。实践中，第三方的审计报告；税务局出具的鉴证报告；当地人社部门出具的因资金困难导致社保延缓缴纳的证明；合作客户取消订单的证明等均是认定经营发生困难的证据。

4. 经济性裁员的优先留用

《劳动合同法》第四十一条规定了优先留用人员：与本单位订立较长期限的固定期限劳动合同的；与本单位订立无固定期限劳动合同的；家庭无其他就业人员，有需要扶养的老人或者未成年人的。用人单位进行经济性裁员，在六个月内重新招用人员的，应当通知被裁减的人员，并在同等条件下优先招用被裁减的人员。《劳动合同法》第四十二条规定了需要特殊保护的人员。另外，在疫情期间，新型冠状病毒感染的肺炎患者、疑似病人、密切接触者在其隔离治疗期间或医学观察期间以及因政府实施隔离措施或采取其他紧急措施导致不能提供正常劳动的企业职工也是不得裁减的人员。

关于优先留用，在实践中面临的问题也比较多，如"同等条件"如何理解，上述三类人是否有优先顺序，以及如果用人单位未优先录用，应承担什么样的责任，这些问题法律规定并不明确。

5. 经济性裁员与安置人心

经济性裁员，最难的还不在于选择法定的理由，而在于一旦需要裁员，该项目的具体执行，包括具体的公布时间、公布信息、是否召开说明大会、裁员方案是否可以变更、对于再就业能力较差劳动者的特殊关照、法律规定特殊人群的例外处理等。

在此过程中，绝对不仅仅是法律的问题，更多的是各种利益的反复考量，劳动者知情权与确保稳定的平衡、照顾员工情绪与经济成本的较量等。其间最难的不在于说明裁员补偿方案，而是面对大家的质疑：为什么被裁减的是我？

不论对于管理者还是对于参与裁员项目的工作人员，当面对那些曾经兢兢业业的劳动者时，内心总是有许多难说的割舍。而与此同时，此前经营过程的历史遗留问题可能也会面临一并清算的局面。

合情合理的方案并不是拍脑袋的随心所欲，而是根据掌握的信息进行充分论证后的慎重决定。除基础信息外，对于企业过往是否有过大规模的人员安置、劳动关系的和谐程度、是否存在重大的用工不合规问题、经济承受能力等；员工的基本家庭情况、再就业能力、财务负担、性格特征等都需要有详细的了解。

不要制定单一方案，尽可能让员工有选择，即劳动合同解除或终止不是唯一路径；尽可能给员工一定的调适期和接受期；除法定经济补偿之外，尽可能有一些额外的补偿；对于员工关心的社保衔接、离职证明、档案、找工作空档期等问题提前做好预案，让员工无后顾之忧。总之，人员安置，安置的是人心，只是人心难安。

（六）劳动合同终止

劳动合同终止相对劳动合同解除要容易一些，需要关注的问题主要集中在劳动合同到期终止。劳动合同到期终止，尤其是劳动合同第二次到期能否终止，一定要根据用工所在地的具体规则进行判断。如果第一次劳动合同到期时，员工在医疗期、“三期”等期限内，劳动合同顺延至法定期限结束，在此期间无须再单独签订或续订劳动合同。若用人单位维持或者提高劳动合同约定条件续订劳动合同，员工不同意续订的，应要求员工书面反馈意见，用人单位无须支付经济补偿金。对于拒绝与用人单位签订书面劳动合同的，如果在员工入职 1 个月之内的，用人单位终止劳动合同无须支付经济补偿金；如果在员工入职 1 个月以上不满 1 年的，用人单位可以终止劳动合同，但需支付经济补偿金。

另外，部分地区对于劳动合同到期终止要求提前通知，如《北京市劳动合同规定》指出，劳动合同期限届满前，用人单位应当提前 30 日将终止或者续订劳动合同意向以书面形式通知劳动者，经协商办理终止或者续订劳动合同手续。用人单位违反本规定第四十条规定，终止劳动合同未提前 30 日通知劳动者的，以劳动者上月日平均工资为标准，每延迟 1 日支付劳动者 1 日工资的赔偿金。

员工死亡的，劳动合同终止，终止日期以死亡证明为准；宣告死亡或失踪的，以法院裁定宣告死亡或失踪之日为劳动合同终止日期。

用人单位破产的，劳动合同终止日期经常是争议焦点，相对主流的观点为用人单位被法院裁定宣告破产之日。

用人单位被吊销营业执照、责令关闭、撤销或者用人单位决定提前解散的，劳动合同终止。

（七）协商一致解除劳动合同

协商一致解除劳动合同分为用人单位提出和员工提出两种，用人单位提出时，应当依法支付经济补偿金，但不论由谁提出，双方均应签署《劳动合同解除协议》。采用协商一致方式解除劳动合同的，不需要提前通知，解除时间由双方协商确定。需要说明的是，协商一致解除不受员工群体的限制，即任何员工都可以通过协商一致的方式与用人单位解除劳动合同。另外，协商一致解除劳动合同需要关注劳动者的行为能力，尤其是患有精神类疾病的员工，如果协商一致解除时，尽量让法定监护人同时签字确认。

三、离职沟通和谈判是离职管理的枢纽

劳动合同解除法定事由的有限与现实管理中的无限可能本身就是矛盾，为此，离职沟通和谈判是离职管理的枢纽。我们不能保住高管的工作，却可以让他保住自己的尊严。离职沟通和谈判是一个比较复杂的问题，本书仅做框架性介绍。

（一）离职沟通和谈判前，应做细致准备

离职谈判本质不是法律问题，而是人性、人情、心理等多方面的综合考验。

1. 公司对于解除 / 终止劳动关系是否决心已定

该信息的确认至关重要，因为不断反复是离职沟通和谈判的大忌。

2. 对公司情况的了解

包括公司目前经营状况、员工所在部门情况、公司未来发展等。

3. 对员工个人信息的了解

包括性别、年龄、教育背景、籍贯、职业经历、工作能力、沟通能力、收入情况、

家庭情况、性格等。

4. 具体谈判团队的组成以及共识达成

可根据具体情况确定，但应当遵循一些基本原则，如不能由比被谈判员工更低职级的人发起与员工的离职沟通；不能由与员工发生过冲突的人介入谈判；是否引入第三方则取决于员工的理性程度。高职级的管理者是否直接介入沟通、何种情况下介入沟通、介入沟通的方式等，也是谈判团队组成的重要考量要素。

确定谈判团队组成后，谈判小组人员的职责分工、信息共享与同步机制都要建立，最关键的是必须全员达成共识，尊重员工是底线。

5. 测算劳动合同解除涉及的经济成本，并完成内部相关的审批程序

从法律层面看，成本包括经济补偿金 / 赔偿金、加班费、奖金、未休年休假补偿等。除此之外，可能还涉及竞业限制、保密等其他事项，应当将劳动关系项下涉及的相关问题一并考量。

同时，不同企业的决策流程不同，相关预算一定要经过内部审批。当然，成本测算并不意味着方案的唯一性，可替代性方案也是准备阶段的重要工作。

（二）开始沟通

真诚是离职沟通的首要原则，至于具体沟通时，是开门见山还是采取迂回方式，则根据具体情况决定。以我们与高管离职谈判为例，离职理由必须清晰说明，含糊其词总是最糟糕的方式，一定要避免“猜一猜”模式。离职沟通注定是一场分歧沟通，虽然注定是“分歧”，但应当避免“认同”分歧，如果只是利益分歧，谈判的余地和空间就会有，而一旦上升为“认同”分歧，人的情绪就会被“激活”，沟通特别容易陷入非理性。在陈述离职理由时，很容易触及“认同”分歧，为此，与高管沟通的人必须充分了解高管的过往经历、过往业绩。同时，每个高管的信仰、核心价值观等均不同，对这些情况的了解与在沟通中避开不必要的雷区同样重要。

（三）及时签署相关协议，并妥善确定以何种方式向公司以及外界公布离职理由

签署协议至关重要，妥善确定对外界公布的离职理由也很重要，尤其是对于特定岗

位人员的离职，如高管。高管离职谈判的保密原则尤其重要，要注意高管离职沟通的谈判层级、谈判次数，避免不匹配层级的谈判，更要避免多次沟通，要用最快的时间达成一致。一旦时间过长，各种消息就会满天飞，而这些“消息”对于职场里的每个人会产生不同的影响，或许，高管还没有离职，他得力的下属就已经提出离职了，类似情形，应当是企业不希望见到的。

离职沟通并不轻松，但离职沟通并非零和游戏，关键在于我们对人性的把握和对人心的照顾。

第三节　离职管理中的常见问题

一、员工申请离职后反悔

《劳动法》第三十一条与《劳动合同法》第三十七条规定，劳动者提前三十日以书面形式通知用人单位，可以解除劳动合同。劳动者在试用期内提前三日通知用人单位，可以解除劳动合同。《劳动部办公厅关于劳动者解除劳动合同有关问题的复函》（劳办发〔1995〕324 号）以三十日为界限，对劳动者与用人单位的权责进行了规定，要求劳动者必须提前三十日提出辞职，用人单位在三十日届满后办理解除手续，实质上是附期限法律行为在劳动法律规范中的体现。“形成权说”认为劳动者的单方解除权是特殊的形成权，即只要劳动者做出解除劳动合同的意思表示，无论用人单位是否同意，都发生解除合同的效力，但因法律规定三十日、三日的预告期，劳动关系才在预告期期间得以延续。

预告解除权为特殊的形成权，除用人单位同意劳动者撤销辞职申请外，原则上一旦行使，劳动者就不可反悔，不能撤销辞职行为。

二、员工不告而别

针对不告而别的员工，企业不能坐视不管，应及时发送《限期返岗通知书》，要求员工在指定期限内返回并说明情况；期限届满，若员工仍未返回，还应及时发出《解除劳动关系的通知》，及时解除双方的劳动关系，避免劳动关系处于不确定的状态而引起的法律风险。

“两不找”不是一个法律术语，一般指劳动者与用人单位之间几年，甚至十几年没有联系，在此期间劳动者未给用人单位提供过劳动，用人单位也没有给劳动者发放过工资、生活费等其他待遇，但用人单位一直未正式与劳动者解除劳动关系，或者用人单位虽然主张已经解除劳动关系，但无法证明已将有关解除劳动关系的书面通知送达劳动者的情况。

对于“两不找”性质的界定，各地的审判实务存在较大的分歧。有观点认为，“两不找”是劳动关系中止履行，用人单位应支付生活费；有观点认为，劳动关系中止履行，用人单位不支付生活费；也有观点认为，劳动关系自劳动者离职之日起实际解除，用人单位无须支付生活费。除第三种观点外，对于企业都存在潜在法律风险，而第三种观点并非主流方式。

我国现行法律并不认可以不上班的行为推定属于劳动者申请离职的劳动关系终结方式，目前，国家法律层面缺少“劳动者长期未提供正常劳动，用人单位又未依法解除劳动关系”如何处理的规制，也没有劳动合同中止等相关制度。在这种情况下，一些地方司法实践引入劳动合同中止履行的规则并对“劳动者长期未提供正常劳动，用人单位又未依法解除劳动关系”的情形进行裁判，认定在此期间劳动关系中止履行。

综上，用人单位对于不告而别的员工一定要纳入用工的离职管理。

三、员工离职后，用人单位发现员工给单位造成损失的，可依法追责

《工资支付暂行规定》第十六条规定，因劳动者个人原因给企业造成经济损失的，企业可以按照劳动合同的约定要求劳动者承担经济损失。一般来说，劳动者给用人单位造成损失，用人单位追偿需要具备三个条件。第一，劳动者违反劳动合同约定或规章制度；第二，劳动者在主观上有违法或违约行为的故意；第三，劳动者的违法或违约行为给用人单位造成了直接损失。

四、用人单位可以不批准员工离职吗？

就业自由是劳动者的基本权利，用人单位通过不批准离职阻挡不了员工离开的步伐。《劳动合同法》第三十七条落实了劳动者就业自由的权利，即劳动者提前三十日、在试用期内提前三日通知用人单位，可解除劳动合同。

五、企业不当行为可能被认定为违法解除劳动合同

原则上，劳动合同的解除需要用人单位明示，即作出单方解除的书面通知，实践中，应当关注通过实际行为表现出不再履行劳动合同的意愿，甚至实质意图是迫使劳动者主动辞职的问题。

对于该问题，由于没有法律规定予以规制，只能通过相关案例以及解除合同的原理进行分析，认定用人单位构成变相解除劳动合同的要件，包含用人单位迫使劳动者辞职的行为和用人单位解除劳动合同的间接意思表示。

（一）用人单位迫使劳动者辞职的行为

用人单位迫使劳动者辞职的行为本身也是有多种类型的，其性质和程度具有差异，同用人单位能否构成变相解除劳动关系有直接关联。用人单位的行为大致可分为三大类：第一类行为属严重行为，如停发工资、停缴社保、取消劳动者原岗位，此类行为性质较为严重，用人单位有此类行为被认定违法解除的可能性非常大；第二类行为是常见行为，如收回工位、办公室、门禁卡，停用办公系统账号，此类行为出现频率比较高，基本可以认定属于用人单位迫使劳动者辞职，但单凭此类行为难以认定劳动合同违法解除，还需其他证据构成完整证据链加以证明；第三类行为的性质较模糊，如职场中出现的排挤、上级的语言暴力和威胁等，这些行为难以直接认定违法解除劳动合同，仅能起到辅助证明作用。

（二）用人单位解除劳动合同的间接意思表示

变相解除劳动合同的情形下，用人单位为了规避经济补偿金往往不会做出明确的意思表示，主要是采取措施迫使劳动者提出解除劳动合同。间接的意思表示虽然具有一定的模糊性，但对用人单位变相解除劳动合同的认定具有非常关键的作用。如有明确证据证明用人单位做出了解除劳动合同的间接意思表示，加之其存在一定迫使劳动者辞职的行为，基本可认定为变相解除劳动合同。

用人单位变相解除劳动合同的定性没有完全统一的标准，法官自由裁量空间较大。为此，用人单位应当妥善处理离职问题。

因劳动合同的解除与终止而发生劳动争议，是劳动用工中的高频问题，我国法律规定的不健全、集体协商机制的缺失、司法裁判尺度的差异等都让劳动合同解除与终止看似简单，却又非常复杂。从企业角度而言，不要限于法律角度进行离职管理是重中之重。

第七章 劳动报酬与福利

导言

对劳动薪酬可从不同维度看，法律层面更关注工资构成、计算、法律责任等，本书尝试转换角度，重新梳理劳动报酬与企业的关系。

随着高科技时代的到来，人力资本的作用越来越大，对劳动报酬的认识如果仍然停留在企业购买“劳动”的重要支出，将劳动报酬看作企业的成本，将制约企业的发展。的确，不能否认劳动报酬是劳动者付出劳动获得的最重要的对价，从企业角度讲，劳动报酬却不能简单理解为工资构成、支付等。劳动报酬在一定程度上是组织和劳动者之间关系的再造，劳动报酬不应该限于“劳动所得”，而是应当承认人力资本的价值，让员工参与到企业发展和财富分配中来。

我国工资理论体系将工资分为补偿性工资和分配性工资。补偿性工资主要包括劳动性工资和保障性工资，劳动性工资如基本工资、加班费，保障性工资则主要是特定情况下法律规定的应当支付的工资，如病假工资等。而分配性工资的范围要广泛很多，在分配性工资中，企业的自主权也比较大，如激励奖金等，而股权激励是更为典型的分配性待遇。

股权激励就是很好的一个例证，从“术”的层面，股权激励设计谈不上复杂，主要解决激励股权的来源、定价、持股方式、持股人员的范围、持股与退出等。但股权激励不能陷入“术”，股权激励与企业文化、发展息息相关。股权激励本质是一种激励手段，也是一种利益重新分配的规则。股权激励鼓励的是员工和企业携手同行，更是培育员工长期行为的一种方式。

股权激励的本质是企业/股东让渡部分股权利益，与员工共享。当然，该部分股权并非一定是工商机关登记的股权，可能是期权，也可能是股权，还可能是分红权等。股权激励在操作层面可以很简单，如股权架构、交易方式等。

然后，“分钱”并不容易。股权激励中必须解决分配公平性的问题，否则，股权激励不仅无法达成激励效果，反而会分散人心；股权激励必须解决治理结构问题，企业治理结构的有效是其长期发展的基础，否则，企业可能陷入僵局；股权激励必须解决合规问题，不论是拟上市还是已上市企业，不论是国有企业还是初创企业，没有合规性为依托，各方利益都无法保证；股权激励还涉及员工是否出资，其实质是投资行为，员工是否有能力、公司是否值得跟随可能都需要考虑，既然是投资行为，投资的退出机制就至关重要。股权激励应当是一个博弈的无限游戏。在股权激励过程中，如果能真正培养出合伙人文化，那将是企业的最大收获。

不仅是股权激励，关于其他劳动报酬形式，企业也应充分考虑人性，既不能简单打包支付，也不能细化到带来更多的管理成本。"分钱"绝对是艺术。同时，企业"分钱"实体和程序公平性都需要考虑，很多纠纷和矛盾源于"分钱"不公平。实践中，对薪酬讨论还包括工资是什么，工资如何支付，股权激励是否属于劳动争议案件受理范围等。[①]从宏观角度，企业整体薪酬设计是否合法？具体承载方式是规章制度还是劳动合同？有哪些差异？薪酬增长或减少又与法律有何种关系？从微观角度，工作日和工资如何计算？从争议角度，劳动报酬的常见争议包括哪些？通过争议对于企业薪酬制度设计又有哪些启发？

对于福利，企业做得越来越丰富多彩，这也是企业吸引人才、打造企业文化的重要手段，通常是企业自主决定的，不同企业对福利的关注重点不同，如国有类企业更关注福利项目本身是否合法合规等，而笔者在该部分则主要从法律风险以及制度设计角度论述企业的福利。

福利部分，企业还面临解决劳动者户口、住房特殊待遇后，能否约定服务期或违约条款等问题。由于《劳动合同法》明确规定除专业技术培训、竞业限制外，不可以约定违约条款，很多企业在福利条件制约方面面临很多困境。用人单位承诺或已经先行投入了显性的物质利益或隐性的物质利益，劳动者却可通过预告解除权随时解除劳动关系，在一定程度上有悖诚实信用、公平原则。司法实践目前也在对类似问题进行回应，根据诚实信用、公平原则对用人单位的损失给予一定补偿。

---

① 从目前关于股权激励的争议看，是否属于劳动争议案件是解决纠纷的前提。如果激励款项的利益系基于员工与企业之间的劳动关系，且其主张权利的依据与其和企业签订的协议约定具有紧密关联性，在此情况下，可以在劳动争议案件中一并审理。

第一节 跳出“工资支付”看劳动报酬

律师看“工资支付”很容易陷入争议角度，工资性质是什么？工资是否应当支付？是否构成未及时足额发放工资？这些问题的厘清当然重要。然而，限于这样的问题视角很容易“只见树木，不见森林”，笔者建议从宏观和微观多角度来看“劳动报酬”。

人力资源管理层面有很多关于薪酬的模型和理论，薪酬管理的基本框架分为五大层面、十大问题，五大层面包括战略层面、基本薪酬层面、奖金层面、福利层面及制度层面；十大问题包括应该匹配何种薪酬策略以配合企业的战略？如何对每一个职位和从事该职位的人准确付酬？如何保证外部的公平性？如何确立报酬结构？凭什么支付奖金？支付多少？如何支付？如何设计一套符合法律规定的福利体系？如何开发一套福利系统以发挥管理功能？如何使工资体系制度化？①薪酬管理是牵涉全局的事情，审核薪酬是否合法合规不能限于法律，必须理解薪酬在企业整体战略、管理中的作用，再从法律角度进行审视。

一、薪酬合法合规审查的资料清单

薪酬合法合规审查对于集团类企业尤为重要，是企业内部合规管理的重要手段。薪酬合法合规审查清单对于管理效率提升有很大的作用，但是管理清单的具体内容在一定程度上取决于审查目标，本书目前所列清单仅是从薪酬合法合规角度出发的基本信息。另外，在部分情况下，管理者有必要了解部分法律外的信息，如企业各部门之间的奖金比例、不同层级员工的奖金比例等，以了解薪酬制度合理性事项。

薪酬合法合规审查的资料清单主要包括：企业发展战略、薪酬相关的规章制度及两者的匹配关系；规章制度民主和公示程序，如属于国有企业，还需了解工资总额管理制度等；薪酬制度中确定的工资结构、相关部门的工作职责；劳动合同中对于薪酬的约定，如果有集体合同的，集体合同对薪酬是否有约定；如果有绩效考核/提成的，绩效考核的规则、流程及执行情况；薪酬制度与考勤、员工行为等制度的衔接情况；工资/绩效/提成

---

① 参见中国人民大学劳动人事学院组织编写：《薪酬管理原理》，复旦大学出版社2013年版，第5页。

等的计算、个人所得税代扣代缴以及发放流程；工资发放主体，以及与劳动关系主体的比对；报销、福利类相关项目，以及制度等。

除此之外，根据需要还会关注是否存在个性化激励方案；整体薪酬制度下相关部门制定激励方案的规则以及执行情况；薪资涨幅以及调整机制。部分情况下会更大范围审查薪酬是否合法合规，如实习生、劳务派遣、劳务用工等费用发放的合法合规性。

当然，还需根据情况关注薪酬部分是否已经实现电子化管理，如果是，系统留痕的方式也需要了解。再进一步，我们还可以了解就薪酬方面企业改革的历程、过往发生的争议、日后改进的方法，包括日常绩效沟通机制等。

二、薪酬合法合规审查资料清单背后的法律解读

（一）薪酬制度与例外管理

“法外之地”容易滋生问题，企业在薪酬制度外的个性化激励方案也经常是各类问题产生的原因，即使需要个性化激励，也应当纳入整体薪酬制度，而不是任意为之。

限于篇幅，笔者想以国有企业的工资总额管理对该问题进行阐述。工资总额实际上是从宏观层面管控薪酬的一种手段，国有企业工资总额管理制度虽然是对国有企业的要求，但制度中的很多方法，同样适用于其他企业，尤其是集团化以及管理半径较长的企业。

1. 备案制或核准制

工资总额管理实行分级管理，工资总额实行备案制或核准制，对于部分企业可探索更灵活的工资总额管理办法，企业违规可能导致备案制管理调整为核准制。

《中央企业工资总额管理办法》规定，国资委根据企业功能定位、公司治理、人力资源管理市场化程度等情况，对企业工资总额预算实行备案制或者核准制管理。对于开展国有资本投资、运营公司或者混合所有制改革等试点的中央企业，按照国家收入分配政策要求，根据改革推进情况，经国资委同意，可以探索实行更加灵活高效的工资总额管理方式。

具体而言，主业处于充分竞争行业和领域的商业类中央企业原则上实行工资总额预算备案制管理。公益类中央企业实行工资总额预算核准制管理。主业处于关系国家安全、国民经济命脉的重要行业和关键领域，主要承担重大专项任务的商业类中央企业原则上

实行工资总额预算核准制管理，但对于法人治理结构健全、三项制度改革到位、收入分配管理规范的，经国资委同意后，也可探索实行备案制管理。

工资总额以上年度工资总额清算额为基础，根据企业功能定位以及当年经济效益和劳动生产率的预算情况，参考劳动力市场价位，分类确定决定机制，对于履行主体责任不到位、工资增长与经济效益严重不匹配、内部收入分配管理不规范、收入分配关系明显不合理的企业，国资委将对其工资总额预算从严调控。

2. 不同类型的国有企业工资确定的参考要素不同

主业处于充分竞争行业和领域的商业类中央企业职工工资总额主要与企业利润总额、净利润、经济增加值、净资产增长率、净资产收益率等反映经济效益、国有资本保值增值和市场竞争能力的指标挂钩。职工工资水平根据企业经济效益和市场竞争力，结合市场或者行业对标科学合理确定。

主业处于关系国家安全、国民经济命脉的重要行业和关键领域，主要承担重大专项任务的商业类中央企业职工工资总额在主要与反映经济效益和国有资本保值增值指标挂钩的同时，可以根据实际增加营业收入、任务完成率等体现服务国家战略、保障国家安全和国民经济运行、发展前瞻性战略性产业以及完成特殊任务等情况的指标。职工工资水平根据企业在国民经济中的作用、贡献和经济效益，结合所处行业职工平均工资水平等因素合理确定。同时，主业处于关系国家安全、国民经济命脉的重要行业和关键领域，主要承担重大专项任务的商业类中央企业和公益类中央企业可以探索将工资总额划分为保障性和效益性工资总额两部分。

公益类中央企业职工工资总额主要与反映成本控制、产品服务质量、营运效率和保障能力等情况的指标挂钩，兼顾体现经济效益和国有资本保值增值情况的指标。职工工资水平根据公益性业务的质量和企业经济效益状况，结合收入分配现状、所处行业平均工资等因素合理确定。

3. 工资增幅的参考要素

工资增幅受到约束，国资委主要参考有关部门发布的工资指导线、非竞争类国有企业职工平均工资调控水平和工资增长调控目标，根据央企工资分配现状，适度调整工资总额幅度。如果央企承担重大专项任务、重大科技创新项目等特殊事项的，国资委认定后，予以适度支持。

中央企业总部职工平均工资增幅原则上在低于当年集团职工平均工资增幅的范围内合理确定。

企业未实现国有资产保值增值的，工资总额不得增长，或者适度下降。

不仅如此，工资增长与经济效益严重不匹配、内部收入分配管理不规范、收入分配关系明显不合理的企业，国资委将对其工资总额预算从严调控。

4. 严格监管

所有工资性支出应当按照会计制度规定，全部纳入工资总额核算，中央企业集团要将所属企业薪酬福利管理作为财务管理和年度审计的重要内容，接受出资人、纪检监察、巡视组等监督，且应符合民主程序，并定期公开企业工资总额和职工平均工资等相关信息，接受社会公众监督。

国有企业员工的工资和福利受到严格监管，根据规定，企业应当严格管理职工福利，不得超标准、超范围列支，企业效益下降的，应当严格控制职工福利支出。不得超提、超发工资，若超提、超发，应当清退并进行相关的财务处理。国有企业董事会应按照法定程序决定工资分配事项，加强对工资分配决议执行情况的监督。

薪酬制度与企业经营息息相关，对薪酬制度的审核不能仅站在是否合法层面，合规要求也要同等重视。而合规要求需要了解企业薪酬的合规规范，从薪酬制度中拆解薪酬管理的体系、薪酬管理的方法、薪酬管理的职责分工、薪酬管理的授权体系等，而对薪酬制度的“例外”尤其应当关注。

（二）劳动报酬构成的合法合规底线与自主空间

工资是劳动报酬，在法律上有着重要的意义，社保缴纳基数、经济补偿金计算等均与工资相关。最低工资为劳动报酬设定了合法底线。

依据《最低工资规定》规定，最低工资指劳动者在法定工作时间或依法签订的劳动合同约定的工作时间内提供了正常劳动的前提下，用人单位依法应支付的最低劳动报酬。最低工资不包括加班工资，中班、夜班、高温、低温、井下、有毒有害等特殊工作环境、条件下的津贴，以及国家法律法规、政策规定的劳动者保险、福利待遇和企业通过贴补伙食、住房等支付给劳动者的非货币性收入等。

我国实行最低工资制度，但不实行全国统一的最低工资标准，国家只是通过立法对最低工资标准的确定和调整依据、最低工资标准的执行和监督等问题作出了原则性规定，由各地根据其具体情况来确定最低工资标准。需要注意的是，最低工资各地差异较大的在于是否将社保以及住房公积金等包括在最低工资中，该问题需要具体结合当地规定确定。除此之外，企业还要关注社会平均工资、缴纳社会保险等是否合法合规，加班费计算基数能否约定，特殊情况下工资的支付、工资约定的载体等。

最低工资之外的其他薪酬部分，实质都是企业自主设计的空间，可以结合市场平均薪酬、企业经营情况、员工期望值等多角度进行综合设置，不应当用单一要素考虑薪酬设置的合理性。当然，这里隐含着一个问题，就是企业工资分配权的权利边界。行使工资分配权时，要充分结合员工切身利益，结合职工的民主参与权、工会的权利、集体协商等问题综合考虑，而不是简单粗暴地行使“自主分配权”。

（三）绩效考核失败的原因解读

薪酬合法合规背后，实际上还应当关注绩效考核的成效。绩效考核成效的解读角度很多，在此，笔者将分析常见的绩效考核失败的原因，也希望作为审视薪酬制度是否合理、落地效果如何的一个角度。

1. 绩效薪酬约定不明确或不清晰

企业相关文件中规定：年度绩效奖金为 6 个月工资，实际奖金将基于所约定的奖金，根据公司、部门和个人业绩进行浮动，并按照企业相关制度所规定的具体计算和发放办法确定和发放。

这种规定将产生疑问：绩效奖金到底是目标数额还是固定数额？是否与绩效考核挂钩？

正确的规定方式为：目标年度绩效奖金为 6 个月工资，具体发放的金额将基于企业、部门和个人业绩进行浮动，并根据企业规定的制度确定是否发放、如何发放以及发放金额。即该 6 个月绩效奖金并非固定、确定发放的金额。

2. 没有合法有效的绩效薪酬制度

工资结构中列明绩效工资只是前提，有相应员工确认的制度和文件可以说明绩效工资发放的前提、发放的条件、考核的方式等才是确保绩效工资可以落地的重要原因。为此，企业应当有明确的绩效考核制度，并在相关文件中明确工资机构。实践中，不少企业基于薪酬保密、薪酬体系变动等原因未能及时对薪酬制度完成民主和公示程序，存在法律风险。

3. 绩效考核制度缺少客观性、合理性

绩效考核办法中，对于考核基数、标准、程序，在兼顾用人单位自主管理权的同时，应尽可能体现员工的参与、知情权，绩效考核的客观性是考核制度合理性的主要依据。绩效考核指标的确定及程序，不同企业差异很大，同一企业的不同岗位，考核指标等也会有很大差异。该问题往往是绩效考核中最难的部分，尤其对于一些量化考核比较难操作的岗位而言。同时，绩效考核与企业规模、成本投入、绩效考核必要性等也直接相关，绩效考核并非越复杂越好，还需要根据具体情况确定，但无论如何，企业都应当明确绩效考核必须充分考虑员工权利。

4. 绩效考核制度与执行不一致，实际中改变了绩效考核制度规定的程序等

如（2018）京 01 民终 1094 号一案中，《员工手册》中关于绩效管理的规定为：直接上级基于员工年度绩效目标，综合考虑绩效目标完成情况以及同岗位其他员工的相对表现，对员工进行年度绩效评估，确定其绩效等级。用人单位提交的《绩效管理规范》中年度绩效评估的步骤为：员工自评；上级评估；评估结果确认和审批；评估结果反馈和绩效沟通。上述制度中均未显示出绩效考评结果由直线上级确定后另需经过二线主管的最终确认，因此用人单位将劳动者的绩效考评结果由直接上级确认的“3”变更为二线主管确认的“4”缺乏制度依据。所以，绩效考核制度执行与规定是否一致也是法院考察的重点。

5. 绩效考核应用过程中出现偏差

绩效考核后若涉及因为不能胜任工作的调岗或培训时，不能胜任工作的认定标准、调岗的合理性，以及相对应薪资的调整具有合法性和合理性至关重要，而培训的针对性也非常关键。同时，绩效考核结果不能当然与不能胜任工作挂钩，是否胜任工作的界定，要按照双方关于考核内容、标准、周期等具体内容的约定确定。当然，更不能设置末位淘汰。

对绩效考核做全面“回头”评估时，约定是否明确，制度是否合法合理，程序是否公正，执行是否未打折，这些都是要考虑的事项。

三、工资支付

《工资支付暂行规定》规定，工资是指用人单位依据劳动合同的规定，以各种形式支付给劳动者的工资报酬。用人单位应采用法定货币的形式支付劳动者的工资，具体包括现金、银行转账等。除了现金、银行转账之外，还有其他方式吗？《工资支付暂行条例》在支付方式上有滞后性，在支付方式多样化的今天，应当允许合法条件下其他方式的存在，当然，任何时候都应当确保劳动者获得报酬的权利。

企业利用第三方支付平台向劳动者发放工资是否符合法律规定呢？首先，第三方支付平台应当是依法合规的主体；其次，依据当地的明确规定，如《浙江省企业工资支付管理办法》第十条规定："……企业可以委托银行或者第三方支付平台向劳动者发放工资。"

四、薪酬保密制度

薪酬保密制度经常作为企业管理的一种手段，企业可以通过制度或者合同的方式确定薪酬保密制度，并限制员工打探他人薪酬的行为，违反规定的，属于严重违反公司规章制度。薪酬保密制度可能与员工知情权等问题相关，当然，也和企业的正常管理相关。如果薪酬资料公布，员工无法客观、理性看待，可能会对企业的正常经营、管理带来极大的负面影响。

如果企业确定采取薪酬保密制度，一方面要考虑薪酬保密的范围，另一方面也要充分考虑违反该规则的处罚措施，对于一些情节显著轻微的行为是否直接解除劳动合同有待商榷。

第二节　企业福利制度中的常见纠纷及应对

企业福利有多种形式，如福利假期、早餐与晚餐、提供住宿等，一些企业还通过组织团建、旅游等方式凝聚团队战斗力，这本是好事，但团队建设过程中如果发生人身伤害是否算工伤等问题，需要予以讨论，尽管一部分问题可以通过缴纳相关商业保险解决。

一、自担风险还是工伤：民法典与劳动法的冲突

《民法典》规定了自愿参加有一定风险活动的责任承担，《民法典》第一千一百七十六

条规定：“自愿参加具有一定风险的文体活动，因其他参加者的行为受到损害的，受害人不得请求其他参加者承担侵权责任；但是，其他参加者对损害的发生有故意或者重大过失的除外。活动组织者的责任适用本法第一千一百九十八条至第一千二百零一条的规定。”企业作为团建活动的组织者，是否承担责任的重点在于是否尽到了安全保障义务，如果未尽到安全保障义务的，应当承担违约责任。

根据《最高人民法院关于审理工伤保险行政案件若干问题的规定》第四条的规定，职工参加用人单位组织或者受用人单位指派参加其他单位组织的活动受到伤害，社会保险行政部门认定为工伤的，人民法院应予支持。

如此，在企业组织的活动中，如果员工发生伤害事故，企业究竟承担何种责任？就该问题，部分地区有相应规定，《江苏省人力资源和社会保障厅关于实施〈工伤保险条例〉若干问题的处理意见》第八条规定：“用人单位安排或者组织职工参加文体活动，应作为工作原因。用人单位以工作名义安排或者组织职工参加餐饮、旅游观光、休闲娱乐等活动，或者从事涉及领导、个人私利的活动，不能作为工作原因。职工因工外出期间从事与工作职责无关的活动受到伤害的，不能作为工作原因。”用人单位承担何种责任的关键在于团建是否属于工作原因，这与民法典上的自担风险活动还是有差异的。

二、团建是否属于工作原因的因素考量

（一）团建目的是提高用人单位团队精神与素质，属于工作延伸，在团建活动的时间范围内非员工本人未尽到注意义务，团建活动的费用报销符合用人单位管理要求或由用人单位承担，员工不可以自由选择是否参加，综合考虑上述因素，团建中受伤属于工伤

如（2019）湘 8601 行初 721 号一案，法院认为该团建活动目的是提高员工工作积极性，提升团队凝聚力，明显具备集体属性和工作属性，可以认定为与工作相关的团建活动，员工打卡下班后参与该次活动的行为，可视为工作的延伸。

再如（2019）京 02 行终 1786 号一案，法院认为员工“在当日下午由于单位在外组织活动，其工作地点临时发生了变化，黄某在参加完单位组织的活动后回家应当属于

下班途中”，其受伤应被认定为工伤。

（二）员工受伤在团建活动时间范围内，并非员工本人未尽到注意义务，且用人单位未提供证据证明员工从事与工作无关的活动的证据，认定为工伤

如（2020）渝01行终548号一案，法院认为用人单位认可此次团建活动的目的是增强团队凝聚力，员工受伤的时间在团建活动安排的时间范围内，用人单位未能提供证明公园滑梯的禁止性规定及张某参加与工作无关的活动的证据，因此应当认定为工伤。

三、不属于单位组织的活动时，团建中受伤不属于工伤

（一）团建活动日程安排不包括致害活动、致害活动发生时间在团建活动之后，不认定工伤

如（2020）粤03行终570号一案，法院认为，首先，公司团建活动日程安排中仅有事发当晚公司组织茶话会和集体赴海滩放礼花的活动安排，并无当晚统一组织下海游泳的内容。其次，赵某与白某下海游泳系发生在当晚公司组织集体赴海滩放礼花活动结束之后，而公司当晚组织安排集体赴海滩放礼花的事实，并不意味着当晚赵某参与或实施的所有活动均属于公司组织。最后，事发当晚赵某参与下海游泳活动，仅是其与案外人白某私人之间的活动，现有证据不足以证明该游泳活动系公司统一组织，因此不予认定工伤。

（二）团建活动不强制员工参加，不属于工作需要，不属于工伤

如（2020）冀01行终297号一案，法院认为单位组织该次团建活动不具有强制性要求，由员工自由报名参加，单位仅承担路费，并未承担其他活动费用，此次团建在本质上没有工作的实质内容，故员工参加本次活动与工作没有关联，也不是因工作需要，不是工作组成部分，属于员工的福利性团建，因此不予认定工伤。

为此，企业在团建安排时应对团建范围予以明确，如此，超过团建范围的一些伤害责任会相对好区分。福利一般是从精神、时间、经济等多角度进行的排列组合，企业应当有风险和合规意识，别因“好心”办坏事。

第三节　企业年金制度的设立及运行

企业年金的主要法律依据是《企业年金办法》。根据《企业年金办法》规定，企业年金是企业及其职工在依法参加基本养老保险的基础上，自主建立的补充养老保险制度。企业缴费每年不超过本企业职工工资总额的 8%。企业和职工个人缴费合计不超过本企业职工工资总额的 12%。具体所需费用，由企业和职工一方协商确定。

一、企业年金方案的制定和生效

（一）企业年金方案的内容

包括参加人员；资金筹集与分配的比例和办法；账户管理；权益归属；基金管理；待遇计发和支付方式；方案的变更和终止；组织管理和监督方式；双方约定的其他事项。

（二）企业年金方案的变更与终止

企业与职工一方可以根据本企业情况，按照国家政策规定，经协商一致，变更企业年金方案。变更后的企业年金方案应当经职工代表大会或者全体职工讨论通过，并重新报送人力资源社会保障行政部门。

企业方案终止主要是：企业因依法解散、被依法撤销或者被依法宣告破产等原因，致使企业年金方案无法履行的；因不可抗力等原因致使企业年金方案无法履行的；企业年金方案约定的其他终止条件出现的。

企业应当在企业年金方案变更或者终止后 10 日内报告人力资源社会保障行政部门，并通知受托人。

（三）企业年金方案的生效

企业年金方案应当提交职工代表大会或者全体职工讨论通过，并且应当向人社部门报送，人力资源社会保障行政部门自收到企业年金方案文本之日起 15 日内未提出异议的，企业年金方案即行生效。

具体来说，企业应当将企业年金方案报送所在地县级以上人民政府人力资源社会保障行政部门。中央所属企业的企业年金方案报送人力资源社会保障部。跨省企业的企业年金方案报送其总部所在地省级人民政府人力资源社会保障行政部门。省内跨地区企业的企业年金方案报送其总部所在地设区的市级以上人民政府人力资源社会保障行政部门。

二、企业年金账户归属

（一）企业年金个人账户

职工企业年金个人账户中的个人缴费及其投资收益自始归属于职工个人。职工企业年金个人账户中的企业缴费及其投资收益，企业可以与职工一方约定其自始归属于职工个人，也可以约定随着职工在本企业工作年限的增加逐步归属于职工个人，完全归属于职工个人的期限最长不超过 8 年。

有下列情形之一的，职工企业年金个人账户中的企业缴费及其投资收益完全归属于职工个人：职工达到法定退休年龄、完全丧失劳动能力或者死亡的；有企业年金方案终止的；非因职工过错企业解除劳动合同的，或者因企业违反法律规定职工解除劳动合同的；劳动合同期满，由于企业原因不再续订劳动合同的；企业年金方案约定的其他情形。

（二）企业年金企业账户

企业年金暂时未分配至职工企业年金个人账户的企业缴费及其投资收益，以及职工企业年金个人账户中未归属于职工个人的企业缴费及其投资收益，计入企业年金企业账户。企业年金企业账户中的企业缴费及其投资收益应当按照企业年金方案确定的比例和办法计入职工企业年金个人账户。

三、企业年金与个人所得税

自 2014 年 1 月 1 日起，根据《财政部、人力资源社会保障部、国家税务总局关于企业年金、职业年金个人所得税有关问题的通知》（财税〔2013〕103 号）以及《财政部、国家税务总局关于个人所得税法修改后有关优惠政策衔接问题的通知》（财税〔2018〕

164 号）的相关规定：企业和事业单位根据国家有关政策规定的办法和标准，为在本单位任职或者受雇的全体职工缴付的企业年金或职业年金单位缴费部分，在计入个人账户时，个人暂不缴纳个人所得税。个人根据国家有关政策规定缴付的年金个人缴费部分，在不超过本人缴费工资计税基数的 4% 标准内的部分，暂从个人当期的应纳税所得额中扣除。超过本通知第一条第一项和第二项规定的标准缴付的年金单位缴费和个人缴费部分，应并入个人当期的工资、薪金所得，依法计征个人所得税。税款由建立年金的单位代扣代缴，并向主管税务机关申报解缴。企业年金个人缴费工资计税基数为本人上一年度月平均工资。月平均工资按国家统计局规定列入工资总额统计的项目计算。月平均工资超过职工工作地所在设区城市上一年度职工月平均工资 300% 以上的部分，不计入个人缴费工资计税基数。

个人达到国家规定的退休年龄，领取的企业年金、职业年金，符合《财政部、人力资源社会保障部、国家税务总局关于企业年金、职业年金个人所得税有关问题的通知》（财税〔2013〕103 号）规定的，不并入综合所得，全额单独计算应纳税款。其中按月领取的，适用月度税率表计算纳税；按季领取的，平均分摊计入各月，按每月领取额适用月度税率表计算纳税；按年领取的，适用综合所得税率表计算纳税。个人因出境定居而一次性领取的年金个人账户资金，或个人死亡后，其指定的受益人或法定继承人一次性领取的年金个人账户余额，适用综合所得税率表计算纳税。对个人除上述特殊原因外一次性领取年金个人账户资金或余额的，适用月度税率表计算纳税。

第八章

工作时间、加班与休息休假

导言

工作时间与劳动者的休息权、健康权等息息相关，企业管理员工往往又需要以管理工作时间作为基础，为此，工作时间的管理非常重要。

我国现行法律规定了工作时间、加班最长时间限制、休息日、法定节假日、年休假等休息制度，这些规则共同构成了劳动法上的“时间管理”，旨在平衡劳动与休息、健康权的关系。但我们必须看到，上述规则的构建基础是工业时代下的“工厂管理”，用人单位通过“封闭空间”可以实现对员工的时间管理。然而，如今的空间和时间管理是可以分开的，时间管理对于今天的互联网、信息化社会似乎有很多的不适用，一方面，科技让工作变得简单，效率提升，如随处可以开电话会，随时可以收到邮件、微信；另一方面，我们每个人的时间都在被无限地碎片化，随时弹出的新闻、随时发来的信息，员工的时间和精力很难通过空间管理。

现实中，每个企业都面临着如何管理员工时间的问题，法律对工作时间的规则与奋斗者的倡议并存，当然，也有企业强制不允许加班[①]。与此同时，很多新问题也在加班等新闻报道中不断被提出，如过劳死是否属于工伤，这看似是一个工伤问题，实际上是对工作时间太长造成员工健康受损后的责任追问。理论上，不少学者赞同将“过劳死”认定为工伤，这样不仅有利于保护劳动者的合法权益，而且有利于减轻用人单位的赔偿责任。然后，从法律规定看，除非符合工作期间发病、48小时死亡，“过劳死”很难被纳入我国法律工伤体系。从中国裁判文书网中关于“过劳致死”的相关案例来看，除了有不服工伤认定的行政诉讼类案件外，当事人以民事侵权为诉由，认为企业侵害其生命健康权，部分案件中也会判定用人单位承担部分责任。

不仅如此，对工作时间从事与工作无关的其他事项的管理难度也很大，如员工通过手机购物，就很难管理。

为此，对于企业来说，一方面，需要了解法律对于工作时间、加班等问题的规定；

---

① 《“腾讯试点强制6点下班”，一周只执行一天》，载澎湃新闻网，https://www.thepaper.cn/newsDetail_forward_13119646，访问时间：2021年6月20日。

另一方面，需要思考在这个争夺注意力的时代，什么样的“机制”符合现代人的精力规律，让价值能够得到最大限度发挥。我们对时间管理的思考不应局限于法律规则中，尽管法律规则是基础。我们更应该思考，如今企业管理的客体到底是什么？通过传统的管理模式，真的能管出我们期待的价值和结果吗？当然，很多问题的解决还有赖于法律对于时间管理的回应。比如，构建不同时间、不同类型工作的对价，像临时会议、零散邮件回复显然与正常工作时间加班不同。

第一节　工作时间

工作时间包括员工工作实际、等待时间、法律规定的视同工作时间，工作时间与工作时间的长短、工时制度等密切相关。本部分除特别说明外，主要是全日制劳动者的工作时间。

一、工作时间与工时制度

《劳动法》第三十六条规定：“国家实行劳动者每日工作时间不超过八小时、平均每周工作时间不超过四十四小时的工时制度。”1995 年 3 月 25 日发布的《国务院关于职工工作时间的规定》第三条对工时制度做了修改，规定为：“职工每日工作 8 小时、每周工作 40 小时。”因此，从 1995 年 5 月 1 日起，我国普遍实行每周工作 5 日、每日工作 8 小时的工作时间。

（一）工时制度

在上述法律规定基础上，劳动者具体的工作时间段的确认，与工时制度有很大关系。我国目前有三种工作时间制度，即标准工时制度、综合计算工时工作制、不定时工作制。

表 8–1　我国的三种工时制度

标准工时制度	综合计算工时工作制	不定时工作制
工作时间定工作量	工作时间定工作量	直接确定工作量
一般劳动者	特定的三类人员	特定的三类人员
8 小时 / 天，40 小时 / 周	一个周期内平均 8 小时 / 天，40 小时 / 周	无固定时间要求
不需要批准	需劳动部门批准	需劳动部门批准
工作时间超过标准时间就是加班，休息日、法定节假日安排工作也是加班	一个周期内超过总标准工作时间就属于加班，节假日安排工作也是加班	一般不存在加班，只有法定节假日安排工作才算加班

1. 综合计算工时工作制

因生产经营特点和工作的特殊性不能实行每日工作 8 小时、每周工作 40 小时的，企业可以采用以周、月、季、年等为周期综合计算工作时间的工时制度。具体表现为：交通、铁路、邮电、水运、航空、渔业等行业中因工作性质特殊，需连续作业的职工；地质及资源勘探、建筑、制盐、制糖、旅游等受季节和自然条件限制的行业的部分职工；其他适合实行综合计算工时工作制的职工。

企业不能自行直接适用综合计算工时工作制，而应当经过审批，企业申请综合计算工时工作制需要提交以下主要材料：《企业实行综合计算工时工作制和不定时工作制申报表》，具体名称和具体内容根据所在地区可能有一些差异；申请说明书，重点说明不能实行标准工时制度、需要实行特殊工时制度的具体原因，涉及的岗位、人数以及综合计算工时工作制的计算周期、工作方式和休息制度，申请说明书非常关键，如果不能通过该申请说明书体现出企业不能实行标准工时制度原因的，申请将不被批准；工会对实行特殊工时制度的意见。没有成立工会组织的，应当提交实行特殊工时制度涉及职工的联名意见；除上述材料外，其他材料根据各地要求准备。

2. 不定时工作制

因生产特点、工作特殊需要或职责范围的关系，无法按标准工作时间安排工作或因工作时间不固定，需要机动作业的职工所采用的弹性工时制度，适用对象包括：企业中的高级管理人员、外勤人员、推销人员、部分值班人员和其他因工作无法按标准工作时间衡量的职工；企业中的长途运输人员、出租汽车司机和铁路、港口、仓库的部分装卸人员以及因工作性质特殊，需机动作业的职工；其他因生产特点、工作性质需要或职责范围关系，适合实行不定时工作制的职工。

申请不定时工作制需要提交的材料包括：《企业实行综合计算工时工作制和不定时工作制申报表》；申请说明书，重点说明不能实行标准工时制度、需要实行特殊工时制度的具体原因，涉及的岗位、人数以及不定时工作制的计算周期、工作方式和休息制度；企业工会对实行特殊工时制度的意见，没有成立工会组织的，应当提交实行特殊工时制度涉及职工的联名意见；其他应当提交的证明材料。在部分地区，如北京，高级管理人员可以不申请，直接约定适用不定时工作制。

此外，计件工时是一种特殊类型的不定时工作制，通常指以劳动者完成一定数量的合格产品或一定的作业量来确定劳动报酬的一种劳动形式。我们看到，一些地方在试点工时制度改革，如深圳，企业应当随时关注。

（二）正常工作时间在晚上，需要支付夜班津贴吗？

根据《国家统计局关于工资总额组成的规定》第八条的规定，夜班津贴的性质属于"补偿职工特殊或额外劳动消耗的津贴"。2012 年 5 月 8 日，《特殊工时管理规定（征求意见稿）》中规定，"夜班"是指企业在 22 时至次日 6 时这一时间段，安排劳动者工作且时间达 2 小时及以上的情形。但该征求意见稿并未转换成正式的法律规定。在现有的劳动法律体系下，没有夜班津贴的规定。部分省份有相应规定，如《河北省劳动和社会保障厅关于调整提高企业岗位津贴、夜班津贴标准的通知》规定了夜班津贴标准，即轮班性生产、作业岗位：前夜班（含 20 点以前上班，20 点至 24 点工作 4 个小时或接近 4 个小时）10 元 / 班；后夜班（0 点至 8 点上班，工作 4 个小时以上）12 元 / 班。前夜班和后夜班连续上班超过 10 小时的，20 元 / 夜。值班性岗位的夜班津贴：10 元 / 班。

从生理角度讲，上夜班，尤其是长期上夜班确实对人的身体健康有一定影响，夜班津贴作为对员工付出的回报，应在劳动合同中进行约定。毕竟，夜班津贴是不同于夜里加班工资的补偿性劳动报酬，是针对上班发生在夜里所作的补偿或增益。实践中，部分企业通过集体协商等渠道约定夜班津贴，然而，夜班津贴的标准普遍比较低，夜班津贴似乎成了被遗忘的权益。

除此之外，男年满 55 周岁，女年满 45 周岁，距离法定退休年龄不足 5 年的，原则上应当安排符合其年龄、身体条件相适应的工作。高龄员工、怀孕期的孕妇上夜班可能出现的安全问题，用人单位必须重视。

劳动关系项下，经常会有类似谈不上违法却必须要正视的问题，呼吁企业就类似问题不要用不违法作为企业行为的底线，而应当充分体谅劳动者的不易。

二、工作时间与考勤管理

工作时间管理离不开考勤管理，考勤管理的方式多样，企业需要结合实际情况决定。违反考勤规则经常是员工严重违反公司规章制度的表现，其背后的逻辑实际上还是用人单位需要通过"控制"员工的工作时间来实现劳动成果。

（一）不定时工作制考勤

不少企业有类似困惑，对于不定时工作制能否实行考勤？实际上，不定时工作制尽管是弹性工作时间，但员工应确保单位安排的生产、工作内容的完成，单位通过考勤了解、记录员工的出勤情况属于其正常的管理权限，因此，单位有权结合本单位实际情况对不定时工作制员工做出是否需要考勤的规定。

对于实行不定时工作制的岗位，单位对员工的工作时间、工作地点、外出行程、工作成果等进行劳动管理，应在确保员工休息休假权利的前提下进行，该考勤管理又区别于标准工时的考勤制度，单位可安排员工以一定时间为周期，按时到单位报到、进行工作汇报等并据此作为考勤的依据。

（二）单位规定“经过审批的加班才算加班”一定合法吗？

假如单位通过制度规定加班须经审批，不经审批不视为加班，且规章制度的民主和公示程序不存在瑕疵。该制度日后能否作为抗辩员工要求加班费的理由，关键就在于加班审批的相关制度在实际工作中是否贯彻执行。

司法实践中会对规章制度是否得到实际执行，也即相应的加班审批手续是否被实际执行进行审查。如（2018）粤12民终2890号民事判决书中载明，如果加班审批制度真实执行，用人单位应当持有杨某某于2015年、2016年、2017年加班期间的相关审批手续，经本院释明，用人单位在二审期间未能提供相关审批手续，也不能证实该加班审批制度已真实执行。综上，用人单位主张杨某某的加班未经公司审批、不属有效加班的理由不成立，法院不予采纳。

加班审批制度到底是为了让员工高效完成工作，还是为了日后发生加班纠纷时能够免责，这个问题应界定清楚。

（三）以代打卡纠纷看考勤制度管理的注意事项

如果企业采取打卡的考勤方式，往往会规定代打卡超过一定次数属于严重违反公司规章制度。该类纠纷一旦发生，单位需要举证证明考勤规则、考勤制度的存在，以及代打卡的事实，这样，监控录像往往是最重要的证据形式。有效的录像画面与考勤记录能否形成完整的证据链就是关键。但实践中，监控保留时间较短，在证据原件核对中往往存在较多问题。不仅如此，很多单位采取电子考勤，在具体诉讼案件中，由于电子考勤记录易修改的特点，被采信的可能性较低。类似案件在具体举证中也能反映出单位管理的诸多问题。

尽管企业考勤管理的目的不是“打官司”，但以应对诉讼的视角审视管理留痕是否经得起考验也是必要的。如上所述，实践中对于电子考勤通常会以未经劳动者签字为由而不予认可。但根据《最高人民法院关于民事诉讼证据的若干规定》第九十三条①和第九十四条②的规定，电子证据的真实性如果能够证明满足法定条件，除非有相反证据，应当认可其真实性。但该证据规则实际上也对企业选择人力资源管理方面的供应商提出了要求，如电子证据生成的方式；也包括人力资源日常的管理，如与劳动者约定相关文件的保存、传输和提取方式。

三、工作时间管理

单位有用工管理自主权，然而，并非所有的指令员工都会服从，而且，随着新生代

---

①《最高人民法院关于民事诉讼证据的若干规定》第九十三条规定：“人民法院对于电子数据的真实性，应当结合下列因素综合判断：

（一）电子数据的生成、存储、传输所依赖的计算机系统的硬件、软件环境是否完整、可靠；

（二）电子数据的生成、存储、传输所依赖的计算机系统的硬件、软件环境是否处于正常运行状态，或者不处于正常运行状态时对电子数据的生成、存储、传输是否有影响；

（三）电子数据的生成、存储、传输所依赖的计算机系统的硬件、软件环境是否具备有效的防止出错的监测、核查手段；

（四）电子数据是否被完整地保存、传输、提取，保存、传输、提取的方法是否可靠；

（五）电子数据是否在正常的往来活动中形成和存储；

（六）保存、传输、提取电子数据的主体是否适当；

（七）影响电子数据完整性和可靠性的其他因素。

人民法院认为有必要的，可以通过鉴定或者勘验等方法，审查判断电子数据的真实性。”

②《最高人民法院关于民事诉讼证据的若干规定》第九十四条规定：“电子数据存在下列情形的，人民法院可以确认其真实性，但有足以反驳的相反证据的除外：

（一）由当事人提交或者保管的于己不利的电子数据；

（二）由记录和保存电子数据的中立第三方平台提供或者确认的；

（三）在正常业务活动中形成的；

（四）以档案管理方式保管的；

（五）以当事人约定的方式保存、传输、提取的。

电子数据的内容经公证机关公证的，人民法院应当确认其真实性，但有相反证据足以推翻的除外。”

劳动者不断进入职场，单位命令式的管理确实面临越来越多的问题。

（一）正常情况：员工可以拒绝加班，不能以员工旷工处理

单位要求加班需符合：必要性，即生产经营需要，确实需要延长工作时间；事前征求意见，即如果有工会，应与工会协商，经工会同意；自愿，即必须与员工协商，因加班需要占用员工休息时间，在员工自愿的情况下才可安排，休息权是劳动者法定的权利；合法性，即单位安排加班的时间长度符合劳动法的限制性规定。

（二）特殊情况：员工不可以拒绝加班，如果员工拒绝，可以按照旷工处理

根据《劳动合同法》的相关规定，发生下列情况时，员工不得拒绝加班：发生自然灾害、事故或者因其他原因，使人民生命安全健康和财产安全遭到严重威胁，需要紧急处理的；生产设备、交通运输线路、公共设施发生故障，影响生产和公众利益，必须及时抢修的；必须利用法定节假日或者公休日的停产期间进行设备检修、保养的；为完成国防紧急任务，或者完成国家在计划外安排的其他紧急生产任务，以及商业、供销企业在完成收购、运输、加工农副产品紧急任务的；法律、行政法规规定的其他情形。

当有特殊情形时，员工不能拒绝加班，加班费按照法律规定支付，如果员工不加班，用人单位可以按照旷工处理。

（三）特定情况下的加班，不能只用“奉献”精神来解决

立法上一直没有回应一个问题，特定情况下加班时间超过法定最长时间到底应当如何处理？是不是只要支付加班费或者日后倒休就可以？是否需要其他的补偿？

根据法律规定，单位安排加班不支付加班费的，劳动行政部门责令限期支付，逾期不支付的，责令用人单位按应付金额 50% 以上 100% 以下的标准向劳动者加付赔偿金。对于违反劳动保障法律、法规或规章延长劳动者工作时间的，由劳动保障行政部门给予警告，责令限制改正，并可以按照受侵害的劳动者每人 100 元以上 500 元以下的标准计算，处以罚款。

但是，对于特定情况下的超时加班，法律并没有明确规定。对此，法律实际上应当予以明确，更关键的是，特定情况下的超时加班，应当给予更合理的补偿保障。

第二节　加班与加班费

加班是在法定工作时间以外，正常工作日延长工作时间、双休日以及国家法定假期期间延长工作时间，强调的是工作时间的延长。按照加班时间不同可分为：延时加班、休息日加班和法定节假日加班。不同加班费的计算基数和方法均有不同。

加班费的计算公式为：加班费 = 小时（日）加班费计算基数 × 加班小时（日）数 × 计算标准（150%、200%、300%）。延时、休息日及法定节假日加班费的计算标准分别为 150%、200%、300%。

加班费计算基数目前并无统一的规定，实践中对加班费的计算基数可否约定也存在不同意见。以北京市为例，根据《北京市工资支付规定》和《北京市高级人民法院、北京市劳动争议仲裁委员会关于劳动争议案件法律适用问题研讨会会议纪要》第十九条，对于加班工资的日或小时工资基数的肯定，应参照《北京市工资支付规定》第四十四条的规定执行。用人单位与劳动者在劳动合同中商定了工资标准，但同时又商定以本市最低工资标准或低于劳动合同商定的工资标准作为加班工资基数，劳动者主张以劳动合同商定的工资标准作为加班工资基数的，应予支持。

另外，加班和值班的有效区分也是加班费计算的关键。值班不是法律概念，值班一般是指单位因安全、消防、假日等需要，临时安排或根据制度安排与劳动者本职无关联的工作，或虽与员工本职工作有关联，但值班期间可以休息的工作，一般为非生产性的责任，如看门、接听电话等。认定加班还是值班，主要看员工是否继续在原来的岗位上工作，或是否有具体的生产或经营任务。比如，《上海市高级人民法院关于审理劳动争议案件若干问题的解答》（沪高法民一〔2006〕17 号）规定，关于单位值班的若干问题，对于因单位安全、消防、假日等需要承担单位临时安排或制度安排的与劳动者本职工作无关的值班，单位安排劳动者从事与本职相关值班任务，但值班期间可以休息的，劳动者要求加班费不予支持。当然，劳动者可以根据规章制度、集体合同以及劳动合同等要求支付相应待遇。类似规定北京、山东、浙江等都有。

同时，关于工作时间与加班费，还有一个绕不开的话题——“等待时间”，或者说“待命时间”。有观点认为，待命期间并不工作，不应当算工作时间，但也有观点认为，时间资源不可再生，工作时间与工作强度无关，待命时间由于劳动者还处于受管理和约束的状态，并且随时可能会投入工作，应该算工作时间。就该问题，不论从我国立法还是司法实践来看，都未形成定论，包括对待命时间本身的理解。

通过对上述值班和待命时间的分析，可以看出，实践中对工作时间和加班问题的拆分并不容易。

一、不同工时制度加班费的计算

（一）标准工时制度加班费的计算

正常工作日延长工作时间的，支付不低于工资的 150% 的工资报酬；休息日安排劳动者工作又不能安排补休的，支付不低于工资的 200% 的工资报酬；法定节假日安排劳动者工作的，支付不低于工资的 300% 的工资报酬。

安排劳动者延长工作时间，在加班时间计算时应以多少小时为基础的问题上，劳动部在《〈国务院关于职工工作时间的规定〉问题解答》中明确规定：企业因生产经营需要延长工作时间一律以每周 40 小时为基础计算。

（二）综合计算工时工作制加班费的计算

实行综合计算工时工作制的单位，计算工作时间的周期不再以天为单位，而是以周、月、季、年为单位，但其平均日工作时间和平均周工作时间应与法定标准工作时间基本相同。即在综合计算周期内，某一具体日（或周）的实际工作时间可以超过 8 小时（或 40 小时），但综合计算周期内的总实际工作时间应当不超过总法定标准工作时间。

综合计算工作时间超过法定工作时间的部分，按不低于正常工作时间工资的 150% 支付加班工资；在法定节假日上班的，按不低于正常工作时间工资的 300% 支付加班工资；当单位与员工终止或解除合同时，其综合计算工时的计算周期尚未结束的，若实际工作时间已超过法定标准工作时间的部分，应按 200% 的标准支付工资。

（三）不定时工作制的加班界定

《工资支付暂行规定》中明确表示，凡经劳动保障行政部门批准，用人单位实行不定时工作制岗位的劳动者，在明确工作量的前提下，其本人的工作和休息时间可以自主安排。实行不定时工作制的，不受《劳动法》第四十一条规定的日延长工作时间标准的限制，即不用支付延时加班费。

用人单位对实行不定时工作制的劳动者，因工作需要，不论是延长劳动时间，还是休息日、法定节假日工作，可不支付加班工资。但对于法定节假日是否可支付加班费的问题，实践中各地的标准不同，如北京不支持法定节假日加班费，而上海、深圳等城市则支持法定节假日加班费。

（四）计件工资的加班费

根据《工资支付暂行规定》，实行计件工资的劳动者，在完成计件定额任务后，若用人单位安排延长其工作时间的，该单位应当依法支付加班费。

单位支付加班费的计算标准，取决于单位安排加班的时间，安排在工作日延长工作时间的，须按照不低于劳动者本人法定工作时间计件单价的 150% 支付其工资；安排在休息日延长工作时间，而又不能安排补休的，须按照不低于劳动者本人法定工作时间计件单价的 200% 支付其工资；安排在法定休假日延长工作时间的，须按照不低于劳动者本人法定工作时间计件单价的 300% 支付其工资。

二、各类法定节假日的加班费计算

（一）全民休假的法定节假日加班费

法定节假日属于全体公民放假的节日，根据《劳动法》第四十四条，法定节假日安排劳动者工作的，支付不低于工资的 300% 的工资报酬。另外，法定节假日加班工资不包括正常工资，因为法定节假日是法定的全国公民带薪休息日。

（二）部分人员放假加班费的计算

根据《全国年节及纪念日放假办法》中关于妇女节、青年节等部分公民放假的规定，部分公民放假的节日期间，对参加社会或单位组织庆祝活动和照常工作的职工，单位应支付工资报酬，但不支付加班工资。

（三）部分人员相关假期中存在的争议

少数民族人员就业是我国就业劳动关系多样化的体现，尊重、保护少数民族就业人员的权益是维护安定团结的一项工作，也是维护国家稳定的重要工作。各地有不同的文件规定，公司应当根据各地政策依法确保少数人假期的合法性。

看似简单的部分人员假期，在管理中并不简单，企业要结合具体规定综合判断。

三、非全日制加班费

非全日制用工的前提是平均每日工作时间不超过 4 小时，每周累计工作时间不超过 24 小时，即法律没有要求非全日制用工每天的工作时间都不超过 4 小时。只要平均每日工作时间及每周累计工作时间不超过上限，单位可以灵活安排工作时间，如果超出上述工作时间限制，可能不被认定为非全日制用工。

在非全日制用工形式下，劳动者在法定节假日提供劳动的，是否应当给予特别待遇，或者说支付加班费，法律无明确规定，各地的规定也有所不同。

（一）有特殊待遇，但计算方法不是按照小时工资的 300%

《北京市工资支付规定》第十八条[①]规定，北京地区非全日制用工不适用加班的规定，但法定节假日的小时工资不得低于北京市劳动保障部门确定的法定休假日小时最低工资。法定休息日小时最低工资比非全日制小时最低工资要高，即法定节假日提供劳动的，给予一定的特殊待遇。

---

① 《北京市工资支付规定》第十八条规定："从事非全日制工作的劳动者，实行小时工资制。小时工资由用人单位与劳动者协商确定，但不得低于本市规定的非全日制从业人员小时最低工资标准。

用人单位招用非全日制工作的劳动者，可以不执行本规定第十四条的规定，但用人单位安排其在法定休假日工作的，其小时工资不得低于本市规定的非全日制从业人员法定休假日小时最低工资标准。

非全日制从业人员小时最低工资标准和法定休假日小时最低工资标准由市劳动保障部门确定、调整和公布。"

（二）按照小时工资的300%支付

《天津市工资支付规定》第二十一条[①]规定，非全日制不存在休息日加班的情况，但对于法定节假日提供劳动的，应按规定支付加班工资，即300%的小时工资。

（三）非全日制员工法定节假日工作的不视为加班

《江苏省高级人民法院劳动争议案件审理指南》规定，“《劳动合同法》第六十八条规定，非全日制用工，是指以小时计酬为主，劳动者在同一用人单位一般平均每日工作时间不超过四小时，每周工作时间累计不超过二十四小时的用工形式。据此规定，非全日制不能简单以工作时间来判断是否属于加班，现时应当将工作时间看作是否属于非全日制的重要判断标准。因此，经协商一致，劳动者从事非全日制工作的，无论是法定休息日，还是法定节假日工作的，均不认定是加班。对于每周超过24小时的非全日制用工，不是支付加班费的问题，而是认定为非全日制用工不成立，认定为全日制用工，按全日制用工适用《劳动法》、《劳动合同法》的有关权利和义务”。

《湖北省高级人民法院民事审判工作座谈会会议纪要》规定：“考虑到非全日制用工和不定时工作制的特殊性，原则上非全日制用工和不定时工作制不宜认定存在加班费，但双方当事人在劳动合同中对支付加班费有约定的，依照当事人的约定处理。”

四、出差与加班

出差并非法律概念，但出差在任何机构都是难免的，出差和日常在单位工作存在一些差异，出差期间既包括工作时间也包括休息时间，那出差期间的时间与加班又是什么关系，确实是一个问题。

从理论上讲，出差时间也可以界定休息时间和工作时间，但实践中界定起来并不那么容易，比如，路途时间是休息时间还是工作时间。为此，出差时间是否属于加班，尤其是周末是否算加班，需要结合员工的工时制度、出差路途是否从事工作等多因素判

① 《天津市工资支付规定》第二十一条规定：“实行日薪制和非全日制用工小时工资制的劳动者，若周六、周日提供了劳动，视为正常工作，不享受加班工资待遇。若在法定休假日提供了劳动，则用人单位应按规定支付加班工资。”

断。一般来说：工作日出差途中并未延时工作，不存在加班；工作日出差，从事了延时工作，记为延时加班时间；休息日出差并未进行工作，出差路途时间一般不被认定为加班，当然，也有观点认为该时间是因为单位利益而占用的员工时间，应当记为加班；休息日出差进行了工作，工作时间记为休息日加班时间。

从争议角度讲，加班的初步举证责任由劳动者举证，用人单位应当结合考勤、加班审批等进行管理，但对于确实占用劳动者休息时间的，即使不算加班，也应当给予适当的加班补贴予以补助。

第三节　休息休假

除休息日、法定节假日外，对年休假、病假等假期的休假类别、请休假方式、休假期间的待遇等的管理构成了单位对于休息休假管理的主线。

休假类别上，通常包括法定年休假、病假、婚假、丧假、事假、停工留薪假、产前检查假、产假、哺乳假、特殊假日，如履行人大代表等职责的假期，可能还有其他假期，如家长会、福利年休假、独生子女护理假、育儿假等。本节并不会介绍所有的假期，如三期期间的假期、病假等将在其他章节中介绍。

一、关注那些被热议的假期

（一）老龄化社会来临，探望老人的假期如何落地？

《中华人民共和国老年人权益保障法》第十八条第二款、第三款规定，与老年人分开居住的家庭成员，应当经常看望或者问候老年人。用人单位应当按照国家有关规定保障赡养人探亲休假的权利。

2017 年 3 月 1 日施行的《福建省老年人权益保障条例》第二十七条第二款规定，独生子女的父母年满六十周岁，患病住院治疗期间，用人单位应当支持其子女进行护理照料，并给予每年累计不超过十天的护理时间，护理期间工资福利待遇不变。类似规定还有《黑龙江省老年人权益保障条例》第十二条第三款，即老年人患病住院期间，子女所在单位应当给予其陪护假。独生子女的陪护假每年累计二十日，非独生子女的陪护假每年累计十日。陪护期间工资福利待遇不变。云南、河南、广西、四川、湖北、内蒙古、宁夏、海南等地也有类似规定。

《中华人民共和国老年人权益保障法》规定了单位落实员工保障赡养人探亲休假的义务，虽然用的是“应当”，但并未规定该假期的性质以及假期期间的待遇。《福建省老年人权益保障条例》则具体规定了探视假的条件：独生子女；父母年满 60 周岁；父母患病住院期间。符合上述条件的，拥有每年累计不超过 10 天的假期，该假期为带薪休假。《黑龙江省老年人权益保障条例》规定的陪护假与福建省有相似之处，如假期性质均为带薪休假，但假期的时间长短与是否属于独生子女有差异。

随着我国老龄化时代的来临，赡养老人是必须面对的问题，而短期内，中国家庭赡养老人的模式不会改变，独生子女赡养老人又是接下来很长一段时间中国需要面临的问题。国家规定赡养老人陪护假有着现实的需要，只是确实还有很多问题需要解决，包括该类假期待遇全部由单位承担是否合适？是否可通过制定相关税收和补贴政策等方式消除或减轻企业因执行护理假而造成的成本增加。

虽然国家层面对用人单位设定了保障子女陪护假期的义务，部分省份也出台了单位落实陪护假期的具体规则和要求，只是，如果单位不落实类似假期，法律后果是什么？该类假期由哪个部门监管？如果符合休假条件但未休的，又是怎么样的规则？以上问题的回答恐怕都需要进一步讨论该类假期的性质，而这些都需要立法层面的回应。

（二）未休陪产假，单位需要补偿吗？

关于男职工在其配偶生育子女期间的陪产假，各地规定的假期长短不同。比如，《北京市人口与计划生育条例》明确规定，符合规定生育的，男方享受陪产假十五天。休假期间，机关、企业事业单位、社会团体和其他组织不得降低其工资、予以辞退、与其解除劳动或者聘用合同。其他地区也有类似规定。

那如果男职工未休陪产假呢？单位需要补偿吗？我们先来看以下三个案例。

案例一：（2021）豫 1081 民初 862 号案。劳动者认为，公司不让其休陪产假，应当补偿未休陪产假工资 2700 元。法院认为，《河南省人口与计划生育条例》第三十三条规定，“国家机关、社会团体、企业事业单位职工，实行晚婚的，除国家规定的婚假外，增加婚假十八天；实行晚育的，除国家规定的产假外，增加产假三个月，给予其配偶护理假一个月；婚假、产假、护理假期间视为出勤。公民晚婚晚育的，当地人民政府应给予适当照顾”。根据该规定，劳动者享受配偶护理假（陪产假），单位应当视为其提供正常劳动并支付工资；但并无相关法律规定在劳动者未享受陪产假权利时，单位须额外支付其工资。本案中，劳动者的儿子于 2020 年 6 月 30 日出生，其未休陪产假，但公司向其正常发放了工资。因此，要求补偿未休陪产假工资的请求不应获得支持。

案例二：（2019）粤 01 民终 17246 号案。劳动者认为，2018 年 5 月 7 日其儿子出生，已休 5 天陪产假，尚有 10 天陪产假未休，要求单位支付剩余未休陪产假的工资。法院认为，《广东省人口与计划生育条例》第三十条规定，符合法律、法规规定生育子女的夫妻，男方享受十五日的陪产假，在规定假期内照发工资，不影响福利待遇和全勤评奖。本案中，双方劳动关系已经解除（2019 年 1 月 14 日），员工实际无法享有剩余 10 天未休陪产假，则公司应支付其未休陪产假工资。

案例三：（2020）苏 0105 民初 8251 号案。劳动者认为，公司开除导致其没有办法休陪产假，应当给予补偿。法院认为，关于员工要求单位支付 15 天护理假工资 11034.48 元的请求，根据《江苏省人口与计划生育条例》第二十七条第二款的规定，员工享有护理假十五天，单位未及时让原告休，存在违法行为，但该假期属于即时假期，无法律规定未休护理假单位应当给予工资补偿，故该部分请求不予支持。

通过上述三个案例，我们发现，看似简单的陪产假却并不简单，由于立法上对于陪产假的性质没有明确，导致如果未休该类假期到底是否应当支付补偿存在争议。（2021）豫 1081 民初 862 号和（2020）苏 0105 民初 8251 号两个判决虽然均未支持员工的请求，但理由却不同，（2021）豫 1081 民初 862 号是以工资正常发放为由不予支持，而（2020）苏 0105 民初 8251 号却是以这个假期为即时假期，无法律规定未休护理假单位应当给予工资补偿为由不予支持。相反，（2019）粤 01 民终 17246 号判决中，劳动合同解除时，实际上距离劳动者孩子的出生已经半年多，法院还是以未实际享有该假期判决支付未休陪产假工资。

由于立法上不明确，司法实践认定又不一致，单位对于陪产假的管理不能简单规定假期时间长短，还应当明确请休假的时间、具体休假规则、未休假的相关处置等。

（三）痛经假——关爱，还是让女员工就业更难？

根据《女职工保健工作规定》，女职工在月经期间不得从事《女职工禁忌劳动范围的规定》[①] 中第四条所规定的作业。患有重度痛经及月经过多的女职工，经医疗或妇幼保健机构确诊后，月经期间可适当给予 1 至 2 天的休假。各地有不同规定，比如，《辽宁省女职工劳动保护办法》规定，用人单位应给予经期女职工劳动保护。不得安排从事国家规定的经期禁忌从事的劳动；从事连续站立劳动的，每 2 个小时安排至少 10 分钟工间休息；经医疗机构或者妇幼保健机构确诊患有重度痛经或者经量过多的，给予 1 至 2 日的适当休息。北京、上海、浙江、重庆、江苏、安徽、山东、山西、湖北、海南、山西、四川、广东、天津、福建以及河北等均有类似规定，时间长短可能有所差异，但均明确了该假期待遇不变。

该类假期从保护女职工权益角度出发似乎没有问题，但具体实践中会带来很多困扰，如女职工隐私权保护的问题；如果未休该类假期，是否涉及补偿的问题；虽然该类假期时间不长，但会不会事实上给女性就业带来一些障碍。从劳动关系层面，有很多类似的规定，制度的出发点都是好的，但实践效果需要认真评估。

除此之外，还有育儿假等，2021 年 6 月 6 日印发的《国务院未成年人保护工作领导小组关于加强未成年人保护工作的意见》中提出“鼓励有条件的地区探索开展育儿假试点”。而就该假期，其他地方在此之前也有相关规定，如 2019 年，《宁夏回族自治区妇女权益保障条例》规定，鼓励用人单位对符合法律、法规规定生育子女的夫妻，在子女零到三周岁期间，每年给予夫妻双方各十天共同育儿假。《福建省女职工劳动保护条例》也有类似规定。目前，海南、湖北、黑龙江、四川、河北、山西、云南、甘肃等地均规定了育儿假，但育儿假到底如何休，各地有不同规定，尤其是育儿假期间的待遇，大部分省份规定，员工休育儿假及独生子女护理假期间视为正常出勤，员工的工资和奖金照发，福利待遇不变。

《北京市人口与计划生育条例》没有规定员工享受育儿假期间的待遇，在实施细则或进一步的政策解读出台之前，我们认为用人单位可以在规章制度中对员工休育儿假和

---

① 已失效，女职工禁忌从事的劳动范围现见《女职工劳动保护特别规定》附录。

独生子女护理假期间的待遇进行细化规定，如可以考虑按照基本工资支付休假期间的工资，但无论如何不得低于最低工资标准，同时应当密切关注相关的实施细则或政策解读的动态。

另外，育儿假能否在夫妻双方之间转移，育儿假如果不休如何处理等，这些问题都需要进一步细化。

二、看似明确的法定年休假，为什么总出问题？

《职工带薪年休假条例》和《企业职工带薪年休假实施办法》对法定年休假的享有主体、休假期限、执行方式和折算方法都作了规定。

（一）法定年休假的天数

法定年休假的天数与累计工作年限相关，具体如下。

表 8–2　法定年休假的天数

累计工作年限	是否享受年休假	享受年休假的天数
累计工作 12 个月以下	否	0 天
累计工作 1 年以上，10 年以下	是	5 天
累计工作 10 年以上，20 年以下	是	10 天
累计工作 20 年以上	是	15 天

（二）不享有年休假的情形

职工依法享受寒暑假，其休假天数多于年休假天数的；职工请事假累计 20 天以上且单位按照规定不扣工资的；累计工作满 1 年不满 10 年的职工，请病假累计 2 个月以上的；累计工作满 10 年不满 20 年的职工，请病假累计 3 个月以上的；累计工作满 20 年以上的职工，请病假累计 4 个月以上的。

（三）未休年休假的法律后果

劳动者未休法定年休假的，企业应按照该劳动者日工资的 300% 支付其年休假工资。如果企业既不安排年假，也不向劳动者支付额外工资的补偿，劳动行政部门可依职权责令其限期改正，或责令企业加付赔偿金。[①]

既然年休假工资以劳动者日工资收入为计算基数，那么劳动者的日工资收入如何计算呢？根据《企业职工带薪年休假实施办法》第十一条，计算未休年休假工资报酬的日工资收入按照职工本人的月工资除以月计薪天数（21.75 天）进行折算。前款所称月工资是指职工在用人单位支付其未休年休假工资报酬前 12 个月剔除加班工资后的月平均工资。在本用人单位工作时间不满 12 个月的，按实际月份计算月平均工资。

（四）带薪年休假单位是否有权安排？

《职工带薪年休假条例》第五条规定，单位根据生产、工作的具体情况，并考虑职工本人意愿，统筹安排职工年休假。年休假在 1 个年度内可以集中安排，也可以分段安排，一般不跨年度安排。单位因生产、工作特点确有必要跨年度安排职工年休假的，可以跨 1 个年度安排。

为此，单位可统筹安排年休假，但应考虑员工本人意愿，且年休假可集中或者分段安排，除特殊情况可以跨 1 个年度外，应当在年度内休完。

（五）年休假中“连续工作”的认定

《企业职工带薪年休假实施办法》第三条规定：“职工连续工作满 12 个月以上的，享受带薪年休假（以下简称年休假）。”那么，“连续工作”到底是曾连续 12 个月即可，还是只要断过就需要再次连续 12 个月？如满足“连续工作满 12 个月以上”，当年度年休假天数如何计算？对于上述问题，司法实践中的观点不一，具体分析如下。

1. 关于连续工作如何认定

第一种观点认为，只要曾经连续工作 12 个月以上，即使在入职新单位之前有工作时间的中断，也可直接享受带薪年休假，即年休假资格因为一次连续工作即可再享有。

如北京，根据《北京市高级人民法院、北京市劳动人事争议仲裁委员会关于审理

---

① 《职工带薪年休假条例》第七条规定：“单位不安排职工休年休假又不依照本条例规定给予年休假工资报酬的，由县级以上地方人民政府人事部门或者劳动保障部门依据职权责令限期改正；对逾期不改正的，除责令该单位支付年休假工资报酬外，单位还应当按照年休假工资报酬的数额向职工加付赔偿金……”

劳动争议案件法律适用问题的解答》规定，“18. 如何计算劳动者享受带薪年休假的时间？《职工带薪年休假条例》中规定职工累计已满 1 年不满 10 年的，年休假 5 天；已满 10 年不满 20 年的，年休假 10 天；已满 20 年的，年休假 15 天。其中‘累计’应指工作时间的相加，其中中断工作时间予以扣除。对于参加工作第 1 年的时间的‘累计’，应按《企业职工带薪年休假实施办法》‘连续工作满 12 个月’的规定执行。‘连续工作满 12 个月’，指劳动者在参加工作后曾经在同一或两个以上用人单位连续不中断工作满 12 个月。劳动者在符合参加工作后曾经‘连续工作满 12 个月’条件后，此后年休假时间以当年度在用人单位已工作时间计算。用人单位未安排职工休满应休年休假的，应当按照职工当年已工作时间折算应休未休年休假天数并支付未休年休假工资报酬，但折算后不足 1 整天的部分不支付未休年休假工资报酬。未休年休假折算方法为：当年度在本单位已过日历天数 ÷ 365 天 × 职工本人全年应当享受的年休假天数 - 当年度已安排年休假天数”。但这里需要注意的是举证责任的问题，若劳动者未能证明其入职新单位之前的连续工作年限，其年假的起算点则需要从入职新单位之日开始计算。

第二种观点认为，劳动者连续工作时间中断不超过一个月的可以认定为连续工作时间，中断超过一个月则需要重新计算连续时间。

《重庆市劳动和社会保障局关于贯彻〈企业职工带薪年休假实施办法〉有关问题的通知》中规定，“二、《办法》第三条中‘职工连续工作满 12 个月以上’可以是在同一单位或者不同单位连续工作的时间，但其中在同一单位或者不同单位间的工作时间不得间断超过一个月以上。超过的，其连续工作时间重新计算。在同一或者不同单位连续工作满 12 个月，职工才有资格享受年休假。享受年休假的天数，按累计工作时间确定”。

第三种观点认为，劳动者享受年休假之前需要满足连续工作 12 个月以上，如果入职新单位之前存在中断，则需要重新计算。

《深圳市中级人民法院关于审理劳动争议案件的裁判指引》中规定，“《企业职工带薪年休假实施办法》第三条所规定的‘连续工作满 12 个月以上’，既包括劳动者在本单位连续工作满 12 个月以上的情形，也包括劳动者在不同用人单位连续工作满 12 个月以上的情形；但劳动者在进入新用人单位时存在工作间断的除外”。

上述观点不能用对错分析，企业需要结合各地司法实践确定如何操作。

2. 满足"连续工作满 12 个月以上"，当年度年休假天数与当年度在本单位剩余日历天数相关，而非当然享有全年（12 个月）的年休假待遇

依据《企业职工带薪年休假实施办法》第五条的规定，劳动者在满足"连续工作满 12 个月以上"的情况下，其获得了享受年休假的权利，但是该年度的年休假天数需要按剩余日历天数折算，而非当然享有全年（12 个月）的年休假待遇。

基于法律并未明确规定，实践中又争议较大，除地区有明确规定外，建议企业通过制度方式明确相关问题，如在规章制度中明确可以享受年休假的资格及具体天数，若是新入职的员工，则需要提交在前单位工作的工资记录、劳动合同或社保缴纳记录，来证明其入职之后可以享有的年休假资格及天数；明确统筹安排员工年休假的决定权在于单位，若员工个人权利与单位的安排发生冲突，应以单位的安排为准；明确即将离职的员工年休假问题，对于即将离职的员工，可以安排其使用剩余的应休未休年休假或双方协商将未休年休假折算成相应的年休假补偿。

（六）综合工时制度中的法定年休假如何休？

综合工时制员工年休假的休假方法法律并无明确规定，部分单位以小时为基数来安排年休假，如果综合工时制员工享有 5 天年休假，那就是 40 小时的年休假，企业可以根据工作和生产的要求进行安排。基于法律对此没有明确规定，建议企业通过合法有效的规章制度给予明确规定。

三、其他假期的休假条件及待遇

企业在管理中，还会涉及其他假期，如事假、婚丧假、病假等。本部分主要说明三个问题，第一，事假中单位的管理自主权；第二，婚丧假的相关适用条件；第三，对违反请休假程序是否属于严重违反规章制度的判断。

（一）事假中单位的管理自主权应当有限度

员工履行劳动合同需要时间保障，员工请事假必然影响劳动合同的正常履行，为此，员工应当遵守单位对于事假请假程序的规定。从法律上讲，基于事假并非法律规定的假期，单位可以不同意事假申请。但基于劳动关系的特殊性，每个人同时作为家庭成员，会有各种情况发生，为此，事假管理也不是简单同意或者不同意的事。单位一方面基于经营考虑可以限定请事假的时间长短，另一方面也要充分考虑个体在生活等方面的实际需要。

1. 单位有权审核员工请事假事由的合理性

比如，员工因为家庭成员结婚、生病等需要请事假，再比如员工因为一些紧急事务，如孩子学校有事情等，单位有权要求员工提交相关证明文件，尤其是需要长期请病假时。

2. 单位有权根据情况决定请事假期间的工资待遇

事假期间的工资待遇可以由单位自行决定，根据《职工带薪年休假条例》第四条的规定，职工请事假累计 20 天以上且单位按照规定不扣工资的，职工不享受当年的年休假。

需要特别提示的问题是，长期事假期间由于劳动关系仍然存续，社会保险与住房公积金仍应当缴纳，但由于员工没有工资，对于社会保险与住房公积金个人缴纳部分如何处理应当有明确的规则。

3. 单位不应当用简单粗暴的方式限制事假，而应当综合晋升、奖金等多种手段进行管理

事假管理不宜简单粗暴，却也不能过于放松，应当通过明确请休假流程、请休假期间待遇、请休假的后续影响等多维度进行有效管理。

（二）婚假和丧假

《国家劳动总局、财政部关于国营企业职工请婚丧假和路程假问题的通知》规定，劳动者本人结婚时，单位应当根据具体情况，给予 1—3 天的婚假。①

丧假是劳动者的直系亲属死亡时，其依法享有的假期。国有企业职工的直系亲属死亡时，企业应当酌情给予职工 1—3 天的丧假，一般为 3 天。直系亲属的范围包括父母、子女和配偶。

法律规定的婚丧假天数不包括在途的时间，企业应当额外给予劳动者一定天数的路

---

① 《国家劳动总局、财政部关于国营企业职工请婚丧假和路程假问题的通知》规定："一、职工本人结婚或职工的直系亲属（父母、配偶和子女）死亡时，可以根据具体情况，由本单位行政领导批准，酌情给予一至三天的婚丧假。"

程假。[1] 上述婚假、丧假和路程假都是带薪假期。

上述看似明确的规定，实践中还是会有很多问题，笔者重点列明以下几个。

1. 再婚、复婚的职工是否还可以休婚假？

《劳动和社会保障部办公厅关于对再婚职工婚假问题的复函》规定，根据《民法典》婚姻家庭编和国家有关职工婚丧假的规定精神，再婚者与初婚者的法律地位相同，单位对再婚职工应当参照国家有关规定，给予同初婚职工一样的婚假待遇。为此，单位应按照国家有关规定给予再婚的劳动者和初婚的劳动者一样的婚假待遇，即 1—3 天的带薪婚假。尽管有观点认为复婚区别于再婚，但在实践中，复婚和再婚一样应依法享有休婚假的权利。一般来说，再婚不再享有在婚假基础上增加的晚婚假，目前一些地区已经取消了晚婚假，如北京，具体假期请根据实际情况确认。

2. 直系亲属的范围

直系亲属的范围包括父母、子女和配偶。但实践中，如岳父岳母等是否在直系亲属范围中经常被问及，建议企业在制度中对于直系亲属的范围予以明确，也可以结合情况对范围适当扩大。

3. 当婚假和法定节假日重合时的工资支付方式

现行法律法规对该问题并无规定，为避免不必要的争议，建议企业对于假期重合问题涉及的假期时间、假期期间的待遇等予以明确。

（三）违反请假程序是否属于严重违反公司规章制度？

请假流程管理必须明确：请假的资格；请假需要提供的文件；审批权限；未及时请假的补救措施；未按照流程请假，也未进行补救的法律后果。遵守请假程序一方面是员工服从管理的需要，另一方面也是维护企业有序管理的需要。

一般来说，单位可设定相关的请假流程，但当员工未按照流程请假时，却不能当然以此为由认定旷工，还需从合理性角度去考量是否有特殊情况，包括是否及时告知员工

---

① 《国家劳动总局、财政部关于国营企业职工请婚丧假和路程假问题的通知》规定："二、职工结婚时双方不在一地工作的；职工在外地的直系亲属死亡时需要职工本人去外地料理丧事的，都可以根据路程远近，另给予路程假。"

更正，及对该请假的实际事由进行调查了解。为此，单位制定请休假流程，及行使是否批准等管理自主权时，不应只从法律角度考虑，还要从合理性角度考虑，尤其要关注请假的真实原因，及未按照请假流程时的申诉说明。

如单位决定对员工未按照请休假流程请假而进行处罚时，在规章制度合法合规的基础上，应当保留员工未按照请休假流程请假的相关证据，还应对于未按照请假流程请假的原因等进行调查了解，给予员工合理的申辩机会；同时，单位还应当准备员工未按照流程请假所造成的影响等相关证据。

请休假管理只是日常管理的一方面，考核的是直接管理者的管理智慧，既在情理之中，又在规则之内。

第九章
特殊员工

导言

特殊员工不应被差异化对待，因法律上涉及与其他员工不同的权益，且容易发生纠纷和争议，对特殊员工进行单独讨论有现实需要。本章主要内容包括医疗期、“三期”、工伤以及非因工伤亡员工管理。

医疗期、“三期”及工伤员工在劳动合同解除和终止方面有着相同之处，双方可协商一致解除劳动合同，单位也可根据《劳动合同法》第三十九条单方解除劳动合同，但若劳动合同到期的，则需顺延至相应期限结束。

特殊员工属偶发事项，企业宏观了解该类员工的法律规制以及常出现的问题有其必要性，但一定不能用“有色眼镜”来看待，我们每个人都有可能成为特殊员工。

本章有共同的分析方法，如法律规定的梳理、各类特殊人群权益的说明，但每部分内容又有差异，医疗期管理侧重介绍医疗期实践中各种问题纠葛的背后因素，“三期”则对各类假期进行了详细梳理，工伤对流程进行了说明。实际上，在不同问题项下用到的侧重方法在理解其他特殊人群时也可以适用。

第一节 “被利用”了的医疗期

医疗期与病假不同，医疗期是法律拟制概念，是劳动者因患病或非因工负伤停止工作治病休息而不得解除劳动合同的时限。医疗期以病假为基础，但不是所有病假都有医疗期，医疗期届满与生理上疾病是否痊愈并不当然关联。

进入医疗期的标准是员工所患疾病是否需要停止工作治病休息。实践中，很多企业困惑休假多长时间进入医疗期，对此，法律并无明确规定，不同单位有不同的掌握标准，衡量标准即是否需长期停止工作治病休息，通常为一个月左右。

对企业而言，合规管理不是最难的问题，最难的问题是医疗期被个别员工利用带来的管理难度和成本的极大增加。

一、医疗期立法带来的法律适用困境

《企业职工患病或非因工负伤医疗期规定》《劳动部关于贯彻〈企业职工患病或非因工负伤医疗期规定〉的通知》是医疗期的主要法律规范，《劳动法》以及《劳动合同法》则重点规定了医疗期在劳动合同解除和终止方面的特殊保护。

上述有关医疗期法律规范的出台时间集中在 1994 年和 1995 年，立法时间较早，现在社会保险救助体系的完善等对医疗期当初设立的前提和执行的程序提出了挑战。

（一）患有特殊疾病的员工是否自动适用 24 个月的医疗期?

《劳动部关于贯彻〈企业职工患病或非因工负伤医疗期规定〉的通知》第二条规定："根据目前的实际情况，对某些患特殊疾病（如癌症、精神病、瘫痪等）的职工，在 24 个月内尚不能痊愈的，经企业和劳动主管部门批准，可以适当延长医疗期。"实践中，对于特殊疾病是否直接适用 24 个月的特殊医疗期有不同认识，即特殊疾病到底是直接适用 24 个月的医疗期，还是仍然根据工作年限来确定医疗期的长短？此外，《劳动部关于贯彻〈企业职工患病或非因工负伤医疗期规定〉的通知》列举了癌症、精神病、瘫痪等特殊疾病，那还有哪些疾病是特殊疾病?

1. 通过案例或者内部会议纪要的方式，将某些患特殊疾病职工的医疗期直接确定为 24 个月

《最高人民法院公报》2013 年第 6 期中刊登的"梁某树诉南京某府餐饮管理有限公司劳动争议案"，对于特殊疾病医疗期的认定，一审法院和二审法院均认为，梁某树的病情，认定病情严重，属特殊疾病，应当享受 24 个月的医疗期。

《江苏省劳动仲裁疑难问题研讨会纪要》中规定："根据原劳动部的规定，对某些患有特殊疾病（如癌症、精神病、瘫痪等）的职工，不论其工作年限长短，均给予不少于 24 个月的医疗期，医疗期满后能否延长、延长多久，应由用人单位根据劳动者的具体情况自行确定。"

2. 人社管理部门以部门文件或复函等方式确定不应当理解为特殊疾病职工直接享有 24 个月的医疗期

比如，《广东省劳动和社会保障厅关于疾病医疗期问题的复函》（粤劳社函〔2004〕

250号）第二条规定，职工患特殊疾病的医疗期也应按劳部发479号文规定执行，即根据本人实际工作年限、在本单位工作年限计算医疗期，而不能理解为患特殊疾病的最少有24个月的医疗期。重庆市《关于贯彻执行〈重庆市企业职工病假待遇暂行规定〉若干问题的意见》第五条规定："对于某些患特殊疾病（如癌症、精神病、瘫痪等）的职工，在原已享受的医疗期内尚不能痊愈的，经企业和所在区县（市）劳动保障行政部门批准，可以适当延长医疗期，延长的医疗期原则上在不超过本人原医疗期内掌握。延长医疗期满后仍不能工作的，按《暂行规定》第八条执行。"该规定虽然并未明确特殊疾病不直接适用24个月的特殊医疗期，但从"延长的医疗期原则上在不超过本人原医疗期内掌握"可以推断出，特殊疾病的医疗期也是根据职工工作年限确定的。

《劳动部关于贯彻〈企业职工患病或非因工负伤医疗期规定〉的通知》出台时，我国社会保险制度才开始起步，企业和政府的职能并不清晰，随着我国政企分开以及社会保险制度的发展，很多问题需要再次审视。

（二）医疗期届满或医疗终结是否必须做劳动能力鉴定？

《企业职工患病或非因工负伤医疗期规定》第六条规定，企业职工非因工致残和经医生或医疗机构认定患有难以治疗的疾病，在医疗期内医疗终结，不能从事原工作，也不能从事用人单位另行安排的工作的，应当由劳动鉴定委员会参照工伤与职业病致残程度鉴定标准进行劳动能力的鉴定。《劳动部关于贯彻执行〈中华人民共和国劳动法〉若干问题的意见》第三十五条规定，请长病假的职工在医疗期满后，能从事原工作的，可以继续履行劳动合同；医疗期满后仍不能从事原工作也不能从事由单位另行安排的工作的，由劳动鉴定委员会参照工伤与职业病致残程度鉴定标准进行劳动能力鉴定。如果按照以上规定，医疗期满后仍不能从事原工作也不能从事由单位另行安排的工作的，应当进行劳动能力。

实践中，对于是否所有医疗期届满的劳动者都需要进行劳动能力鉴定的问题争议很大。同时，如单位未对劳动者进行劳动能力鉴定，履行了《劳动合同法》第四十条第一款的相关程序，满足相关条件且支付了经济补偿金等费用时，劳动合同的解除是否合法，争议也很激烈。

从司法实践案例来看，部分案例认为医疗期届满解除劳动合同的规定取代了《企业职工患病或非因工负伤医疗期规定》中有关“患有难以治疗的疾病”应当由劳动鉴定员会进行劳动能力鉴定的规定，是否进行劳动能力鉴定并不影响解除劳动合同的合法性。但更多观点认为，《企业职工患病或非因工负伤医疗期规定》中有关“患有难以治疗的疾病”的规定仍然有效，仍应当进行劳动能力鉴定。比如，在（2020）京02民终822号一案中，法院认为，公司在未进行劳动能力鉴定的情况下与陈某某解除劳动关系不妥，属违法解除。

然而，劳动能力鉴定的困惑不仅在于单位依照《劳动合同法》第四十条第一款解除劳动合同时是否需要劳动能力鉴定，还在于如果劳动者拒绝劳动能力鉴定的法律后果，即是否影响医疗补助金的支付，是否可以不再以未经劳动能力鉴定而被认定为违法解除等，这些问题在现行的医疗期制度中均未规定。对于工伤职工有类似规定，如拒不接受劳动能力鉴定的，根据《社会保险法》第四十三条的规定，停止享受工伤保险待遇。如果医疗期能引进类似规定，应当也能在一定程度上解决部分问题。

（三）医疗期届满或医疗终结，退职待遇由谁负担?

《企业职工患病或非因工负伤医疗期规定》第六条规定，患病职工被鉴定为一至四级的，应当退出劳动岗位，终止劳动关系，办理退休、退职手续，享受退休、退职待遇。

1951年制定的《中华人民共和国劳动保险条例》第十三条规定，工人与职员因病或非因工负伤致成残废，完全丧失劳动力不能工作而退职者，按其本企业工龄的长短，由劳动保险基金项下按月付给非因工残废救济费，其数额为本人工资百分之二十至百分之三十，至恢复劳动力或死亡时止。如有其他经济来源可以维持生活，此项非因工残废救济费不予发给。1953年修正的《中华人民共和国劳动保险条例》第十三条规定，工人与职员因病或非因工负伤医疗终结确定为残废，完全丧失劳动力退职后，病伤假期工资或疾病非因工负伤救济费停发，改由劳动保险基金项下发给非因工残废救济费，其数额按下列情况规定之：饮食起居需人扶助者为本人工资百分之五十，饮食起居不需人扶助者为本人工资百分之四十，至恢复劳动力或死亡时止；部分丧失劳动力尚能工作者不予发给。1978年颁布实施的《国务院关于工人退休、退职的暂行办法》第五条和第九条规定，不具备退休条件，由医院证明，并经劳动鉴定委员会确认，完全丧失劳动能力的工人，应该退职。退职后，按月发给相当于本人标准工资百分之四十的生活费，低于二十元的，按二十元发给。工人的退休费、退职生活费，企业单位，由企业行政支付；党政机关、群众团体和事业单位，由退休、退职工人居住地方的县级民政部门另列预算支付。从上述规定来看，对于退职相关费用的承担规定不一致。

上述规定是在我国养老保险制度未建立的情况下出台的。根据 1991 年 6 月出台的《国务院关于企业职工养老保险制度改革的决定》，我国逐渐建立起了相关的社保制度。根据《社会保险法》第十七条的规定，参加基本养老保险的个人，因病或者非因工死亡的，其遗属可以领取丧葬补助金和抚恤金；在未达到法定退休年龄时因病或者非因工致残完全丧失劳动能力的，可以领取病残津贴。所需资金从基本养老保险基金中支付。实践中，由于参加基本养老保险的个人，达到法定退休年龄时累计缴费满 15 年的，才能按月领取基本养老金，导致累计缴费不满 15 年的因无法办理退休而不能享受病残津贴的现象屡见不鲜。如此，在不少地区，《社会保险法》第十七条就如空中楼阁一般，静静地躺在那里。

困惑还不止于此，比如，上海市人民政府《关于本市劳动者在履行劳动合同期间患病或者非因工负伤的医疗期标准的规定》中明确，劳动者经劳动能力鉴定委员会鉴定为完全丧失劳动能力但不符合退休、退职条件的，应当延长医疗期。延长的医疗期由用人单位与劳动者具体约定，但约定延长的医疗期与前条规定的医疗期合计不得低于 24 个月。由此可知，这在某种程度上又让不符合退休、退职条件的医疗期成本由用人单位来承担。

医疗期问题不仅关涉劳动合同的解除，还与社会保险等问题息息相关，不同年代出台的制度交织在一起，成了医疗期制度各种问题出现的原因之一。实际上，早在《劳动部办公厅〈关于因病或非因工负伤医疗期管理等若干问题的请示〉的复函》（劳办函〔1996〕40 号）中已指出，由于医疗期制度试行时间不长，尚待进一步完善，请你们在实践中根据当地实际情况予以总结完善。将近 30 年过去了，我们似乎从来没有去“完善”过，反而随着时间的推移，法律的滞后性与现实的冲突，使得该问题更加凸显，矛盾也愈演愈烈。

（四）医疗补助费支付还是不支付?

已经失效的《违反和解除劳动合同的经济补偿办法》第六条规定，“劳动者患病或者非因工负伤，经劳动鉴定委员会确认不能从事原工作、也不能从事用人单位另行安排的工作而解除劳动合同的，用人单位应按其在本单位的工作年限，每满一年发给相当于一个月工资的经济补偿金，同时还应发给不低于六个月工资的医疗补助费。患重病和绝症的还应增加医疗补助费，患重病的增加部分不低于医疗补助费的百分之五十，患绝症的增加部分不低于医疗补助费的百分之百”。由于该规定已经失效，部分观点认为，医疗期届满解除劳动合同时医疗补助费的支付没有法律依据。

但是，《劳动部关于贯彻执行〈中华人民共和国劳动法〉若干问题的意见》第三十五条规定，医疗期满后仍不能从事原工作也不能从事由单位另行安排的工作的，由劳动鉴定委员会参照工伤与职业病致残程度鉴定标准进行劳动能力鉴定。被鉴定为五至十级的，用人单位可以解除劳动合同，并按规定支付经济补偿金和医疗补助费。《劳动部关于实行劳动合同制度若干问题的通知》（劳部发〔1996〕354号）第二十二条规定，劳动者患病或者非因工负伤，合同期满终止劳动合同的，用人单位应当支付不低于六个月工资的医疗补助费；对患重病或绝症的，还应适当增加医疗补助费。

实践中，关于医疗补助费到底发还是不发，以及按照什么标准发，还是存在一定的争议的。

医疗期处理在实践中的很多困惑和不确定，与上述法律政策的规定不一有很大关系。

二、医疗期合规管理规范

医疗期的合规管理包括准确计算医疗期、按时发送相关通知、医疗期期间的行为管理、医疗期届满后劳动合同解除或终止等事宜。

医疗期分为两种：一种是正常的医疗期，即按照劳动者实际工龄和在本单位工龄对医疗期的时间进行计算；另一种是特殊疾病的医疗期。

（一）正常情况下的医疗期期限

正常情况下的医疗期需要了解员工的实际工作年限以及在本单位的工作年限，根据两者具体确定医疗期期限的长短以及累计病休的时间。

表 9-1　正常情况下的医疗期期限

实际工作年限	10 年以下		10 年以上				
在本单位的工作年限	5 年以下	5 年以上	5 年以下	5 年以上 10 年以下	10 年以上 15 年以下	15 年以上 20 年以下	20 年以上
医疗期	3 个月	6 个月	6 个月	9 个月	12 个月	18 个月	24 个月
累计病休时间	6 个月	12 个月	12 个月	15 个月	18 个月	24 个月	30 个月

（二）特殊疾病医疗期

按照劳动者所患病是否属于特殊疾病种类，如劳动者患病为癌症、精神病、瘫痪等，在 24 个月内不能治愈的，则可以依据申请以及相关部门（用人单位和劳动主管部门）批准，给予 24 个月的医疗期。如上分析，特殊疾病是否当然进入特殊医疗期，以及特殊医疗期到底包括哪些病种，实践中争议较大。

（三）上海有关医疗期的特殊规定

上海市人民政府《关于本市劳动者在履行劳动合同期间患病或者非因工负伤的医疗期标准的规定》与国家关于医疗期的规定有所不同。上海的医疗期按照劳动者在本用人单位的工作年限设置。劳动者在本单位工作第 1 年，医疗期为 3 个月；以后工作每满 1 年，医疗期增加 1 个月，但不超过 24 个月。劳动者经劳动能力鉴定委员会鉴定为完全丧失劳动能力但不符合退休、退职条件的，应当延长医疗期。延长的医疗期由用人单位与劳动者具体约定，但约定延长的医疗期与前条规定的医疗期合计不得低于 24 个月。下列情形中关于医疗期的约定长于上述规定的，从其约定：集体合同对医疗期有特别约定的；劳动合同对医疗期有特别约定的；用人单位内部规章制度对医疗期有特别规定的。

（四）医疗期计算的常见问题

1. 医疗期如何计算？

医疗期计算应从病休第一天开始，连续或者累计计算；医疗期中“月”的天数，按原劳动部规定的 30 天核算；医疗期间，公休、假日和法定节假日包括在内；关于医疗期计算是否必须是同一种病，现行法律无明确规定，司法实践认识也不一致。

2. 医疗期是否为一次性？

现行法律法规对于在劳动合同存续期间医疗期是一次性还是可以多次享受均未作出明确规定。医疗期属于劳动合同终止或解除的保护期，并非指治疗的实际期限。因此，职工医疗期满后继续留用或者累计计算周期内医疗期未满的，自下一次病休起可以重新核定医疗期，大部分地区是这样操作的。

3. 医疗终结

医疗终结代表劳动者治疗完毕，与停止休病假是两回事。如劳动者治疗未终结，则只是暂时停止休病假要求返回原岗位上班，如果之后劳动者又出现病休事宜则需要累计计算病休时间，甚至出现累计计算周期内医疗期未满，劳动者又休病假的，单位需要重新核定医疗期。

4. 医疗期遭遇试用期

试用期是包含在合同期限之内的，若劳动者在试用期内患病可以享受医疗待遇。根据《企业职工患病或非因工负伤医疗期规定》第三条的规定，劳动者在试用期内患病或非因工负伤，可以享受的医疗期期限为 3 个月。

三、医疗期内的劳动关系管理

对医疗期是否必须签订医疗期协议并无明确规定，可根据企业自身情况以及制度要求进行相关的管理。医疗期期间的管理涉及是否需要继续提交病假条、医疗期员工是否可以从事其他活动等。

（一）病假资料的提交

医疗期内是否仍然需要持续提供假条，以及假条的具体要求，根据企业规章制度执行。对于提交资料的真实性，员工应该予以保证。如提供虚假请假资料的，一经发现，可以根据制度进行相关处理。

（二）医疗期内的工资待遇

病假工资或疾病救济费可以低于当地最低工资标准支付，但不能低于最低工资标准的 80%，不同地区对医疗期工资的最低标准不同。医疗期期间，仍应当缴纳社会保险与住房公积金。医疗期的具体病假工资，需要结合各地规定以及双方劳动合同或者规章制度确定。

（三）医疗期内的管理

1. 对医疗期内劳动者未按规定履行请假手续或者提供病假资料能否认定为旷工？

司法实践观点不一，单位以医疗期内劳动者未按规定履行请假手续或者提供病假资料，认定为旷工解除劳动关系的，除规章制度必须合法合规外，最好在医疗期协议或医疗期通知中重申，不提交病假资料又不返岗视为旷工。尽管如此，以该理由解除劳动合同，被认定为违法解除的风险还是比较高。

2. 医疗期内，职工是否可以从事有收入的活动？

根据《劳动部、国务院经贸办、卫生部、国家工商行政管理局、中华全国总工会关于加强企业伤病长休职工管理工作的通知》规定，伤病休假职工不得从事有收入的活动。机关、事业单位、社会团体和企业不得聘用伤病休假职工。对利用伤病假从事有收入活动的职工，要停止其伤病保险待遇，不予报销医疗费，并限期返回单位复工。基于《企业职工奖惩条例》和《国营企业辞退违纪职工暂行规定》（已经失效），同时，社保政策发生了变动，为此，用人单位可以通过在规章制度中对此行为进行规定以便对该行为进行约束。

四、医疗期届满的劳动关系管理

医疗期届满前，单位应提前通知员工医疗期届满后的相关安排。医疗期届满后，如员工正常返岗，通常不会有太大争议，而加强管理的重要原因之一在于可能出现员工不及时返岗的劳动合同解除。

（一）书面返岗通知

医疗期届满，用人单位要及时以书面形式通知劳动者，要求其按时返岗。

（二）劳动关系管理

医疗期的规定是对用人单位终止或解除劳动合同的一种限制，因此医疗期届满，用人单位可根据劳动者劳动能力、劳动合同期限等因素，决定劳动合同的继续履行、变更、解除或终止。

1. 劳动合同继续履行

劳动者能够恢复正常劳动，且劳动合同期限尚未届满的，劳动合同继续履行。

2. 劳动合同变更

医疗期届满，劳动者不能从事原工作，需要为劳动者另行安排新工作，劳动者能够从事新工作，劳动合同变更后继续履行。调整劳动者岗位的，应当送达或者签署岗位调整确认书。尽管该种情况下的劳动合同变更是用人单位依法单方变更，但另行安排的新工作应具有合理性。

3. 劳动合同终止

医疗期届满，劳动者不能从事原工作，也不能从事另行安排的工作的，经劳动能力鉴定，鉴定为1—4级的，用人单位应当为劳动者办理退休、退职手续，劳动者开始享受退休、退职待遇，劳动合同依法终止。

由于劳动合同解除已经在其他章节中进行介绍，本部分不再赘述。

（三）劳动能力的鉴定

如上文分析，是否需要劳动能力鉴定，以及员工拒绝劳动能力鉴定如何处理，在实践中存在很大争议。无论如何，单位应当了解正常的劳动能力鉴定程序。鉴定时间：医疗期届满或医疗终结；鉴定机构：用人单位和劳动者均可向劳动能力鉴定委员会申请劳动能力鉴定；鉴定意义：用人单位可以根据鉴定结果选择解决路径；至于鉴定需要的资料及鉴定具体需满足的条件，可向各地人社局了解。

对于医疗期的管理，只靠企业无法有实质的改变，仍然会有个别员工利用医疗期“获利”，医疗期的管理除了单位应当有相关的制度、过程中应当注意加强监管外，更需要法律规定的进一步梳理与完善。

（四）对患有精神类疾病的员工应当格外关怀

员工患有精神类疾病时，单位应当明确是否适用特殊医疗期、医疗期届满后的处理路径等问题。

1. 员工因患精神病在宿舍打伤他人，用人单位应当担责

（2018）渝01民终6351号一案中，王某在租赁房内，手持菜刀先后朝租住同一房屋的工友魏某、林某、沈某的上半身猛砍，致使三人受伤。案发后，经鉴定，王某系酒精所致精神障碍，案发时无刑事责任能力。另查明，被告王某的父母在其到公司工作前曾两次将其因精神障碍送住院治疗，公司在王某入职时没有进行体检。

法院认为，公司在招聘员工过程中没有尽到检查、筛选义务，以致发生不适宜工作的被告王某进入其公司工作并被安排与他人共同居住，公司仅将房屋提供给员工，未进行基本的管理，使得原告等人处于危险环境，公司对本案具有过错，应当承担次要责任，承担20%的责任。

为此，单位对于员工精神等状态的了解不仅是工作需要，也是确保其他同事安全的需要。

2. 员工因患精神病自杀的，特殊情况下会构成工伤

《工伤保险条例》第十六条规定，自残或自杀的，不构成工伤。但对于该条如何理解实践中存有争议，而且人社部门和法院争议非常大，个别案例会被认定为工伤。

案例一：杨某因工作原因受伤，之后在抑郁情绪下发生了扩大性自杀，属于工伤。（2008）一中行终字第656号一案中，法院认为杨某自杀与此前工作中头部受到伤害有因果关系，属于工伤，法院进一步解释，不得认定工伤的视同情形应指非因工作和工作事故遭受伤害的情况。

案例二：马某甲可能因工作、身体、心理等不良状况产生紧张压力从而萌生轻生念头，公安局排除了马某甲的死亡系犯罪行为所致，不能得出必然系自杀所致，由于推定马某甲系自杀的证据不足，为此，认定为工伤。（2015）渝四中法行终字第00051号一案中，2013年11月14日上午9时30分许，马某甲从某镇政府办公楼5楼至6楼的楼梯间窗台坠落至院坝内死亡。公安局在马某甲办公室抽屉中提取了马某甲的自书纸条一张，内容为：“……土地拆迁工作太多、太杂，压力大，太感紧张，开始生病，睡不着，与谁说？没精力去生活，只想解脱，对不起太多的人，特别是我的家人，不敢想他们以后的日子，世界末日也没有这么折磨人吧。我舍不得，有太多的牵挂，但又怎么办？”人社局在工伤认定中认为马某甲不是因工作原因而高坠死亡，其高坠死亡存在主观故意，属于自杀行为。法院不认可该认定，法院认为遗书有必死的意念，对死后事宜要有交代，而马某甲留下的纸条没有这些内容，只是对工作压力的宣泄，“想解脱”没有自杀的明确意思，不能视为遗书。为此，由于无法确认属于自杀，而死亡发生在工作时间、工作地点，进而认定为工伤。

上述两个案件虽然不是多数，但也提示企业：对于可能由于工作原因导致的精神问题，进而引发自杀，尤其在公安局无法出具属于自杀认定的情况下，不排除认定为工伤的可能性。

3. 患有精神疾病的员工自杀死亡，如不构成工伤，会涉及非因工死亡补偿，应区分具体情况

《全国总工会劳动保险部劳动保险问题解答》规定，凡属政治性自杀（指确有可靠材料）都不享受劳动保险待遇。参照该规定的地方性规定还包括，大连市劳动局《企业职工供养直系亲属管理暂行规定》第七条规定，职工畏罪自杀的，其供养直系亲属不享受劳动保险待遇。《四川省完善企业职工基本养老保险制度实施办法的实施细则》规定得更为细致，被有权机关认定为涉嫌犯罪造成死亡的；经司法部门结论为畏罪自杀造成死亡的；犯罪被人民法院判处执行死刑的，该三种情况不支付非因工死亡抚恤金。但也有地区不区分自杀原因，如《广东省关于自缢身亡员工死亡抚恤待遇问题的复函》规定，职工自缢身亡，企业应当按照粤劳薪〔1997〕115 号文规定发给死亡抚恤待遇。

为此，如果属于非因工死亡时，首先，用人单位应具体了解自杀原因，根据当地政策进行判断；其次，凡属政治性自杀，除非当地有规定可以发放，否则，应当不予发放；最后，排除特殊情况，或者根据当地规定不区分情况的，应当按照规定发放非因工死亡津贴。

4. 用人单位对患有精神类疾病的员工应当合法、合情进行有效关怀和管理

对精神类疾病员工的管理不是简单的医疗期问题，而是需要用人单位综合管理，尤其是现代人各种压力较大，必要的人文关怀更显重要。在不构成就业歧视的情况下，用人单位应当充分了解拟招聘员工的精神状态，对于在职员工的精神状态也应当随时关注，人文关怀应体现在日常工作中。若发生职工自杀等事件，除法律规定的赔偿外，是否给予家属必要的人道补偿，用人单位应根据情况确定。另外，对于在职员工造成的心理影响，用人单位也应当给予适当引导。

第二节　履行社会责任，依法保护“三期”员工权益

2021年6月26日，《中共中央、国务院关于优化生育政策促进人口长期均衡发展的决定》发布实施，放开三胎的生育政策引发热议。正如国家卫生健康委负责人在答记者问中所说，计划生育的落实要加强统筹规划、政策协调和工作落实。新修订的《中华人民共和国人口与计划生育法》已经就积极鼓励生育政策作出规定，接下来，完善生育休假与生育保险制度、女性就业合法权益等问题将更加突出。

此前对于不符合国家计划生育规定的女职工生育的，依法应当享有“三期”女职工的假别，但休假期间无权依照法律享有相应待遇，即享有休假权，但无法享有相应待遇。这些口径可能未来会发生一些变化，需要持续关注。

“三期”即孕期、产期和哺乳期，包括女职工妊娠开始—生产—哺乳期满（婴儿满1周岁），或女职工妊娠开始—流产—流产假结束。当然，还涉及非婚生子女或超生问题。从合规角度看，用人单位应了解清楚女职工在各个阶段的法定权利、女职工的假期类别、时间管理、岗位和工资管理以及解除或终止劳动关系管理等。

一、“三期”假期以及待遇管理

（一）保胎假

法律依据：《国家劳动总局保险福利司关于女职工保胎休息和病假超过六个月后生育时待遇问题给上海市劳动局的复函》规定，“女职工按计划生育怀孕，经过医师开据证明，需要保胎休息的，其保胎休息的时间，按照本单位实行的疾病待遇的规定办理”。

管理方式：单位可要求女职工出具医生诊断证明（挂号凭证、检查报告、缴费凭证等）证明需要休保胎假。

待遇：按原待遇发放。

（二）流产假

法律依据：《女职工劳动保护特别规定》第七条第二款规定，“女职工怀孕未满4个

月流产的，享受 15 天产假；怀孕满 4 个月流产的，享受 42 天产假”。具体还要看各地区的规定。

管理方式：单位可以要求员工提交相关证明。

待遇：原则上可以申报生育津贴，与原工资差额部分由单位支付。

（三）产前假

法律依据：产前假并非处于孕期的女职工享有的法定假期，是否享有完全基于各地政策是否有规定，上海、海南、湖南、山东、福建对产前假作出了相应的规定。

管理方式：除非法律规定，产前假的批准权在单位。

待遇：除非法律明确规定，可以结合企业制度确定，但应当依法确保女职工的合法权益。

（四）产假

法律依据：《女职工劳动保护特别规定》第七条第一款规定，“女职工生育享受 98 天产假，其中产前可以休假 15 天；难产的，增加产假 15 天；生育多胞胎的，每多生育 1 个婴儿，增加产假 15 天”。各地会有不同的规定，另外，产假天数为连续计算的自然日，包括法定节假日和休息日；“产前休息”超过 15 日的，原则上按病假处理，双方约定产前超休假从产后扣除的除外；用人单位享有批准女职工延长 1—3 个月产假的权限，职工是否享受 1—3 个月的延长假由用人单位根据实际情况决定，如单位批准同意延长产假，则该延长期间的工资待遇目前无法由生育保险基金支付，而应由用人单位按照女职工提供正常劳动的工资标准支付。

管理方式：需要提交的材料，企业根据情况予以要求。

待遇：发放产假津贴，但低于原待遇的，企业负责补差。

（五）产检假

法律依据：《女职工劳动保护特别规定》第六条第三款规定：“怀孕女职工在劳动时间内进行产前检查，所需时间计入劳动时间。”

管理方式：员工根据企业规章制度请假，各地的女职工劳动保护相关政府规章均有相同规定。《孕产期保健工作规范》规定，孕期应当至少检查 5 次。其中，孕早期至少进行 1 次，孕中期至少 2 次（建议分别在孕 16—20 周、孕 21—24 周各进行 1 次），孕晚期至少 2 次（其中至少在孕 36 周后进行 1 次），发现异常者应当酌情增加检查次数。部分地区如南京有专门的规定，怀孕女职工的产前检查，定为 11 次，每次半天，应算作劳动时间，并扣除相应的劳动定额。如有特殊情况，根据医务部门证明可增加次数。实践中，每个孕妇的个体情况有差别，进行检查的项目、频率应由专业医生作出判断，单位不能通过规章制度等限制产检假的时间和次数。

待遇：按原待遇发放。

（六）哺乳时间

应当有效区分哺乳期和哺乳时间，哺乳期是自生产之日起 1 年内，哺乳期员工受相关解雇保护，哺乳时间每天一个小时。

而哺乳假并非处于哺乳期的女职工享有的法定假期，个别地区有相关规定，如《上海市女职工劳动保护办法》第十六条规定："女职工生育后，若有困难且工作许可，由本人提出申请，经单位批准，可请哺乳假六个半月。"第十八条规定："女职工在产假期间的工资照发。按本规定享受的产前假和哺乳假的工资按本人原工资的百分之八十发给。单位增加工资时，女职工按规定享受的产前假、产假、哺乳假，应作出勤对待。"[①]

女职工未享受哺乳时间，单位应补偿吗？如补偿，按照何种标准补偿？就上述问题，法律并无明确规定，通过案例梳理，上述问题可拆解为哺乳期是否已享受，如未享

---

① 上海市卫生局《关于本市医疗机构依法开具产前假和哺乳假有关疾病证明的通知》规定："三、经二级及以上医疗保健机构证明患有以下产后严重影响母婴身体健康疾病的，本人提出申请，用人单位应当批准其哺乳假。

1. 产后抑郁症；
2. 全子宫切除术后；
3. 有前述所列的产前严重的妊娠合并症，产后未缓解的；
4. 产时曾经历危重抢救，目前仍存在重要脏器功能损害；
5. 婴儿有先天缺陷致喂养困难：早产儿、唇腭裂、先天性心脏病等；
6. 双胎及以上；
7. 婴儿患有中重度营养不良、贫血、佝偻病；
8. 婴儿曾患有严重感染性疾病：如败血症、脑膜炎、肺炎等；
9. 婴儿患有遗传代谢性疾病。"

受，未享受的原因为何，以及何种情况下单位应当补偿？

1. 哺乳期是否已享受，如就该问题产生争议，首先是事实查明问题

即对于是否已为员工安排哺乳假的问题，原则上由单位承担举证责任，如单位不能举证证明，则承担相应不利后果；如用人单位已安排，劳动者认为未享有的，应承担相应的举证责任。

2. 员工未享受哺乳期是否需要补偿，实践中观点不一

一种观点认为，享受哺乳时间虽是员工权利，但若非单位不让享有，单位无须补偿。通过案例检索，我们发现对于该种情况下单位无须补偿的理由略有差异，包括如下几种情况：员工未向单位主张该权利，视同其放弃该权利，单位无须补偿，如（2016）湘0105 民初 5167 号一案；员工未能证明其未享受该类假期是经申请后单位不同意，为此，单位无须补偿，如（2012）沈和民四初字第 01195 号一案；尽管用人单位未告知员工享有哺乳时间的权利，员工也未就此向单位进行主张，但如单位在此期间按正常标准向员工支付了工资，则此后也无须另行补偿，如（2017）粤 1971 民初 16825 号一案。

另一种观点认为，安排哺乳时间系单位的义务，单位不依法履行的，应对此予以补偿，如（2013）浦民初字第 1629 号一案。

通过上述不同案例也可以看出，之所以对该问题有认识差异，与该假期必须是由单位明确安排还是劳动者主动申请等认定有关，同时，和未休哺乳期导致的损失到底是什么有关，是相对应的企业损失还是未享受假期直接导致的奶粉损失等。

通过该问题，本书想说明的不只是哺乳时间的问题，还包括假期管理的一些要素，即对“三期”期间各类假期应当有严格的制度，如主动为员工安排哺乳时间或提供合适的哺乳场所，并应在员工产假结束前沟通好哺乳时间的安排，如员工未享受哺乳时间，应当督促员工享受该类权利，若员工放弃的，最好签署相关文件，或者在相关通知文件中说明不享受视同放弃。若确实由于单位原因未享受的，建议给予一定补偿，但该补充标准并无法律规定。

人力资源管理处处是奥妙，法律只是底线，人性关怀应该贯穿始终。而如此小的问题都有各种争议，又能看出人力资源管理无小事，应当最大限度地做到合规和合情。

3. 孕期：怀孕 7 个月以上不得安排加班、夜间劳动，有工间休息时间

根据《女职工劳动保护特别规定》第六条第二款规定：“对怀孕 7 个月以上的女职

工，用人单位不得延长劳动时间或者安排夜班劳动，并应当在劳动时间内安排一定的休息时间。”

工间休息时间应计入劳动时间，用人单位不能按病假、事假、旷工处理或扣发工资，而应按正常出勤对待。至于工间休息时间的长度和频次，用人单位应按照当地规定执行。其中，北京市并没有给出明确的操作标准，上海市、广东省、江苏省[①]明确工间休息时间为1小时。为此，建议单位在现行规定的基础上，科学合理地确定工间休息时间，但明确不得将工间休息时间累计使用。

4. 哺乳期：不得安排加班或夜班，每天1小时哺乳时间，单位可在制度中规定不得累计使用哺乳期

根据《女职工劳动保护特别规定》第九条规定：“对哺乳未满1周岁婴儿的女职工，用人单位不得延长劳动时间或者安排夜班劳动。用人单位应当在每天的劳动时间内为哺乳期女职工安排1小时哺乳时间；女职工生育多胞胎的，每多哺乳1个婴儿每天增加1小时哺乳时间。”哺乳时间算作劳动时间。一些地区规定，在哺乳期届满后，如婴儿被诊断为体弱儿的，可适当延长哺乳期[②]。

哺乳时间的使用频率，法律并无强制性规定。需要明确的是，用人单位可在制度中规定哺乳期每天1小时的时间不得累计使用。

除此之外，还有节育假等假期，企业也应当依法保障。

二、“三期”女职工的岗位以及工作管理

（一）“三期”女职工禁忌从事的劳动范围

《女职工劳动保护特别规定》规定了孕期、哺乳期女职工禁忌从事的劳动范围。另

---

① 《上海市女职工劳动保护办法》第十二条规定：“女职工妊娠七个月以上（按二十八周计算），应给予每天工间休息一小时，不得安排夜班劳动。如工作许可，经本人申请，单位批准，可请产前假两个半月。”

根据《广东省实施〈女职工劳动保护特别规定〉办法》第十条的规定，女职工怀孕7个月以上的，每天安排1小时工间休息，工间休息时间视同其正常劳动并支付正常工作时间的工资，并不得安排其延长工作时间或者从事夜班劳动；对从事立位作业的女职工，还应在其工作场所设休息座位。

《江苏省女职工劳动保护办法》第九条规定：“……怀孕七个月以上（含七个月）的女职工，一般不得安排其从事夜班劳动。在劳动时间内应给予工间休息一小时，并扣除相应的劳动定额……”

② 《江苏省女职工劳动保护办法》第十一条规定：“……婴儿满周岁后，经医疗单位诊断为体弱儿的，可延长哺乳期，但以不超过半年为限。”

外，用人单位不得安排怀孕女职工在35℃以上的高温天气期间从事室外露天作业及温度在33℃以上的工作场所作业。①

（二）孕期不能适应原劳动的，应当根据医疗机构的证明予以减轻劳动量或者安排其他能够适应的劳动

《女职工劳动保护特别规定》第六条第一款规定："女职工在孕期不能适应原劳动的，用人单位应当根据医疗机构的证明，予以减轻劳动量或者安排其他能够适应的劳动。"

如出现上述情况，单位可先核实医疗机构证明的真实性，情况真实并涉及调岗的，按照下列原则调整工作岗位：劳动合同事先对变更工作内容有约定的，应按照劳动合同约定调整；没有事先约定的，单位应在征求女职工意愿的基础上，调整女职工从事其他合适其身体状况的工作内容；签署书面的劳动合同变更内容，并注明薪资调整的时间。

（三）产假未休完提前上班的，工资如何支付？

该问题并无法律规定，一般认为，并非单位要求职工提前上班的，生育津贴和工资两者不可以兼得；但如果是单位要求职工提前上班，两者可以兼得。生育津贴是女职工享受产假期间的应得待遇，而提前上班期间的工资是女职工放弃休假的额外劳动报酬。

提前上班的产假工资标准，除了部分地方另有规定外，各地在实践中的执行口径是：双方有专门约定的，按约定标准支付；无专门约定的，按产假前工资标准支付。

三、生育津贴与产假工资

（一）生育津贴和产假工资实行就高不就低的原则

《女职工劳动保护特别规定》第八条第一款规定："女职工产假期间的生育津贴，对已经参加生育保险的，按照用人单位上年度职工月平均工资的标准由生育保险基金支付；对未参加生育保险的，按照女职工产假前工资的标准由用人单位支付。"当生育津

① 《国家安全生产监督管理总局、卫生部、人力资源和社会保障部、中华全国总工会关于印发防暑降温措施管理办法的通知》（安监总安健〔2012〕89号）第八条规定："……（三）用人单位不得安排怀孕女职工和未成年工在35℃以上的高温天气期间从事室外露天作业及温度在33℃以上的工作场所作业……"

贴高于女职工本人工资时，按照法律规定，应按照生育津贴的标准向女职工发放工资；当生育津贴低于女职工本人工资时，用人单位应该予以补足。

（二）产假期间工资支付有制度的依据制度发放，无制度的可结合生育津贴到账主体的不同调整发放工资标准

单位应当保证产假期间的社会保险正常缴纳，以便于领取生育津贴。就产假期间的工资支付情况，企业规章制度中明确规定产假期间基本工资、岗位津贴和出勤补贴照常发放，则应当严格按照制度执行；如制度中并未对产假期间工资发放情况进行规定，就生育津贴是否支付到个人账户进行区分，为避免日后员工不返还生育津贴，合同或者制度中对于产假期间的工资发放应当明确。

“三期”管理的难点不在于上述具体的合规要求，而在于“三期”与试用期等竞合时，基于对“三期”的特殊保护，以试用期不符合录用条件解除应采取更慎重的态度。

第三节　工伤、职业病与非因工死亡

职业病是工伤的一种，工伤管理涉及工伤认定、工伤处理、工伤待遇等，而职业病则涉及入职前的岗位危害告知、职业病体检、职业病禁忌、疑似职业病等不同阶段的管理重点。

一、注意预防，重在过程的工伤管理

员工发生工伤时，工伤认定等流程固然重要，但对于企业而言，与家属的联系、安抚家属等问题同样重要。限于篇幅，本部分重点说明法律上对于工伤的相关规定。

（一）工伤认定的条件

劳动关系原则上是工伤认定的前提，基于本书其他内容有关于劳动关系认定的详细论述，本处不再赘述。根据《工伤保险条例》《最高人民法院关于审理工伤保险行政案件若干问题的规定》，就工伤认定总结如下。

1. 应认定为工伤的情形

《工伤保险条例》第十四条规定："职工有下列情形之一的，应当认定为工伤：（一）在工作时间和工作场所内，因工作原因受到事故伤害的；（二）工作时间前后在工作场所内，从事与工作有关的预备性或者收尾性工作受到事故伤害的；（三）在工作时间和工作场所内，因履行工作职责受到暴力等意外伤害的；（四）患职业病的；（五）因工外出期间，由于工作原因受到伤害或者发生事故下落不明的；（六）在上下班途中，受到非本人主要责任的交通事故或者城市轨道交通、客运轮渡、火车事故伤害的；（七）法律、行政法规规定应当认定为工伤的其他情形。"

《最高人民法院关于审理工伤保险行政案件若干问题的规定》第六条规定："对社会保险行政部门认定下列情形为'上下班途中'的，人民法院应予支持：（一）在合理时间内往返于工作地与住所地、经常居住地、单位宿舍的合理路线的上下班途中；（二）在合理时间内往返于工作地与配偶、父母、子女居住地的合理路线的上下班途中；（三）从事属于日常工作生活所需要的活动，且在合理时间和合理路线的上下班途中；（四）在合理时间内其他合理路线的上下班途中。"

工伤认定的核心是"三要素"，即工作时间、工作地点、因为工作原因。这些要素看似简单，但实践中经常会发生很多争议，如（2020）最高法行再68号一案中，刘某与公司之间存在事实劳动关系。2014年12月19日，刘某与塔吊指挥人员李某商议使用塔吊机吊运建筑材料过程中，两人发生争执并相互斗殴，后李某用匕首将刘某眼部刺伤。2015年7月15日，市人社局作出《认定工伤决定书》，"刘某同志受到的事故伤害，符合《工伤保险条例》第十四条第三项之规定，属于工伤认定范围，现予以认定为工伤"。公司不服《认定工伤决定书》，向省人社厅申请行政复议。2015年12月9日，省人社厅作出164号《行政复议决定书》，认为刘某受伤系与他人口角之争后产生的恩怨所致，其受伤不属于因履行工作职责受到的暴力伤害，决定撤销《认定工伤决定书》。同时，李某故意伤害案刑事判决书载明"刘某对纠纷的发生并无明显过错，二人先因口角发生纠纷，后李某返回寝室拿出折叠刀对刘某进行报复性伤害，刘某对伤害后果的发生并无过错……"。

后法院于2016年4月12日作出判决，认为刘某与公司存在事实劳动关系，其所受暴力伤害系其在工作时间、工作岗位、因工作原因受到他人故意伤害所致，符合上述规定，应当认定为工伤。省人社厅辩称上述暴力伤害系“私人恩怨”导致缺乏相关证据予以证明，不予支持。

省人社厅、公司不服一审判决，向四川省高级人民法院提起上诉。2016 年 11 月 18 日，四川省高级人民法院作出（2016）川行终 665 号行政判决，认为：本案中，刘某是在工作时间和工作场所内，受到李某暴力伤害致伤，刘某与李某之间的纠纷虽然起因于工作，但该暴力伤害的直接原因是其与李某发生冲突后的个人暴力侵害行为，与其从事的本职工作和应履行的工作职责无直接关联。履行职责发生争议时，劳动者应以恢复正常履行工作职责状态为目的，并以适度的方法和手段达到该目的，行为不应超过合理、必要的限度，否则劳动者的严重不当行为会阻却履行工作职责与受到暴力伤害之间的因果关系，导致其不被认定为“履行工作职责”。因此，市人社局认定刘某所受伤害构成工伤显然不当。省人社厅依据公司的申请，决定撤销市人社局的《认定工伤决定书》，认定事实清楚、适用法规正确，程序合法。

刘某向最高人民法院申请再审，最高人民法院认为，从一、二审查明的事实以及各方当事人提供的证据来看，认定工作时间和工作场所各方当事人无争议，但是否为“履行工作职责”是本案的核心焦点。

第一，关于刘某受到暴力伤害是否因履行工作职责所致的问题。

本案情形是否应当适用《工伤保险条例》第十四条第三项的关键不在于职工所受暴力等意外伤害的具体表现形式，而在于暴力伤害与履行工作职责之间的关联性是否足以达到认定工伤的程度。根据（2015）高新刑初字第 147 号刑事判决书及附案询问笔录等在案证据，刘某与李某在涉案纠纷发生前并不认识，二人并无个人恩怨。涉案伤害事件发生的起因是，刘某在工作中需使用塔吊机吊运钢材，在催促过程中与塔吊指挥人员李某发生争执，在双方第一次争执打斗未造成严重伤害的情况下，李某为报复刘某返回宿舍取刀后将其刺伤。从伤害事件发生的初始因素来看，刘某是在履行其工作职责，虽然刘某处理工作纠纷的方式方法欠妥，但从客观行为上看刘某在经过第一次打斗后并无与李某继续争执的相关表现，其在笔录中自述找李某的目的是配合其完成工作任务，说明刘某始终具有完成工作职责的主观意愿。二人之间的争执打斗系因工作原因引起，李某心生怨气产生犯意致刘某受伤，且前后两次争执打斗时间连续、地点均在工作场所之内，具有较为明显的连贯性。换言之，刘某的伤害后果是因为工作原因与李某的故意伤害行为共同导致，其中李某的故意伤害行为虽是直接原因，但刘某受伤与工作原因之间亦具有因果关系，不能将李某刺伤刘某归因于私人恩怨而否认刘某因履行工作职责而受到的暴力伤害。

第二，关于工作纠纷发生后处理不当是否属于阻却认定工伤的理由。职工之间因履行工作职责发生争议时未能正确处理纠纷，甚至存在行为不当情形时能否认定为工伤，需要具体分析。

首先，虽然《工伤保险条例》第十四条第三项并未就职工对受到暴力等意外伤害负有一定责任时如何认定工伤的问题作出明确规定，但可参考《工伤保险条例》第十四条第六项关于在上下班途中，受到非本人主要责任的交通事故或者城市轨道交通、客运轮渡、火车事故伤害的应当认定为工伤的规定、第十六条关于故意犯罪的、醉酒或者吸毒的、自残或者自杀的不得认定为工伤或者视同工伤的规定以及《工伤保险条例》的立法目的和原则进行认定。如果能够证明伤害后果系因职工故意或严重过失造成的，或者职工对伤害后果的发生负有主要责任的，即不属于意外伤害的范畴，不应认定为工伤。

本案中，已发生法律效力的（2015）高新刑初字第147号刑事判决书认定“刘某对纠纷的发生并无明显过错”。显然，刘某对于暴力侵害行为的后果并无明显过错。

其次，二人因工作纠纷发生争执后，双方均未能冷静处理确有一定过错，但刘某的过错并不应导致其受到暴力伤害，不足以阻却对履行工作职责的认定。

最后，从保障劳动者合法权益的角度出发，应当对《工伤保险条例》第十四条作适度从宽解释。从制度价值的角度适用本款对是否属于工伤进行认定时，不能要求“纯洁的受害人”，即只有在暴力伤害中完全无过错的受害人才能够认定为“履行工作职责”，这与《工伤保险条例》第十四条第三项的立法意旨有违。

综上，刘某的再审请求成立，即该种情况属于工伤。

从本案例不难看出，实践中对工作时间和工作地点相对容易判断，但工作原因，以及工伤的排除等条款争议众多。

2. 视同工伤的情形

《工伤保险条例》第十五条第一款规定了视同工伤的情形：“职工有下列情形之一的，视同工伤：（一）在工作时间和工作岗位，突发疾病死亡或者在48小时之内经抢救无效死亡的；（二）在抢险救灾等维护国家利益、公共利益活动中受到伤害的；（三）职工原在军队服役，因战、因公负伤致残，已取得革命伤残军人证，到用人单位后旧伤复发的。”

以突发疾病死亡为例，“48 小时”经常是争议焦点，根据《劳动和社会保障部关于实施〈工伤保险条例〉若干问题的意见》第三条的规定，“48 小时”的起算时间，以医疗机构的初次诊断时间作为突发疾病的起算时间。问题是职工在工作时间和工作岗位突发疾病，经请假外出就医、回家休息时或者坚持上班在下班后死亡，死亡时间距离开单位不足 48 小时的，是否视同工伤，则需要结合证据判断。另外，一个经常被讨论的问题是，家属主动放弃治疗后死亡的是否影响工伤认定。这就涉及对经抢救无效的认定，该问题应当结合医疗机构的专业意见。

3. 不得认定或视同工伤的情形

《工伤保险条例》第十六条规定：“职工符合本条例第十四条、第十五条的规定，但是有下列情形之一的，不得认定为工伤或者视同工伤：（一）故意犯罪的；（二）醉酒或者吸毒的；（三）自残或者自杀的。”

如果发生疑似工伤，单位首先应了解是否属于工伤认定的除外情形；其次应判断属于应当认定工伤还是视同认定工伤的情形；最后应具体确定属于哪个类型，进而结合法律规定收集和准备相关证据。同时，也应尽快了解员工与企业劳动合同签订、社会保险缴纳情况。

（二）工伤认定期限

1. 用人单位

《工伤保险条例》第十七条第一款规定：“职工发生事故伤害或者按照职业病防治法规定被诊断、鉴定为职业病，所在单位应当自事故伤害发生之日或者被诊断、鉴定为职业病之日起 30 日内，向统筹地区社会保险行政部门提出工伤认定申请。遇有特殊情况，经报社会保险行政部门同意，申请时限可以适当延长。”

如果单位没有及时申请的，根据《工伤保险条例》第十七条第四款规定：“用人单位未在本条第一款规定的时限内提交工伤认定申请，在此期间发生符合本条例规定的工伤待遇等有关费用由该用人单位负担。”需要提示单位注意的是，个别地区要求自工伤发生之日起在一定时间内需要在网上先行申报，企业应当了解各地的不同要求。

2. 劳动者及近亲属、工会

《工伤保险条例》第十七条第二款规定："用人单位未按前款规定提出工伤认定申请的，工伤职工或者其近亲属、工会组织在事故伤害发生之日或者被诊断、鉴定为职业病之日起 1 年内，可以直接向用人单位所在地统筹地区社会保险行政部门提出工伤认定申请。"

《最高人民法院关于审理工伤保险行政案件若干问题的规定》第七条规定："由于不属于职工或者其近亲属自身原因超过工伤认定申请期限的，被耽误的时间不计算在工伤认定申请期限内。有下列情形之一耽误申请时间的，应当认定为不属于职工或者其近亲属自身原因：（一）不可抗力；（二）人身自由受到限制；（三）属于用人单位原因；（四）社会保险行政部门登记制度不完善；（五）当事人对是否存在劳动关系申请仲裁、提起民事诉讼。"

具体工伤认定的资料可以根据《工伤认定办法》及各地要求准备，如果申请人提交的工伤认定材料不完整的，劳动行政部门会一次性告知需要补正的材料。

（三）工伤认定的流程

根据《工伤认定办法》第八条规定："社会保险行政部门收到工伤认定申请后，应当在 15 日内对申请人提交的材料进行审核，材料完整的，作出受理或者不予受理的决定；材料不完整的，应当以书面形式一次性告知申请人需要补正的全部材料。社会保险行政部门收到申请人提交的全部补正材料后，应当在 15 日内作出受理或者不予受理的决定。社会保险行政部门决定受理的，应当出具《工伤认定申请受理决定书》；决定不予受理的，应当出具《工伤认定申请不予受理决定书》。"

根据《工伤认定办法》第十八条、第二十一条、第二十二条，劳动行政部门应当自工伤受理之日起 60 日内作出工伤认定决定，对权利义务明确的工伤认定申请，应当在 15 日内作出工伤认定的决定。决定形式包括认定为工伤、视同工伤，或者不认定为工伤、不视同工伤。社会保险行政部门应当自工伤认定决定作出之日起 20 日内，将《认定工伤决定书》或者《不予认定工伤决定书》送达受伤害职工（或者其近亲属）和用人单位，并抄送社会保险经办机构。

用人单位或者职工不服工伤认定决定的，可提起行政复议或者行政诉讼。

（四）劳动能力鉴定

单位与职工对认定为工伤的决定无异议的，可在工伤职工病情相对稳定或者已痊愈时，向劳动行政部门申请劳动能力鉴定。当然，劳动能力鉴定并非必经阶段，一般来说，必须要鉴定的情况是，职工发生工伤，经治疗伤情相对稳定后存在残疾、影响劳动能力的情形。

提交的劳动能力鉴定材料齐全后，劳动行政部门会书面通知用人单位与职工现场鉴定的时间、地点。医疗专家组进行现场鉴定，向病伤职工询问有关的病情，并做必要的临床检查，形成鉴定意见。医疗专家组认为需要做进一步医学检查的，劳动行政部门会书面告知用人单位或职工。用人单位或职工需要在规定时间内将检查结果报到劳动行政部门，否则视为未提出申请。

任何一方对作出的鉴定结论不服的，可在收到该鉴定结论之日起 15 日内向劳动能力鉴定委员会提出再次鉴定申请。

（五）工伤待遇核准

在劳动合同用工主体与工伤证中认定的用工主体、社会保险缴费主体一致的前提下，用人单位在职工工伤认定和劳动能力鉴定及工伤等级评定后，可以到社保中心做工伤登记和工伤待遇核准事宜。

1. 由工伤保险基金支付的费用

（1）治疗工伤所需的费用

符合工伤保险诊疗项目目录、工伤保险药品目录、工伤保险住院服务标准的，从工伤保险基金支付。

（2）职工住院治疗工伤的伙食补助费及交通、食宿费

职工住院治疗工伤的伙食补助费，经医疗机构出具证明，报经办机构同意，工伤职工到统筹地区以外就医所需的交通、食宿费从工伤保险基金支付，基金支付的具体标准由统筹地区人民政府规定。

（3）康复费

工伤职工到签订服务协议的医疗机构进行工伤康复的费用，符合规定的，从工伤保

险基金支付。

（4）辅助器具费

工伤职工因日常生活或者就业需要，经劳动能力鉴定委员会确认，可以安装假肢、矫形器、假眼、假牙和配置轮椅等辅助器具，所需费用按照国家规定的标准从工伤保险基金支付。

（5）生活护理费

工伤职工已经评定伤残等级并经劳动能力鉴定委员会确认需要生活护理的，从工伤保险基金按月支付生活护理费。

生活护理费按照生活完全不能自理、生活大部分不能自理或者生活部分不能自理3个不同等级支付，其标准分别为统筹地区上年度职工月平均工资的50%、40%或者30%。

（6）一次性伤残补助金

职工因工致残被鉴定为一级至四级伤残的，保留劳动关系，退出工作岗位，享受以下待遇：一级伤残为27个月的本人工资，二级伤残为25个月的本人工资，三级伤残为23个月的本人工资，四级伤残为21个月的本人工资，五级伤残为18个月的本人工资，六级伤残为16个月的本人工资，七级伤残为13个月的本人工资，八级伤残为11个月的本人工资，九级伤残为9个月的本人工资，十级伤残为7个月的本人工资。

（7）伤残津贴

标准为：一级伤残为本人工资的90%，二级伤残为本人工资的85%，三级伤残为本人工资的80%，四级伤残为本人工资的75%。伤残津贴实际金额低于当地最低工资标准的，由工伤保险基金补足差额。

（8）一次性工伤医疗补助金

经工伤职工本人提出，该职工可以与用人单位解除或者终止劳动关系，由工伤保险基金支付一次性工伤医疗补助金；职工因工致残被鉴定为七级至十级伤残的，劳动、聘用合同期满终止，或者职工本人提出解除劳动、聘用合同的，由工伤保险基金支付一次性工伤医疗补助金。

一次性工伤医疗补助金的具体标准由省、自治区、直辖市人民政府规定。以北京为例，工伤职工在终止或者解除劳动关系时，其领取的一次性工伤医疗补助金具体标准为解除或者终止劳动关系时3个月至18个月的本市上年度职工月平均工资。其中五级18个月，六级15个月，七级12个月，八级9个月，九级6个月，十级3个月。

（9）丧葬补助金、供养亲属抚恤金和一次性工亡补助金

职工因工死亡，其近亲属按照下列规定从工伤保险基金领取丧葬补助金、供养亲属抚恤金和一次性工亡补助金：丧葬补助金为6个月的统筹地区上年度职工月平均工资；供养亲属抚恤金按照职工本人工资的一定比例发给由因工死亡职工生前提供主要生活来源、无劳动能力的亲属，标准为：配偶每月40%，其他亲属每人每月30%，孤寡老人或者孤儿每人每月在上述标准的基础上增加10%，核定的各供养亲属的抚恤金之和不应高于因工死亡职工生前的工资，供养亲属的具体范围由国务院社会保险行政部门规定；一次性工亡补助金标准为上一年度全国城镇居民人均可支配收入的20倍。

2. 用人单位支付的费用

（1）职工停工留薪期的工资福利

职工在停工留薪期内，原工资福利待遇不变，由所在单位按月支付。[①] 停工留薪期一般不超过12个月。伤情严重或者情况特殊，经设区的市级劳动能力鉴定委员会确认，可以适当延长，但延长不得超过12个月。工伤职工评定伤残等级后，停发原待遇，按照有关规定享受伤残待遇。工伤职工在停工留薪期满后仍需治疗的，继续享受工伤医疗待遇。

（2）生活不能自理的工伤职工在停工留薪期需要护理的，由所在单位负责

指用人单位要安排人员照顾在停工留薪期需要护理的工伤职工，如果用人单位没有安排人员护理，而是由工伤职工自己请人或者由其家人护理时，用人单位就应该支付工伤职工在停工留薪期的护理费。

（3）伤残津贴

保留与用人单位的劳动关系，由用人单位安排适当工作，难以安排工作的，由用人单位按月发给伤残津贴，标准为：五级伤残为本人工资的70%，六级伤残为本人工资的

---

① 《北京市劳动和社会保障局关于印发〈北京市工伤职工停工留薪期管理办法〉的通知》第三条规定："工伤职工应及时将工伤医疗机构出具的诊断证明或者休假证明报送给所在单位。由用人单位根据工伤医疗机构的诊断证明，按照《停工留薪期目录》（见附件），确定工伤职工的停工留薪期，并书面通知工伤职工本人。"

60%，并由用人单位按照规定为其缴纳应缴纳的各项社会保险费。伤残津贴实际金额低于当地最低工资标准的，由用人单位补足差额。

（4）一次性伤残就业补助金

经工伤职工本人提出，该职工可以与用人单位解除或者终止劳动关系，由用人单位支付一次性伤残就业补助金；职工因工致残被鉴定为七级至十级伤残的，劳动、聘用合同期满终止，或者职工本人提出解除劳动、聘用合同的，由用人单位支付一次性伤残就业补助金。

一次性伤残就业补助金的具体标准由省、自治区、直辖市人民政府规定。以北京市为例，工伤职工在终止或者解除劳动关系时，用人单位支付的一次性伤残就业补助金具体标准为解除或者终止劳动关系时 3 个月至 18 个月的本市上年度职工月平均工资，其中五级为 18 个月，六级为 15 个月，七级为 12 个月，八级为 9 个月，九级为 6 个月，十级为 3 个月。

3. 超过医保目录医药费的承担

根据《社会保险法》第三十八条、第三十九条，《工伤保险条例》第三十三条的规定，工伤职工治疗工伤的费用，符合工伤保险诊疗项目目录、工伤保险药品目录、工伤保险住院服务标准的，从工伤保险基金支付。那么，超出规定标准的费用由谁支付？从各地规定看，区别不同情形，由工伤保险基金、用人单位、医疗机构、工伤职工分别承担。

（1）单位和职工共同承担

《吉林省实施〈工伤保险条例〉办法》第三十三条规定："职工受到事故伤害至被认定为工伤前发生的救治医疗费用，由用人单位垫付。工伤认定后，符合工伤保险诊疗项目目录、工伤药品目录和工伤住院服务标准的医疗费用，由工伤保险经办机构报销。职工治疗工伤发生的医疗费用，不属于工伤保险基金支付范围的，由用人单位和工伤职工各承担 50%。"

《厦门市人力资源和社会保障局关于印发〈厦门市工伤保险待遇管理办法〉的通知》第九条规定："协议医疗机构治疗工伤职工，应当严格按照《条例》第三十条规定的工伤保险诊疗项目目录、工伤保险药品目录、工伤保险住院服务标准（以下称三项目录）实施医疗服务。治疗工伤确需使用三项目录以外的药品和诊疗项目，协议医疗机构应当书面告知用人单位和工伤职工并征得同意，有关费用由用人单位和工伤职工协商承担，工伤保险基金不予支付。”

（2）工伤保险基金承担

《厦门市人力资源和社会保障局关于印发〈厦门市工伤保险待遇管理办法〉的通知》第十四条规定：“工伤职工在协议医疗机构治疗工伤符合三项目录的费用，从工伤保险基金支付；诊疗项目、住院服务标准的核定标准参照我市基本医疗保险的规定执行。工伤职工急救处置期间先到就近非协议医疗机构就医，或因工外出离开本市期间发生工伤事故，就近在当地医疗机构急救就医，治疗工伤所需费用符合三项目录的，从工伤保险基金支付。三项目录内的药品和诊疗项目无法满足工伤职工急救、抢救需要的，可以使用三项目录以外的药品和诊疗项目，有关费用经经办机构核定后，由工伤保险基金支付。”

（3）工伤医疗机构承担

《马鞍山市劳动局关于印发〈马鞍山市工伤保险参保职工就医和医疗费用结算管理暂行办法〉的通知》第十二条规定：“定点医疗机构必须严格执行工伤保险管理规定，为工伤职工提供及时优质服务，做到因病施治，合理用药，科学检查，合理收费。定点医疗机构为工伤职工书写就诊病历和工伤医疗专用处方以及出院带药量或门（急）诊开药量应严格执行安徽省《病历书写规范》有关规定，并提供详细费用清单；超剂量用药、超标准收费等违规行为发生的费用由工伤医疗机构承担。诊治非工伤引起的疾病，所发生的费用工伤保险基金不予支付。”

《青岛市人力资源和社会保障局工伤保险医疗管理和费用结算办法》第六条第二款规定：“协议医疗机构对职工因工作遭受事故伤害或患职业病进行治疗时，确需使用超出工伤保险‘三个目录’范围的药品、诊疗项目、服务设施等应当书面征得用人单位或工伤职工及亲属同意并签字确认，书面告知书应告知自负比例及价格等，所发生的医疗费用由协议医疗机构直接向用人单位或工伤职工及亲属直接收取。协议医疗机构未经用人单位或工伤职工、家属同意擅自使用的超出‘三个目录’范围的医疗费用，由协议医疗机构承担。”

（4）单位未按要求书面告知的，由单位承担

《宁波市工伤保险医疗管理与医疗费结算试行办法》第七条规定：“工伤职工就医时，单位应将职工遭受事故伤害或患职业病情况书面告知就医的定点医疗机构，定点医疗机构应当按照工伤医疗管理有关规定为职工提供及时有效的医疗服务。单位未按要求

书面告知，所发生超出‘三个目录’范围的医疗费由单位承担。”

《青岛市人力资源和社会保障局工伤保险医疗管理和费用结算办法》第六条第一款规定：“职工就医时，用人单位应当书面告知协议医疗机构是因工作遭受事故伤害或患职业病，协议医疗机构应当按照工伤医疗管理有关规定为其提供及时有效的医疗服务。用人单位未按要求书面告知的，所发生的超出工伤保险诊疗项目目录、药品目录、住院服务标准（以下称‘三个目录’）范围的医疗费用由用人单位承担。”

如此看来，超过目录范围的工伤医疗费用，单位首先应当查询当地规定，如果有类似宁波、青岛的规定，一定记得通知医疗机构。另外，如果没有明确规定的，一旦涉及诉讼，通常会考虑超过目录药品是否为必需的或者不可替代的，如果是必需的或者不可替代的，单位承担的可能性更大一些。

（六）工伤复发

发生工伤的职工可能面临旧伤复发及再次发生新的工伤的风险，以下分析在这两种情况下关于工伤待遇的变化。

1. 工伤职工在劳动能力鉴定后旧伤复发，经鉴定伤残等级发生变化的处理

1—4 级的工伤职工，旧伤复发后伤残等级仍在 1—4 级内的，伤残津贴根据级别做相应的调整；级别由 1—4 级转为 5—10 级的停发伤残津贴。

5—10 级的工伤职工，旧伤复发后伤残等级发生变化的，一次性伤残补助金不再重新核定和补发，伤残等级达到 1—4 级的，应退出生产岗位，从鉴定结论的次月起开始享受伤残津贴待遇。核定伤残津贴应以工伤职工复查鉴定结论前 12 个月的平均工资为基数，工资低于本市上一年度职工月平均工资 60% 的，以本市上一年度职工月平均工资 60% 进行核定，高于本市上一年度职工月平均工资 300% 的，以本市上一年度职工月平均工资 300% 进行核定。

2. 工伤职工再次发生工伤的（此处指发生新的伤害）处理

工伤职工再次发生工伤的，用人单位应当重新提起工伤认定和劳动能力鉴定。关于一次性伤残补助金和除一次性伤残补助金以外的工伤保险待遇如何确定，依据分别如下：一次性伤残补助金待遇的核算依据，以新伤害部位的劳动能力鉴定等级为准；除一次性伤残补助金以外的工伤保险待遇的核算依据，以综合评定后的等级为准。所谓综合评定的等级，是指劳动行政部门在工伤评残时会对新工伤伤害部位评定等级，而后再综合考虑原有工伤致残程度进行劳动能力鉴定，做出综合的等级评定。

工伤认定的实体和程序相对比较清晰，实践中，工伤认定会与劳动关系确认、是否符合工伤认定三性原则、是否属于排除认定工伤等问题掺杂在一起，所以，工伤认定总是有很多争议。实践中，如果企业遇到工伤等问题时，一方面，要按照上述程序以及注意事项操作；另一方面，对于一些争议性问题还需要了解相关司法批复、实践案例等进行综合判断。

二、职业病岗位合规管理

经常会有人问，“过劳肥”算不算职业病？根据我国职业病管理体系看，“过劳肥”显然不算职业病。2013 年，国家卫生和计划生育委员会、人力资源和社会保障部、国家安全生产监督管理总局、中华全国总工会四部门联合发布的《职业病分类和目录》规定，只有符合法律规定的分类目录中的因接触粉尘、放射性物质和其他有毒、有害物质等职业病危害因素引起的病才属于职业病。法律对职业病疑似阶段等规定了解雇保护，该问题在本部分不再详述。

（一）依法告知员工相关危害

单位招用劳动者时，应当如实告知劳动者工作内容、工作条件、工作地点、职业危害、安全生产状况、劳动报酬，以及劳动者要求了解的其他情况。

（二）按照法律规定安排体检

《职业病防治法》第三十五条第一款和第二款规定：“对从事接触职业病危害的作业的劳动者，用人单位应当按照国务院卫生行政部门的规定组织上岗前、在岗期间和离岗时的职业健康检查，并将检查结果书面告知劳动者。职业健康检查费用由用人单位承担。用人单位不得安排未经上岗前职业健康检查的劳动者从事接触职业病危害的作业；不得安排有职业禁忌的劳动者从事其所禁忌的作业；对在职业健康检查中发现有与所从事的职业相关的健康损害的劳动者，应当调离原工作岗位，并妥善安置；对未进行离岗前职业健康检查的劳动者不得解除或者终止与其订立的劳动合同。”

（三）职业病发展不同阶段的合规管理

1. 职业禁忌阶段

根据《职业病防治法》第八十五条的规定，职业禁忌是指劳动者从事特定职业或者接触特定职业病危害因素时，比一般职业人群更易于遭受职业病危害和罹患职业病或者可能导致原有自身疾病病情加重，或者在从事作业过程中诱发可能导致对他人生命健康构成危险的疾病的个人特殊生理或者病理状态。

职业禁忌阶段，单位不得要求有职业禁忌的劳动者从事其所禁忌的作业。劳动者有权不从事其所禁忌的作业。单位违反职业禁忌相关义务的，由相关部门采取警告、责令限期治理、责令停止作业、责令关闭或罚款等行政强制或行政处罚措施①。

2. 疑似职业病阶段

如发展到职业病疑似阶段，单位应及时向所在地卫生行政部门和安全监督管理部门报告，及时安排对疑似职业病病人的诊断，疑似职业病病人在诊断、医学观察期间的费用，由用人单位承担。

单位在劳动者疑似职业病阶段违反相关法律义务的，由相关部门采取警告、责令限

---

①《职业病防治法》第三十五条第二款规定："……不得安排有职业禁忌的劳动者从事其所禁忌的作业……"

第七十五条规定："违反本法规定，有下列情形之一的，由卫生行政部门责令限期治理，并处五万元以上三十万元以下的罚款；情节严重的，责令停止产生职业病危害的作业，或者提请有关人民政府按照国务院规定的权限责令关闭：……安排未经职业健康检查的劳动者、有职业禁忌的劳动者、未成年工或者孕期、哺乳期女职工从事接触职业病危害的作业或者禁忌作业的……"

《用人单位职业健康监护监督管理办法》第十二条规定："……不得安排有职业禁忌的劳动者从事其所禁忌的作业……"

第十七条规定："用人单位应当根据职业健康检查报告，采取下列措施：（一）对有职业禁忌的劳动者，调离或者暂时脱离原工作岗位……"

第二十六条规定："用人单位有下列行为之一的，给予警告，责令限期改正，可以并处3万元以下的罚款：……未根据职业健康检查情况采取相应措施的……"

第二十九条规定："用人单位有下列情形之一的，责令限期治理，并处5万元以上30万元以下的罚款；情节严重的，责令停止产生职业病危害的作业，或者提请有关人民政府按照国务院规定的权限责令关闭：……安排有职业禁忌的劳动者从事所禁忌的作业的。"

期改正、责令停止作业、责令关闭或罚款等行政强制或行政处罚措施。[①]

3. 职业病阶段

单位应当将发现的患职业病的劳动者的相关情况及时向所在地卫生行政部门、安全监督管理部门和劳动保障行政部门报告；保障患职业病的劳动者依法享受国家规定的职业病待遇；安排患职业病的劳动者治疗、康复和定期检查；对不宜继续从事原工作的患职业病的劳动者，应当调离原岗位，并妥善安置。

用人单位违反职业病期间相关义务的，由相关部门采取警告、责令限期改正、责令

---

① 《职业病防治法》第五十条规定："用人单位和医疗卫生机构发现职业病病人或者疑似职业病病人时，应当及时向所在地卫生行政部门报告。确诊为职业病的，用人单位还应当向所在地劳动保障行政部门报告。接到报告的部门应当依法作出处理。"

第五十五条规定："医疗卫生机构发现疑似职业病病人时，应当告知劳动者本人并及时通知用人单位。用人单位应当及时安排对疑似职业病病人进行诊断；在疑似职业病病人诊断或者医学观察期间，不得解除或者终止与其订立的劳动合同。疑似职业病病人在诊断、医学观察期间的费用，由用人单位承担。"

第七十二条规定："用人单位违反本法规定，有下列行为之一的，由卫生行政部门给予警告，责令限期改正，逾期不改正的，处五万元以上二十万元以下的罚款；情节严重的，责令停止产生职业病危害的作业，或者提请有关人民政府按照国务院规定的权限责令关闭：……未按照规定安排职业病病人、疑似职业病病人进行诊治的……"

第七十四条规定："用人单位和医疗卫生机构未按照规定报告职业病、疑似职业病的，由有关主管部门依据职责分工责令限期改正，给予警告，可以并处一万元以下的罚款；弄虚作假的，并处二万元以上五万元以下的罚款；对直接负责的主管人员和其他直接责任人员，可以依法给予降级或者撤职的处分。"

《劳动合同法》第四十二条规定："劳动者有下列情形之一的，用人单位不得依照本法第四十条、第四十一条的规定解除劳动合同：（一）从事接触职业病危害作业的劳动者未进行离岗前职业健康检查，或者疑似职业病病人在诊断或者医学观察期间的……"

《用人单位职业健康监护监督管理办法》第十七条规定："用人单位应当根据职业健康检查报告，采取下列措施：……对疑似职业病病人，按照职业健康检查机构的建议安排其进行医学观察或者职业病诊断……"

第十八条规定："职业健康监护中出现新发生职业病（职业中毒）或者两例以上疑似职业病（职业中毒）的，用人单位应当及时向所在地安全生产监督管理部门报告。"

第二十八条规定："用人单位有下列情形之一的，给予警告，责令限期改正，逾期不改正的，处 5 万元以上 20 万元以下的罚款；情节严重的，责令停止产生职业病危害的作业，或者提请有关人民政府按照国务院规定的权限责令关闭：（一）未按照规定安排职业病病人、疑似职业病病人进行诊治的……"

第三十条规定："用人单位违反本办法规定，未报告职业病、疑似职业病的，由安全生产监督管理部门责令限期改正，给予警告，可以并处 1 万元以下的罚款；弄虚作假的，并处 2 万元以上 5 万元以下的罚款。"

停止作业、责令关闭或罚款等行政强制或行政处罚措施。[①]

职业病管理还应当关注特定行业职业病防范的一些要求，同时，职业病防护措施的不断改进是企业应当持续推进的事情。

---

① 《职业病防治法》第三十九条规定："劳动者享有下列职业卫生保护权利：……获得职业健康检查、职业病诊疗、康复等职业病防治服务……"

第五十条规定："用人单位和医疗卫生机构发现职业病病人或者疑似职业病病人时，应当及时向所在地卫生行政部门报告。确诊为职业病的，用人单位还应当向所在地劳动保障行政部门报告。接到报告的部门应当依法作出处理。"

第五十六条规定："用人单位应当保障职业病病人依法享受国家规定的职业病待遇。用人单位应当按照国家有关规定，安排职业病病人进行治疗、康复和定期检查。用人单位对不适宜继续从事原工作的职业病病人，应当调离原岗位，并妥善安置。用人单位对从事接触职业病危害的作业的劳动者，应当给予适当岗位津贴。"

第五十七条规定："职业病病人的诊疗、康复费用，伤残以及丧失劳动能力的职业病病人的社会保障，按照国家有关工伤保险的规定执行。"

第五十八条规定："职业病病人除依法享有工伤保险外，依照有关民事法律，尚有获得赔偿的权利的，有权向用人单位提出赔偿要求。"

第五十九条规定："劳动者被诊断患有职业病，但用人单位没有依法参加工伤保险的，其医疗和生活保障由该用人单位承担。"

第六十条规定："职业病病人变动工作单位，其依法享有的待遇不变。用人单位在发生分立、合并、解散、破产等情形时，应当对从事接触职业病危害的作业的劳动者进行健康检查，并按照国家有关规定妥善安置职业病病人。"

第七十二条规定："用人单位违反本法规定，有下列行为之一的，由卫生行政部门给予警告，责令限期改正，逾期不改正的，处五万元以上二十万元以下的罚款；情节严重的，责令停止产生职业病危害的作业，或者提请有关人民政府按照国务院规定的权限责令关闭：……（十）隐瞒、伪造、篡改、毁损职业健康监护档案、工作场所职业病危害因素检测评价结果等相关资料，或者拒不提供职业病诊断、鉴定所需资料的；（十一）未按照规定承担职业病诊断、鉴定费用和职业病病人的医疗、生活保障费用的。"

《劳动合同法》第四十二条规定："劳动者有下列情形之一的，用人单位不得依照本法第四十条、第四十一条的规定解除劳动合同：……在本单位患职业病或者因工负伤并被确认丧失或者部分丧失劳动能力的……"

《用人单位职业健康监护监督管理办法》第二十一条规定："用人单位发生分立、合并、解散、破产等情形时，应当对劳动者进行职业健康检查，并依照国家有关规定妥善安置职业病病人……"

第二十六条规定："用人单位有下列行为之一的，给予警告，责令限期改正，可以并处3万元以下的罚款：……未根据职业健康检查情况采取相应措施的……"

第三十条规定："用人单位违反本办法规定，未报告职业病、疑似职业病的，由安全生产监督管理部门责令限期改正，给予警告，可以并处1万元以下的罚款；弄虚作假的，并处2万元以上5万元以下的罚款。"

三、非因工死亡

非因工死亡从法律上讲，处理起来并不复杂，主要涉及费用支付的问题，常见的问题主要包括以下几点。

（一）丧葬补助金和抚恤金由谁支付？

《社会保险法》第十七条规定："参加基本养老保险的个人，因病或者非因工死亡的，其遗属可以领取丧葬补助金和抚恤金；在未达到法定退休年龄时因病或者非因工致残完全丧失劳动能力的，可以领取病残津贴。所需资金从基本养老保险基金中支付。"也就是说，丧葬补助金、抚恤金的支付主体为社保基金。2021 年 9 月 1 日起实施的《企业职工基本养老保险遗属待遇暂行办法》明确，参加企业职工基本养老保险的人员（包括在职人员和退休人员，以下简称参保人员）因病或非因工死亡的，其遗属可以领取丧葬补助金和抚恤金（合称遗属待遇）。同时，对在职人员和退休人员的抚恤金等标准进行了明确，改变了此前各地标准差异的局面。并且，明确了参保人员因下落不明被人民法院宣告死亡的，以人民法院宣告的死亡日期作为其死亡时间，其遗属可以领取遗属待遇。被宣告死亡的参保人员再次出现的，已领取的遗属待遇应予退还。

另外，关于抚恤金的具体标准，各地规定有所差异，需要结合各地规定确认。

（二）发放抚恤金的近亲属如何认定？

司法实践中，供养直系亲属的范围存在争议。一种观点认为，按照《中华人民共和国劳动保险条例实施细则修正草案》规定的供养亲属范围和条件进行认定；另一种观点认为，按照《因工死亡职工供养亲属范围规定》执行。虽然有争议，但我们建议按照《因工死亡职工供养亲属范围规定》规定的供养直系亲属范围作为依据，即本规定所称因工死亡职工供养亲属，是指该职工的配偶、子女、父母、祖父母、外祖父母、孙子女、外孙子女、兄弟姐妹。本规定所称子女，包括婚生子女、非婚生子女、养子女和有抚养关系的继子女，其中，婚生子女、非婚生子女包括遗腹子女；本规定所称父母，包括生父母、养父母和有抚养关系的继父母；本规定所称兄弟姐妹，包括同父母的兄弟姐妹、同父异母或者同母异父的兄弟姐妹、养兄弟姐妹、有抚养关系的继兄弟姐妹。

（三）法律之外

法律定性上的“非因工死亡”在现实生活中有很多情况，如确实与工作强度有关系却不能认定工伤的，员工家庭条件不好的，等等。为此，在法律之外，如果可能，企业应当结合实际情况进行更人情化的处理。

第十章 竞业限制

导言

企业应当从多角度解读竞业限制，竞业限制是防止商业秘密泄露的一种手段，以协议约定为基础，通过限制劳动者就业权，且支付经济补偿金作为对价。

企业保护商业秘密可以通过保密协议等方式进行，除此之外，对于高管还有竞业禁止的维权渠道，《中华人民共和国公司法》对此进行了规定，第一百四十七条规定董事、监事、高级管理人员对公司负有忠实义务和勤勉义务；第一百四十八条第一款第五项规定董事、高级管理人员未经股东会或者股东大会同意，不得利用职务便利为自己或者他人谋取属于公司的商业机会，自营或者为他人经营与所任职公司同类的业务。如果违反上述义务的，根据《中华人民共和国公司法》第一百四十八条第二款的规定，董事、高级管理人员违反前款规定所得的收入应当归公司所有。本书重点讲述竞业限制，不包括高管的竞业禁止，但对于高管，同样可以约定竞业限制义务。

竞业限制在《劳动合同法》颁布实施以前，散见于《中华人民共和国公司法》《中华人民共和国反不正当竞争法》等法律法规之中。《劳动合同法》第二十三条及第二十四条规定了竞业限制制度的主体范围、劳动者和用人单位的义务并规定竞业限制的范围、地域、期限等属于双方约定事项。司法解释就未约定经济补偿金、劳动者请求解除竞业限制等问题进行了明确。

而各地通过相关法院与仲裁的会议纪要的方式也有一些特殊或更细化的规定，如银川市规定“用人单位与劳动者约定竞业限制但未同时约定经济补偿，或者约定经济补偿的数额明显过低、不足以维持劳动者在当地的最低生活标准的，属于《劳动合同法》第二十六条第一款第（二）项规定的‘用人单位免除自己的法定责任、排除劳动者权利的’情形，该竞业限制条款不具约束力”。

第一节　签订合法有效的竞业限制协议是前提

竞业限制属于约定义务，如此，协议的约定就至关重要，对竞业限制协议的效力通常会从主体、内容、意思表示真实性等多个角度进行判断。从使用角度来说，竞业限制协议需要关注的条款更多，包括竞业地域、竞业期限、竞业方式、补偿金、竞业通知、违约认定以及违约金、竞业程度和法律适用和管辖。比如，法律规定竞业限制期限最长是 2 年，但具体时间的长短则需要结合实际情况确认。

一、超出法律规定主体的竞业限制约定是否有效？

《劳动合同法》第二十四条规定，竞业限制的人员限于用人单位的高级管理人员、高级技术人员和其他负有保密义务的人员。

（一）约定劳动者的近亲属作为义务主体是否有效？

虽然基于合同相对性，对该问题的回答并不复杂，即原则上应当是无效的。但我们不得不关注到，实践中劳动者利用近亲属名义实施违反竞业限制的行为屡见不鲜。为此，部分判决中根据个案考量对类似问题进行了突破，如在（2018）沪 01 民终 1118 号罗某诉威某公司劳动合同纠纷案中，法院认为，在夫妻婚姻关系存续期间，夫妻一方进行投资、收益的行为，一般可以推定另一方参与投资经营行为。即使双方财产上相互独立，但对于信息、渠道等仍存在共享，罗某妻子从事同一行业对于威某公司的经营难免产生影响。此外，夫妻一方的收益一般均用于家庭生活，罗某亦可从中受益，该公司的经营状况及经营成果和罗某也密不可分。由此可以反映出，罗某所应遵守的竞业限制约定包括对于家庭成员的约束。另外，根据威某公司提供的录音及照片，也可以反映出罗某实际为 A 公司工作。最终认定罗某违反竞业限制协议约定。

（二）劳务派遣用工单位与派遣员工约定竞业限制协议的效力

该问题在司法实践中存在争议，一种观点认为劳务派遣劳动者与用工单位之间签订《竞业限制协议书》因主体不适格而无效；另一种观点认为竞业限制协议只要在平等、自愿的前提下签订，就对双方均具有法律效力。

对该问题需要回归竞业限制立法本意去判断，如果被派遣劳动者属于可以签订竞业限制的人员、竞业限制协议系双方真实意思表示的，不应当否认竞业限制协议的效力。

（三）竞业限制协议的签署

员工在单位的工作岗位随时会发生变化，是否属于竞业限制主体范围也可能有变动，不少单位采取入职同步签署竞业限制协议的方式，更多的是为了避免日后需要签订竞业限制协议时，员工不配合签署给管理带来的压力。但是签署竞业限制协议并不代表竞业限制一定有效，主体属于竞业限制范围是竞业限制协议有效的前提。

二、竞业限制条款是否当然适用于用人单位的关联企业？

司法实务中存在不同观点。一种观点认为，协议中如果有明确约定，劳动者离职后应对关联企业承担竞业限制义务。另一种观点认为，如果未在竞业限制协议中约定适用关联企业的条款，原则上不应当适用，但可以综合集团紧密程度以及协议模版等角度综合判断是否具有约束力。即使有明确约定，也有观点认为该约定突破了合同相对性，因违反强制性规定而无效。比如，在（2021）京01民终1751号一案中，协议将竞业限制范围扩大到有竞争关系的用人单位的子公司、关联公司，是对强制性规定的突破和违反。并且，子公司、关联公司相对于有竞争关系的用人单位来说，是独立承担民事责任的民事主体，并不一定与原用人单位构成竞争关系。法院认为，《保密与不竞争协议》不适当地扩大了竞业限制的范围，且没有证据证明在竞业限制期间员工入职的两家公司与原公司存在直接的竞争关系，因此，不能认定员工违反竞业限制义务。

基于司法实践中的不同观点，单位应当在竞业限制中明确约定关联企业作为相关主体，不仅如此，还应当将关联企业名称及其具体的竞争对手信息向劳动者公示，单位与关联企业的经营范围的重合度也应当满足设立竞业限制的切实需要。

三、约定补偿过低对竞业限制条款的影响

第一种观点认为，约定经济补偿过低的竞业限制协议属于用人单位免除自己的法定责任，排除劳动者权利，约定无效。第二种观点认为，虽然约定的经济补偿过低，但不

影响竞业限制协议的效力。

关于该问题，司法实践中第二个观点是相对主流的观点，竞业限制协议的无效应符合《劳动合同法》等相关规定的条件。虽然大部分情况下约定补偿过低不影响协议效力，但建议企业还是应当慎重约定补偿金条款，毕竟竞业限制在一定程度上限制了劳动者的就业权。

四、关于竞业限制的启动条款

很多竞业限制协议中都有类似约定，即“最终竞业限制协议的效力以双方劳动合同解除或终止时，甲方向乙方出具的竞业限制协议效力确认书为准”。根据上述约定，单位通过在劳动合同解除或终止时向员工出具竞业限制协议效力确认书的方式掌握了是否启动竞业限制的决定权。

一般对该条款的效力没有质疑，但一个案例引发了笔者的关注。在（2018）京0108民初4607号北京某科技公司与杨某劳动争议一案中，法院认为，公司在双方劳动关系解除一个多月后（劳动关系于2017年7月17日解除），于2017年8月30日向员工支付竞业限制补偿金、于2017年9月5日向员工送达《不竞争协议履行提醒通知》的行为，在“劳动合同解除或终止时”的这一特定时点，劳动者是否应遵守竞业限制应属于确定状态，即负担竞业限制的劳动者自“劳动合同解除或终止时”起即处于应履行竞业限制义务的状态，未负担竞业限制的劳动者自“劳动合同解除或终止时”起基于劳动自由权的基本属性即有权自由择业，所以，不属于公司对于履行“通知”义务的有效补救，基于不利解释原则，对公司做出不利推定，认定员工的竞业限制期间为零。

虽然上述案例主要是以公司并未在双方劳动关系解除时如公司所承诺一般以书面形式向杨某明确通知其需遵守竞业限制义务以及竞业限制的具体期间而判决竞业限制不启动，但该案例也能警示用人单位不能认为签订竞业限制协议就万事大吉，必须及时履行告知义务。

五、关于禁止招揽条款

“禁止招揽”义务有两种约定方式。一种是用人单位与员工就“禁止招揽”义务单独约定，如（2017）沪01民终13801号一案中，劳动合同中约定：在本合同有效期内和限制期期间……员工不得劝诱或试图劝诱公司的任何雇员离职，或以任何方式妨碍该雇员与公司的关系。另一种是在解除劳动合同时签订劳动合同终止协议，如（2019）沪 02 民终 2741 号一案中，终止协议约定禁止招揽：在终止日期后的六个月内，员工不得直接或间接地招揽、劝诱、征募或鼓励任何公司员工或公司的任何关联公司的员工离开其在公司的工作，或带走该员工，或招揽、劝诱、征募或鼓励任何与公司或其任何关联公司有合约商业关系的销售代表、客户或服务提供商终止或减少与公司的前述商业关系，或基于该商业关系的商业活动……

一般来说，禁止招揽条款至少应包括：禁止招揽的时间限制、具体的禁止招揽行为、招揽后导致的法律后果等。

“禁止招揽”“员工离职后不得引诱、教唆其他员工离职”的相关约定从严格意义上来讲不属于员工应当履行的竞业限制义务或保密义务。

在竞业限制协议中约定“禁止招揽”义务，是用人单位限制离职员工引诱、教唆其他员工离职的较为常见的方法。

如在（2015）穗中法民一终字第 4571 号一案中，用人单位与员工签订《竞业限制协议》，该协议第一条“竞业限制范围”第三点约定：“引诱或试图引诱任何甲方的雇员或与甲方的管理或者经营有关的人士离职……”如在（2019）京 01 民终 5744 号一案中，用人单位与员工签订的《保密协议》第 9.2 条约定：“在其任职于原告期间及离职后的 12 月内，被告保证不将原告其他任何员工的相关信息透漏给其他公司，不会直接或间接地指使、引诱、鼓励、唆使或以其他方式试图指使、引诱、鼓励、唆使或以其他方式影响原告的其他员工离职，去为被告或任何其他个人或实体服务。”

如果禁止招揽义务属于双方单独约定的义务，用人单位可要求员工赔偿损失，在此情形下，用人单位需要举证证明：该损失是员工招揽行为导致的；员工所造成损失的具体数额。如在（2017）沪 01 民终 13801 号一案中，用人单位认为因员工的劝诱导致两名员工的离职，用人单位只能由其他员工替代该二人的工作岗位，因替代人员的工资较高，因此，要求该员工赔偿工资差额损失。但用人单位只能证明对替代人员进行了调岗，无法证明因调岗而多支出的工资，因此法院未就损失赔偿予以支持。此外，该种情形下，用人单位不能与员工约定违约金。根据《劳动合同法》的规定，除违反服务期约定和违反竞业限制约定两种情形，用人单位不得与员工约定由员工承担违约金。

如果禁止招揽义务属于竞业限制义务之一，则用人单位可要求该员工依据竞业限制协议承担违约金并赔偿损失。在此种情况下，该员工承担的责任，取决于竞业限制协议的约定。

从法律上讲，“禁止招揽”条款应当有效。原因在于，此种约定不违反合同法关于合同无效的强制性规定，也未限制劳动者权利，用人单位此举是在维护正常的人才流动秩序和人才竞争规则，是用人单位的自我保护措施。

此外，“禁止招揽”不仅可能构成劳动法上的违约，还可能构成不正当竞争。《中华人民共和国反不正当竞争法》虽未就“禁止招揽”进行规定，但广东、深圳、江苏在反不正当竞争的相关规定中就“禁止招揽”及类似行为进行了规定。

《广东省实施〈中华人民共和国反不正当竞争法〉办法》第十三条规定：“经营者不得用下列欺行霸市手段操纵市场，妨碍公平竞争：……扰乱或者妨碍竞争对手正常的经营活动。”《深圳经济特区实施〈中华人民共和国反不正当竞争法〉规定》第十条规定：“经营者不得以排挤竞争对手为目的，采取下列不正当竞争行为：……干扰竞争对手的经营管理人员、技术人员或者其他人员的正常工作，扰乱或者妨碍竞争对手的正常经营活动。”《江苏省实施〈中华人民共和国反不正当竞争法〉办法》第十五条规定：“经营者在经营活动中不得实施下列行为：……扰乱或者妨碍竞争对手的正常经营活动。”

虽然有构成不正当竞争的可能，但需要满足以下要件：员工离职后从事与原用人单位相竞争的经营活动；引诱、教唆行为达到扰乱原用人单位正常经营活动的程度。

对于“禁止招揽”，在现在的法律及司法环境之下，单位通过法律方式维护自身权利还有一定难度，需要通过内部文化、激励等措施留住人才，单靠事后的追责解决不了该问题。

第二节　对担负竞业限制义务的人如何管理?

员工离职后，用人单位需要确定是否要启动竞业限制，如果决定启动竞业限制，则应当按时支付经济补偿。竞业限制协议中，双方通常会约定离职员工的报告义务，然而，对于违反报告义务是否属于违反竞业限制义务，实践中争议很大，绝大多数案例认为该义务不属于主合同义务，违反该约定不属于违反竞业限制义务。

个别案例对该问题进行了突破，突破的主要理由是：未履行就业告知义务构成违约，违背了诚实信用基本原则。员工应就其自身履行竞业限制协议的情况告知用人单位，以确保协议得以实质性履行。

对于离职后竞业限制员工的管理，企业往往比较被动，虽然可通过一些合法的方式取证，但目前取证难度也越来越大。根据司法实践中的总结，相关证据收集方式包括但不限于视频、快递单、朋友圈、新闻报道、公开论坛等。

第三节　竞业限制纠纷中的难点

一、是否违反竞业限制的举证

（一）可以通过法院调查取证的路径和方式

1. 要求调查的常见证据

包括但不限于：社会保险的缴纳记录；住房公积金的缴纳记录；个人所得税的代扣代缴记录；其他能证明员工违反竞业限制义务的协议，如劳动者与新单位签订的劳动合同等。

2. 申请法院责令竞业人员提交书证

如劳动合同、工资单、社保记录、录用通知、通信记录等，但这种方式有一定的难度，毕竟，初步举证证明员工违反竞业限制义务的责任在用人单位。

3. 申请法院传令对方当事人到场接受询问

当事人应当就案件事实做真实、完整的陈述。竞业人员经常选择自己不到庭，针对该种情况，可向法院提交申请，要求本人出庭，就案件接受询问。

（二）其他常见证据形式

1. 工商登记

通常用来说明属于竞争对手，可以同步结合网站、相同客户分析、宣传册、广告等其他要件说明，如果是上市公司，还可以关注其信息披露以及对外宣传信息等。

2. 快递签收证明

快递签收目前取证难度越来越大，即使有快递单，是否属于本人签收等问题也需要一并证明。不过，如果确实有快递签收单时，应当综合举证责任转移等问题展开讨论。

3. 打座机电话以及同步公证

取证难度目前也越来越大，首先，如何获取员工准确的座机号有难度；其次，竞业限制人员警觉性越来越高，用该种方式很难取得实质证明。

4. 视频

对该证据的常见抗辩理由是侵犯隐私权，《最高人民法院关于适用〈中华人民共和国民事诉讼法〉的解释》第一百零六条虽规定："对以严重侵害他人合法权益、违反法律禁止性规定或者严重违背公序良俗的方法形成或者获取的证据，不得作为认定案件事实的根据。"但如果证据是在公开场合获得的，通常会被法院采信。

5. 新单位的名片、电子邮件、模拟商务谈判等

该类证据获取难度都比较大，但如果能获得，证明违反竞业限制义务的证据将相对比较充分。

二、已经支付的竞业限制补偿是否应当返还？

《劳动合同法》第二十三条规定，劳动者违反竞业限制约定的，应当按照约定向用人单位支付违约金。但对于除违约金外是否还需要返还竞业限制补偿金的问题，实践中争议较大。

一种观点认为，如竞业限制协议明确约定劳动者违约需要返还竞业限制补偿金的，则劳动者应依约返还，否则用人单位主张返还无法律依据，也没有合同依据；另一种观点认为，即使双方没有约定劳动者违约需返还竞业限制补偿金，劳动者也应当返还补偿金，《劳动合同法》第九十条规定劳动者违反竞业限制，给用人单位造成损失的，应当承担赔偿责任。

另外，如果支持竞业限制补偿金返还的，劳动者应予返还的竞业限制补偿金应是税前应发还是税后实发也是问题。就该问题，从我们整理的各地案件看，主要根据用人单位是否履行了代扣代缴义务来确定，实务中有两种不同观点。一种认为，如用人单位举证证明已代个人缴纳个人所得税时，按照税前金额返还；另一种认为，不论用人单位是否能举证证明已代个人缴纳个人所得税，均按照税后金额返还，但对于用人单位向法院提交了缴纳个人所得税证明的，可通过其他合法途径另行解决。

三、竞业限制违约金的定性

对竞业限制违约金的定性有两种观点。第一种观点认为，竞业限制违约金属于赔偿性质的违约金，劳动者违反竞业限制协议，如果侵犯了原用人单位的商业秘密，从而造成经济损失，用人单位只能在违约金和赔偿金之间选择一个来主张；若没有造成损失，就不能主张违约金。该观点认为这样的定义更符合劳动法保护劳动者合法权益的初衷，在《劳动合同法》未明确规定的情况下，可根据《民法典》的相关规定，当事人可以约定一方违约时应当根据违约情况向对方支付一定数额的违约金，也可以约定因违约产生的损失赔偿额的计算方法。约定的违约金低于造成的损失的，当事人可以请求人民法院或仲裁机构予以增加；约定的违约金过分高于造成的损失的，可以请求人民法院或仲裁机构予以适当减少。第二种观点认为，竞业限制违约金属于惩罚性违约金，只要劳动者违反竞业限制协议，不管有没有造成损失，都要支付违约金，造成实际损失的，可另行主张劳动者自行承担或者劳动者与新用人单位承担连带损害赔偿责任。

笔者更倾向于竞业限制违约金是惩罚性的违约金，仅以劳动者实际违反竞业限制义务为条件。因为在实践中，用人单位证明实际损失困难较大，若规定没有损失就不支持违约金，那么竞业限制违约金的规定将形同虚设，不能起到督促劳动者履行后合同义务的震慑作用。不过，实践中还有观点认为，如果不约定违约金条款，竞业限制就会因为缺乏主要条款而无效，笔者不赞同该观点，如果没有约定违约金条款，也可以结合实际损失进行判断，不应当任意否认竞业协议的效力。

竞业限制违约金不能畸高，导致双方权利义务的严重失衡，通常审判机构会综合考量劳动者给单位造成的损害，劳动者主观过错程度，劳动者在原用人单位的工作年限、职务和工资标准，竞业限制补偿标准，劳动者违反竞业限制义务的持续时间和现收入等予以酌情认定。

第四节　服务期

《劳动合同法》第二十二条规定了提供专业技术培训，单位可与该劳动者订立协议，约定服务期。服务期需要针对专项培训，专项培训是企业出于生产经营需要，为提高自身生产效率而对部分岗位或特殊岗位人员就其某项技能而提供的专业性、技术性的培训，与常规的新人入职培训和简单的上岗技能培训是不同的。提供专业技术培训是单位与劳动者约定服务期的基础和必要条件。

根据《劳动合同法》，单位与劳动者就专项培训可以签署培训协议并约定违约金，违约金的计算与培训费用直接相关。《劳动合同法实施条例》第十六条明确规定培训费用包括：进行专业技术培训而支付的有凭证的培训费用；培训期间的差旅费用；因培训产生的用于该劳动者的其他直接费用。

对于培训期间用人单位支付的工资和福利待遇、缴纳的社保和公积金是否也能够被认为属于培训费范围，存在两种观点。一种观点认为，用人单位与劳动者如在服务期协议中明确约定将工资和福利待遇、社保和公积金计入培训费，该约定是双方的真实意思表示，其内容未违反法律法规的强制性规定，现行法律法规并未对培训协议中有关培训费的约定作出限制，该约定的内容应对协议双方具有法律约束力，如（2020）辽14民终2523号案。另一种观点认为，专项培训期间发放的工资和福利待遇、缴纳的社保和公积金不应算作因培训而产生的直接费用。培训期间，劳动关系仍存在，虽然劳动者没有提供劳动，但培训也是应公司安排、因工作需要而参加的，目的是提高劳动者的履职能力和业务技能，通过培训消耗了劳动者的时间和精力，换来的是单位的“资本增值”，所以专项培训也是一种间接的劳动，劳动者在专业技术培训中应当获得基本的工资和福利待遇，享有公司为其缴纳的社保和公积金，如（2020）浙07民终4270号案。

对于服务期期限长短，在一些失效的文件中曾经有规定，如《劳动部办公厅关于试用期内解除劳动合同处理依据问题的复函》（已失效）规定，对单位与劳动者未约定培训服务期限的，按照5年服务期等额递减支付培训费用。

为此，服务期管理也涉及服务期协议的约定，也需要满足专项培训等要求，而核心条款是培训费以及服务期限的确认。

第十一章

社会保险

导言

我国社会保险（主要指职工社会保险）经历了多轮改革，在社保历史的变革中，我们既能看到主线，也能看到对社会保障认知不同导致的前后差异，而社会保险的历史变迁与我国的政治、经济等发展密切相关。习近平总书记指出，我国以社会保险为主体，包括社会救助、社会福利、社会优抚等制度在内，功能完备的社会保障体系基本建成。相信，在未来的社会保险领域，我国还将有新的探索和制度完善。

《宪法》第四十五条[①]规定了国家发展为保障公民在特殊情况下获得物质帮助权利所需的社会保险制度。根据《劳动法》《劳动合同法》《社会保险法》等相关规定，劳动者享有的社会保险种类主要包括养老保险、基本医疗保险、工伤保险、失业保险，生育保险已经纳入医疗保险，护理险还在试点进行中。社保政策的历史对于我们实际工作的处理也有意义，笔者举两个例子。

一是对农民工社会保险权利被侵害的救济。在很长一段时间内，农民工的保险与城镇职工的保险并不相同，不论是缴纳保险的强制力度还是保险缴纳的种类均有不同。如单位未依法为农民工（即农村户籍的劳动者）缴纳社会保险，救济方式各地操作不一。比如，北京就农民工社会保险的处理以《社会保险法》的生效之日为分水岭，分段处理。2012 年 1 月 1 日之前的，不予以补缴，但支持赔偿损失，并非按照国家基本养老保险的待遇进行赔偿，而是以用人单位应为农民工缴纳的社会保险费数额作为赔偿的计算依

① 《宪法》第四十五条第一款规定："中华人民共和国公民在年老、疾病或者丧失劳动能力的情况下，有从国家和社会获得物质帮助的权利。国家发展为公民享受这些权利所需要的社会保险、社会救济和医疗卫生事业。"

据。[①]在广州，则将赔偿养老保险损失的请求排除在仲裁和法院受理范围之外，《广东省高级人民法院、广东省劳动争议仲裁委员会关于适用〈劳动争议调解仲裁法〉、〈劳动合同法〉若干问题的指导意见》第二条规定，劳动者以用人单位未为其缴纳社会保险费导致其损失为由，要求用人单位支付工伤、失业、生育、医疗待遇和赔偿金的，应作为劳动争议处理。

二是视同缴费年限。视同缴费年限的问题不得不从我国养老制度的改革说起，在计划经济时代，身份与待遇绑定，养老由企业或国家承担。随着劳动合同制度的改革，养老保险也进行了改革，国家、企业、个人都负担一定比例的养老制度逐步建立。基于养老保险的建立是从 1992 年开始的，如此，就有一个问题，在养老保险制度未建立之前，个人未缴费的工作时间在退休时怎么办？根据《国务院关于深化企业职工养老保险制度改革的通知》的规定，实行养老保险个人缴费的 1992 年之前，按国家规定计算的连续工龄视同劳动者已经缴纳养老保险费用的缴费年限，以保证所有的劳动者都能够公平、合理地取得自己应该获得的养老金。即视同缴费年限是指职工全部工作年限中，其实际缴费年限之前的按国家规定计算的连续工作时间。为此，视同工龄是一个历史的产物。

根据《劳动法》第九条以及《社会保险法》第七条的规定，县级以上地方人民政府劳动保障行政部门具有对劳动者工龄认定的法定职权。视同工龄认定一方面需了解相关的政策，另一方面需有相关档案等证据。该类政策包括国家层面的政策及各地相关规定，包括但不限于《劳动部办公厅关于印发〈职工基本养老保险个人账户管理暂行办法〉的通知》《劳动和社会保障部办公厅关于职工从事特殊工种的工作年限折算工龄问题的

① 《北京市高级人民法院民一庭与北京市劳动和社会保障局劳动争议仲裁处关于劳动争议案件适用法律问题研讨会会议纪要》第三十六条规定：“因用人单位未为农民工缴纳养老保险费，农民工在与用人单位终止劳动关系后，要求用人单位赔偿损失的，应当自劳动关系终止之日起一年内提出，赔偿数额的确定可参照《农民合同制职工参加北京市养老、失业保险暂行办法》（京劳险发〔1999〕99 号）和《北京市农民工养老保险暂行办法》（京劳社养发〔2001〕125 号）的规定，以用人单位应为农民工缴纳的养老保险费数额作为赔偿农民工养老保险损失的数额，具体计算方法是：1999 年 6 月 1 日至 2002 年 12 月 31 日期间，按 19% 的比例计算用人单位应缴费数额；2003 年 1 月 1 日之后，按 20% 的比例计算用人单位应缴费数额。缴费工资基数为相应年度最低工资标准。示例：计算某农民工 2002 年 5 月至 2005 年 7 月的养老保险损失：435 元 ×8 个月 ×19%+（435 元 ×3 个月 +465 元 ×12 个月 +465 元 ×12 个月 +545 元 ×4 个月）×20%=3590 元”。

函》等。

研究视同工龄就犹如穿梭在我国用工改革的历史中，能窥见从身份到契约的转变。比如临时工，“临时工”是一个在计划经济时代耳熟能详的词汇，而在法律意义上并不存在的用工形态。“临时工”曾是我国计划经济体制下，区别于当时的长期固定工而言的一种用工形式，一般是指企事业单位临时聘用的短期工人，国家承认的临时工是有当地劳动部门招工指标的计划内临时工。1995 年《劳动法》颁布以后，国家实行了全员劳动合同制，临时工这种用工形式逐步退出历史舞台。相比“固定工”“合同工”，临时工在待遇、退休等很多方面都有着较大区别。

1979 年 4 月 27 日至 1988 年 12 月 31 日从事临时工作且符合国家相关规定的可以被认定为视同工龄。临时工是特定时期的产物，每个时期对临时工认定的方法是不同的，1979 年 4 月 27 日至 1988 年 12 月 31 日从事临时工作的，该段工龄需认定而不需要缴费。但 1989 年 1 月 1 日以后招用的临时工，需要缴纳劳动保险方可认定视同工龄。

第一节　社会保险的历史变迁

在介绍社会保险的历史变迁前，首先解释一个被频繁问及的问题，即单位与劳动者约定，劳动者自行缴纳保险、不缴纳社会保险，或社保基数的法律效力。之所以该问题被频繁问及，一方面，与社会保险在用工成本中的占比相关；另一方面，也与这些年社保政策一直在变动，部分单位和个人认为社保缴纳属于双方资源，而没有认识到社会保险的法律强制力相关。该问题的答案非常肯定，该类约定无效。法律规定缴纳社会保险是用人单位与劳动者的社会义务及法律责任[①]，其中劳动者缴纳部分由用人单位从劳动者的工资内依法代扣代缴[②]。单位和个人均应当充分了解社会保险的法律强制性。

① 《社会保险法》第四条规定：“中华人民共和国境内的用人单位和个人依法缴纳社会保险费……”

② 《社会保险费征缴暂行条例》第十二条第二款规定：“缴费个人应当缴纳的社会保险费，由所在单位从其本人工资中代扣代缴。”

一、基本养老保险

我国企业职工养老保险制度在20世纪50年代建立，在养老保险制度改革前，职工养老保险完全由国家、企业承担。后根据国务院颁布的《国营企业实行劳动合同制暂行规定》(已失效)，劳动合同制职工养老保险制度初步建立，首次正式确立了企业、个人、国家三方共同筹集养老保险基金的原则。之后，又开始了各地的试点，在试点基础上，出台了《中华人民共和国国民经济和社会发展十年规划和第八个五年计划纲要》[①]，根据该计划纲要以及《国务院关于企业职工养老保险制度改革的决定》(国发〔1991〕33号)，改变养老保险完全由国家、企业包下来的办法，实行国家、企业、个人三方共同负担，职工个人也要缴纳一定的费用，我国逐步全面建立基本养老保险。从2005年《国务院关于完善企业职工基本养老保险制度的决定》[②]的规定即可看出养老保险是一个逐步完善的过程。1999年出台的《社会保险费征缴暂行条例》[③]规定，国有企业、城镇集体企业、外商投资企业、城镇私营企业和其他城镇企业及其职工，实行企业化管理的事业单位及其职工应当缴纳基本养老保险费。

2011年7月1日实施的《社会保险法》明确了养老保险由社保的基本养老保险、

---

① 《中华人民共和国国民经济和社会发展十年规划和第八个五年计划纲要》中规定，要以改革和建立社会养老保险和待业保险制度为重点，带动其他社会保险事业和社会福利、社会救济与优抚等事业的发展。按照国家、集体和个人共同合理负担的原则，在城镇各类职工中逐步建立社会养老保险制度，扩大待业保险的范围。

② 《国务院关于完善企业职工基本养老保险制度的决定》中规定，城镇各类企业职工、个体工商户和灵活就业人员都要参加企业职工基本养老保险。当前及今后一个时期，要以非公有制企业、城镇个体工商户和灵活就业人员参保工作为重点，扩大基本养老保险覆盖范围。

③ 《社会保险费征缴暂行条例》第三条第一款规定："基本养老保险费的征缴范围：国有企业、城镇集体企业、外商投资企业、城镇私营企业和其他城镇企业及其职工，实行企业化管理的事业单位及其职工。"

新型农村社会养老保险和城镇居民养老保险组成[①]，通过法律形式确定了用人单位和劳动者共同缴纳基本养老保险。

二、基本医疗保险

我国医疗保险制度改革比养老保险要稍微晚一些，1978—1985 年逐步改变原来医保大包大揽的局面。1984 年《卫生部、财政部关于进一步加强公费医疗管理的通知》提出，“可以考虑与享受单位、医疗单位或个人适当挂钩”。1993 年《中共中央关于建立社会主义市场经济体制若干问题的决定》明确，“城镇职工医疗保险金由单位和个人共同负担，实行社会统筹和个人账户相结合”的制度模式。1994 年根据《关于职工医疗制度改革的试点意见》开始试点。1996 年《关于职工医疗保障制度改革扩大试点意见》将试点扩大到 58 个城市。1997 年根据《中共中央、国务院关于卫生改革与发展的决定》，要求“建立社会统筹与个人账户相结合的医疗保险制度”“保险费用由国家、用人单位和职工个人三方合理负担”。1998 年《国务院关于建立城镇职工基本医疗保险制度的决定》，正式确立了我国城镇职工医疗保险制度，即以职工医保为基础，以大额医疗费用补助、公务员医疗补助、企业补充医疗保险、特困人员医疗救助和商业医疗保险为补充组成。职工医保确定了我国基本医疗保险制度社会保险的基本模式。我国城镇职工基本医疗保险制度全面建立从 1999 年开始。

根据《社会保险费征缴暂行条例》[②]的规定，基本医疗保险由职工基本医疗保险、

---

① 《社会保险法》第十条规定：“职工应当参加基本养老保险，由用人单位和职工共同缴纳基本养老保险费。无雇工的个体工商户、未在用人单位参加基本养老保险的非全日制从业人员以及其他灵活就业人员可以参加基本养老保险，由个人缴纳基本养老保险费。公务员和参照公务员法管理的工作人员养老保险的办法由国务院规定。”

第二十条规定：“国家建立和完善新型农村社会养老保险制度。新型农村社会养老保险实行个人缴费、集体补助和政府补贴相结合。”

第二十一条规定：“新型农村社会养老保险待遇由基础养老金和个人账户养老金组成。参加新型农村社会养老保险的农村居民，符合国家规定条件的，按月领取新型农村社会养老保险待遇。”

第二十二条规定：“国家建立和完善城镇居民社会养老保险制度。省、自治区、直辖市人民政府根据实际情况，可以将城镇居民社会养老保险和新型农村社会养老保险合并实施。”

② 《社会保险费征缴暂行条例》第三条第二款规定：“基本医疗保险费的征缴范围：国有企业、城镇集体企业、外商投资企业、城镇私营企业和其他城镇企业及其职工，国家机关及其工作人员，事业单位及其职工，民办非企业单位及其职工，社会团体及其专职人员。”

新型农村合作医疗和城镇居民基本医疗保险组成。由于我国各地经济发展不一，用人单位和劳动者对五种社会保险承担的缴纳比例是不同的，由各个省、自治区、直辖市根据当地的具体情况制定。《社会保险法》[①] 出台后进一步明确了相关保险险种以及缴纳。

（一）长期护理保险

伴随着我国老龄化时代的到来，2016 年印发的《人力资源社会保障部办公厅关于开展长期护理保险制度试点的指导意见》选择了 15 个城市开始长期护理保险制度试点，正式探索建立社会保险第六险。2020 年，国家医保局、财政部《关于扩大长期护理保险制度试点的指导意见》，进一步明确长期护理保险基金主要用于支付符合规定的机构和人员提供基本护理服务所发生的费用。经医疗机构或康复机构规范诊疗、失能状态持续 6 个月以上，经申请通过评估认定的失能参保人员，可按规定享受相关待遇。根据护理等级、服务提供方式等不同实行差别化待遇保障政策，鼓励使用居家和社区护理服务。对符合规定的护理服务费用，基金支付水平总体控制在 70% 左右。做好长期护理保险与经济困难的高龄、失能老年人补贴以及重度残疾人护理补贴等政策的衔接。

（二）医疗保险与生育保险合并

根据《国务院办公厅关于印发生育保险和职工基本医疗保险合并实施试点方案的通知》，2017 年，医疗保险和生育保险合并开始试点，职工基本医疗保险基金严格执行社会保险基金财务制度，两项保险合并实施的统筹地区，不再单列生育保险基金收入，在职工基本医疗保险统筹基金待遇支出中设置生育待遇支出项目。

---

① 《社会保险法》第二十三条规定：“职工应当参加职工基本医疗保险，由用人单位和职工按照国家规定共同缴纳基本医疗保险费。无雇工的个体工商户、未在用人单位参加职工基本医疗保险的非全日制从业人员以及其他灵活就业人员可以参加职工基本医疗保险，由个人按照国家规定缴纳基本医疗保险费。”

第二十四条规定：“国家建立和完善新型农村合作医疗制度。新型农村合作医疗的管理办法，由国务院规定。”

第二十五条规定：“国家建立和完善城镇居民基本医疗保险制度。城镇居民基本医疗保险实行个人缴费和政府补贴相结合。享受最低生活保障的人、丧失劳动能力的残疾人、低收入家庭六十周岁以上的老年人和未成年人等所需个人缴费部分，由政府给予补贴。”

第二十六条规定：“职工基本医疗保险、新型农村合作医疗和城镇居民基本医疗保险的待遇标准按照国家规定执行。”

根据2019年发布的《关于全面推进生育保险和职工基本医疗保险合并实施的意见》，生育保险基金并入职工基本医疗保险基金，统一征缴，统筹层次一致。至此，意味着从2016年启动的生育保险和基本医疗保险合并实施，经试点后正式落地。

根据第十三届全国人民代表大会第一次会议批准的国务院机构改革方案，组建中华人民共和国国家医疗保障局，作为国务院直属机构，目的在于完善统一的城乡居民基本医疗保险制度和大病保险制度，不断提高医疗保障水平，确保医保资金合理使用、安全可控，统筹推进医疗、医保、医药“三医联动”改革，更好保障病有所医。

三、工伤保险

工伤保险是由用人单位为在职职工缴纳的，职工不缴纳工伤保险费。国家根据不同行业的工伤风险程度确定行业的差别费率，并根据使用工伤保险基金、工伤发生率等情况在每个行业内确定费率档次。行业差别费率和行业内费率档次由国务院社会保险行政部门制定，报国务院批准后公布施行。①

工伤保险是我国社会保险发展较早的保险项目，从救济到劳动保护，最后到建立社会化保险，工伤预防、待遇和康复工作全面展开。

1951年颁布的《中华人民共和国劳动保险条例》对因工负伤职工的治疗和补偿作出了规定。20世纪60年代到70年代，废除了基金由国家统筹管理的做法，工伤保障机制丧失了应有的社会性和互济性。

1994年颁布的《劳动法》对工伤保险作了原则性规定。1996年劳动部发布《企业职工工伤保险试行办法》，对沿用了40多年的以企业自我保障为主的工伤福利制度进行了改革，社会化统筹工伤保险基金，保障劳动者在工作中遭受事故伤害和患职业病后获得医疗救治、经济补偿和职业康复的权利。

---

① 《社会保险法》第三十三条规定：“职工应当参加工伤保险，由用人单位缴纳工伤保险费，职工不缴纳工伤保险费。”

第三十四条规定：“国家根据不同行业的工伤风险程度确定行业的差别费率，并根据使用工伤保险基金、工伤发生率等情况在每个行业内确定费率档次。行业差别费率和行业内费率档次由国务院社会保险行政部门制定，报国务院批准后公布施行。社会保险经办机构根据用人单位使用工伤保险基金、工伤发生率和所属行业费率档次等情况，确定用人单位缴费费率。”

2003年，国务院颁布了《工伤保险条例》,《工伤认定办法》《职业病诊断与鉴定管理办法》《因公死亡职工供养亲属范围规定》等一系列办法落地，现代工伤保险制度框架基本建立。

2010年重新修订出台的《工伤保险条例》，标志着我国工伤保险制度更加完善。

四、失业保险

用人单位和职工按照国家规定共同缴纳失业保险费，失业人员符合一定条件后，有权利从失业保险基金中领取失业保险金。根据《社会保险费征缴暂行条例》的规定，失业保险费的征缴范围包括国有企业、城镇集体企业、外商投资企业、城镇私营企业和其他城镇企业及其职工，事业单位及其职工。省、自治区、直辖市人民政府根据当地实际情况，可以规定将社会团体及其专职人员、民办非企业单位及其职工以及有雇工的城镇个体工商户及其雇工纳入失业保险的范围。

我国的失业保险制度是在1986年正式建立的。1986年，国务院颁布了《国营企业职工待业保险暂行规定》，明确规定对国营企业职工实行职工待业保险制度。失业保险制度与国有企业改革和劳动制度改革密切相关。1993年4月,《国有企业职工待业保险规定》发布和实施，我国失业保险制度进入了正常运行时期。

五、生育保险

生育保险目前已经纳入医疗保险，不再是单独的社会保险险种，生育保险由用人单位按照国家规定缴纳生育保险费，职工不缴纳生育保险费。用人单位已经缴纳生育保险费的，其职工享受生育保险待遇；职工未就业配偶按照国家规定享受生育医疗费用待遇。

我国生育保险制度在中华人民共和国成立初期就已经建立,《中华人民共和国劳动保险条例》规定，其保障对象为“女工人与女职员”。1955年4月26日发布实施的《国务院关于女工作人员生产假期的通知》(已失效)使“机关女工作人员”也有了基本相同的制度保障。1988年发布的《女职工劳动保护规定》(已失效)，将女职工产假由原来的56天增加至90天。1994年12月《企业职工生育保险试行办法》出台，全国有了统一的生育保险基金统筹办法。

我国社会保险的制度已经完成搭建，随着社会发展，还将进一步深化改革，如社保入税就是深化改革的一部分。根据《深化党和国家机构改革方案》《国税地税征管体制改革方案》等文件精神，为提高社会保险资金征管效率，将各项社会保险费交由税务部门统一征收。

对社会保险制度的认识既要从宏观政策去考虑，了解不同险种的历史脉络以及发展方向，也要从微观了解不同险种的具体规则和要求。随着社保统筹的进一步推进，社会保险将会面临一系列变化。

第二节　社会保险的种类及合规要求

《社会保险法》第四条规定，中华人民共和国境内的用人单位和个人依法缴纳社会保险费，依法缴纳社会保险是单位和个人的强制性义务。

一、用人单位开设社会保险账户的合规要求

根据《社会保险法》第五十七条的规定，用人单位应当自成立之日起三十日内凭营业执照、登记证书或者单位印章，向当地社会保险经办机构申请办理社会保险登记。社会保险经办机构应当自收到申请之日起十五日内予以审核，发给社会保险登记证件。用人单位的社会保险登记事项发生变更或者用人单位依法终止的，应当自变更或者终止之日起三十日内，到社会保险经办机构办理变更或者注销社会保险登记。第五十八条规定，用人单位应当自用工之日起三十日内为其职工向社会保险经办机构申请办理社会保险登记。未办理社会保险登记的，由社会保险经办机构核定其应当缴纳的社会保险费。

就该事项，有以下四个问题需要说明。

（一）劳动关系自用工之日起建立与社会保险缴纳30日内办理

实践中，不少企业都认为，员工如果在15日之前入职的，不缴纳当月社保，如果15日之后入职的，缴纳当月社保，甚至部分企业将该规定写入劳动合同或者规章制度中。

上述做法显然违法，根据《劳动法》第三条的规定，劳动者享有平等就业和选择职业的权利、取得劳动报酬的权利、休息休假的权利、获得劳动安全卫生保护的权利、接受职业技能培训的权利、享受社会保险和福利的权利、提请劳动争议处理的权利以及法

律规定的其他劳动权利。即劳动关系只要建立，企业就应当为劳动者缴纳社会保险，否则，将面临离职后申请补缴，以及发生工伤保险等巨额赔偿等的风险。

如果员工当月工资收入不够保险个人部分扣缴额，则需要企业与员工就此进行约定，在后续工资中予以合法扣除；如员工入职月已经自行或由前单位缴纳社保，应当让员工提供相关社保缴纳的证明。

不过现实中企业还是会有困惑，各地对于办理社保增减员的时间节点规定不同，如果超过时间，只有等到下个月才能操作，企业唯一能做的可能就是提早规划。不过，我们看到部分地区有一些探索，如《浙江省工伤保险条例》第十一条规定，用人单位参加工伤保险，应当按照规范要求及时向市、县社会保险经办机构报送本单位参保职工名册、参保职工增减表；参保职工符合条件的，其工伤保险自社会保险经办机构收到参保职工名册或者参保职工增减表次日起生效。

（二）入职当天或还未缴纳社会保险就发生工伤，如何处理？

如上分析，社会保险一般是按月缴纳，从企业管理角度看，不太可能每入职一个人就给一个人做增员。而根据法律规定，用工之日起 30 日内参加社会保险登记不属于“未按规定缴纳工伤保险费”。

那发生类似情况时，社会保险确实还没有来得及缴纳，责任到底由谁来承担呢？如果是非死亡的工伤，在规定时间内缴纳后，后续社保基金应当支付，那如果发生工亡呢？

根据《工伤保险条例》第六十二条第三款的规定，用人单位参加工伤保险并补缴应当缴纳的工伤保险费、滞纳金后，由工伤保险基金和用人单位依照本条例的规定支付新发生的费用。

《人力资源社会保障部关于执行〈工伤保险条例〉若干问题的意见（二）》第三条规定：“《工伤保险条例》第六十二条规定的‘新发生的费用’，是指用人单位参加工伤保险前发生工伤的职工，在参加工伤保险后新发生的费用。其中由工伤保险基金支付的费用，按不同情况予以处理：（一）因工受伤的，支付参保后新发生的工伤医疗费、工伤康复费、住院伙食补助费、统筹地区以外就医交通食宿费、辅助器具配置费、生活护理费、一级至四级伤残职工伤残津贴，以及参保后解除劳动合同时的一次性工伤医疗补助金；（二）因工死亡的，支付参保后新发生的符合条件的供养亲属抚恤金。”

工亡的“一次性工伤补助金”并不属于新发生的费用，那这种由于社保缴纳机制带来的用工风险全部由单位承担，似乎也有不妥之处。据了解，个别地区允许企业在规定时间内缴纳社会保险费，然后相关费用由社保基金依法支付，但很多地方并不允许。期待类似问题能有进一步的政策解决。

（三）社会保险异地缴纳的困惑

在企业经营过程中，用工需求与企业设立机构不一定匹配，如企业总部设在北京，分公司在河南郑州，在河南南阳需要用一个员工，劳动合同可以与郑州分公司签订，那社保如何缴纳呢?

不少单位通过第三方委托代缴的方式来操作，该方式从法律上并无依据，还面临着虚构劳动关系缴纳社保的相关法律风险。目前，部分地区已经对代缴社保进行重点监管，如 2020 年 6 月 30 日，北京市社保中心发布了《关于劳务派遣企业和人力资源服务企业参加社会保险有关问题的通知》，根据该通知，劳务派遣企业和人力资源服务企业在通过网上服务平台、三险业务系统办理职工新参保登记与增员时，需要补充填报部分劳动合同相关信息。同时，不允许未在北京注册的公司委托北京人力资源服务机构在京代缴社保和公积金。这次公布的操作要求标志着代缴公司需要与被代缴职工签订书面劳动合同，否则在实际操作的层面上断绝了代缴社保的可能性。但社保代缴有着现实的需要，不知政策将走向何方？期待社保政策兼顾实际需要，不要因为社保账号等问题造成企业不得不选择“不合规”。类似问题并不是不能解决，如社保账户设立不一定以机构设立作为前提条件，当然，这有赖于政府部门壁垒的打通，与社保的全国统筹进程也密切相关。

（四）劳动关系是缴纳社保的前提，单位帮忙缴纳社保可能涉嫌违法

《全国人民代表大会常务委员会关于〈中华人民共和国刑法〉第二百六十六条的解释》规定，以欺诈、伪造证明材料或者其他手段骗取养老、医疗、工伤、失业、生育等社会保险金或者其他社会保障待遇的，属于刑法第二百六十六条规定的诈骗公私财物的行为。《刑法》第二百六十六条规定，诈骗公私财物，数额较大的，处三年以下有期徒刑、拘役或者管制，并处或者单处罚金；数额巨大或者有其他严重情节的，处三年以上十年以下有期徒刑，并处罚金；数额特别巨大或者有其他特别严重情节的，处十年以上有期

徒刑或者无期徒刑，并处罚金或者没收财产。本法另有规定的，依照规定。

《最高人民法院、最高人民检察院关于办理诈骗刑事案件具体应用法律若干问题的解释》规定，诈骗公私财物价值三千元至一万元以上、三万元至十万元以上、五十万元以上的，应当分别认定为刑法第二百六十六条规定的“数额较大”“数额巨大”“数额特别巨大”。

通过虚构劳动关系，为不符合参保条件的人员提供参保服务，通过欺诈骗取生育保险和医保基金等的，可能涉嫌犯罪。

二、社会保险缴费基数

《社会保险法》规定单位按照职工工资总额缴纳社会保险，各保险险种的具体规定进一步明确了社保缴费基数。比如，《职工基本养老保险个人账户管理暂行办法》第七条规定：“职工本人一般以上一年度本人月平均工资为个人缴费工资基数（有条件的地区也可以本人上月工资收入为个人缴费工资基数，下同）。月平均工资按国家统计局规定列入工资总额统计的项目计算，包括工资、奖金、津贴、补贴等收入。本人月平均工资低于当地职工平均工资 60% 的，按当地职工月平均工资的 60% 缴费；超过当地职工平均工资 300% 的，按当地职工月平均工资的 300% 缴费，超过部分不记入缴费工资基数，也不记入计发养老金的基数。”

各地每年 6 月左右会公布当年社保缴费基数的最低限与最高限，企业应当随时了解每年不同的规定，社会保险缴费基数一方面与个人上一年度平均工资相关，另一方面也与当年最低缴费基数与最高缴费限额相关。

三、不同用工方式的社保缴纳

全日制用工社保缴纳应按照标准的社会保险缴纳要求，本部分重点说明非全日制、劳务派遣等用工方式的社保缴纳要求。

（一）非全日制用工方式下的社会保险缴纳

《社会保险法》第十条规定，无雇工的个体工商户、未在用人单位参加基本养老保险的非全日制从业人员以及其他灵活就业人员可以参加基本养老保险、职工基本医疗保险，由个人缴纳基本养老保险费、基本医疗保险费。《实施〈中华人民共和国社会保险法〉若干规定》第九条规定，职工（包括非全日制从业人员）在两个或者两个以上用人单位同时就业的，各用人单位应当分别为职工缴纳工伤保险费。职工发生工伤，由职工受到伤害时工作的单位依法承担工伤保险责任。《劳动和社会保障部关于非全日制用工若干问题的意见》（劳社部发〔2003〕12号）第十二条规定，用人单位应当按照国家有关规定为建立劳动关系的非全日制劳动者缴纳工伤保险费。从事非全日制工作的劳动者发生工伤，依法享受工伤保险待遇；被鉴定为伤残5—10级的，经劳动者与用人单位协商一致，可以一次性结算伤残待遇及有关费用。

为此，工伤保险是国家强制要求用人单位为员工缴纳的社会保险。员工可以个人身份参加养老保险和医疗保险，按照规定享受养老、医疗保险待遇。

（二）劳务派遣用工方式下的社会保险缴纳

根据《劳务派遣暂行规定》，劳务派遣单位应当按照国家规定和劳务派遣协议约定，依法为被派遣劳动者缴纳社会保险费，并办理社会保险相关手续。即在劳务派遣用工方式下，单位为劳务派遣单位，其与被派遣劳动者是劳动关系，劳务派遣单位应为被派遣劳动者缴纳社会保险。

对于跨区用工的劳务派遣社保缴纳，根据《劳务派遣暂行规定》，劳务派遣单位跨地区派遣劳动者的，应当在用工单位所在地为被派遣劳动者参加社会保险，按照用工单位所在地的规定缴纳社会保险费，被派遣劳动者按照国家规定享受社会保险待遇。劳务派遣单位在用工单位所在地设立分支机构的，由分支机构为被派遣劳动者办理参保手续，缴纳社会保险费。劳务派遣单位未在用工单位所在地设立分支机构的，由用工单位代劳务派遣单位为被派遣劳动者办理参保手续，缴纳社会保险费。

（三）灵活用工的社会保险缴纳

《社会保险法》第十二条规定，无雇工的个体工商户、未在用人单位参加基本养老保险的非全日制从业人员以及其他灵活就业人员参加基本养老保险的，应当按照国家规定缴纳基本养老保险费，分别记入基本养老保险统筹基金和个人账户。该规定为灵活用工缴纳社会保险提供了法律依据。

但具体政策的落地经历了一些过程。《劳动和社会保障部办公厅关于城镇灵活就业人员参加基本医疗保险的指导意见》(劳社厅发〔2003〕10号)明确了相关政策，规范灵活就业人员的参保方式、激励措施和待遇水平。

《关于促进分享经济发展的指导性意见》(发改高技〔2017〕1245号)指出，“研究完善适应分享经济特点的灵活就业人员社会保险参保缴费措施，切实加强劳动者权益保障”。

《国务院办公厅关于印发全国深化“放管服”改革优化营商环境电视电话会议重点任务分工方案的通知》(国办发〔2020〕43号)指出，研究建立灵活就业人员参加失业保险新模式。

2020年9月24日，《国务院办公厅关于发布加快推进政务服务“跨省通办”的指导意见》明确提出，灵活就业人员可异地申请企业职工基本养老保险参保登记，不受地域限制。

2019年8月1日，《国务院办公厅关于促进平台经济规范健康发展的指导意见》指出，抓紧研究完善平台企业用工和灵活就业等从业人员社保政策，开展职业伤害保障试点，积极推进全民参保计划，引导更多平台从业人员参保。2019年12月4日，李克强总理在国务院常务会议中再次强调，启动新就业形态人员职业伤害保障试点。《中共中央、国务院关于抓好“三农”领域重点工作确保如期实现全面小康的意见》首次明确提出开展新业态从业人员职业伤害保障试点。2020年5月11日，《中共中央、国务院关于新时代加快完善社会主义市场经济体制的意见》明确提出开展新业态从业人员职业伤害保障试点。

在国家政策允许的情况下，各地展开了各种探索，2020年7月30日，《广东省灵活就业人员服务管理办法(试行)》发布；2020年9月29日，《北京市人力资源和社会保障局支持多渠道灵活就业实施办法》发布；2020年9月11日，《天津市关于支持多渠道灵活就业的具体措施分工意见》发布；除此之外，浙江省、江苏省、山东省、河南省、陕西省、四川省等地均开展探索，为接下来互联网灵活用工提供了社会保险的保障。

四、用人单位未依法缴纳社保应当承担的责任

用人单位未给劳动者缴纳社会保险，根据情况的不同，用人单位承担的责任形式略有不同，但大致承担补缴、行政责任以及经济赔偿等。关于经济赔偿的内容在本章其他

章节中有详细介绍，本部分主要说明相关行政责任以及劳动合同解除事项。

（一）法律及行政法规对缴费单位违反社会保险法律规定的行为明确了应承担的法律责任

1. 限期改正

单位未按照规定办理社会保险登记、变更登记或者注销登记，或者未按照规定申报应缴纳的社会保险费数额的，由劳动保障行政部门责令限期改正。①

2. 限期补缴，并根据情况收取滞纳金

用人单位未按时足额缴纳社会保险费的，由社会保险费征收机构责令限期补缴。

3. 强制征缴

用人单位逾期拒不缴纳社会保险费、滞纳金的，由劳动保障行政部门或者税务机关申请人民法院依法强制征缴。

4. 罚款等行政措施或刑事责任

《社会保险费征缴暂行条例》规定，缴费单位违反有关财务、会计、统计的法律、行政法规和国家有关规定，伪造、变造、故意毁灭有关账册、材料，或者不设账册，致使社会保险费缴费基数无法确定的，除依照有关法律、行政法规的规定给予行政处罚、纪律处分、刑事处罚外，由社会保险经办机构暂按该单位上月缴费数额的 110% 确定应缴数额；没有上月缴费数额的，由社会保险经办机构暂按该单位的经营状况、职工人数等有关情况确定应缴数额。缴费单位补办申报手续并按核定数额缴纳社会保险费后，由社会保险经办机构按照规定结算。迟延缴纳的，由劳动保障行政部门或者税务机关依照第十三条的规定决定加收滞纳金，并对直接负责的主管人员和其他直接责任人员处 5000 元以上 20000 元以下的罚款。

---

① 《社会保险费征缴暂行条例》第二十三条规定："缴费单位未按照规定办理社会保险登记、变更登记或者注销登记，或者未按照规定申报应缴纳的社会保险费数额的，由劳动保障行政部门责令限期改正；情节严重的，对直接负责的主管人员和其他直接责任人员可以处 1000 元以上 5000 元以下的罚款；情节特别严重的，对直接负责的主管人员和其他直接责任人员可以处 5000 元以上 10000 元以下的罚款。"

5. 其他

根据劳动和社会保障部、国家经贸委、财政部《关于清理收回企业欠缴社会保险费有关问题的通知》的规定，对经调查确认有缴费能力但不按规定缴费的企业，除按《征缴条例》的规定予以处罚外，可采取以下行政措施：劳动保障行政部门通过新闻媒体向社会公布；证券监督管理机构不予批准企业上市；企业领导人员管理部门将国有企业缴费情况纳入企业领导人业绩考核的重要内容，对不依法缴费的国有企业的法定代表人、总会计师除不能晋级、评选先进和获得年终奖金外，拖欠当年还要给予警告，次年仍拒缴纳的，给予撤职处分；工商行政管理部门不予核准其独资、参股设立新企业，不予核准设立分支机构及增加经营范围。

6. 社会保险领域严重失信人名单

《社会保险领域严重失信人名单管理暂行办法》第五条规定："用人单位、社会保险服务机构及其有关人员、参保及待遇领取人员等，有下列情形之一的，县级以上地方人力资源社会保障部门将其列入社会保险严重失信人名单：（一）用人单位不依法办理社会保险登记，经行政处罚后，仍不改正的；（二）以欺诈、伪造证明材料或者其他手段违规参加社会保险，违规办理社会保险业务超过 20 人次或从中牟利超过 2 万元的；（三）以欺诈、伪造证明材料或者其他手段骗取社会保险待遇或社会保险基金支出，数额超过 1 万元，或虽未达到 1 万元但经责令退回仍拒不退回的；（四）社会保险待遇领取人丧失待遇领取资格后，本人或他人冒领、多领社会保险待遇超过 6 个月或者数额超过 1 万元，经责令退回仍拒不退回，或签订还款协议后未按时履约的；（五）恶意将社会保险个人权益记录用于与社会保险经办机构约定以外用途，或者造成社会保险个人权益信息泄露的；（六）社会保险服务机构不按服务协议提供服务，造成基金损失超过 10 万元的；（七）用人单位及其法定代表人或第三人依法应偿还社会保险基金已先行支付的工伤保险待遇，有能力偿还而拒不偿还、超过 1 万元的；（八）法律、法规、规章规定的其他情形。"

（二）劳动者以此为由解除劳动合同的经济补偿金

当用人单位未依法为劳动者缴纳社会保险时，劳动者是否可以以此为由行使随时解除劳动合同的权利？能否主张经济补偿金？

2008 年 1 月 1 日前，劳动者可随时通知用人单位解除劳动合同，但不能取得经济补偿金，因为《劳动法》并未将社会保险作为劳动合同的必备条款，法律并未规定劳动者有权要求经济补偿金。

2008 年 1 月 1 日后，劳动者可依法通知单位解除劳动合同，并可取得经济补偿金。根据《劳动合同法》第三十八条的规定，用人单位未依法为劳动者缴纳社会保险费的，劳动者可以解除劳动合同。根据《劳动合同法》第四十六条的规定，劳动者依照本法第三十八条规定解除劳动合同的，用人单位应当向劳动者支付经济补偿。因此，在 2008 年 1 月 1 日以后，因用人单位未依法为其缴纳社会保险而解除劳动合同的，劳动者可以要求经济补偿金，但经济补偿金的补偿年限应从 2008 年 1 月 1 日开始计算。实践中，劳动者能否获得经济补偿金也可能根据不同情况而定。如北京的司法实践中，劳动者以用人单位未足额缴纳或欠缴社会保险费为由请求解除劳动合同并要求用人单位支付经济补偿金的，不予支持。

第三节　社保领域的常见问题以及处理规则

社会保险领域的问题比较庞杂，政策属性和法律属性兼具，不同地域的规定差异也较大，本部分只是结合实践进行梳理，随着政策以及法律的变化，还会有所调整。

一、社会保险补缴的追缴时效之争

（一）有关行政处罚追缴时效的法律规定

《中华人民共和国行政处罚法》（以下简称《行政处罚法》）第三十六条规定："违法行为在二年内未被发现的，不再给予行政处罚；涉及公民生命健康安全、金融安全且有危害后果的，上述期限延长至五年。法律另有规定的除外。前款规定的期限，从违法行为发生之日起计算；违法行为有连续或者继续状态的，从行为终了之日起计算。"

与《行政处罚法》对应，对于劳动违法行为的查处，《劳动保障监察条例》第二十条规定："违反劳动保障法律、法规或者规章的行为在 2 年内未被劳动保障行政部门发现，也未被举报、投诉的，劳动保障行政部门不再查处。前款规定的期限，自违反劳动保障法律、法规或者规章的行为发生之日起计算；违反劳动保障法律、法规或者规章的行为有连续或者继续状态的，自行为终了之日起计算。”

在劳动监察领域，在《行政处罚法》的基础上增加了未被举报投诉的情形，实际上在某种程度上扩充了“未被发现”的范围。与《劳动保障监察条例》第二十条的规定相对应，《劳动和社会保障部关于实施〈劳动保障监察条例〉若干规定》第十八条第一款第一项和第二款规定，违反劳动保障法律的行为发生在2年内的，劳动保障行政部门应当在接到投诉之日起5个工作日内依法受理投诉，并于受理之日立案查处。对不符合前述条件的投诉，劳动保障行政部门应当在接到投诉之日起5个工作日内决定不予受理，并书面通知投诉人。

社会保险缴纳相关规定中，对用人单位未按规定缴纳社会保险的，《社会保险法》《社会保险费征缴暂行条例》《实施〈中华人民共和国社会保险法〉若干规定》中仅规定了有关部门的后续查处以及劳动者的救济途径，未体现关于时效的特殊规定。

就该问题，《人力资源社会保障部对第十二届全国人大五次会议第5063号建议的答复》指出，为维护参保人员社会保险权益，强化征缴清欠工作，经办机构接到超过《劳动保障监察条例》第二十条第一款2年追诉期的投诉后，一般也按程序进行受理。对能够提供佐证材料的，尽量满足参保者诉求，予以解决，以减少企业职工临近退休时要求企业足额补缴欠费的问题发生。即社保经办机构追缴社保历史欠费并未从法律层面设定追诉期，而从答复的意见看，实际上是不受追诉时效限制的。

为此，虽然从劳动监察领域社保追诉时效的规定比较明晰，但社会保险缴纳相关规定以及回复中，该问题又实际默认了社保补缴不受追诉时效限制。不仅如此，2年的查处时效仅针对一般的违法行为，对于存在持续或继续状态的违法行为，则以行为终了之日起算2年的诉讼时效。而对劳动保障违法行为是否属于连续或继续状态，司法机关和劳动保障行政机关的理解和认识存在较大差异，导致实践中无论是行政机关还是行政相对人，面对相关问题时都感到无所适从。

（二）2年查处时效的起算

从劳动监察角度，如何确认时效起算点，是一个关键问题。实践中，劳动保障监察机关一般以未缴纳社会保险的最后一个时间点为起算点，也有极个别地区的法院不考虑单位开始缴纳的时间，而直接以违法行为处于持续或继续状态为由，认定没有经过社保查处期限。

一般处理原则——以未缴纳的最后一个时间点为依据计算2年的追溯时限。因用人单位为劳动者每月缴纳社保属于单个行为，在劳动关系存续期间一直未缴纳社会保险，系用人单位基于相同的故意实施的若干个单独的违法行为，属于违法行为的继续状态，从未缴纳变为及时缴纳的状态，意味着继续存在的违法行为的终止，时效应当从违法行为终了之日起计算。

特殊处理——认定未缴纳社保的行为处于连续或继续状态，不视为经过2年的查处时效，或不适用关于期限的限制，将追缴保险费与查处行为进行区分。

（三）关于民事争议期间相关时效扣除问题

对于通过民事诉讼确认劳动关系存续期间的时间或者通过民事途径要求补缴社保等能否导致2年查处时效中止，不同法院有不同观点。如果劳动者和用人单位之间对劳动关系终止的时间存在争议，部分法院认为，通过民事诉讼确认劳动关系存续期间的时间不应计算在2年查处时效中。个别法院在适用《劳动保障监察条例》第二十条时，对于民事诉讼后再投诉的，监察是否经过时效，从视同存在投诉举报的角度进行认定。

对于存在民事争议需要确认劳动关系存续或终止时间的情况，如生效的仲裁裁定或民事裁判对劳动关系的存续状态作出确认，那么仅依据认定的劳动关系终止的时间作为查处时效的起算点，对于劳动者权益保护而言，或将产生一定的不利影响，如直接以生效裁判的时间作为2年查处时效的起算点而不考虑违法行为的实际终止时间，将导致查处时效制度追求行政效率的目标大打折扣，也可能会滋生行政相对人通过民事诉讼延长对用人单位的查处时效的滥诉行为。

（四）社保稽核中关于时效的认定

实践中，绝大多数法院认定社保稽核不受2年查处时效限制。但在阐述具体理由时，存在一定的差别，一些法院认为社保稽核和劳动保障违法查处行为属于不同行政行为，不受时效的限制；也有部分法院认定未缴纳社保的行为处于持续状态。

（五）劳动保障监察对社保违法行为的查处和社保稽核行为之间的差别和联系

1. 有权机关的职责划分不同

（1）劳动保障行政部门对于未缴纳社会保险行为的法定职责

《劳动保障监察条例》第三条第一款规定："国务院劳动保障行政部门主管全国的劳动保障监察工作。县级以上地方各级人民政府劳动保障行政部门主管本行政区域内的劳动保障监察工作。"第十一条规定："劳动保障行政部门对下列事项实施劳动保障监察：……（七）用人单位参加各项社会保险和缴纳社会保险费的情况……"第十八条规定："劳动保障行政部门对违反劳动保障法律、法规或者规章的行为，根据调查、检查的结果，作出以下处理：（一）对依法应当受到行政处罚的，依法作出行政处罚决定；（二）对应当改正未改正的，依法责令改正或者作出相应的行政处理决定；（三）对情节轻微且已改正的，撤销立案。发现违法案件不属于劳动保障监察事项的，应当及时移送有关部门处理；涉嫌犯罪的，应当依法移送司法机关。"

根据前述规定，劳动保障监察机关具有对用人单位未为劳动者缴纳社会保险这一违法行为的查处职责。履行法定查处职责时需要满足《劳动保障监察条例》第二十条、《关于实施〈劳动保障监察条例〉若干规定》第十八条规定的受理条件，在不符合受理条件的情况下，应作出程序性的处理结论，而非进入实体审查。

（2）社保经办机构的法定职责

《社会保险法》第七条第二款规定："县级以上地方人民政府社会保险行政部门负责本行政区域的社会保险管理工作，县级以上地方人民政府其他有关部门在各自的职责范围内负责有关的社会保险工作。"从《社会保险法》第五十八条，《社会保险稽核办法》第三条、第九条的规定，可以较为清晰地看到，用人单位未给劳动者缴纳社保的行为既属于劳动保障监察机关法定职权范围内的查处行为，又属于社保经办机构稽核的范围，在受理范围上，存在一定的交叉。劳动保障行政部门不具有稽核、征收社会保险费之职责，社保经办机构不具有对用人单位未缴纳社会保险进行查处的职责。根据《社会保险法》第八十六条，《社会保险稽核办法》第十一条、第十二条的规定，社保经办机构对于社保稽核过程中出现的相关情况，应当报请劳动保障行政部门处理。

2. 因职权划分不清晰导致的问题

个别地方性规范性文件没有区分社保稽核和劳动保障监察行为的性质，如《重庆市劳动和社会保障局关于用人单位不按规定进行社会保险登记不如实申报参保人员和缴费工资的处理意见》第六条规定，劳动保障行政部门和社会保险经办机构受理劳动者关于用人单位未按规定进行社会保险登记、少报参保人员和缴费工资的举报和投诉，根据《劳动保障监察条例》第二十条的规定，分以下情况处理：……（二）在用人单位存续期间，劳动者就用人单位少报参保人员，向社会保险经办机构举报和投诉的，如果应参保人员尚与该用人单位存在劳动关系或者在解除、终止劳动关系之日起两年内，社会保险经办机构和劳动保障行政部门应当受理，并责令用人单位补办投保手续和补缴社会保险费；如果应参保人员与该用人单位解除、终止劳动关系已超过两年，社会保险经办机构和劳动保障行政部门不予受理，并书面告知理由……虽然重庆地区有相关规定，但是从重庆地区法院的裁判尺度来看，前述规定没有得到有效适用。

社会保险费的补缴、缴纳问题与每一位劳动者息息相关，且实际情况较为复杂，选择不同的救济方式和救济途径，将可能产生完全不同的效果。

梳理清楚该问题，有赖于立法、执法机关等多部门配合，比如，需要准确区分劳动监察与社保稽核的不同，不同政府部门的职责应当有序衔接；充分考虑社保问题的特殊性，就其中涉及的历史问题、法律问题、行政职责梳理等问题进行综合考虑。

二、通过社会保险多缴纳之后的处理方式看社会保险性质在实践中的争议

劳动关系终结后，单位无须为离职员工缴纳社保。实践中，基于各种原因，单位可能在双方劳动关系解除或终止后仍为离职员工缴纳社会保险。本部分重点讨论单位为离职员工缴纳社保的费用能否要求其返还。

（一）问题的引出

对该问题的分析，先从几个案例开始。我们发现，同是用人单位代前员工缴纳社保，案件一中法院以不当得利支持员工返还，案件二中法院却认为不构成不当得利。

在（2018）京 02 民终 9445 号一案中，公司在解除劳动合同后，继续为“前工伤

员工”缴纳了2016年8月至2017年3月的社会保险共10816.96元，其后公司又以不当得利为由请求“前工伤员工”返还不当得利，法院支持了公司的请求，法院将用人单位负担的社保费用等同于个人的得利。

在（2019）京01民终5285号一案中，法院认为，关于公司要求李某返还社会保险一节，公司与李某就劳动关系解除产生争议，公司在仲裁及诉讼中依然为李某缴纳社会保险。在最终生效裁决所认定的解除劳动关系的时间之后，公司仍缴纳了社会保险，公司多缴纳的社会保险费既非李某依法应当负担，也不属于李某个人所得。因此，应由社保机构处理，法院不应受理。法院未支持用人单位的返还诉请。

同样的情况，不同的判决，是对法律理解的不同，还是确有对错之分？实务中究竟以哪种裁判观点为准呢？

（二）问题的分析

同案不同判，实质是由于对社会保险的性质理解不同造成的。（2018）京02民终9445号判决中将用人单位的支出等同于员工的不当得利，其忽略了社保关系的特殊性，也未对社保中个人缴纳和公司缴纳部分做拆分。（2019）京01民终5285号判决中则有效指出了社保的特殊性，即单位多支付部分涉及社保退回等问题，但未考量用人单位代替个人缴纳部分确实有不当得利的成分。

我们进一步对该问题进行梳理，发现类似案件属于法院受理还是社保经办部门管辖，也存在一定认识差异。比如，在（2017）京0108民初8788号判决书中，法院认为，“单位应依法为劳动者缴纳社会保险费用，缴费期间应与劳动者工作期间相同。解除劳动关系后仍缴纳社保及公积金，造成与劳动关系的真实状态不符，属于违反社会保险法相关规定的情形，对社会保险的登记、核定、缴纳、支付等正常秩序造成影响，因此公司应通过社会保险经办机构、劳动行政部门纠正此非正常情况，并非法律规定的不当得利之范畴，法院不予支持”，但二审法院按照不当得利纠纷审理了该案件，并在（2017）京01民终5188号判决书中撤销了一审判决，最终判决员工返还单位为其垫付的社会保险费。

由此可见，劳动关系终结后，单位为离职员工缴纳社会保险费且因返还该部分社会保险费发生纠纷的，关于法院是否受理存在争议，我们看到的是，法院受理的不在少数。

不仅对是否属于法院受理范围有不同认识，此类案件究竟属于劳动争议案件还是民事争议案件，该问题仍然有争议。（2019）京 01 民终 5285 号判决书中指出，“已经发生法律效力的民事判决确认双方劳动关系于 2017 年 8 月 24 日解除，公司要求李某某返还 2017 年 8 月 24 日之后的社会保险款项的请求不属于劳动争议案件受案范围，人民法院不予处理”。（2019）京 02 民终 15263 号判决书中指出，“滕某于 2017 年 2 月 27 日入职华某公司担任管理岗位，从事人力资源部人事工作。滕某的工资发放至 2018 年6月。2018年8月20日，滕某以公司为被申请人向仲裁委员会提出本案前置仲裁申请，仲裁申请未涉及社保费相关请求。现华某公司要求滕某返还 2018 年 9 月社会保险费用的诉讼请求未经仲裁前置程序，法院对此不予处理”，由此可见，若按照劳动争议审理此类案件，需经过仲裁前置程序。

（三）社保的申报、缴纳、监督与退费

从诉讼的角度进行分析，不论是劳动案件还是非劳动案件，该问题都实际反映了大家对社会保险属性认识的差异。《社会保险法》第六十条规定，用人单位应当自行申报、按时足额缴纳社会保险费，非因不可抗力等法定事由不得缓缴、减免。职工应当缴纳的社会保险费由用人单位代扣代缴，用人单位应当按月将缴纳社会保险费的明细情况告知本人。无雇工的个体工商户、未在用人单位参加社会保险的非全日制从业人员以及其他灵活就业人员，可以直接向社会保险费征收机构缴纳社会保险费。根据《社会保险法》第十条、第二十三条、第三十三条、第四十四条、第五十三条的规定，职工应当参加社会保险，由用人单位和职工按照国家规定共同缴纳或用人单位单独缴纳。

根据《社会保险法》第九十条的规定，社会保险费征收机构擅自更改社会保险费缴费基数、费率，导致少收或者多收社会保险费的，由有关行政部门责令其追缴应当缴纳的社会保险费或者退还不应当缴纳的社会保险费。

那么，单位在劳动关系终结后为员工缴纳的社保费能否申请退费呢？在（2019）琼 97 行终 197 号佟某某与儋州市社会保险事业局其他行政行为二审行政判决书中，海南省第二中级人民法院认为，“被上诉人作为法定社会保险工作的管理部门，对于劳动者和用工单位之间的争议或纠纷事宜，客观上不存在查证的可能及权限，且社会保险费的申报及缴纳为企业自主申报。被上诉人在审核其提交的材料符合登记要求后依法予以

记录，并无任何不当。原审法院判决驳回上诉人诉讼请求符合本案客观事实，适用法律并无不当，应予以维持”。即由于申报是单位申报，为此，不应当予以退还，如此，只能回归诉讼去解决。

实务中，社保退费属于特殊业务，一事一批。如果有相关法律文书证明劳动关系确已解除，建议单位携带相关材料向所在地社保经办机构征缴科确认是否可以退费；但如果属于单位自身操作原因，社保经办机构审核相关申报材料并无不当，可能无法退费。

单位为离职员工缴纳的社会保险费可否要求返还的问题，涉及社保的征缴体系，劳动案件还是非劳动案件、法院管辖还是社保机构管辖等问题，而该问题也能全面说明社保关系的特殊性。

三、单位未足额或者未缴纳社会保险导致劳动者有损失的，赔偿损失

（一）养老保险待遇损失

即劳动者因单位未按规定缴纳养老保险，且社会保险经办机构不能补办，导致劳动者无法享受养老保险待遇造成的损失。

劳动者要求用人单位赔偿社会保险待遇损失属于劳动争议案件受理范围的前提是：用人单位未为劳动者办理社保手续并缴纳社保费；社会保险经办机构不能补办；劳动者无法享受社会保险待遇而产生损失。

司法实践中就养老保险损失的受理，基本以是否能补缴作为是否属于劳动争议案件受理的衡量标准。

对于已经由单位为劳动者办理了社会保险手续，但因用人单位欠缴、拒缴或者劳动者对缴费基数、缴费年限有异议而发生争议，属于行政管理的范畴，不属于劳动争议受理范围；对于已经由单位为劳动者办理了社会保险手续，但因用人单位漏缴社保而发生争议，导致劳动者延迟办理退休的，因单位漏缴社保与劳动者延迟办理退休手续造成的养老保险待遇损失之间存在因果关系，属于劳动争议受理范围。

未缴纳养老保险损失的司法界定并无统一规定，实践中会参考缴纳期限、缴费数额等综合因素确定。

关于养老保险待遇损失的计算依据，并无统一定论，各地主要以工作年限、上一

年度职工月平均工资、员工仲裁前12个月平均工资、应缴与实缴基数差额等作为计算依据。

（二）医疗保险待遇损失

指劳动者因用人单位未按规定缴纳医疗保险费，且社会保险经办机构不能补办，导致劳动者无法享受医疗险待遇造成的损失。

医疗保险作为社会保险的险种之一，如果是用人单位未为劳动者办理医疗保险，且不能补办而无法享受保险待遇的，劳动者可要求用人单位赔偿医疗险待遇损失，该请求属于劳动争议案件受理范围。申请医疗险待遇损失需要满足以下三个基本条件：用人单位未为其办理医疗险手续；社会保险经办机构不能补办；劳动者因此无法享受医疗险待遇而遭受损失。

医疗保险待遇的损失计算各地有所差异，但参照医保标准是共识。部分省市明确了用人单位需要承担医疗险待遇损失的具体情形，如《北京市高级人民法院关于印发〈劳动争议案件审理中涉及的社会保险问题研讨会会议纪要〉的通知》。部分地区参照医疗保险办法等处理，如《深圳市社会医疗保险办法》第一百零二条第一款规定："用人单位应当参加社会医疗保险而未参加的，其职工发生的医疗费用，由用人单位按照本办法规定的待遇标准支付。"

如果员工有缴纳城乡居民基本医疗保险（包含新型农村合作医疗和城镇居民养老保险两项）的，相关保险支付的应当予以扣除。

（三）失业保险待遇损失

指劳动者因用人单位未为其办理失业险登记及缴纳失业险费用或者在劳动者离职时未按照法律规定出具办理失业险所需的证明材料，导致劳动者不能依法申领失业保险金造成的损失。

根据《失业保险条例》第十四条的规定，劳动者申领失业险需要满足三个基本条件：用人单位未按照规定为劳动者缴纳失业保险费；劳动者的失业系用人单位或其他客观原因所致；劳动者已经处于失业状态。

因用人单位未为劳动者办理失业险登记及缴纳失业险费用或者在劳动者离职时未

按照法律规定出具办理失业险所需的证明材料，导致劳动者不能依法申领失业保险金而造成损失时，用人单位应对其进行赔偿。

部分省市明确了用人单位需要承担失业险待遇损失的具体情形，如《浙江省失业保险条例》第四十七条规定，因用人单位不按照规定参加失业保险、不按照规定缴纳失业保险费等原因，造成失业人员不能按照规定享受失业保险待遇、农民合同制职工不能按照规定享受一次性生活补助的，用人单位应当按照其失业保险待遇损失或者一次性生活补助损失总额的二倍给予赔偿。

部分地区规定，单位除承担赔偿损失责任外，还可能承担行政责任，如《重庆市失业保险条例》第三十二条规定，违反本条例，有下列情形之一的，由县级以上劳动保障行政部门责令限期改正，情节严重的，对直接负责的主管人员和其他直接责任人员各处五百元以上两千元以下罚款；造成失业人员失业保险待遇损失的，由单位负责赔偿：单位未按规定告知失业人员应当享受的失业保险待遇、为失业人员出具终止或解除劳动关系证明，或者不在规定期限内提交失业人员名单、档案的；单位不为职工办理跨统筹地区迁移参保关系转移手续的；单位拒不提供办理失业保险登记、缴费基数的资料的。

虽然因为单位原因造成失业损失应当属于仲裁受理范围，但实践中，就该事项是否属于受理范围以及受理条件还存在不同的认识。个别情况下，类似请求会被法院认定为不属于受理范围而不予支持；类似请求会被法院以相关损失无社保部门确认为由而不予处理。

不仅如此，对于法院受理或者处理的案件，失业保险无法申领的原因、失业保险待遇损失是否经过社保部门确认、失业保险损失是否已经实际发生，都会影响案件结果。若因劳动者原因而无法申领失业险待遇，用人单位无须承担赔偿责任；劳动者未提交失业证明等证据时，用人单位无须承担赔偿责任。

通过上述对养老保险、医疗保险以及失业保险的相关分析，我们也不难看出，对于社会保险损失类的判决在由谁受理、如何受理、受理后如何裁判等方面还存在诸多差异，社保问题在实践中还有很多需要解决的问题。

第十二章

劳动争议

导言

随着企业合规意识的增强，劳动争议案件管理越来越受到重视，笔者结合自己的工作经验，对于劳动争议的论述主要从企业如何预防和处理劳动争议的角度展开。

集体劳动争议和个体劳动争议不仅是在程序等事项上有差异，由于集体劳动争议涉及人数较多，人员稳定等问题也应当受到关注。《中华人民共和国劳动争议调解仲裁法》（以下简称《劳动争议调解仲裁法》）第七条规定，发生劳动争议的劳动者一方在十人以上，并有共同请求的，可以推举代表参加调解、仲裁或者诉讼活动。《劳动人事争议仲裁办案规则》第六十三条第一款规定，发生劳动者一方在十人以上并有共同请求的争议的，劳动者可以推举三至五名代表参加仲裁活动。代表人参加仲裁的行为对其所代表的当事人发生效力，但代表人变更、放弃仲裁请求或者承认对方当事人的仲裁请求，进行和解，必须经被代表的当事人同意。关于集体争议案件的处理，除上述法律规定的程序差异外，企业还应当关注处理标准的统一，尤其应当注意集体事件引发的其他问题。

企业区分集体劳动争议和个体劳动争议时，不能只考虑上述法律层面对集体劳动争议的界定，而应当充分考虑劳动关系中管理的一致性和员工的效仿因素等，综合判断劳动争议案件对企业管理的影响。

第一节　预防劳动争议发生永远排第一位

劳动关系融洽对于企业发展至关重要，劳动争议处理得再完美都不如尽量避免劳动争议的发生。当然，企业应当对“冲突”有正确的理解，适当的冲突有利于激发组织活力，冲突的恰当解决也有利于各方更好地理解目标。避免冲突演化为纠纷，是管理中格外需要注意的。

劳动争议预防与日常管理息息相关，为此，从诱发劳动争议角度探讨劳动争议的预防有着重要意义。

一、分歧和矛盾不是争议，无视或处理失当才会演变成争议

这是一个被矛盾和纠纷裹挟的世界，无处不在的分歧是生活和工作的一部分，分歧导致多样化，也引发了冲突。不论是否愿意，我们都必须承认：分歧客观存在，无谓好坏，关键取决于我们看待分歧的态度、处理分歧的方法。

每天，我们都在用不同的方式与分歧打交道，或视而不见，或求同存异，抑或通过管理的方式达到一种平衡，等等。分歧本身让我们的工作和生活充满了各种可能，若处理妥当，在某种程度上也可以避免或减少纠纷。若处理不当，则可能会诱发纠纷，纠纷往往是分歧量变后的质变。不仅如此，纠纷发生后的处理难易程度往往也与此前分歧处理是否妥当有着极大的关系。所以，如何对待分歧、看待矛盾，可能需要的不仅是专业，更是智慧。

劳动关系中分歧上升到争议的，真正突发性的并不多，大部分是经过时间“酝酿”的。“酝酿”过程既有法律问题，也有管理问题。即使表面看起来是突发，更多的时候都能追溯到管理中的问题。为此，处理劳动争议时，不论以何种方式解决，笔者都在想，到底是什么诱发了“纠纷”？又是什么导致了“纠纷”的不可调和?

二、对劳动争议的拆解

抽象化解读后，企业和员工在劳动关系履行过程中发生的争议属于劳动争议。现实中，劳动争议要复杂得多，企业不同，员工不同，会排列组合出即使争议实质焦点一样，但又完全不同的劳动争议，劳动争议类型复杂化的程度应该超出我们想象。所以，我们需要在抽象和具体中不断穿梭才能对诱发劳动争议的因素进行解读。

（一）诱发劳动争议的因素

分歧无处不在，而分歧能否妥当处理决定了纠纷发生的概率。笔者从两个角度分析诱发劳动争议的因素，即非法律因素和法律因素。当然，实践中很难将这两种因素分离得特别清晰，该种分析方式是为了更好地了解诱发劳动争议的因素。

1. 诱发劳动争议的非法律因素

（1）成就发展的多样性也蕴含着纠纷

回到工作场景，我们会看到：一群有思想、有喜好、能力不一、期望不同的人在一个机构工作。每个人对机构文化和战略的理解不同，和机构的黏合度不同，对稳定性的预期不同，对管理理念、管理方法的认知不同，对工作本身的要求不同。这些不同，既客观存在，又是发展需要。只要限定在一定范围内，就会让每个个体大放异彩，机构蓬勃发展。

回到微观，我们也观察到：每个机构对员工的包容、考核、期许不同，每个机构的市场竞争力、抗风险能力以及因此带给员工的归属感不同。同时，每个员工和管理者都有鲜明的个人特色，管理者与员工的互动、管理者对员工的尊重、管理者与员工对彼此的期望值不同，这些不同既构成了企业发展的动力，也有潜在纠纷发生的可能。

从理论上讲，上述所有不同，都可能是诱发纠纷的因素。不同和分歧是否能发展为纠纷，完全取决于各方的忍耐、是否超过一方或双方的临界点，以及大家对未来的判断。从常见的纠纷来看，这些要素包括以下三点。

一是管理者与被管理者对工作完成的标准不同。管理者会提出更高的要求，希望员工开创性地完成工作，而劳动者可能认为自己已经对得起拿到的工资待遇。长此以往，这种分歧必然演变成纠纷，而这类纠纷如果用法律上的不能胜任工作等来解决又有非常大的局限性。

二是管理者与被管理者各方容忍的点不同。有些管理者能容忍平时的迟到早退，但无法容忍工作的懈怠；有些管理者对于纪律和服从有着天然的执着；有些管理者对于响应速度的要求可能接近于苛刻。而劳动者可能对管理者的朝令夕改无法容忍；可能对管理者接近完美的要求不能满足；也可能对管理者对于权威的崇拜无法接受；等等，这些管理过程中日常积累的问题，都有可能通过某些事件诱发为纠纷，可能以调岗、奖金，甚至解除劳动合同等问题形式展现。

三是管理者与被管理者对于规则的理解角度不同。不同企业对于各自底线的规则有不同的理解，尤其是不同风格的管理者，如对于可能的虚假报销等不诚信行为。同样，不同的劳动者对于规则的理解也不同，有的劳动者天然属于规则的挑战者，而有的劳动者可能在不经意之间触犯企业底线，如不经意间讨论薪资等。而作为管理者，会按照自己对规则的理解而对不同的行为作出惩罚和奖励，当这种惩罚和奖励突破了劳动者的容忍时，纠纷的发生不可避免。

笔者没有办法精确分析这些不同对纠纷诱发的影响，因为每一个点都是潜在因素，而通过笔者上述罗列的这几个角度也不难发现，劳动争议中非法律因素起到了重要作用。而对非法律因素的深刻理解，也会对劳动争议的解决起到非常重要的作用。

（2）以案说明不同非法律因素对纠纷的影响

笔者曾处理过一起劳动争议，劳动者写了 10 多项仲裁请求，包括工资、加班费、奖金等，但核心诉求就一项，即要求部门管理人员赔礼道歉，理由是部门管理人员在管理过程中不尊重员工，经常恶意报复，且存在明显的管理不当，导致其工作无成效等。

面对这样的场景，不少人可能会选择“用脚投票”，该员工最终也选择了离开公司，但其认为仅用这种方式无法消除内心的不满，因此提起仲裁。

这就是一起因管理不当诱发的劳动争议。同样的争议，不同的处理方式效果完全不同，可能是双方见诸法院，也可能是握手言和，还有可能是好聚好散。在该纠纷的处理过程中，我们详细倾听了劳动者的诉求，包括其认为管理者不当的地方，也与公司沟通了员工的诉求。最后，通过为双方搭建沟通平台的方式平稳地解决了该纠纷，员工最后撤诉，而用人单位也免予员工情绪导致的不必要的诉讼成本等。

在对现实案例的梳理中，我们不难发现，纠纷往往是外部原因触发了内部“酝酿”许久的分歧。因此，一个机构避免或减少劳动纠纷的最好方式就是对这些分歧进行有效管理，而不是任意放纵。管理中永远不要忘记，我们面对的是有思想的人。虽然经营要求我们认准目标、考核结果，但人的情感因素是不能忽略的。

2. 诱发劳动争议的法律因素

纠纷往往是通过法律争议来呈现的。理论上，劳动争议分为权利性劳动争议和利益性劳动争议。我国权利性劳动争议可通过仲裁的方式解决，而利益性劳动争议主要通过谈判或协商的方式解决。

权利性劳动争议主要包括：劳动合同签订、工资待遇、加班费、福利、社保保险、休息休假、竞业限制、劳动合同的解除与终止、劳动者给用人单位造成的损失、股权激励等。不仅如此，2018 年 12 月《最高人民法院关于增加民事案件案由的通知》中新增加的“平等就业权”和“性骚扰损害责任纠纷”也可能会是劳动领域新的纠纷点，当然，该类纠纷并不会作为劳动争议纠纷来解决。上述罗列的这些法律因素都是在用工管理过程中需要注意的问题。

利益性劳动争议主要包括：工作条件的改善、工资的提高、工作时间的缩短等。利益性劳动争议在集体性事件中更明显，如由于搬迁引发的人员安置，在用人单位制定了合法合规的方案后，仍有可能持续陷入僵局，甚至是冲突。利益性劳动争议中，由于法律目前的不可诉性，劳动者一般通过非理性的途径实现其权益主张，类似停工、静坐、围堵企业管理人员等过激行为。利益性劳动争议实际是利益的再分配，是用人单位与劳动者的一场博弈。

（二）劳动争议具体内容的拆分

如上所述，诱发劳动争议的因素，有法律因素，也有非法律因素。为此，劳动争议在某种程度上由三个部分组成：第一部分为诱发争议的事实（原因）；第二部分为各方的想法以及情绪；第三部分为争议背后的利益。而这三个部分的不断排列组合及强弱变化，决定了劳动争议的演变进程，以及我们在调解劳动争议时的侧重点。之所以对劳动争议的具体内容进行拆分，主要是为了在解决劳动争议时找到重点，更好地选择方法和策略，进而使得调解能发挥更好的作用。

1. 诱发争议的事实（原因）

法律事实、客观事实以及各自感知的事实完全不同，当然，感知的事实与信息来源、各自拆解信息的方法等都有关系。当司法未介入时，大家在意的都是各自感知的事实，而且对各自感知的事实深信不疑。所以，在案件调解过程中，我们经常发现争议就是由一些各自构建的事实引发的，而消除类似争议的办法就是不断畅通沟通渠道，完善信息发布、传达流程等，尽可能减少不必要的误传。

案例：2019 年年初，笔者调解了一个案件，劳动者要求支付 2018 年的年终奖以及此前应当报销的费用，合计 4 万余元，从申请书中可以了解到，该员工已经和用人单位协商解除劳动合同。随后，笔者打通了用人单位的电话，在与用人单位沟通中得知，公司每年发放年终奖的时间是次年 3 月，该员工的年终奖会在 3 月发放，报销款一般是离职后次月发放。这显然就是一个由于信息不通诱发的争议，即劳动者误以为劳动合同解除后该部分应发的钱不会发放，而用人单位也没有解释清楚。为此，用人单位在与劳动者沟通时信息传达的全面性、及时性、准确性等都至关重要。

当然，更多的时候，诱发劳动争议的事实需要通过各方举证、证据规则等进行确认。

2. 各方的想法以及情绪

人的本性决定了在劳动关系处理过程中各方的想法以及情绪起着重要作用，比如，针对工作中的一个错误，由谁指出、指出错误的场合、指出的方式、被指出错误的人当时的状态等都有可能引发争议，甚至是强烈的冲突。

案例：劳动者从某重点院校少年班毕业，从小自尊心非常强，且自视甚高，到公司后工作表现也很突出。但由于其孤傲的性格，导致同事关系总是很紧张，随着其职位提升，该问题更加明显，公司管理层多次与其沟通后效果不佳，公司迫不得已提出协商解除劳动合同，员工情绪异常激烈。该案件，从公司角度讲，公司认为其非常珍惜人才，已经穷尽可能为该员工提供了发展空间，并给予了充分的尊重，但毕竟公司需要从整体考虑，不得已提出解除劳动合同，且解除也会依法给予补偿，已经做到仁至义尽；从员工角度讲，员工认为公司不能识得人才，最重要的是其认为公司提出解除是对他个人能力、人品等的全面否定，这是他人生经历中没有遇到的，也无法面对的。那些补偿的钱，对他而言，完全可以忽略不计。该案件最后的解决得益于我们找到了该员工的父亲，其父亲非常理性地面对这一事件，并深知该员工性格中的孤傲，而员工最终之所以能坦然面对，和我们不断地情绪安抚有很大关系。

在劳动争议案件解决过程中，甄别各方想法、关注各方情绪是每个案件处理的必备课。

3. 争议背后的利益

争议背后的利益往往是诉争的实质所在，只是各自对利益的判断、取舍、期望不同而已，拨开诱发争议事实及各方情绪的迷雾，我们才能发现各自诉争的利益。需要注意的是，该处的利益应当做广义理解，不限于法律范围内可诉争的事项，如时间、机会成本往往也是利益的应有之义。

案例：某员工提出离职，由于该员工负责项目涉及潜在法律纠纷，公司不同意其离职。员工提前 30 日提请离职，30 日届满，劳动合同解除，但用人单位迟迟不办理社保转移，亦不开具离职证明。后劳动者诉至仲裁，要求开具离职证明，并要求未按时开具离职证明造成的损失。以利益的角度分析，员工最大的利益是不影响他的下一份工作，对于该利益实现与否，时间很关键；对用人单位而言，员工离职后是否愿意配合做相关的交接工作，以及可能的信息了解是核心诉求所在。

类似案件在法律层面很简单，难点在于大家对利益的考量不同，而分析准确各自利益所在是解决争议的关键。不过，当案件利益考量不是诉争问题本身，而是诉争之外的事项时，调解的难度往往很大。

（三）不固守于法律，深刻理解劳动关系及劳动争议的特质

劳动纠纷很多时候是管理问题的法律呈现，要妥善处理这类纠纷，我们需要不断思考劳动关系的特点，不断游走在法律和管理之间，尽可能寻求双方之间的平衡。当然，还有很多时候，可能是一个单纯的法律问题，这类问题在个体案件中更为明显。但无论如何，在劳动争议解决中，我们不能限于法律，而是需要秉承着对人的关怀、对规则的敬畏、对利益的考量、对法律的理解，不断在个案中找到最佳的平衡。

当我们不断深入理解劳动争议的实质时，解决劳动争议将更加得心应手。

第二节　企业处理劳动争议的操作规范

企业偶尔也会作为发起劳动仲裁的一方，如竞业限制、服务期纠纷等，本节主要介绍劳动者作为发起一方时，企业处理劳动争议的规范操作。

一、企业应当了解劳动争议解决的路径和方式

《劳动争议调解仲裁法》第四条、第五条[①]规定，发生劳动争议后，解决争议的方式包括协商、调解、仲裁（诉讼）。需要说明的是，协商和调解在任何阶段都可以采取。

（一）调解的机制以及调解的法律效力

调解组织一般包括：企业劳动争议调解委员会（《劳动争议调解仲裁法》第十条第

---

① 《劳动争议调解仲裁法》第四条规定："发生劳动争议，劳动者可以与用人单位协商，也可以请工会或者第三方共同与用人单位协商，达成和解协议。"

第五条规定："发生劳动争议，当事人不愿协商、协商不成或者达成和解协议后不履行的，可以向调解组织申请调解；不愿调解、调解不成或者达成调解协议后不履行的，可以向劳动争议仲裁委员会申请仲裁；对仲裁裁决不服的，除本法另有规定的外，可以向人民法院提起诉讼。"

二款[①]作了明确规定）；基层人民调解组织；镇、街道设立的具有劳动争议调解职能的组织。除此之外，还有一些其他调解组织。另外，劳动争议仲裁委员会和法院都有庭前调解以及诉讼中的调解程序。可以说，调解贯穿劳动争议处理的全过程。

企业与员工发生劳动争议，调解可以根据具体情况选择不同的路径，根据调解最终是否具有强制执行力，调解分为以下两种情况。

1. 未置换调解书的调解

双方向人民调解组织或劳动争议调解组织或其他组织申请调解，调解成功，调解组织出具《调解协议》，双方签名或盖章，经调解员签名并加盖调解组织印章后生效。

《中华人民共和国人民调解法》第三十一条第一款规定："经人民调解委员会调解达成的调解协议，具有法律约束力，当事人应当按照约定履行。"对此类调解协议，如果一方不履行，根据《劳动争议调解仲裁法》第十五条[②]的规定，另一方可申请劳动仲裁；第十六条规定，如果《调解协议》中就拖欠劳动报酬、工伤医疗费、经济补偿或者赔偿金事项达成调解，当事人可以直接向人民法院申请支付令。

根据上述规定，未置换（司法确认）的调解书不具备强制执行的法律效力，在一定程度上有赖于双方的诚信。

2. 置换调解书（司法确认）的调解

经过调解的调解书，依法可申请司法确认或者置换调解书。如此，通过对调解协议的司法确认或置换调解书等形式，赋予调解协议强制执行力。如果企业与劳动者调解后经过置换或者司法确认的，企业不履行，将面临被强制执行的风险。

就该问题，经历了立法的不断完善和各地实践的不断探索。《关于建立健全诉讼与非诉讼相衔接的矛盾纠纷解决机制的若干意见》第十一条规定，经《劳动争议调解仲裁法》规定的调解组织调解达成的劳动争议调解协议，由双方当事人签名或者盖章，经调解员签名并加盖调解组织印章后生效，对双方当事人具有合同约束力，当事人应当履

① 《劳动争议调解仲裁法》第十条第二款规定："企业劳动争议调解委员会由职工代表和企业代表组成。职工代表由工会成员担任或者由全体职工推举产生，企业代表由企业负责人指定。企业劳动争议调解委员会主任由工会成员或者双方推举的人员担任。"

② 《劳动争议调解仲裁法》第十五条规定："达成调解协议后，一方当事人在协议约定期限内不履行调解协议的，另一方当事人可以依法申请仲裁。"

行。双方当事人可以不经仲裁程序，根据本意见关于司法确认的规定直接向人民法院申请确认调解协议效力。人民法院不予确认的，当事人可以向劳动争议仲裁委员会申请仲裁。第二十五条规定，人民法院依法审查后，决定是否确认调解协议的效力。确认调解协议效力的决定送达双方当事人后发生法律效力，一方当事人拒绝履行的，另一方当事人可以依法申请人民法院强制执行。

《中华人民共和国人民调解法》第三十三条规定："经人民调解委员会调解达成调解协议后，双方当事人认为有必要的，可以自调解协议生效之日起三十日内共同向人民法院申请司法确认，人民法院应当及时对调解协议进行审查，依法确认调解协议的效力。人民法院依法确认调解协议有效，一方当事人拒绝履行或者未全部履行的，对方当事人可以向人民法院申请强制执行。人民法院依法确认调解协议无效的，当事人可以通过人民调解方式变更原调解协议或者达成新的调解协议，也可以向人民法院提起诉讼。"

关于置换调解书，各地有一些细化规定，如北京市人力资源和社会保障局发布的《关于加强和规范劳动人事争议调解协议仲裁审查确认工作的通知》规定，依据当事人共同申请，劳动仲裁委员会审查确认各类调解组织调解达成的调解协议，并依法制作劳动人事争议仲裁调解书。仲裁调解书，经双方当事人签收，发生法律效力。

又如《广东省劳动人事争议处理办法》规定，双方当事人经调解达成协议的，调解组织应当制作调解协议书，由双方当事人签字或者盖章，并经调解员签名、调解组织盖章后生效。调解协议对双方当事人具有约束力，当事人应当履行。

再如《浙江省劳动人事争议调解仲裁条例》规定，经劳动人事争议调解组织调解达成的调解协议对当事人具有约束力，当事人应当履行。一方当事人不履行调解协议的，另一方当事人可以依法申请仲裁。调解协议生效后，当事人可以共同向调解组织所在地劳动人事争议仲裁委员会申请仲裁审查确认。劳动人事争议仲裁委员会经审查，认为符合法律规定的，对调解协议予以确认并出具仲裁调解书；认为不符合法律规定的，出具不予确认决定书。当事人也可以按照有关规定申请人民法院对调解协议进行司法确认。

3. 选择调解方式应当注意的问题

调解是解决劳动争议的一种选择。发生劳动争议时，如果可能，调解可以作为企业的首选，当然，具体调解的节奏（调解在哪个阶段进行）可以根据情况选择。调解过程中应当尽量将劳动关系项下的争议一并解决，避免后续不必要的诉累。不论是调解协议还是调解书，企业均应当按照调解结果如期履行。

（二）一裁两审为原则，一裁终局为例外的劳动争议解决模式

我国劳动争议解决采取了仲裁前置的解决模式，根据《劳动争议调解仲裁法》第四十七条的规定，对于追索劳动报酬、工伤医疗费、经济补偿或者赔偿金，如果仲裁裁决涉及数项，对单项裁决数额不超过当地月最低工资标准 12 个月金额的事项；以及因执行国家的劳动标准在工作时间、休息休假、社会保险等方面发生的争议，应当实行一裁终局，即根据《劳动争议调解仲裁法》第四十八条的规定，劳动者对一裁终局的裁决不服的，可以自收到仲裁裁决书之日起 15 日内向人民法院提起诉讼。而用人单位对一裁终局的仲裁裁决不能再向法院起诉，用人单位可向人民法院申请撤销。

除一裁终局的案件外，劳动争议案件需经过一裁两审，当然，是否有后续法院程序，取决于双方是否在收到仲裁裁决后起诉或者上诉。

1. 企业应当初步了解仲裁或诉讼过程中的时限

表 12-1 劳动争议中的有关时限

争议解决方式	时限类型	时限
仲裁	仲裁时效	从当事人知道或者应当知道其权利被侵害之日起计算，仲裁时效为 1 年
	受理时限	收到申请 5 日内作出是否受理的决定
	仲裁时限	受理后在 45 日内作出裁决，经批准，可延长不超过 15 天
诉讼	用人单位的起诉时效（如果属于一裁终局的）	收到仲裁裁决书之日起 30 日内向劳动争议仲裁委员会所在地的中级人民法院请求撤销裁决（申请撤裁期间，不影响裁决发生法律效力）
	起诉期限	收到仲裁裁决书之日起 15 日内
	审理时限	一审立案之日起 6 个月，经院长批准可延长 6 个月，当事人不服一审判决的，有权在判决书送达之日起 15 日内向上一级人民法院提起上诉
		二审立案之日起 3 个月内审结，有特殊情况需要延长的，由院长批准；审理对裁定的上诉案件，应当在第二审立案之日起 30 日内作出终审裁定

通常来说，以下三种情况，劳动争议会进入诉讼程序：当事人向劳动争议仲裁委员会申请仲裁，劳动争议仲裁委员会不予受理；劳动争议仲裁委员会应当自受理仲裁申请之日起45日内审结，案情复杂需要延期的，经劳动争议仲裁委员会主任批准，可以延期并书面通知当事人，但是延长期限不得超过15日，如果仲裁委员会逾期未作出仲裁裁决的，当事人可以就该劳动争议事项向人民法院提起诉讼；劳动争议仲裁委员会作出仲裁裁决后，一方不服，除《劳动争议调解仲裁法》第四十七条规定的终局裁决之外，可以向人民法院提起诉讼。

2. 可以申请撤销裁定的情形

《劳动争议调解仲裁法》第四十九条规定："用人单位有证据证明本法第四十七条规定的仲裁裁决有下列情形之一，可以自收到仲裁裁决书之日起三十日内向劳动争议仲裁委员会所在地的中级人民法院申请撤销裁决：（一）适用法律、法规确有错误的；（二）劳动争议仲裁委员会无管辖权的；（三）违反法定程序的；（四）裁决所根据的证据是伪造的；（五）对方当事人隐瞒了足以影响公正裁决的证据的；（六）仲裁员在仲裁该案时有索贿受贿、徇私舞弊、枉法裁决行为的。人民法院经组成合议庭审查核实裁决有前款规定情形之一的，应当裁定撤销。仲裁裁决被人民法院裁定撤销的，当事人可以自收到裁定书之日起十五日内就该劳动争议事项向人民法院提起诉讼。"

如果单位需要申请撤裁，必须在法定时间内提出，且应当符合法律规定的情形。

3. 企业选择仲裁或诉讼解决劳动争议应当注意的问题

选择仲裁或诉讼方式解决劳动争议，不论是时间成本、管理投入，还是后续判决等公开，对企业来讲，都是一种挑战，企业应当认真对待。

（三）企业应当慎重对待仲裁阶段

实践中，部分企业不重视劳动争议案件的仲裁阶段，往往在法院阶段才开始重视，这样的做法并不正确。虽然仲裁与法院分属不同的系统，仲裁与法院的法律地位也有差异，一般来说，仲裁阶段核查清楚的事实，除非有充分证据证明仲裁有明显错误或企业提交了新的证据，法院在认定事实方面不会与仲裁有实质差异。不仅如此，随着裁审衔接机制运转顺畅，仲裁与法院在实体问题的认识上的分歧也在减少。为此，企业应当慎重对待仲裁阶段，而不是直接"放弃"仲裁阶段而全力投入到诉讼阶段。

需要说明的是，并非所有企业与员工的争议都属于劳动争议。比如，住房公积金、社会保险补缴（部分地区除外）等不属于劳动争议案件受理范围。

二、企业收到诉讼文件后的工作

部分企业收到劳动仲裁通知时，经常不知所措。以下内容主要从通用流程进行介绍。

（一）关注是否属于劳动争议案件以及仲裁是否有管辖权

管辖权既包括是否属于劳动争议案件受理范围，也包括受理案件的仲裁委员会是否有管辖权。

根据《劳动争议调解仲裁法》第十七条[①]的规定，劳动争议案件的管辖区域可能与行政区划重合，也可能不重合。对此，国家层面的法律、法规并未作出明确的规定，由各省、自治区、直辖市人民政府规定。各省、自治区、直辖市在确立仲裁管辖范围时多根据劳动争议用人单位的级别确定。为此，企业需要根据所在地的具体情况进行确认。

1. 单位和劳动者向不同的劳动争议仲裁委员会申请劳动仲裁，由劳动合同履行地劳动争议仲裁委员会管辖

《劳动争议调解仲裁法》第二十一条规定，劳动争议由劳动合同履行地或者用人单位所在地的劳动争议仲裁委员会管辖。

2. 双方在劳动合同或其他文件中约定的管辖条款无效

《劳动争议调解仲裁法》第二十一条规定，双方当事人分别向劳动合同履行地和用人单位所在地的劳动争议仲裁委员会申请仲裁的，由劳动合同履行地的劳动争议仲裁委员会管辖。该种优先管辖权除适用于“双方向不同仲裁机构提起仲裁”的情况外，双方就仲裁管辖发生争议时也应当适用。

3. 劳动仲裁的管辖权异议不影响庭审的正常进行

在民事诉讼阶段，任何一方提出管辖权异议，案件程序将不再进行，劳动仲裁案件

---

① 《劳动争议调解仲裁法》第十七条规定：“劳动争议仲裁委员会按照统筹规划、合理布局和适应实际需要的原则设立。省、自治区人民政府可以决定在市、县设立；直辖市人民政府可以决定在区、县设立。直辖市、设区的市也可以设立一个或者若干个劳动争议仲裁委员会。劳动争议仲裁委员会不按行政区划层层设立。”

虽然可以提出管辖权异议，但就此并无明确规定。《劳动人事争议仲裁办案规则》第十条规定，当事人提出管辖异议的，应当在答辩期满前书面提出。仲裁委员会应当审查当事人提出的管辖异议，异议成立的，将案件移送至有管辖权的仲裁委员会并书面通知当事人；异议不成立的，应当书面决定驳回。当事人逾期提出的，不影响仲裁程序的进行。

4. 劳动争议案件受理范围的判断

《劳动争议调解仲裁法》对劳动争议案件进行了较为明确的规定，该法第二条规定，以下案件属于劳动争议案件：因确认劳动关系发生的争议；因订立、履行、变更、解除和终止劳动合同发生的争议；因除名、辞退和辞职、离职发生的争议；因工作时间、休息休假、社会保险、福利、培训以及劳动保护发生的争议；因劳动报酬、工伤医疗费、经济补偿或者赔偿金等发生的争议；法律、法规规定的其他劳动争议。

《最高人民法院关于审理劳动争议案件适用法律问题的解释（一）》第一条对劳动争议案件进行了进一步说明，规定："劳动者与用人单位之间发生的下列纠纷，属于劳动争议，当事人不服劳动争议仲裁机构作出的裁决，依法提起诉讼的，人民法院应予受理：（一）劳动者与用人单位在履行劳动合同过程中发生的纠纷；（二）劳动者与用人单位之间没有订立书面劳动合同，但已形成劳动关系后发生的纠纷；（三）劳动者与用人单位因劳动关系是否已经解除或者终止，以及应否支付解除或者终止劳动关系经济补偿金发生的纠纷；（四）劳动者与用人单位解除或者终止劳动关系后，请求用人单位返还其收取的劳动合同定金、保证金、抵押金、抵押物发生的纠纷，或者办理劳动者的人事档案、社会保险关系等移转手续发生的纠纷；（五）劳动者以用人单位未为其办理社会保险手续，且社会保险经办机构不能补办导致其无法享受社会保险待遇为由，要求用人单位赔偿损失发生的纠纷；（六）劳动者退休后，与尚未参加社会保险统筹的原用人单位因追索养老金、医疗费、工伤保险待遇和其他社会保险待遇而发生的纠纷；（七）劳动者因为工伤、职业病，请求用人单位依法给予工伤保险待遇发生的纠纷；（八）劳动者依据劳动合同法第八十五条规定，要求用人单位支付加付赔偿金发生的纠纷；（九）因企业自主进行改制发生的纠纷。"

以上案件，当事人不服劳动争议仲裁委员会作出的裁决，依法向人民法院起诉的，人民法院应当受理。

（二）仲裁申请书怎么看？

企业应当认真阅读仲裁申请书，并关注以下问题。

1. 主体是否适格

对申请主体、被申请主体的适格性应当关注，如申请主体已经超过退休年龄，就要考虑是否属于劳动争议案件；部分员工由于不了解企业具体情况，可能出现被诉主体错误等。

2. 仲裁请求是否属于劳动争议案件以及后续是否有其他争议

关于仲裁请求是否属于劳动争议，请结合本书有关劳动争议受理案件范围的论述进行判断，除此之外，实践中对于股权激励等是否属于劳动争议存在争议，这些特殊的问题需要具体问题具体分析。

企业不能只看到仲裁请求的表面，应当根据具体情况判断劳动者后续是否可能会增加或变更仲裁请求，比如，劳动者要求违法解除劳动合同的赔偿金，完全不能排除劳动者可能将请求变更为继续履行。再如，劳动者目前仅仲裁要求支付工资，不能排除后续有年休假、加班费等争议。为此，全面审查该员工劳动关系项下的问题，进而对可能的争议进行较全面的预判也很关键。

3. 结合员工仲裁请求，确定是否涉及反申请或提起新的仲裁或诉讼

《劳动人事争议仲裁办案规则》中对反请求进行了细致的规定，即被申请人可以在答辩期间提出反申请，仲裁委员会应当自收到被申请人反申请之日起五日内决定是否受理并通知被申请人。决定受理的，仲裁委员会可以将反申请和申请合并处理。为此，如果企业决定提起反申请的，应当注意提起反申请的期限，实体上判断的重点为是否属于基于同一请求的事项。

（三）高度重视举证，举证期限及举证责任同样重要

1. 应当重点关注举证期限

企业在收到仲裁送达文书后，一定要认真阅读仲裁委的相关文书，尤其要关注是否指定了举证期间，以及举证期限的截止日。如果举证确实存在困难的，应当提前书面申请延长举证期限，但具体是否通过申请，由仲裁委决定，即在未获得仲裁委同意延长举证的决定前，企业应当如期举证。一旦不如期举证，将承担不利后果。

2. 应当了解举证责任

举证责任所在，败诉风险所在。《劳动争议调解仲裁法》第六条规定，发生劳动争

议，当事人对自己提出的主张，有责任提供证据。第三十九条规定，当事人提供的证据经查证属实的，仲裁庭应当将其作为认定事实的根据。劳动者无法提供由用人单位掌握管理的与仲裁请求有关的证据，仲裁庭可以要求用人单位在指定期限内提供。用人单位在指定期限内不提供的，应当承担不利后果。

劳动争议案件的举证责任仍然是“谁主张，谁举证”，特殊之处在于，与争议事实有关的证据属于用人单位掌握管理的，用人单位应当承担相应的举证责任。

除了该总括性规定外，其他与劳动争议举证相关的特殊规定主要包括以下几点。

因用人单位做出的开除、除名、辞退、解除劳动合同、减少劳动报酬、计算劳动者工作年限等决定而发生的劳动争议，用人单位负举证责任。

劳动者主张加班费的，应当就加班事实的存在承担举证责任，但劳动者有证据证明用人单位掌握加班事实存在的证据，用人单位不提供，由用人单位承担不利后果。

用人单位未与劳动者签订劳动合同，认定双方存在劳动关系时可参照下列凭证：（1）工资支付凭证或记录（职工工资发放花名册）、缴纳各项社会保险费的记录；（2）用人单位向劳动者发放的“工作证”“服务证”等能够证明身份的证件；（3）劳动者填写的用人单位招工招聘“登记表”“报名表”等招用记录；（4）考勤记录；（5）其他劳动者的证言等。其中，（1）、（3）、（4）项的有关凭证由用人单位负举证责任。

用人单位必须书面记录支付劳动者工资的数额、时间、领取者的姓名以及签字，并保存两年以上备查。①

用人单位与劳动者或者劳动者直系亲属对于是否构成工伤发生争议的，由用人单位承担举证责任。②

除了上述明确的举证规则外，在法律没有规定时，仲裁机构或者法院会根据公平原则和诚实信用等原则，综合劳动者和用人单位的举证能力等因素确定举证责任。法律规定了举证责任分配的一般原则，举证责任并非一成不变。

3. 证据形式

证据是案件的核心，案件胜败与证据直接相关。根据《中华人民共和国民事诉讼法》

---

① 《劳动部关于印发〈工资支付暂行规定〉的通知》第六条。

② 《工伤保险条例》第十九条。

的规定，证据主要分为书证、物证、视听资料、电子数据、证人证言、当事人的陈述、鉴定意见、勘验笔录。

劳动争议案件在证据上有其典型的特点，常见证据类型包括书证、视听资料、电子证据、证人证言以及当事人的陈述。其中，书证是最常见的证据形式，包括劳动合同、解除通知书、规章制度等。另外，随着微信、邮件等证据形式在日常用工管理过程中的使用，微信、钉钉、邮件、OA 等电子证据在劳动争议案件中也非常普遍。

不论是哪种证据形式，证据都需要符合真实性、合法性、关联性，同时，证据应当能够证明自己的证明目的。

（1）不要迷信证人证言

证人证言作为一类重要的证据，在很多时候不具有可采性，主要原因有以下几点。首先，人的记忆会随着时间的推移而减弱，让此时此刻的人去回忆彼时彼刻的事情，是很难准确还原的；其次，在证人证言中，对于事实和意见很难进行清晰划分，证人难免会在自己陈述的事实中掺杂意见，从而提高了还原真实案件的难度；最后，人的想法有时会随着周遭情况的变化而变化，即使不是案件当事人的利害关系人，但也可能因为社会舆论等原因而对自己的记忆产生怀疑，从而阐述出并非真实的证词。不仅如此，劳动争议案件中，部分企业员工出庭作证是基于其与企业的利害关系，这种证人证言也很难被采信。

（2）一定要准备证据原件

证据原件在仲裁和诉讼中起着至关重要的作用，证据原件可以理解为未经复制或改变的原始资料。《中华人民共和国民事诉讼法》第七十条规定，书证应当提交原件。物证应当提交原物。提交原件或者原物确有困难的，可以提交复制品、照片、副本、节录本。提交外文书证，必须附有中文译本。《民事诉讼证据规则》第十条规定，当事人向人民法院提供证据，应当提供原件或者原物。如需自己保存证据原件、原物或者提供原件、原物确有困难的，可以提供经人民法院核对无异的复制件或者复制品。第六十九条指出，无法与原件、原物核对的复印件、复制品，不能单独作为认定案件事实的依据。另外，《最高人民法院关于适用〈中华人民共和国民事诉讼法〉若干问题的意见》第七十八条也规定，证据材料为复制件，提供人拒不提供原件或原件线索，没有其他材料可以印证，对方当事人又不予承认的，在诉讼中不得作为认定事实的根据。综上，不难看出，如果缺失原件，很可能在诉讼中处于不利位置，甚至导致败诉的局面。在劳动争议类案件中，微信等通信工具聊天截屏等均不属于原件。

（3）伪造证据要承担法律责任

根据《中华人民共和国民事诉讼法》第一百一十一条的规定，伪造、毁灭重要证据，妨碍人民法院审理案件的；以暴力、威胁、贿买方法阻止证人作证或者指使、贿买、胁迫他人作伪证的，人民法院可以根据情节轻重予以罚款、拘留；构成犯罪的，依法追究刑事责任。此外，《刑法》第三百零五条、第三百零六条、第三百零七条分别规定了伪证罪，辩护人、诉讼代理人毁灭证据、伪造证据、妨害作证罪，以及妨害作证罪，帮助毁灭、伪造证据罪。[①]

（四）关于庭审

庭审是重要的仲裁和诉讼环节，应当引起高度重视，需要重点说明的问题如下。

准时到庭，企业如果迟到，会面临按撤诉或者缺席审判处理的法律后果。

参加出庭的被委托人应携带与委托人签订的劳动合同、身份证明原件准时出庭。如果委托律师的，应当带好授权文件。

应当携带并出示原件，不能出示原件的，应说明理由。如劳动争议仲裁委员会需要暂时收取并保存证据原件时，应当要求劳动争议仲裁委员会出具收据。

庭审中，作为被申请人，从发表抗辩意见、举证质证、发表辩论意见和最后陈述，均应当按照提前设定的答辩思路进行，庭审结束后要认真阅读庭审笔录。

假如对方在开庭时提出新的仲裁请求，或请求超出其在本案中的原请求范围的，应

---

① 《刑法》第三百零五条规定："在刑事诉讼中，证人、鉴定人、记录人、翻译人对与案件有重要关系的情节，故意作虚假证明、鉴定、记录、翻译，意图陷害他人或者隐匿罪证的，处三年以下有期徒刑或者拘役；情节严重的，处三年以上七年以下有期徒刑。"

第三百零六条规定："在刑事诉讼中，辩护人、诉讼代理人毁灭、伪造证据，帮助当事人毁灭、伪造证据，威胁、引诱证人违背事实改变证言或者作伪证的，处三年以下有期徒刑或者拘役；情节严重的，处三年以上七年以下有期徒刑。辩护人、诉讼代理人提供、出示、引用的证人证言或者其他证据失实，不是有意伪造的，不属于伪造证据。"

第三百零七条规定："以暴力、威胁、贿买等方法阻止证人作证或者指使他人作伪证的，处三年以下有期徒刑或者拘役；情节严重的，处三年以上七年以下有期徒刑。帮助当事人毁灭、伪造证据，情节严重的，处三年以下有期徒刑或者拘役。司法工作人员犯前两款罪的，从重处罚。"

当争取答辩期。如果在诉讼阶段，对于超出请求范围的，应当向法院说明未经仲裁前置程序的事项不应当纳入审理范围。

（五）明了仲裁后的一审、二审、再审以及检察院的监督程序

不服仲裁裁决的（一裁终局除外），用人单位可以依法在 15 日内提起诉讼。

1. 提起诉讼的法院

《最高人民法院关于审理劳动争议案件适用法律问题的解释（一）》第三条规定，劳动争议案件由用人单位所在地或者劳动合同履行地的基层人民法院管辖。劳动合同履行地不明确的，由用人单位所在地的基层人民法院管辖。法律另有规定的，依照其规定。即劳动争议案件在法院阶段，即使劳动合同履行地与所在地不同，也可以在单位所在地提起诉讼。实践中，企业和员工基于地缘优势等原因，会在这个阶段争取到相应地方管辖。

如果双方都起诉，但不在同一法院的，用人单位在收到人民法院受理案件的诉讼文书后，如对管辖权有异议的，应当在提交答辩状期间提出。法院对当事人提出的异议，应当审查。异议成立的，裁定将案件移送有管辖权的人民法院；异议不成立的，裁定驳回。当事人未提出管辖异议、应诉答辩的，视为受诉人民法院有管辖权，但违反级别管辖和专属管辖规定的除外。

2. 起诉和上诉的时间以及需要准备的资料

不认可仲裁结果的，用人单位应当在 15 日内向法院提起诉讼，注意在起诉状中不能写明撤销仲裁裁决，而只是表明具体请求。具体文书包括起诉状、授权委托书等，是否同步提交证据，需要结合情况讨论。

对一审判决不服的，用人单位可在收到判决后 15 日内起诉至二审法院。二审结案方式包括：发回重审：原审法院适用一审程序审理，判决为一审判决，当事人可以再上诉，原审法院对发回重审案件作出判决后，当事人上诉的，二审法院不得再次发回重审；调解和解：二审达成调解或和解，应当制作调解书，调解书送达后，原判决视为撤销；撤回起诉：经其他当事人同意，且不损害国家、社会公共利益的，法院可准许撤诉，准许撤诉的，应当一并裁定撤销一审裁判，原审原告在第二审程序中撤回起诉后重复起诉的，人民法院不予受理；撤回上诉：是否准许由二审法院裁定，自二审法院作出准许撤

回上诉的裁定起，一审判决生效；维持一审判决或者直接改判：判决送达后生效。

3. 再审程序

如果对生效判决不服的，应当在判决、裁定发生法律效力后 6 个月内提出，有新证据足以推翻原审判决、裁定的，原审判决、裁定认定事实的主要证据是伪造的，据以作出原判决、裁定的法律文书被撤销或者变更的或者审判人员贪污受贿、徇私舞弊、枉法裁判的，应当在知道或应当知道之日起 6 个月内提出。

当事人对已经发生法律效力的判决、裁定，认为有错误的，可以向上一级人民法院申请再审；当事人一方人数众多或者当事人双方为公民的案件，也可以向原审人民法院申请再审。当事人申请再审的，不停止判决、裁定的执行。

如果按照审判监督程序决定再审的案件，裁定中止原判决、裁定、调解书的执行，但追索赡养费、抚养费、抚育费、抚恤金、医疗费用、劳动报酬等案件，可以不中止执行。

4. 检察院法律监督程序

根据法律规定，已经发生法律效力的民事判决、裁定、调解书符合《中华人民共和国民事诉讼法》第二百零九条第一款规定的；认为民事审判程序中审判人员存在违法行为的；认为民事执行活动存在违法情形的，当事人可以申请监督。

以上程序主要是对大框架的梳理，实际工作中每个环节都有很多的细节以及具体诉讼策略考量。

（六）生效判决的执行

1. 不执行判决的法律责任

发生法律效力的民事判决、裁定，当事人必须履行。一方拒绝履行的，对方可向人民法院申请执行，也可由审判员移送执行员执行。

申请执行的期间为 2 年。一旦被申请强制执行后仍然不执行的，也可以申请将法人列入企业信用黑名单。不仅如此，《刑法》规定了拒不执行判决、裁定罪，对人民法院的判决、裁定有能力执行而拒不执行，情节严重的，处三年以下有期徒刑、拘役或者罚金；情节特别严重的，处三年以上七年以下有期徒刑，并处罚金。

2. 执行判决中高频发生的扣税问题

根据《中华人民共和国个人所得税法》第二条、第九条的规定，单位有代扣代缴个人所得税的义务，如未扣除，将追究扣缴义务人的法律责任。如果从税收角度看，企业执行法院判决会面临一个现实的问题，即如果扣税，判决书或裁决书相当于没有执行完整，如果员工就扣税申请差额部分强制执行时，企业将面临强制执行的尴尬。

根据税务局的部分回复，企业在执行民事判决支付个人工资薪金时，需要根据税收法规的规定代扣代缴个人所得税，而法院的判决让企业无奈。比如，（2020）豫 0725 执异 38 号公告指出，依法缴纳个人所得税是公民应尽的义务，支付所得税的单位有义务代扣代缴个人所得税，法院判决金额不在免税之列。再如，（2019）粤执监 114 号判决书中写道，对用人单位代扣代缴个人所得税应当做如下理解：一方面，单位对劳动者负有按照生效法律文书给付相应金额的义务；另一方面，单位对国家负有从其应给付劳动者的款项中代扣代缴其个人所得税的义务。由于用人单位代扣代缴的税款本质是劳动者应当向国家缴纳的税款，因此，单位为劳动者代扣代缴的税款本质是劳动者应当向国家缴纳的税款，单位为劳动者代扣代缴的个人所得税税款实质也应当来源于劳动者。单位代扣代缴的税款，应当视为其履行生效法律文书所确定的给付款项的组成部分。

除上述大致流程外，仲裁或诉讼过程中申请调查取证、申请鉴定、申请追加第三人等事宜也需要结合个案一并讨论。当然，不少企业对于是否准备答辩状等问题也有困惑，笔者建议准备答辩状，但是否提前提交需要结合实际情况确定。

三、用人单位应当如何搭建劳动争议案件的管理体系？

对企业而言，劳动争议案件可能是偶发案件，为劳动争议案件单独搭建管理体系的性价比较低，但只要有人的组织，就应重视劳动争议案件，当然，具体重视方式可以有差异。但对劳动争议案件发生较多或潜在纠纷较多的企业，劳动争议案件的管理体系还是比较重要的事情。

（一）确定劳动争议案件的归口管理部门是第一步

劳动争议案件到底由人力资源部门管理、法律（合规）部门管理还是业务部门管理，企业可根据具体情况确定，但即使确定了归口管理部门，三个部门的衔接也至关重要。人力资源部门对于员工的管理档案、企业的制度等更为熟悉，法律（合规）部门对于案件的法律风险、程序等更为精通，业务部门则对员工更了解，三方在确定归口管理部门后的分工协助至关重要。

（二）确定劳动争议案件的上报层级很关键

劳动争议案件标的金额不一定高，但劳动争议案件潜在的连带风险比较大，部分集团企业不论金额大小均将劳动争议案件直接作为重点关注案件管理，具体管理层级如何划分，企业可根据实际情况确定。

（三）建立劳动争议案件过程管理

劳动争议案件从仲裁、诉讼再到执行等，是一个较长的时间周期，不同阶段的工作要点不同，企业应当建立自己的过程管理要求，如仲裁前的应诉方案、证据收集等。

（四）复盘劳动争议案件对管理的启发

再小的劳动争议案件也能暴露出管理的问题，复盘劳动争议案件对于管理的可借鉴意义，对企业很重要。比如，在严重违反公司规章制度解除劳动合同中，企业败诉的主要原因是规章制度没有经过民主和公示程序，那企业可以结合个案情况着手完成制度的民主和公示程序。

四、从争议背后看管理

（一）劳动争议到底在争什么？

劳动争议案件有很多项目，也有很多排列组合，企业除可从法律角度考虑每一项请求是否应当获得支持外，还应当关注案件最核心的争议焦点，如是类似严重违反规章制度的底线之争，还是基于管理以及内部矛盾的情绪之争，不同种类的区分对于应诉策略的选择有不同影响。除此之外，还可以考虑到底是是非曲直还是沟通不畅，到底是个案处理还是可能涉及集体。注意，该处的区分不能单一用当次涉诉员工的数量来判断，而应当就员工争议的事项来判断，如员工起诉要求年终奖，核心争议焦点是年终奖金制度的某条款效力时，类似案件实际上就是一个可能涉及集体的案件，当然，最终并不一定会发生争议，但个案的结果会影响后续类似的问题管理。

（二）什么是劳动争议案件真正的赢？

不能只看生效文书最终的判决结果，更应当回归劳动关系看劳动的输赢，我们要看这样的案件结果是有利于扬善，还是会激发人性的恶；再看仲裁诉讼阶段的投入，其他员工对类似企业处理手段的看法，回归管理看劳动争议的输赢。最终，我们要回归经营看劳动争议的输赢，类似纠纷是经营中必然发生的，还是额外的负担；企业为应对该类争议，投入多少，有没有收益，类似问题都需要思考。对这些问题的思考有利于我们把劳动争议放到企业整体经营中去考虑，更加关注到个案背后每一个鲜活的个人。

（三）劳动争议案件到底应该重视还是忽视？

劳动争议案件不论大小，都应当重视，当然，重视不代表一定是把官司打到底，而是要认真分析案件发生的原因，剖析是管理问题、管理者的能力问题还是制度内容以及制定程序问题等。

有时候我们又应该“忽视”劳动争议案件，不要将经营中正常发生的争议过度敏感化。在经营和管理过程中，冲突和矛盾在所难免，甚至适度的冲突和矛盾，有利于促使内部组织更有活力。对于管理者而言，应当对管理权与劳动法之间的张力有清晰了解。

第十三章 劳动保障监察

导言

劳动保障监察背后可能涉及行政处罚，相比劳动仲裁，一些企业对劳动保障监察并不熟知。本书站在企业角度，对劳动监察的相关事项进行介绍，企业可将劳动保障监察事项作为审视自己用工合规的一面镜子。

首先，接受并配合劳动监察是企业的法定义务。《劳动保障监察条例》规定单位应遵守劳动保障法律、法规和规章，接受并配合劳动保障监察。劳动保障监察部门是行政机关，应当合法履行职务。劳动保障监察应当遵循公正、公开、高效、便民的原则。实施劳动保障监察，应当坚持教育与处罚相结合，且接受社会监督。如劳动保障监察部门履行职务行为不符合法律规定的，相对人有权依法提起复议、行政诉讼等。当然，劳动监察不只有行政处罚职能，还有行政指导和行政激励等职能。

其次，对于投诉和举报，劳动保障监察部门应当受理。任何组织或者个人对违反劳动保障法律、法规或者规章的行为，都有权向劳动保障行政部门举报。劳动者认为单位侵犯其劳动保障合法权益的，有权向劳动保障行政部门投诉。

基于上述说明，企业应当了解，劳动监察是国家公权力督促单位遵守法律规定，针对其发现的单位在实际用工管理过程中违反劳动保障监察事项、相关法律法规事项进行监督检查，对于发现的违法违规行为，进行调查处理。

当然，企业不能只考虑劳动监察对用工的合规监管，还应当根据具体用工情况确认是否涉及其他部门的监管，如职业卫生监督方面或特种设备、职业安全与安全监督等，这些也都构成外部行政监管的“网”。

第一节　劳动保障监察受理的范围

用人单位与劳动者履行劳动合同过程中，并不是所有事项都与劳动监察相关。对于用人单位，了解监察受理范围是收到监察相关投诉或举报事项受理通知后的第一件事情。

《劳动保障监察条例》第十一条[①]通过列举式及兜底性规定，明确了劳动保障监察范围。《劳动和社会保障部关于实施〈劳动保障监察条例〉若干规定》第十五条、第十六条、第十七条[②]则通过否定式列举的形式规定，应当经由劳动争议处理程序解决的、就赔偿问题发生争议的，以及劳动者或者用人单位与社会保险经办机构发生的社会保险行政争议三大类不属于劳动保障监察范围的情形。

劳动保障监察与劳动争议仲裁对于工作时间、休息休假、劳动报酬、社会保险的缴纳等事项的处理有一定的重合与交叉，对比如下。

表 13-1 劳动保障监察与劳动仲裁的对比分析

劳动保障监察	劳动仲裁
1. 单位制定内部劳动保障规章制度的情况； 2. 单位与劳动者订立劳动合同的情况； 3. 单位遵守禁止使用童工规定的情况； 4. 单位遵守女职工和未成年工特殊劳动保护规定的情况；	1. 因确认劳动关系发生的争议； 2. 因订立、履行、变更、解除和终止劳动合同发生的争议； 3. 因除名、辞退和辞职、离职发生的争议； 4. 因工作时间、休息休假、社会保险、福利、培训以及劳动保护发生的争议；

---

① 《劳动保障监察条例》第十一条规定："劳动保障行政部门对下列事项实施劳动保障监察：（一）用人单位制定内部劳动保障规章制度的情况；（二）用人单位与劳动者订立劳动合同的情况；（三）用人单位遵守禁止使用童工规定的情况；（四）用人单位遵守女职工和未成年工特殊劳动保护规定的情况；（五）用人单位遵守工作时间和休息休假规定的情况；（六）用人单位支付劳动者工资和执行最低工资标准的情况；（七）用人单位参加各项社会保险和缴纳社会保险费的情况；（八）职业介绍机构、职业技能培训机构和职业技能考核鉴定机构遵守国家有关职业介绍、职业技能培训和职业技能考核鉴定的规定的情况；（九）法律、法规规定的其他劳动保障监察事项。"

② 《劳动和社会保障部关于实施〈劳动保障监察条例〉若干规定》第十五条规定："有下列情形之一的投诉，劳动保障行政部门应当告知投诉人依照劳动争议处理或者诉讼程序办理：（一）应当通过劳动争议处理程序解决的；（二）已经按照劳动争议处理程序申请调解、仲裁的；（三）已经提起劳动争议诉讼的。"

第十六条规定："下列因用人单位违反劳动保障法律行为对劳动者造成损害，劳动者与用人单位就赔偿发生争议的，依照国家有关劳动争议处理的规定处理：（一）因用人单位制定的劳动规章制度违反法律、法规规定，对劳动者造成损害的；（二）因用人单位违反对女职工和未成年工的保护规定，对女职工和未成年工造成损害的；（三）因用人单位原因订立无效合同，对劳动者造成损害的；（四）因用人单位违法解除劳动合同或者故意拖延不订立劳动合同，对劳动者造成损害的；（五）法律、法规和规章规定的其他因用人单位违反劳动保障法律的行为，对劳动者造成损害的。"

第十七条规定："劳动者或者用人单位与社会保险经办机构发生的社会保险行政争议，按照《社会保险行政争议处理办法》处理。"

续表

劳动保障监察	劳动仲裁
5. 单位遵守工作时间和休息休假规定的情况； 6. 单位支付劳动者工资和执行最低工资标准的情况； 7. 单位参加各项社会保险和缴纳社会保险费的情况； 8. 职业介绍机构、职业技能培训机构和职业技能考核鉴定机构遵守国家有关职业介绍、职业技能培训和职业技能考核鉴定的规定的情况； 9. 法律、法规规定的其他劳动保障监察事项。	5. 因劳动报酬、工伤医疗费、经济补偿或者赔偿金等发生的争议； 6. 劳动者与用人单位在履行劳动合同过程中发生的纠纷； 7. 劳动者与用人单位之间没有订立书面劳动合同，但已形成劳动关系后发生的纠纷； 8. 劳动者退休后，与尚未参加社会保险统筹的原用人单位因追索养老金、医疗费、工伤保险待遇和其他社会保险费而发生的纠纷。
否定性列举： 1. 应当通过劳动争议处理程序解决的； 2. 已经按照劳动争议处理程序申请调解、仲裁的； 3. 已经提起劳动争议诉讼的； 4. 因用人单位制定的劳动规章制度违反法律、法规规定，对劳动者造成损害的； 5. 因用人单位违反对女职工和未成年工的保护规定，对女职工和未成年工造成损害的； 6. 因用人单位原因订立无效合同，对劳动者造成损害的； 7. 因用人单位违法解除劳动合同或者故意拖延不订立劳动合同，对劳动者造成损害的； 8. 法律、法规和规章规定的其他因用人单位违反劳动保障法律的行为，对劳动者造成损害的； 9 劳动者或者用人单位与社会保险经办机构发生的社会保险行政争议，按照《社会保险行政争议处理办法》处理。	否定性列举： 1. 劳动者请求社会保险经办机构发放社会保险金的纠纷； 2. 劳动者与用人单位因住房制度改革产生的公有住房转让纠纷； 3. 劳动者对劳动能力鉴定委员会的伤残等级鉴定结论或者对职业病诊断鉴定委员会的职业病诊断鉴定结论的异议纠纷； 4. 家庭或者个人与家政服务人员之间的纠纷； 5. 个体工匠与帮工、学徒之间的纠纷； 6. 农村承包经营户与受雇人之间的纠纷。

目前我国劳动监察的适用情形比较宽泛，并非只与劳动法基准保护等直接相关，而是将很多劳动问题及集体劳动规范的内容纳入，有利于保护员工个人利益。但问题在于，过于宽泛的形式导致现实中的很多问题不能全部处理，尤其是监察和仲裁在裁判口径上天然不同，也导致了行政执法公信力受到一定影响。不仅如此，劳动监察、劳动仲裁，以及集体协商等处理劳动关系的各种路径定位不明、界限不清，导致了很多冲突。

比如，劳动监察的受理时效是 2 年，而劳动仲裁的受理时效是 1 年，以未签订书面劳动合同支付二倍工资为例，两者基于时效不同，结果会有所差异。

第二节　劳动监察的受理前提与程序

一、劳动监察受理的前提

首先是存在劳动关系。根据《劳动争议调解仲裁法》第二条的规定，因确认劳动关系发生的争议适用该法。根据《劳动和社会保障部关于实施〈劳动保障监察条例〉若干规定》第十五条及《劳动和社会保障部关于劳动保障监察案件撤销立案事项的通知》的规定，应通过劳动争议处理程序解决的，劳动保障行政部门应当告知投诉人依照劳动争议处理或者诉讼程序办理，因此，对举报人和用人单位之间是否存在劳动关系存在争议时，劳动保障行政部门会告知其通过劳动争议仲裁程序解决，已经予以立案的，将撤销立案。

其次是违反劳动保障法律的行为发生在 2 年内，有明确的被投诉单位，且投诉人的合法权益受到侵害是被投诉单位违反劳动保障法律的行为所造成的，用人单位的范围包括企业和个体工商户。《劳动保障监察条例》第二条第一款规定："对企业和个体工商户（以下称用人单位）进行劳动保障监察，适用本条例。"该规定就劳动保障监察对象给予了明确规定，即劳动保障监察对象为用人单位，包括企业及个体工商户，根据前述规定，个人之间存在的雇佣关系不在劳动保障监察范围之内。

最后是属于劳动保障监察职权范围并由受理投诉的劳动保障行政部门管辖的。

二、立案 / 审查受理

劳动保障行政部门接到投诉或举报后，自接到投诉或举报之日起 5 个工作日内依法受理，并于受理之日立案查处。

三、调查

自立案之日起 60 个工作日完成；对情况复杂的，经劳动保障行政部门负责人批准，可延长 30 个工作日。

四、针对不同举报事项分类，分别作出处理和答复

举报人在一个举报申请书中可能提出多项举报请求，对于该类举报事项，劳动保障行政机关在对相关事实进行调查的基础上，会根据答复口径对不同的举报事项做分类处理。对于属于劳动保障监察范围的，依法作出处理；对于不属于劳动保障监察范围的事项，告知其不予受理并说明理由；对于应该通过劳动争议程序解决的事项，告知其通过其他途径解决。此外，劳动保障行政机关在作出正式回复前，会对举报事项是否全部作出答复进行检查，避免出现漏答的情况。

五、已经过其他程序处理的，不宜纳入劳动保障监察范围

基于“一事不再理”的基本原则及为维护行政机关的权威性及裁决的终局性，对已取得终局效果的行政文书或裁判文书，不同部门或机关之间需认可其他机关作出的处理或决定。因此，对于举报人已经通过仲裁或诉讼得到处理或解决的事项，不宜再纳入劳动保障监察的范围进行处理。

六、企业与员工调解不影响依法对企业违法行为进行处理

一般来说，双方达成调解不影响劳动保障程序对于行政违法行为的处理，但可作为劳动保障监察机关从轻减轻处罚的考量因素。该问题的实质是劳动监察阶段到底能否调解，及双方调解后是否影响劳动保障监察对企业的监管和处罚。

对此，理论上有不同认知，我们需要从以下角度进行理解。首先，从化解劳动争议、构建和谐劳动关系的角度理解。2017 年《关于进一步加强劳动人事争议调解仲裁完善多元处理机制的意见》中增加了多方联动调解机制，在该机制下，部分地区将劳动监察也作为多方联动调解的一分子。劳动监察参与调解有其独有的权威性、专业性、及时性等特点。其次，劳动监察中，监察介入调解应当是附带性解决争议，主要职责还是对违法违规行为的监督和检查。最后，劳动监察阶段的调解同样不能有损劳动者的基准利益。

七、企业可通过行政复议或诉讼方式维护自身权利

对劳动保障监察处理结果不服的，如相关处理结果对行政相对人的权利义务产生实

际影响，行政相对人可依法通过向作出行政处理决定的劳动保障行政部门的上级主管部门或同级人民政府申请行政复议，或向对作出行政处理决定的劳动保障行政部门有管辖权的人民法院提起行政诉讼的方式维护自身权利。

了解上述劳动保障监察基本的处理流程，有利于企业正确对待劳动保障监察。

第三节　企业应当合法应对劳动者的投诉与举报

用人单位与劳动者发生纠纷时，往往很担心劳动者去监察或社保机构投诉，更担心投诉转为监察或社保机构对企业的稽核。

相关法律对于投诉、受理有明确的规定，如《劳动和社会保障部关于印发〈社会保险费征缴监督检查办法〉的通知》第三条明确，由劳动保障行政部门的劳动保障监察机构具体负责社会保险费征缴监督检查和行政处罚，具体包括拟定行政处罚决定书、送达行政处罚决定书、受理群众举报等事项。第七条则对举报的处理作出了进一步的规定，对符合受理条件的举报，应当于 7 日内立案受理，并进行调查处理，且一般应当于 30 日内处理结案。

为此，企业不存在违规行为才是应对员工外部投诉和举报的最好方法。

一、企业应当了解投诉举报的类型

投诉举报是指公民、法人或其他社会组织为了自身利益或社会公共利益，发现被举报人涉嫌违反法律、法规、规章等的有关规定，向行政机关反映，请求行政机关履行职责的行为。投诉举报一般分为两类，第一类是举报投诉人为了保护自身利益与举报投诉内容存在法律上的利害关系，且属于受理举报投诉的行政机关的职责范围的，为履行法定职责申请；第二类是举报投诉人与举报投诉内容不存在法律上的利害关系，仅是为了公共利益目的，一般可也称为他益性投诉举报。劳动者对单位的投诉属于第一类投诉，即劳动者为了维护自身利益，与举报投诉内容有法律上的利害关系。

劳动者一旦投诉，劳动保障行政部门应当依法履行职权，否则有行政不作为的法律风险。也正是基于此，劳动者投诉可启动政府部门对于用人单位的调查，用人单位可能受到行政处罚。

二、劳动者投诉举报后，劳动保障行政部门的行动

首先，根据“法无授权即禁止”的行政法原则劳动保障行政部门会判断对投诉举报的事项是否具有监管或处理的法定职责。在劳动保障领域中，《劳动保障监察条例》第十条[①]、《劳动和社会保障部关于实施〈劳动保障监察条例〉若干规定》第九条[②]确定了劳动保障行政部门对投诉举报进行受理、查处的法定职责，《劳动和社会保障部关于实施〈劳动保障监察条例〉若干规定》第十五条、第十八条[③]对投诉如何处理作出了进一步规定。因此，对于符合相关规定的投诉，劳动保障行政部门会依法对举报人提出的投诉举报作出相应的处理。

其次，根据《中华人民共和国行政诉讼法》第十二条第一款第六项的规定，公民、法人或者其他组织申请行政机关履行保护人身权、财产权等合法权益的法定职责，行政机关拒绝履行或者不予答复的，人民法院应当受理诉讼。

因此，在履行法定职责之诉中，投诉举报人向行政机关申请的必须是保护其自身人身权、财产权等合法权益，对于行政机关对他益性投诉举报的处理，则无判断是否履行法定职责的必要。

---

① 《劳动保障监察条例》第十条规定：“劳动保障行政部门实施劳动保障监察，履行下列职责：（一）宣传劳动保障法律、法规和规章，督促用人单位贯彻执行；（二）检查用人单位遵守劳动保障法律、法规和规章的情况；（三）受理对违反劳动保障法律、法规或者规章的行为的举报、投诉；（四）依法纠正和查处违反劳动保障法律、法规或者规章的行为。”

② 《劳动和社会保障部关于实施〈劳动保障监察条例〉若干规定》第九条规定：“劳动保障行政部门应当设立举报、投诉信箱，公开举报、投诉电话，依法查处举报和投诉反映的违反劳动保障法律的行为。”

③ 《劳动和社会保障部关于实施〈劳动保障监察条例〉若干规定》第十五条规定：“有下列情形之一的投诉，劳动保障行政部门应当告知投诉人依照劳动争议处理或者诉讼程序办理：（一）应当通过劳动争议处理程序解决的；（二）已经按照劳动争议处理程序申请调解、仲裁的；（三）已经提起劳动争议诉讼的。”

第十八条规定：“对符合下列条件的投诉，劳动保障行政部门应当在接到投诉之日起5个工作日内依法受理，并于受理之日立案查处：（一）违反劳动保障法律的行为发生在2年内的；（二）有明确的被投诉用人单位，且投诉人的合法权益受到侵害是被投诉用人单位违反劳动保障法律的行为所造成的；（三）属于劳动保障监察职权范围并由受理投诉的劳动保障行政部门管辖。对不符合第一款第（一）项规定的投诉，劳动保障行政部门应当在接到投诉之日起5个工作日内决定不予受理，并书面通知投诉人。对不符合第一款第（二）项规定的投诉，劳动保障监察机构应当告知投诉人补正投诉材料。对不符合第一款第（三）项规定的投诉，即对不属于劳动保障监察职权范围的投诉，劳动保障监察机构应当告诉投诉人；对属于劳动保障监察职权范围但不属于受理投诉的劳动保障行政部门管辖的投诉，应当告知投诉人向有关劳动保障行政部门提出。”

再次，行政机关会依法判断是否具有对投诉举报必须进行答复的法定义务以及答复的程序性规定，在没有法律、法规、规章等明确规定行政机关必须予以答复以及答复的程序性规定的情况下，无论行政机关答复与否，都不属于行政诉讼的受案范围，应通过其他途径解决。

最后，如果劳动者投诉、举报的事项属于行政机关职责范围之内的事项，行政机关应对用人单位展开调查，并依法作出决定。

三、劳动保障行政部门调查与决定期间，企业如何应对？

首先，企业应依法配合并积极采取相关整改措施，最大限度争取在行政机关自由裁量的范围内减轻或免受行政处罚，以免因遭受行政处罚而被列入"失信联合惩戒对象名单"，进而导致在办理其他行政事项中受到不利影响，或者被列入重点监察或稽核单位名单，从而导致用工成本的进一步增加。

其次，企业受到处罚后，如认为行政处罚存在事实不清、适用法律依据错误、程序违法等情况，可在法定期限内通过行政复议或者行政诉讼两种途径进行救济。如果不存在不服，应及时履行相应处罚决定，拒不履行行政处罚决定的，根据《行政处罚法》第七十二条[①]的规定，将可能被加处罚款。

最后，劳动者如对投诉举报处理结果不服，在劳动者与行政机关作出的行政行为具有利害关系的情况下，劳动者可提起行政诉讼或复议进行权利救济。可以说，即使企业接受处罚，也不一定是终局处罚决定，可能会因行政机关的复议决定或法院的最终裁决发生变化。因此，针对劳动者投诉举报导致其遭受行政处罚的情况，用人单位有必要提前做好准备，以便在后续的救济途径中充分保障自己的合法权益。

除此之外，需要说明以下两个问题。

一是约束劳动者不得投诉和举报无法奏效。部分企业在劳动合同中约定劳动者不得

---

① 《行政处罚法》第七十二条第一款规定："当事人逾期不履行行政处罚决定的，作出行政处罚决定的行政机关可以采取下列措施：（一）到期不缴纳罚款的，每日按罚款数额的百分之三加处罚款，加处罚款的数额不得超出罚款的数额；（二）根据法律规定，将查封、扣押的财物拍卖、依法处理或者将冻结的存款、汇款划拨抵缴罚款；（三）根据法律规定，采取其他行政强制执行方式；（四）依照《中华人民共和国行政强制法》的规定申请人民法院强制执行。"

投诉、举报，根据《劳动合同法》第二十六条[①]的规定，该合同条款是无效的，无法对劳动者产生实质的约束力，劳动者不会因用人单位在合同中约定不得投诉、举报而当然失去投诉、举报的权利。

二是对于员工利用投诉威胁企业时，如何应对的问题。在个别极端情况下，员工与用人单位发生矛盾时，可能采取以下极端手段：到公司吵闹、砸毁公司财物等；不正当的举报、媒体曝光；威胁公司领导以及家人安全或者威胁公司正常经营；以公司财务等保密资料作为要挟；等等。遇到类似员工，企业往往很纠结，在"息事宁人"与"被要挟的羞辱"之间不断权衡。如何取舍，不同企业自然有不同的判断标准，在此，我们从法律上进行分析。

《刑法》第二百七十四条规定："敲诈勒索公私财物，数额较大或者多次敲诈勒索的，处三年以下有期徒刑、拘役或者管制，并处或者单处罚金；数额巨大或者有其他严重情节的，处三年以上十年以下有期徒刑，并处罚金；数额特别巨大或者有其他特别严重情节的，处十年以上有期徒刑，并处罚金。"《最高人民法院、最高人民检察院关于办理敲诈勒索刑事案件适用法律若干问题的解释》第二条规定："敲诈勒索公私财物，具有下列情形之一的，'数额较大'的标准可以按照本解释第一条规定标准的百分之五十确定：(一)曾因敲诈勒索受过刑事处罚的；(二)一年内曾因敲诈勒索受过行政处罚的；(三)对未成年人、残疾人、老年人或者丧失劳动能力人敲诈勒索的；(四)以将要实施放火、爆炸等危害公共安全犯罪或者故意杀人、绑架等严重侵犯公民人身权利犯罪相威胁敲诈勒索的；(五)以黑恶势力名义敲诈勒索的；(六)利用或者冒充国家机关工作人员、军人、新闻工作者等特殊身份敲诈勒索的；(七)造成其他严重后果的。"

结合上述法律规定，企业应当注意：保留要挟证据，微信、短信、录音等方式是主要证据，该类证据的及时获取和保留至关重要；保留财务的转账凭证，如封口费的转账凭证等；获取证人证言；证明索要金额远远高于法律规定的证据，这是区分罪与非罪的重要标准。

---

① 《劳动合同法》第二十六条规定："下列劳动合同无效或者部分无效：(一)以欺诈、胁迫的手段或者乘人之危，使对方在违背真实意思的情况下订立或者变更劳动合同的；(二)用人单位免除自己的法定责任、排除劳动者权利的；(三)违反法律、行政法规强制性规定的。对劳动合同的无效或者部分无效有争议的，由劳动争议仲裁机构或者人民法院确认。"

后 记

2022年1月4日，新一年的第一个工作日，当办公室只剩下我一个人时，我开始写这本书的“后记”。这本书的“诞生”可能和哪吒出世差不多，经历了“超长”时间，很多内容甚至是在飞机或火车上完成的，当然，很多内容也是对这些年在不同场景下写作的再次梳理。

这本书于2021年7月交到出版社之前，我私下征求了几个朋友的意见，有朋友说，这本书太传统了，能否尝试从企业社会责任角度看待用工关系，能否从企业可持续发展角度探讨用工关系管理等。还有朋友建议暂时不要出这本书，因为有一些内容凸显不出我的专业，如有关工作时间的内容可能很多书都有写，我写的好像也是千篇一律。这些意见我都一一记录了，只是在这本书中可能不能完全回应大家的需求，但在后续的写作中我会对这些问题进行认真分析。

劳动领域的问题确实不止于书中13章的内容，这些年在劳动用工领域我开发过很多课程，比如，“当员工关系上了热搜”，是针对互联网时代中内部问题外部化进行的详细分析；“从管理者合法合规行使管理权看用工关系”是对管理者高频遇到的管理问题以劳动关系的视角进行说明；再如，“从个人信息保护审视企业用工管理”“‘防、管、罚’视角下的安全生产”“从高管的高频犯罪看企业合规管理的重点”“从行业监管看金融机构的用工合规管理”“国有企业用工管理的特殊问题”等，则是从不同维度去观察、审视用工的合规管理，尽量避免局限在“劳动法”领域；还有“绩效沟通”“劳动用工法律文书写作”“规章制度的起草与审核”，这些可能更多的是从技能角度进行的整理。这些思考多少也融入了本书，只是限于篇幅很多内容尚未展开。假如工作之余还有余力，我想有机会将这些思考也转换为文字与大家见面。

本书得以出版感谢家人的支持，感谢过往在合作相关话题时同事的协助，感谢出版社编辑的耐心和细心。这些年沉浸在专业中，这些文字或许也是一种记录方式。尽管有很多不尽如人意，以此为始让自己更进一步也是一种路径。

本书绝大部分内容还是从实务出发的，少了学术的滋养，不足之处还请大家指出，后期我将持续改进。

图书在版编目（CIP）数据

人力资源合规管理全书：入职到离职全流程风险控制落地方案 / 程阳著．—北京：中国法制出版社，2022.3

ISBN 978-7-5216-2379-6

Ⅰ．①人…　Ⅱ．①程…　Ⅲ．①人力资源管理　Ⅳ．① F243

中国版本图书馆 CIP 数据核字（2021）第 273570 号

责任编辑：马春芳　　封面设计：汪要军

人力资源合规管理全书：入职到离职全流程风险控制落地方案

RENLI ZIYUAN HEGUI GUANLI QUANSHU: RUZHI DAO LIZHI QUANLIUCHENG FENGXIAN KONGZHI LUODI FANG'AN

著者 / 程阳

经销 / 新华书店

印刷 / 三河市紫恒印装有限公司

开本 / 730 毫米 ×1030 毫米　16 开　　印张 / 22.75　字数 / 333 千

版次 / 2022 年 3 月第 1 版　　2022 年 3 月第 1 次印刷

中国法制出版社出版

书号 ISBN 978-7-5216-2379-6　　定价：88.00 元

北京市西城区西便门西里甲 16 号西便门办公区

邮政编码：100053　　传真：010-63141600

网址：http://www.zgfzs.com　　**编辑部电话：010-63141822**

市场营销部电话：010-63141612　　**印务部电话：010-63141606**

（如有印装质量问题，请与本社印务部联系。）